《贵州佛教中国化研究丛书》，分为《华聚释融》《典藏意象》《贞珉释理》《诗词绮韵》《佛联意趣》五卷，共280余万字。阐述了贵州佛教中国化历史进程与当代实践；对贵州佛教文献、碑刻摩崖、诗词楹联等，进行选录释读。

该书是贵州省及国内20余位专家学者及实际工作者共同研究的成果，内涵丰富，资料翔实，逻辑严谨，图文并茂，是集学术性、资料性、可读性于一体的大型佛教研究专著。

诗词绮韵

贵州佛教文化·诗词选释

贵州佛教中国化研究丛书 ④

贵州省佛教协会 编著
编委会主任 妙果

宗教文化出版社

图书在版编目（CIP）数据

诗词绮韵：贵州佛教文化·诗词选释 / 贵州省佛教协会编著 . -- 北京：宗教文化出版社，2023.8

（贵州佛教中国化研究丛书；4）

ISBN 978-7-5188-1450-3

Ⅰ．①诗… Ⅱ．①贵… Ⅲ．①古典诗歌—诗集—中国 Ⅳ．① I222

中国国家版本馆 CIP 数据核字 (2023) 第 162360 号

贵州佛教中国化研究丛书④

诗词绮韵

——贵州佛教文化·诗词选释

贵州省佛教协会 编著　编委会主任 妙果

出版发行：宗教文化出版社

地　　址：北京市西城区后海北沿 44 号　（100009）

电　　话：64095215（发行部）　13691373138（编辑部）

责任编辑：孟金霞（158504349@qq.com）

版式设计：武俊东

印　　刷：河北信瑞彩印刷有限公司

版本记录：787 毫米 ×1092 毫米　16 开　165 印张　2860 千字

2023 年 10 月第 1 版　2023 年 10 月第 1 次印刷

书　　号：ISBN 978-7-5188-1450-3

定　　价：980.00 元（全五册）

《贵州佛教中国化研究丛书》顾问委员会

顾 久　王茂爱　王泉松　何士光　张新民　张连顺

《贵州佛教中国化研究丛书》编委会

主　　任： 释妙果

副 主 任： 释通植　释藏青

成　　员： 沈洪华　释通睿　释普法　释果园　释灵普　释祖定

《贵州佛教中国化研究丛书》编辑部

总 主 编： 纳光舜

分卷主编： 朱佶丽　伍　娟　孙　娟　禄佳妮　王竞晗

分卷副主编： 杨建平　饶睿颖　王　江　孙　青　马　晴
陈春艳　梅小亚　陶朝英　徐文静　彭　博

撰　　稿： 马　虹　张　樊　谭啟玲　纳海洋　张　畅
张银荟　祖文雄

本卷主编、副主编、撰稿及分工

本卷主编：

禄佳妮（女，贵州师范大学副教授、博士，贵州省宗教学会副会长）

副主编：

梅小亚（女，贵州省社会科学院副研究员、博士）

陶朝英（女，贵州财经大学讲师）

徐文静（女，上海大学文学院博士研究生）

撰稿：

纳光舜（前言、概述）

禄佳妮（贵州文人佛教诗词选贵阳市、六盘水市）

梅小亚（贵州文人佛教诗词选遵义市、铜仁市、黔西南州）

陶朝英（贵州僧人诗偈选一至十）

纳海洋（贵州市老年大学教师。贵州文人佛教诗词选安顺市）

徐文静（贵州文人佛教诗词选黔东南州）

马虹（女，昭通学院人文学院副教授。贵州文人佛教诗词选毕节市）

张樊（贵州省民族博物馆副研究馆员。贵州僧人诗偈选十一至二十）

谭啟玲（女，贵州省民族研究院宗教所研究人员。贵州僧人诗偈选二十一至二十九）

彭博（云南省社会科学院助理研究员。贵州文人佛教诗词选黔南州）

序　一

顾　久①

回顾历史，佛教自传入中国二千多年来，与中国传统文化多有融会：从佛学的角度说，早在东晋，佛学家道安就曾提出过“不依国主，则法事难立”，促进了中国佛教的本土化；高僧慧远，倡导佛儒道对话互鉴，树立了促进佛教文化与中国传统文化融合的典范；中唐高僧宗密提出“孔、老、释迦，皆是至圣”；北宋高僧赞宁，提出“王法为本，融摄三教”；明末清初名僧元贤，主张会通儒释道；民国时期名僧太虚提出“人间佛教”思想，等等。不断自觉地引领着佛教的中国化。从国家管理者的角度看，古代帝王在稳固现存治理秩序的基础上，大都重视宗教在教化百姓、维护社会稳定方面的作用。典型者如明太祖朱元璋，亲撰《三教论》《释道论》等，以儒家社会秩序为主干，兼收佛、道两家的精华，对三教均有所改造、利用和融会，建立起主流意识形态，是经过深思熟虑并行之有效的。

贵州佛教自唐代正式传入起，就开始了中国化进程：主要表现在获取朝廷认可，适应社会，融会传统文化和本土文化。中华人民共和国成立后，贵州佛教中国化进入创新发展阶段，体现出四大特点：一、增强政治认同，坚持正确方向；二、积极适应社会，服务时代；三、发挥积极作用，涵养良善；四、传承佛教文化，融会中华传统文化。进入新时代，贵州佛教界更确立了“坚持中国化方向”的新目标：强化政治认同，勇于自我求变，加强自身建设，

① 顾久，贵州省人大常委会原副主任、贵州省文史馆原馆长。著名学者。

主动服务大局，重视人才培养，加强佛教文化建设。

但在理论化、系统性方面，尚有缺憾。于是，由贵州省佛教协会发起并邀请省内外专家学者编纂《贵州佛教中国化研究丛书》，旨在推进“坚持佛教中国化方向”理论的系统化、明晰化和科学化。这既是积极探索，又是大胆创新，可喜可赞！《贵州佛教中国化研究丛书》共分五卷：首卷《华聚释融——佛教中国化·贵州篇》，对佛教中国化历史探寻；其余四卷为佛教文献、碑刻、诗词、楹联选录。该书视角广阔，资料翔实，体例完备，结构合理，论述严谨，文字畅达，图文并茂，可读性强。

贵州宗教文化研究较为薄弱，坚持我国宗教中国化方向的研究更是一个需要持续推进的重点课题。春阳和煦，《贵州佛教中国化研究丛书》一花先放，定能促成百花齐放的美景！

是为序。

2021 年 11 月 9 日

序　二

张连顺①

贵州省佛教协会邀请省内外专家学者编纂的《贵州佛教中国化研究丛书》，即将出版，可喜可贺。

《贵州佛教中国化研究丛书》洋洋数百万言。共分五卷。该书内涵丰富，资料翔实，逻辑严谨，图文并茂，是集学术性、资料性、可读性于一体的大型佛教研究专著。

佛教中国化研究领域广阔，是新时代宗教研究者一个重要的主攻方向。佛教中国化源远流长，它既有历史的沿袭，又有新时代的创新。中国佛教史上，东晋佛学家道安提出“不依国主，则法事难立”；东晋慧远，唐代宗密、智顗，北宋赞宁、智圆，南宋宗杲，明末清初元贤，清末杨仁山，民国时期太虚等，在促进佛教中国化方面，均有不可磨灭的贡献。中国佛教物质文化遗产（寺院、石窟、塔幢、雕塑、碑刻、绘画等）和非物质文化遗产（戏曲、舞蹈、音乐、神话、小说、诗歌等）均蕴含着丰富的中国化内容。《尚书·周书》言：“功崇惟志，业广惟勤。”我们新时代宗教研究者应当在“佛教中国化”研究中尽心尽力，出成果，见实效！

近十年来，贵州宗教文化研究突飞猛进，人才辈出，成果卓荦。先后出版了贵州宗教系列史书——佛教、道教、伊斯兰教、天主教、基督教史和贵州宗教史，是全国出齐中国五大宗教史专著的省份之一。贵州宗教研

① 张连顺，贵州大学哲学与社会发展学院教授，博士生导师，贵州省宗教学会会长。

究发展前景甚为可观。“潮平两岸阔，风正一帆悬”，贵州宗教研究的未来，寄希望于甘于寂寞、勤奋研究的老一辈；寄希望于朝气蓬勃、肩负未来的年轻一代！

是为序。

2021 年 11 月 18 日

序　三

释妙果 ①

促进贵州佛教文化研究，是我一直以来的心愿。

2020 年下半年，省佛协筹备召开“贵州省佛教中国化研讨会”，与省宗教学会联系增多了，逐步了解到省宗教学会不仅具有较强的研究实力，而且与省内外宗教研究专家学者联系广泛。省佛协会拟邀请省宗教学会编纂《贵州佛教中国化研究丛书》。省宗教学会欣然接受邀请，很快联系省内外专家组成编委会。确定体例，编写大纲，落实编撰人员，开展资料收集，撰写初稿——多管齐下，齐头并进，各项工作井井有条。经过各位专家学者的辛勤努力，《贵州佛教中国化研究丛书》终于成稿。

《贵州佛教中国化研究丛书》的编纂出版，是我会学习实践坚持我国宗教的中国化方向的具体行动，也是落实中国佛教协会《坚持佛教中国化方向五年工作规划纲要（2019–2023）》的重要成果。

《贵州佛教中国化研究丛书》全面记述了中国和贵州佛教中国化的历史进程，系统辑录了贵州佛教文化史料，集中反映了贵州佛教文化面貌。视野开阔，内涵丰富，资料翔实，阐释严谨，文字通畅，图文并茂。

在此，我谨代表贵州省佛教界，对为此书编纂、出版付出辛勤劳动的专家学者和本书编辑，致以诚挚的问候和衷心的感谢！

“猛志逸四海，骞翮思远翥”，我们将再接再厉，继续与省内外宗教

① 释妙果，中国佛教协会副秘书长、贵州省佛教协会会长、贵州佛教中国化研究院院长。

研究专家学者一道，坚持佛教文化建设的中国化方向，创造具有新时代中国特色的佛教文化。

2021 年 11 月 22 日

目　录

上 篇 概 述

中 篇 贵州文人佛教诗词选

下　篇　贵州僧人诗（偈）选

前 言

佛教文化是中国传统文化的一部分。佛教传入中国两千多年来，与中国传统文化有多方面的融会，深刻地影响了中国古代哲学和文学艺术，长期以来部分佛教故事已经成为中国优秀的文学作品的组成部分。佛教对中国小说、诗词、舞蹈、戏剧、曲艺、楹联，以及建筑、雕塑、绘画产生了重要影响。中国佛教协会《坚持佛教中国化方向五年工作规划纲要（2019—2023）》提出："深入研究、整理、总结具有中国特色的佛教文化的发展历程、优秀成果、历史经验、基本规律，做好佛教文物和非物质文化遗产保护工作，为新时代佛教文化建设提供历史借鉴。"因此，贵州省佛教协会决定请专家学者编写《贵州佛教中国化研究丛书》。《贵州佛教中国化研究丛书》分为五册：《华聚释融——佛教中国化·贵州篇》（分上下两部分），《典藏意象——贵州佛教文化·文献选释》，《贞珉释理——贵州佛教文化·碑刻选释》，《诗词绮韵——贵州佛教文化·诗词选释》，《佛联意趣——贵州佛教文化·楹联选释》。

一、贵州佛教中国化

《佛教中国化·贵州篇》分为上、下两部分："佛教中国化的历史演进"和"贵州佛教中国化"。内容简述如下：

（一）佛教中国化的历史演进

佛教中国化，简单地说，就是产生于古印度的佛教于西汉末年传入中国后，通过与中国文化交融，逐渐演化为中国本土佛教的过程。方立天指出：

佛教中国化是指在印度佛教输入过程中，佛教学者一方面从大量经典文献中精炼、筛选出佛教思想的精神、内核，确定出适应国情的礼仪制度和修持方式，另一方面使之与固有的文化相融合，并深入中国人民的生活之中，日益与中国社会的政治、经济和文化相适应、结合，形成独具本地区特色的宗教，表现出有别于印度佛教的特殊精神面貌、体现中华民族传统精神的特征。佛教是一种系统结构，由信仰、哲学、礼仪、制度、修持、信徒等构成，佛教中国化并不只限于佛教信仰思想的中国化，也应包括佛教礼仪制度、修持方式的中国化以及信徒宗教生活的中国化。①

中国佛教的历史，本质是从教理教义、戒律伦理、礼仪轨范等各方面深度中国化的历史，亦是吸纳、融合、滋养中国本土文化的过程。佛教中国化的重要表现，即在于对印度佛教戒律、修学、制度层面的传承、发扬与革新，中国佛教倡导的丛林清规、农禅并重、宗派传承及人间佛教思想，支撑和保证了佛教在中国历史上的兴盛与生机。②

佛教中国化可分为五个阶段③：即比附格义阶段（汉魏晋南北朝时期），交流融会阶段（唐宋时期），稳步推进阶段（宋元明时期），曲折演进阶段（清至民国时期）和创新发展阶段（1949 年 10 月后）。

（二）贵州佛教中国化

佛教影响贵州始于东汉末期。到魏晋南北朝时期，佛教轮回思想在贵州少数民族中亦有一定影响。表明贵州佛教已经开始本土化、民族化。

唐代，贵州有僧人活动并建有寺院。据史书记载，唐贞观十六年（642）前，桐梓已经创修了金锭山寺。说明佛教已经传入贵州。唐垂拱元年（685）牛腾贬谪贵州，并传播佛教④，而且“夷僚渐渍其化”，对少数民族产生影响，

---

① 方立天：《佛教中国化的历程》，载张志刚《宗教中国化研究论集》，宗教文化出版社，2018，第 51 页。

② 《不断开创我国佛教中国化新境界》，《法音》，2019 年，第 8 期。

③ 本书主要研究汉传佛教中国化，未涉及藏传佛教和南传佛教。

④ （唐）牛肃：《记闻》，载（五代至北宋初）李昉等编：《太平广记（卷 112）·报应（11）（崇经像）》。

是为贵州佛教民族化的开端。唐王朝为抗击南诏，招募一批北方大姓领军入黔。这些外籍移民多来自佛教繁盛的长安等地，不仅会有佛教信仰者（仅杨氏后人中杨选、杨粲均笃信佛教），而且所带入的佛教也具有较多融会儒释道的因素。

宋代（960–1279），地方土官土酋热衷奉佛兴寺，在少数民族地区传播佛教，推进贵州佛教的民族化、中国化。南宋宝庆三年（1227）杨价亲自选址在播州城（今遵义）西碧云峰下兴建规模宏大的佛道儒巫合流的“大报天正一宫”①。这一场所分别塑轩辕黄帝、释迦牟尼、老子，可见播州土司杨氏的佛教信仰明显融会儒释道。

元代中后期印度僧人指空在黔西弘法，江西人彭如玉于黔中传教，使佛教在黔中腹地扩展，并深入黔西少数民族聚居区，拓展了佛教在贵州传播的地域，深化了贵州佛教中国化。

明代贵州佛教中国化主要表现在三方面：即增进国家认同，获取朝廷支持；儒释道“三教合一”思潮与贵州佛教中国化。佛教与民间信仰进一步融会，增进了佛教地方化、民族化。

清代，贵州佛教中国化的特点为：利济民生；促进佛教与中国传统文化融会；倡导“孝道”；推动“三教合一”，使佛教文化更适应民众需求；佛教进一步民族化和民间化。

民国时期贵州佛教中国化表现在如下方面：坚持农禅并重，发展寺院经济；兴办佛学院（讲习所、培训班），培养佛学人才；出版佛教刊物、经籍，推进佛教宣传；支持革命和参加抗日救亡活动。此外民间庙会、佛教社会团体、佛教事务管理，以及佛教文学艺术发展，均对贵州佛教中国化有所助益。

中华人民共和国成立后，贵州佛教中国化进入新阶段。有两个明显特点：第一，树立政治认同意识，积极参加社会活动。例如，积极参与三大运动（抗美援朝、土地改革和镇压反革命）等。第二是适应社会，发展生产。据 1960 年 25 个县、市僧尼状况调查，1385 名僧尼中，有 1147 人从事农业生产，167 人从事商业，63 人从事手工业生产，占总数的 99.4%。

---

① （清）道光：《遵义府志》卷之十一《金石》。

改革开放以来，贵州佛教中国化发展迅速。主要表现在：第一，增强政治认同，坚持正确方向。各级佛教团体和寺院，积极开展爱国主义学习教育活动，发扬佛教爱国优良传统。第二，积极适应社会，服务社会。贵州省佛教界发扬佛教热心公益、扶贫济困、自利利他的精神，积极支援国家经济建设，植树造林，保护环境，参与“希望工程”、扶贫、救灾等社会公益事业。第三，积极推进佛教教职人员培养。第四，加强教风建设，纠正僧尼违法、违规行为。第五，发挥佛教文化的积极作用。积极开展佛教文化活动，促进佛教文化研究。第六，融会传统文化，传承佛教文化。通过讲经说法交流会等，提高了佛教教职人员的素质修养和佛学水平，促进了佛教健康发展、社会和谐稳定。

进入新阶段，贵州佛教中国化将进一步从坚持强化政治认同，勇于自我求变、加强自身建设、主动服务大局、重视人才培养、加强佛教文化建设等六个方面大力推进。

二、贵州佛教文化

贵州佛教文化，分为四个部分：贵州佛教文献、贵州佛教碑刻、贵州佛教诗歌、贵州佛教楹联。

（一）贵州佛教文化概述

佛教由古印度迦毗罗卫国（今尼泊尔南部）释迦牟尼（前565–前486）创立。公元前3世纪起，佛教开始向外传播，通过与东西方不同地区文化和宗教交融，最终发展为世界性宗教。

佛教在西汉哀帝元寿元年（公元前2年）传入中国。佛教在中国有三大语系：汉传佛教、藏传佛教和南传上座部佛教。汉传佛教：是以地理位置划分的佛教派别，流传于中国（以及日本、朝鲜半岛、越南等地），产生过众多派别，主要有八宗，即三论宗（又名法性宗）、唯识宗（又名法相宗）、天台宗、贤首宗（又名华严宗）、禅宗、净土宗、律宗、密宗（又名真言宗）。其中禅宗和净土宗流传最广。藏传佛教：7 世纪中叶，佛教由印度和内地传入藏地，由此形成藏传佛教（也称藏语系佛教）。主要有有宁玛派（红教）、萨迦派（花教）、噶举派（白教）、格鲁派（黄教）等，并形成活佛转世传承继位制度。其中格鲁派是 15 世纪初宗喀巴在原噶当派基础上创立的，之后成为藏传佛教诸宗派中影响最大的宗派。此外还有过一些小派，如希解派、觉域派、郭扎派、觉囊派、夏鲁派等。藏传佛教主要传播于中国的藏族、蒙古族、土族、裕固族、纳西族地区以及不丹、尼泊尔、蒙古、俄罗斯布里亚特等地。南传上座部佛教：7 世纪佛教由缅甸传入中国云南西双版纳、德宏等傣族地区，由此形成南传佛教（亦称南传上座部佛教）。11 世纪前后，因战祸而受重创。后由泰国经缅甸再度传入西双版纳。云南地区南传佛教分为润派、多列派、摆庄派和左抵派四派。主要在傣族、布朗族、阿昌族等少数民族中传播。

汉代，佛教对贵州已有一定影响。东晋时期（317–420），贵州北部地区受到四川佛教的影响。魏晋南北朝时期，佛教轮回思想对布依族有一定影响。唐贞观十六年（642）前，桐梓已经创修了金锭山寺。说明佛教已经传入贵州。其后，唐垂拱年间（685–688），牛腾在贵州传播佛教，黔北、黔东兴建寺院 10 余座。贵州僧人海通，于唐开元年间（713–741）倡导开凿四川乐山大佛，组织完成前期工程。宋代，贵州土官土酋奉佛兴寺，佛教传入少数民族地区。南宋时，播州（治在今遵义）土官杨氏修建桃溪寺、福源山寺和桃源寺等寺院。元代中后期印度僧人指空，在黔西北一带弘法。元至正年间（1341–1368），江西庐陵人彭如玉在贵阳创立精舍。黔北、黔东地区形成了金鼎山、中华山等佛教名山。明代，入黔的外省僧人增多，对贵州佛教发展有重要推动作用。明初，中央朝廷建立僧官制度。贵州各地也设立了相应的佛教管理机构。明代密教传入黔中。清初，外省籍僧人敏树、燕居、语嵩、梅溪等入黔创建寺院，著书立说，传播佛教文化。僧人著述较多，有语录、灯录、疏论等 50 余种（现尚存 20 种）。佛教人士架桥铺路，引泉开渠，植树造林，救死扶伤，扩大了佛教的影响。清中叶后，贵州佛教日益世俗化。咸丰、同治年间（1851–1874），贵州战事不断，佛教寺院多毁于战火。“庙产兴学”运动中，一些地方官绅掠夺寺院财产，迫害僧尼。一些寺院自愿捐产或直接兴办学堂，获得成效。清末，佛教人士参加了反清斗争，贵阳华严寺曾是反清秘密据点；贵阳东山栖霞寺僧铁肩，武术功底深厚，曾协助同盟会会员平刚等训练反清志士。民国年间，佛教文化在贵州的传播得以复兴。各地兴建了一些寺院，成立了佛教团体，开展了一些有组织的佛教活动及社会活动。国内一些名僧先后到贵州宣讲佛法，省内也出现了一批精通佛理的僧人，他们办佛学院、印佛经、讲经说法及主持各种法事，扩大佛教的社会影响，促成了贵州佛教文化的发展。中华人民共和国成立初期，中国共产党制定和实施宗教信仰自由政策，保障公民宗教信仰自由权利。人民政府组织佛教界人士学习时事政治。佛教徒积极参加各种社会政治活动。通过佛教革新运动，70%的僧尼走上自食其力的道路。“文化大革命”时期，寺院被封闭或占用，正常的佛教活动被禁止，佛教文物古迹遭到破坏，佛教界人士被批斗，造成不少冤假错案。中共十一届三中全会以后，历次政治运动中受到不公正待遇的僧尼，经过复查，得以纠正。寺院还归佛教管理。1979年以后，佛教团体陆续恢复和建立，促进了佛教组织建设、思想建设和人才培养。佛教界注重发挥佛教文化的积极作用，参与佛教典籍整理和出版，积极参与保护文物，修复文物古迹，发展文化及旅游事业，促进对外友好交往。

（二）佛教文化的价值

佛教文化是中国传统文化的一部分。佛教传入中国两千多年来，与中国传统文化有多方面的融会，深刻地影响了中国古代哲学和文学艺术，长期以来部分佛教故事已经成为中国优秀文学作品的组成部分，佛教对中国小说、诗词、戏曲、楹联，以及建筑、雕塑、绘画也产生了重要影响。

佛教既是一种信仰体系，又是一种文化现象。佛教随着人类社会的发展而不断演进，逐渐形成以信仰为核心的佛教文化传统。佛教文化在自身发展中与其它文化形态相交融，产生了佛教哲学、佛教伦理学、佛教文学、佛教艺术等，成为人类文化宝库中的重要组成部分。佛教文化包括文学艺术、建筑、雕塑、音乐、绘画，以及哲学思想、伦理道德、生活习俗，这些文化因素几乎渗透到社会的各个领域和人们生活的各个方面。贵州佛教已有近2000年历史。一千三百年来，各民族信教群众创造了种类繁多的佛教文化遗产。佛教建筑、雕刻、绘画等，是佛教在物质层面的展现，凝聚着各族人民的智慧和创造精神，保存着大量历史信息。在国家级文物保护单位里，佛教建筑占的比例较大。在许多城市中，佛教建筑已成为城市独特的标志性建筑。寺院是佛教活动的主要场所。一些重要佛教节日，如佛诞节（浴佛节）、佛涅槃日、佛成道日、盂兰盆会等，已成为地方民俗的一部分。贵州佛教中还有大量以无形形态传承的文化，包括佛教民间文学（如神话传说，寓言、诗歌、楹联等）、佛教美术（如书法、绘画等）、佛教手工技艺（如建筑工艺、雕塑工艺）、佛教习俗（如居住、饮食、服饰、节日）。

佛教文学艺术内涵丰富。佛教文学是运用文字表现佛教内容、塑造佛教形象的一种语言艺术。佛教文学涵容佛教典籍中具有文学性质的作品、僧俗两界创作的有关佛教思想和佛教活动的作品。主要有文献、碑刻、诗歌、楹联等。贵州佛教文献主要分为著作和文章两类。著作有语录、灯录、疏论等50多种。其中汇编成册的语录、灯录两种，即丈雪《锦江禅灯》，如纯《黔南会灯录》。单独编辑的语录有40余种（现存19种）。文章、书信包括序、疏引、记、书、辨、说等。贵州佛教诗歌颇为丰富。贵州僧人写社会、生活、自然之诗作较多。尤其是明末清初，不少明朝遗臣、文人出家为僧，他们文学造诣颇深，所作诗文在贵州文学史上有一定影响。贵州今存佛教碑刻约有600余方。内容涉及佛教传播历史、名山名寺史、宗派传承史，以及佛教教理、寺院规约等，反映了佛教与贵州社会历史、政治、经济、文化，以及宗教、民族、民俗、法律、伦理道德的关系。贵州佛教界很重视楹联的作用，在贵州宗教场所中，佛教楹联运用最广，流传至今的楹联作品也最多。贵州佛教楹联作为一种文学体裁，是佛教信众精神世界、道德修养和文化积存的反映，其中蕴涵着丰富的哲理，不少联句寓意深刻，对引导人们提高道德素养有积极意义；贵州佛教楹联又是赞美佛教胜迹的一种形式，它以简短的语句盛赞佛教名山古刹建筑、园林、雕塑艺术，帮助游览者欣赏佛教艺术的自然美、建筑美和艺术美。

佛教提倡的“平等友爱”，有利于增进社会稳定。在社会交往中，佛教倡导慈悲博爱，关怀众生；多行善事，广积功德；弘扬正气，抑制邪恶；断除苦恼，脱离痛苦。这些理念对于引导人们培养广扬博爱精神，实现和谐相处，确有积极作用。譬如，佛教倡导众生平等，有助于实现求同存异，融洽人际关系。佛教的慈悲观主张，相对革除自私狭隘的自我中心主义，关注对其它众生苦乐的影响。消除不同人群内心所坚固执着的各种成见、偏见，消除不和谐的错误的观念，以及对人和事物的不正确的认识方法。在面对种种复杂的人际关系、社会关系矛盾时，以正确的方法排解自己及他人的烦恼及痛苦；包容与自己不同的观念、思维模式、行为方式、风俗习惯等；包容不同个体、群体之间存在差异，化解不和谐因素，互相尊重，和睦相处。从积极方面理解这些教义，对于个人的修养不无裨益。①

佛教主张扬善抑恶，有助社会伦理升华。佛教道德观调和儒家伦理，旨在使人明晰善恶，以识正途；熟知戒律，内戒于心；实践修行，弘道济世；了悟人生，明心见性；敬老尊贤，孝亲敬长。佛教善恶观亦可引导人们认识善恶，遵从社会公德和公共秩序，约束自己的行为，从事正当的职业，不要误入歧途。佛教的五戒、四摄、六度、十善等，则是佛教最基本的道德规范。佛教强调报“四重恩”，即报父母、众生、国主、三宝的恩德。其中报父母恩、众生恩、国主恩，都涉及社会。佛教报父母恩的思想，对促进家庭和睦有重要意义。这些道德规范、行为要求，在今天若运用得当，对提高人们的道德修养，提升精神生活的层次，培养良好的社会风气，促进社会和谐发展，仍能发挥有益的作用。②

佛教倡导服务社会，有利于促进经济发展。纵观历史，佛教之所以能够在中国扎根和发展，成为中国化的佛教，与佛教大力提倡和践行奉献思想分不开。而其成功之处，就在于积极吸收儒家思想，采取入世的态度，农禅并重，关注民生。唐代高僧惠能认为，“佛法在世间，不离世间觉，离世觅菩提，恰如求兔角”，强调了融入社会的思想。近代高僧太虚则更进一步提出“人间佛教”思想，他认为：“人间佛教是根据佛法常住真理涤除其不合时代的思想文化，展开佛教教化功能。”③佛教所提倡的六和敬（简称六和），即身和敬、口和敬、意和敬、戒和敬、见和敬、利和敬，

---

① 林建曾、纳光舜、禄佳妮：《中国当代宗教关系与社会和谐研究》，贵州人民出版社，2012，第225–226页。

② 林建曾、纳光舜、禄佳妮：《中国当代宗教关系与社会和谐研究》，贵州人民出版社，2012，第230–231页。

③ 太虚：《太虚大师全书·新与融贯》（第2册）。

也可作为与信徒、民众相处应当遵循的原则。佛教和合爱敬的道德要求，与当今社会提倡的集体主义和爱心奉献精神，团结协作和恪守职责原则，谦虚谨慎和关爱他人的品格等，有许多相似之处。

佛教力主善待自然，有助于保护生态环境。佛教主张爱惜生命，保护自然。佛教的缘起论即认为，世界万物均处于“此有故彼有，此无故彼无”的相互依存状态下，万物一体，离开了任何一个条件，就不能生起万物。天台宗认为山川草木也充满了佛性；禅宗也说“郁郁黄花无非般若，清清翠竹皆是法身”，将大自然的一草一木都看作是生命的存在，主张珍爱自然，重视自然物的价值。佛教还提出，修善能破恶，念善则罪消；积善致福，积恶遭祸；祸福有根，善恶有报。佛教认为保护环境的责任在人类自身，因此强调众生平等，视一切有情如父母眷属般之亲缘而行慈悲对待。佛教还认为，人与自然环境是一个有机的整体，是相辅相成的。佛教要求信徒必须具有大慈大悲心，慈心于物，善待生命。平等地看待一切众生，慈爱地关爱一切众生。①

① 林建曾、纳光舜、禄佳妮：《中国当代宗教关系与社会和谐研究》，贵州人民出版社，2012，第236页。

上　篇

概　述

佛教与中国古代诗歌关系密切。诗歌的特点是写景状物，表情达意。佛教中，佛经教理、佛经故事、名山名寺景物、禅定禅意妙思，均为诗歌创作重要素材。远起魏晋，近至晚清，历代士人皆有咏寺院、佛理、禅机之诗，而历代诗僧也多有写社会、生活、自然之作。上达帝王，下至庶民，工诗者多涉佛教经义，佛门中亦不乏传世之作。仅唐至五代，有据可查的僧人诗集就达40余部，以王梵志、皎然、齐己、贯休、寒山、拾得为代表的一批诗僧，诗作丰富，成就斐然。例如皎然："夜闲禅用精，空界亦清回"（《答俞校书冬夜》），说理深刻，对仗精当；齐己："月华澄有像，诗思在无形"（《夜坐》），细腻生动，寓意深刻；贯休："闲担茶器缘青障，静衲禅袍坐绿崖"（《山居诗》），动静相应，情理交融。到了宋代，诗僧承前启后，成就卓著。譬如，智圆："风摇野水青蒲短，雨过闲园紫蕨肥"（《赠林逋处士》）；契嵩："清猿定中发，幽鸟座边栖"（《寄月禅师》）；摹写自如，清丽真切，以动喻静，动静相应。同时，有不少诗人对佛教有所研究，能较好地以佛教理念、典故、禅理入诗。譬如，唐代王维："竹径从初地，莲峰出化城"（《登辨觉寺》）；贾岛："禅庭高鸟道，回望极川原"（《题竹谷上人院》），王勃："萝幌栖禅囊，松门听梵音"（《游梵宇三觉寺》）。宋代苏轼："五蕴皆非四大空，身心河岳尽圆融"（《答子由颂》），黄庭坚："禅心默默三渊静，幽谷清风淡相应"（《听崇德君鼓琴》）；明代唐顺之："慧月秋逾彻，泥珠夕便鲜"（《游嵩山少林寺》）等，灵活运用了佛语、佛典，增添了诗歌的意趣，摹写鲜明生动、别开生面。[①]

历史上贵州不少官吏、士人，有的对佛教有所研究，有的信仰佛教。他们的诗作将佛教典故、佛经理念、禅理禅意入于诗中。佛教典故（即佛经故事和佛经有来历出处的佛经惯用词语）的运用，可以增大诗词表现力，在有限的诗句中表现出丰富的内涵，提升诗歌的韵味、情趣、格调和意蕴，使诗词委婉含蓄，避免平淡直白；佛经语言，出自不同经典，均有特定含义，在理解的基础上加以运用，能扩展诗的意境；禅理说事喻理含蓄而深邃，禅意则言尽而意未穷，将这种思维方式运用于诗歌创作，使作品直抒胸臆

---

① 纳光舜：《佛教与中国古代诗歌》，《中国民族报》，2006年2月21日。

而又意蕴悠远，说理明快而又联想延绵，大大扩展了诗歌的情愫、景深、意蕴。例如，明代工部尚书孙应鳌[①]《香炉峰》《题南精舍》；贵州巡抚郭子章《东山》《灵泉映月》；浙闽总督杨文骢[②]《寄僧》《散步卧佛寺水边》《翠峰寺》；贵州宣慰使司教授王训[③]《南庵》《送陈昌归隐东山》；谢三秀[④]《石佛寺借僧寮瀹茗作》《陈衡灵邀游德山寺》《西庵径中万竹修然，喜而赋此》；吴中蕃[⑤]《报恩寺铁镬歌》《赠华严阁老僧》；广西按察使司副使徐以暹[⑥]《东山琼阁》《文笔凌云》《西岭归樵》。清代文人和官吏郑珍[⑦]《游南泉山》《登相宝山》《独游禹门》；吴澍[⑧]《游白云山集唐》《白云山》《题白云山杉树》；章永康[⑨]《夏日游龙树寺》《村晚》；廖云鹏[⑩]《观音阁》《梵净山》；郭石农[⑪]《习安八景·笔峰挺秀》《题潮音寺壁》《观音山摩崖题句》；何威凤[⑫]《黔灵山》《清泰庵即景》。

---

① 孙应鳌（1527–1586），字山甫，号淮海，谥文恭。贵州清平卫（今凯里）人。嘉靖癸丑科（1553）进士，官至工部尚书。著有《学孔精舍诗钞》《学孔精舍汇稿》《四书近语》《论学会编》等。、

② 杨文骢，字龙友，贵州人，流寓金陵（今南京）。万历四十七年（1619）举人。官至浙闽总督。博学好古，善画山水。

③ 王训，字继善，号寓庵，祖籍昌黎（今北京通县），明初迁徙贵阳。宣德九年（1434）及宣德十年（1435）中云南乡试。正统七年（1442）任贵州宣慰使司教授。晚年因子得封武略将军。

④ 谢三秀（1550–1624），字君采，又字元端，明朝贵州前卫（今贵州贵阳）人。自幼天姿聪明，贵州巡抚郭子章、副史韩光曙都非常器重他。但仅考取贡生，任过县学教谕。

⑤ 吴中蕃（1618–1696），明末清初贵阳人，举人，南明朝任遵义知县、重庆知府及吏部文选司郎中。

⑥ 徐以暹（1606–1699），字赤海，贵州铜仁人，秦朝徐福第五十九世孙，明崇祯丙子（1636）科举人，曾任广西按察使司副使。

⑦ 郑珍，字子尹，遵义人。道光十七年（1837）举人，官教谕。同治初，诏征赴江苏以知县用，未行而卒。著作甚富，为清末大儒。

⑧ 吴澍，贵州广顺州（治今贵州省长顺县广顺）人，生平事迹不详。

⑨ 章永康（1831–1864），字子和，别号瑟庐，贵州大定（今大方）人，清咸丰壬子（1852）科进士，次年选为翰林院庶吉士，后改授内阁中书，继为太子侍读。

⑩ 廖云鹏，又名廖凌霄。清道光光绪年间贡生，印江三花山人。

⑪ 郭石农（1838–1919），贵州安顺人。本名郭临江，字春帆，别号石农等。曾在清泰庵、崇真寺等设帐教学，其弟子何威凤最为出名。

⑫ 何威凤（1853–1918），字翰伯，号东阁、藻篁，别号七癖、盟石主人等，贵州清镇人。光绪十一年（1885）举人。曾在甘肃布政使岑春煊（后任四川总督）府上做幕僚。不久，威凤告辞还乡，寓居贵阳。主讲贵阳正本书院（俗称北书院）。何威凤精书画、工诗文，与北方的李犹龙齐名，享有“南凤北龙”之誉。

不少官吏及文人学士多喜与僧人交游，留有不少写景和唱和之作。例如，浙江海宁人、翰林院编修查慎行[①]《同赤松上人登黔灵山最高顶》（四首）；江苏阳湖人、督贵州学政洪亮吉[②]《游华严洞》《游金钟山》；山东德州人、贵州巡抚田雯《鹦鹉寺》；浙江钱塘人、云贵总督吴振棫《春日游扶风山》《翠微阁秋望》；贵州贵阳人、河南巡抚越其杰[③]《栖霞寺林中独坐》《栖霞寺赠友》《九日居寺》；贵州新添卫人、翰林院左庶子邱禾实[④]《冬日登阳宝山假宿僧舍二律》《凭虚洞十绝》；贵州贵阳人，清康熙四十二年武状元、云南副总兵曹维城《初秋登黔灵山赠瞿脉上人》；贵州铜仁人，贵阳府学教授徐訚《梵净山红云顶》《游天台寺》；贵州遵义人，两淮盐大使黎庶蕃《夜至城南观音寺》；贵州松桃人，清军将领杨芳《游梵净山》；贵州遵义人康熙丙寅拔贡李专[⑤]《访南泉语峰禅师》《春夜同朱湄云宿山寺》。其中不少诗寓情于景，情景交融，意蕴悠远。

贵州僧人写社会、生活、自然之诗作较多。尤其是明末清初，不少明朝遗臣、文人出家为僧，他们文学造诣颇深，所做诗文在贵州文学史上有一定影响。仅莫友芝《黔诗纪略》、陈田《黔诗纪略后编》、郑珍《播雅》三部诗集，就收录贵州僧人诗作 300 首。《黔僧语录》《续黔僧语录》《贵阳高峰了尘和尚事迹》收录僧人诗（偈）3000 多首，如，敏树如相、赤松道领、燕居德申、云腹道智、莲月印正、丈雪通醉、月幢彻了、善权达位、善一如纯、灵隐印文、梅溪福度、山晖行浣、大悦天一、华严圣可、象崖性珽、悟卓破石、了尘等，均有大量诗（偈）。其中，了尘有诗（偈）2000 多首。多为参禅修持、宣讲佛理诗。仅《劝世杂咏》（五言绝句）就有 168 首、《牟珠洞一百八景》108 首、《释迦如来应化事迹次图赞》208 赞。

---

① 查慎行，号初白，浙江海宁人，康熙时以举人特赐进士，官翰林院编修。查为清初著名诗人。

② 洪亮吉（1746–1809），字君直，号北江，江苏阳湖（今常州市）人，乾隆五十五年（1790）进士，授编修，五十七至六十年（1792–1795）任贵州学政。著有《洪北江全集》。

③ 越其杰，贵州贵阳人、万历三十四年举人、河南巡抚。

④ 邱禾实（1570–1614），字登之，贵州新添卫（治今贵定县城）人。万历二十六年（1598）进士，历任翰林院检讨、左庶子等职。善诗文，著有《循陔园文集》《循陔园诗集》。

⑤ 李专，字知山，号白云居士，贵州遵义人，康熙丙寅（1686）拔贡。后选授教官，不就。

一、文人佛教诗歌

（一）题山寺诗

中国文人学士，素有游名山大川、名胜古迹咏诗作对之雅趣。佛教传入中国后，融合中国传统建筑和园林美化艺术，将大多数寺院庙观建于自然景观优美寂静的名山之中，以应修身养性之需，佛教名山乃成为中国文化景观中一大特色。[①] 青山绿水的自然美，为寺院园林建设提供了不同特征的构景素材。或雄伟高拔，或险峻奇绝，或秀丽淡雅，或深邃清幽，或高缈旷阔……这些风景特征所表现出的自然美，为寺院园林环境提供了风景意境主题。[②] 优美的寺院园林景观，不仅吸引了香客，也招徕了大批的文人学士和游客。贵州山川秀丽，景色宜人，尤其是遍布各地的佛教名胜颇多，更是文人学士争相游览题诗之处。

例如，洪亮吉《游华严洞》，诗为同题两首，前一首写安顺华严洞寺院的地理位置及自然风貌风貌。“城南十里路回环，百折烟岚水一湾。却喜青衫迎马首，华严洞口读书山。”第二首详述洞内景物，记游洞经过及所见景象。

百折山已深，遵岩复千转。
山扃深万仞，欲往怯途远。
洞门蜡炬掷两头，直下无底光难留。
奋身一掷若飞鸟，回视偏惊洞门小。
山花蒙蒙绿满衣，巨石碍路如双扉。
牵衣屈曲入扉罅，飞瀑偏从两肩下。

---

① 吴必虎等撰：《中华文化通志·第8·典艺文·景观志》，上海人民出版社，1998，第402页。

② 赵光辉：《中国寺院的园林环境》，北京旅游教育出版社，1987，第10页。

危崖覆釜下转空，大声如钟疑蛰龙。
孤筇欲拄不得拄，地底陡复冲天风。
崖穷路断天愁晚，半寸烛余人复返。
高低三里路蜿蜒，出履平地同登天。
当时谁把华严说，已觉丰干太饶舌。
我欲磨崖易旧名，读书山畔藏书穴。

山高路折，百回千转。华严洞口凹陷如井，要有“奋身一掷”的勇气方能入内。洞底花茂叶绿，旁开扉罅，飞瀑侧下。洞中内洞，空如覆釜，水声似钟响，阴风暗袭人。路径高低蜿蜒，崖穷路断。出洞仿佛登天，回应入洞如掷。洞内情景勾勒翔实。外洞即是庙，祀观音、如来、十八罗汉。作者对此洞取名华严提出质疑，应当改山名为“读书”，改洞名为“藏书穴”。这是作者排佛崇儒、重视文教思想观点的鲜明反映。也正因为如此，以上所写山势洞态全为自然风貌，而洞内外有关佛教设施概不涉及，取舍有意。①

嘉靖间贵州巡抚叶相《永祥寺》②：

碧云萧寺暮天遥，松桂花阴晚见招。
风细小堂才听法，月明荒戍更闻刀。
尘机半日真怜息，虏气千山未许骄。
同侣旧游今远隔，珊珊鸣佩紫宸朝。
山川黄落又残秋，尘事关心人易愁。
绝塞望穷乡信杳，长廊行尽梵香浮。
水云护榻怜僧定，秔稻盈畴喜岁收。
更莫谈兵负明主，尚留恩泽在南州。

庄严的殿堂矗立于高天碧云下，松青桂香吸引着游人。虽然时政还有不安定因素，但在寺院中短暂停留，使人得以歇息。

① 范增如著：《明清安顺风物诗文注评》，贵州民族出版社，1999，第 262–263 页。

② 选自（明）郭子章《黔记（卷 55）·方外列传二·寺观》。叶相，江苏江都人。嘉靖七年（1528）任贵州巡抚。

王训《南庵》：

净度招提旧结茆，地遍应不近尘嚣。
山腰倒接城边路，水口斜通阁外桥。
深院落花无客扫，空门掩日有谁敲。
忘怀好结莲花社①，分付山僧早见招。

首句讲，引导人们“净度”（即自净自度、独善独行）的招提（即寺院），建在远避尘嚣闹市的城南一隅。中间两联将南庵的位置特点写出，把清幽的环境呈现无余：“山腰倒接城边路，水口斜通阁外桥。深院落花无客扫，空门掩日有谁敲。”“倒接”“斜通”用得极妙，渲染几笔，境地自呈。南庵在贵阳城南，《图经》云：“在治城南门外霁虹桥之东，旧名南庵（按：后改名圣寿寺）。前俯清潭，后负崇冈，群峰列辙，左右环绕，草木竹石，杂置错陈。论者谓郡中诸寺，据高阜之胜者，莫如永祥（寺），而得山水之胜者，莫如此焉。”诗人王训笔下，这里确是“城中十万户，此地两三家”的萧疏意境。②最后两句道出了诗人的愿望：“忘怀好结莲花社，分付山僧早见招。”意思是，此景令人忘怀，是组成莲社、开展修行的好地方。我向住寺僧表明意愿，希望被邀请和他们一道同修。王阳明《南庵次韵二首》③对南庵的描写更为超脱，更见功底：“隔水渔樵亦几家，缘冈石径入溪斜。松林晚映千峰雨，枫叶秋连万树霞……”“落日江波动客衣，水南绿竹见岩扉。渔人收网舟初集，野老忘机坐未归……”④

① “莲花社”指“白莲华社（又称“莲社”），为净土宗的念佛组织。相传，东晋慧远在庐山东林寺邀集僧俗共18人（即十八高贤）所立。宋代以后，人们仿慧远结社念佛，求生西方，称为“白莲社”。

② 贵州社会科学院文学研究所：《贵州明清作家论丛》，贵州人民出版社，1986，第6页。

③ 南庵，位于贵阳市南明河畔翠微园中。南明永历王朝在黔期间，孙可望的部将高恩（陕西西安府人）于南庵中建拱南阁，大殿三楹，又建大士殿于阁后，改名为观音寺。刘子元《武侯祠记》云：“南庵故有祠祀侯，前挹郡城，下瞰渔矶，烟水飘渺。余姚王文成公守仁，有南庵次韵二首律诗，今《省志》题作《武侯祠》，知祠址旧在庵中也。霁虹桥在城南跨南明河……”

④ 选自（明）郭子章《黔记（卷12）·群祀志》。

田雯[①]《鹦鹉寺》：

去地数千尺，御风天际行。
空中鹦鹉寺，何处鹧鸪声。
岚涨群峰失，霞铺远水明，
前山云不断，片片马蹄生。

诗人沿山道登而上，蓦然见山崖高处，松柏苍翠，一寺矗立；山崖壁立千仞，骑马行走于高岩山道，犹如驾云御风云行于天际。遥望云间鹦鹉寺，远闻箐中鹧鸪声；山峦间雾霭涌出，一时群峰尽失；待到晚霞映照山川，远处溪流可见。前山云起，延绵不断，云遮雾掩处，传来阵阵马蹄声。普安州（治所在今盘县老城关镇）鹦鹉寺，集贵州山寺“高峻奇险、飞梁绝壁，奇泉飞瀑、山美景秀”于一体。康熙二十年（1681）云贵总督蔡毓荣撰《鹦鹉寺碑记》有这样的描述：“旋抵普安州。过软桥哨十余里，石路巇崄，层登而上，单骑彳亍逾时。陟巅，忽见蓊然一村，松柏苍翠，清风拂襟，烦躁俱涤。一僧进谒，道旁问之，乃鹦鹉寺住持也……寺僧请为额，题曰‘黔中灵鹫’……又请为之联，题曰‘一峰天半闻鹦语，万巅松间只马蹄’，将准确摹写出贵州山地山高、林密、箐深的特色。写鹦鹉寺的诗较多，如，明代彭而述《庚子游鹦鹉寺诗》，清代甘文焜（清康熙间任云贵总督）《题鹦鹉寺》，金灏（康熙间任普安州知州）《过鹦鹉寺》，余云焕（清光绪间署普安直隶厅同知）《因公过鹦鹉寺》等。其中金灏《过鹦鹉寺》云：“形胜能将鹦鹉名，青松翠行景偏清。饮来茗椀同甘露，行到邮亭亦化城。野火顿忘终夜黑，林花好趁一春晴。风尘何事知回首，啼破清溪杜宇声。”与田雯《鹦鹉寺》有异曲同工之妙。

---

① 田雯（1634–1704），字纶霞，山东德州人，清康熙甲辰科（1664）进士，二十六年（1687）授贵州巡抚，三十年（1691），因丁母忧去职。后出任刑部、户部侍郎等职。一生居官廉正，体察民情，且学识渊博，生活俭朴。对政治、学术多有建树。鹦鹉寺，位于今盘州市东部英武乡距盘县老城城关镇25公里。据《普安直隶厅志》载：“鹦鹉寺在城北50里，建自前明。咸丰季年毁于乱。同治间，僧超凡募化重修。”

清代诗人、戏曲家舒位《镇远憩中山寺书僧房壁》①：

寺在最高层，扪萝附葛登。
半山闻落叶，一塔见疏灯。
猿鹤诸天梵，龙蛇百尺藤。
自怜行脚人，不及定中僧。

诗人曾游历四方，到镇远时小憩中山寺（中元禅院），为美景所感，欣然题诗于僧寮之壁。寺在山崖最高处，山势陡峭，用手拉着藤葛才登临寺中。更高处的落叶萧萧而下，寺塔灯光稀疏散射……游览奇景，令他十分感慨："自怜行脚人，不及定中僧。"顾影自怜，自己也仿佛是一个游方之僧，但参悟到的远不及禅定中的僧人。

清代的廖凌霄（云鹏）两首《登梵净山绝顶有感》，准确描述了梵净山高、奇、险、美的特点：

其一

披云直上翠微巅，佛国风光信可传。
听似管弦山下水，望如丝缕洞中烟。
岩高万丈疑无地，路转三叉别有天。
回首尘凡频寄语，能来绝处即神仙。

其二

乾坤莽莽豁双眸，万壑千峰一览收。
山向昆仑寻脉络，水从荆楚溯源头。
慈云法雨天无暑，翠竹黄花地少秋。
九十九溪环屈曲，双江不废古今流。

梵净山位于贵州铜仁，为武陵山脉主峰，梵净山海拔2572米，总面积

---

① （清）舒位著《瓶水斋诗集》（下）。舒位（1765–1816），清代诗人、戏曲家。字立人，号铁云，自号铁云山人。直隶大兴（今属北京市）人，生长于吴县（今江苏苏州）。乾隆五十三年（1788）举人。其诗多羁旅、行役、赠答及咏史之作；也有些篇章讽刺时政或抨击现实。中山寺，即贵州镇远县城东东岩中元禅院。

567 平方公里。千百年来，这里人与自然和谐共处，素有“集峨眉之秀、黄山之奇、华山之险、泰山之威于一山”的赞誉。梵净山势巍峨，峰姿磅礴，奇石超绝，古木参天，清泉甘冽。梵净山自明代开创，形成佛教圣地，清代建成四大皇寺、四十八座脚庵，香火绵延。梵净山奇景颇多，最著名的是奇峰、异石、云海、日出。梵净山金顶附近有万卷书、蘑菇石、石笋峰。“万卷书”为一层片状板岩，分层清晰，恰似藏书万卷；“蘑菇石”由两块叠加的岩石组成，上大下小，酷似一个巨大的蘑菇；“石笋峰”突兀的山石，犹如破土而出的巨大石笋。① 廖凌霄《登梵净山绝顶有感》直抒诗人披云踏雾登临峰峦叠嶂的梵净山巅，一览佛国锦绣风光的心境——静听山涧潺潺流淌，其声犹如管弦；远观香烟缭绕，雾霭飞腾，如万马奔腾。岩峰耸峙无人立锥之地；然而随路转出，柳暗花明，别有天地。登临梵净山颠，举目望去，莽莽群山，尽收眼底。山脉远延，水源四出。慈云蔽日，法雨菲纷，清凉之地；青青翠竹，郁郁黄花，祥和之景。

清代铜仁文士徐訚②，写梵净山的诗达 15 首之多，详细描述了梵净山诸多景点的自然风光。其中《红云顶二首》云：“红云极顶九重天，高起崇台敞法筵。劈破玉峰开净土，遐荒万古慧灯悬。”“梵岳崔嵬天上开，乱峰飞翠拥蓬莱。两间淑气钟灵异，万古慈风动九垓。”《佛影光二首》云：“紫雾光中现法王，五云缥缈焕天章。牟尼幻影人争讶，谁识本来声息忘。”“何牟鬼斧劈崇巅，三度金桥近日边。放眼佛光摩顶上，纵身天际挟飞仙。”《七绝・莲池观瀑二首》：“直上乘风客兴豪，莲池千仞入云高。钩帘晓日看晴雪，欹枕残更听夜涛。”“山雨霏霏湿翠微，溪云叠叠锁岩扉。银河倒泻从天半，时有春禽抉瀑飞。”其中“劈破玉峰开净土”“乱峰飞翠拥蓬莱”“金刀劈处飞桥渡”等句，描写准确，用词优美；“三度金桥近日边”“纵身天际挟飞仙”“莲池千仞入云高”“银河倒泻从天半”等句，撼天动地，气韵十足。

---

① 纳光舜：《古刹奇峰 西南名岳——贵州佛教名山梵净山》，《中国宗教》，2006 年第 8 期。

② 徐訚，字小骞，号澹园，贵州铜仁人，康熙年间贡生，秦朝徐福第六十一世孙。能诗善文，著有《香雪斋稿》（4 卷）、《澹园纪诗钞》（4 卷）等。

同样是写寺院之景，行伍出身累官至贵州提督的赵德昌①，其诗又体现了军旅诗人的特点，如他题《重游东山》诗云：

东岭路如梯，云深曙色迷。
仰攀高鸟近，俯视万峰低。
酒醉戈为枕，更阑月映溪。
举头天尺五，拟上岱山西。

对仗工稳，层次分明，起伏跌宕，气势磅礴，展示了军旅诗的特色。“仰攀高鸟近，俯视万峰低”，气度洒脱豪迈；“酒醉戈为枕，更阑月映溪”，道出了军人独有的保家卫国责任感和使命感。“俯视万峰低”“举头天尺五”，有“山高人为峰”之慨。

（二）佛理、佛典、佛语入诗

贵州文人学士熟知儒释道者较多，专门研究儒释道或儒释者亦不少。因此，以佛教佛理、典故入诗，在贵州文人诗歌中较为常见。一方面是诗人学识的展现，另一方面也倾吐其对佛教教理的感悟。如谢三秀《普定圆通寺登飞翠阁二首》（之一）云：

振衣历翠微，缥缈得飞阁。
松风众壑响，花雨诸天落。
渐暝鹤归林，乍晴钟彻郭。
愿言释尘纷，于焉永栖托。

其中，“花雨诸天落”的佛典，“花雨”是诸天为赞叹佛说法之功德而散花如雨。“诸天”为佛教护法天神，《金光明经·鬼神品》载有“二十诸天”（二十位天神的总称），为护持佛教的天神，其名称是：大梵天王、帝释尊天、多闻天王、持国天王、增长天王、广目天王、金刚密迹、摩醯

① 赵德昌，字达庵，贵州郎岱（今六枝特区）人。行伍出身，清同治三年（1864）由兴义总兵擢升贵州提督。善诗文，著有《枕戈室诗钞》。东山寺，有名栖霞寺，位于贵阳东山。

首罗、散脂大将、大辩才天、大功德天、韦驮天神、坚牢地神、菩提树神、鬼子母神、摩利支天、日宫天子、月宫天子、裟竭龙王、阎摩罗王。全诗道出了诗人对佛教山间“缥缈飞阁”的赞美，对“尘纷”凡世的厌倦，以及对超凡脱俗生活的向往，并表露了“栖托”于此的愿望。“诗言志”。谢三秀才华横溢，但科场失意，只考取个贡生。虽然得到贵州巡抚郭子章、副史韩光曙的器重，但仕途多舛，只做了个县学教谕的小官。这反而成就了谢三秀，使其致力于诗歌创作，成名于贵州明代诗坛，得到郑珍、莫友芝的推崇。郑珍有“贵州数诗家，有明推《雪鸿》”之句（谢三秀有《雪鸿堂诗集》）。莫友芝云：“贵州自成祖开省，迄于神宗，阅二百年……虽前之文恭，后之龙友、滋大，未有先于君采者也。”陈田认为谢三秀诗“有明三百年来，黔中诗家，当推首出”。[①]仅清人唐树义等编《黔诗纪略》，就收谢三秀诗198首。谢三秀对佛教有深入研究，在《法云庵看杏花》中，对佛典更是运用自如：

信手拈来瓣瓣春，怜谁着地即成尘。
瞿昙已槁无迦叶，反使花枝笑向人。
原是梧丘鬼道场，一为佛地便生香。
可知净垢初无二，昧者终云隔着墙。
懒去长安策骏肥，却来鹿苑问芳菲。
行人勿讶花盈帽，选佛场中及第归。

其中，首联“瞿昙已槁无迦叶，反使花枝笑向人”，用到佛教典故“拈花一笑”。典故出自《大梵天王问佛决疑经》，经云：有一次佛祖释迦牟尼应大梵天王之邀在灵鹫山说法。大梵天王率众人将一朵金婆罗花献给佛祖后退坐一旁。佛祖拈起一朵金婆罗花，意态安详，却不说话。大家不明其意，面面相觑，唯有迦叶破颜而笑。佛祖说：“吾有正法眼藏，涅槃妙心，即付嘱于汝。汝能护持，相续不断。”[②]然后把自己珍爱的金缕袈裟和钵

① 黄万机著：《贵州汉文学发展史》，贵州人民出版社，1999，第136页。

② 典故出自《大梵天王问佛决疑经》云：“尔时大梵天王即引若干眷属来奉献世尊于金婆罗华，各各顶礼佛足，退坐一面。尔时世尊即拈奉献金色婆罗华，瞬目扬眉，示诸大众，默然毋措。有迦叶破颜微笑。世尊言：‘吾有正法眼藏，涅槃妙心，即付嘱于汝。汝能护持，相续不断。’时迦叶奉佛敕，顶礼佛足退。”

盂授与迦叶。第五联“懒去长安策骏肥，却来鹿苑问芳菲”，用佛典“鹿苑”。鹿苑，即鹿野苑，为佛教圣地。末联“行人勿讶花盈帽，选佛场中及第归”，用到“选佛场”，“选佛”者，亦即选择“成佛作祖”的高僧。“选佛场”典故出自唐代。

于钟岳[①]《生日作时，已克复务川县城，振旅于赵北渡观音寺》之四：

蜗牛蛮触漫争雄，尽在拈花一笑中。
千佛说经徒有迹，一官于世岂无功。
福田法雨心偏切，苦海慈航道本同。
稽首空王无别祝，早销兵气庆年丰。

除用佛典“拈花一笑”外，还有三处用到佛语：一是“福田”。福田，意为可生福德之田。凡敬侍佛、僧、父母、悲苦者，均可得福德、功德，犹如农人耕种田地，能有收获，故以“田”作为比喻。《佛说诸德福田经》（简称《福田经》）云：僧俗之人只要多做好事，如立僧房、建果园、施医药、作坚船、架桥梁、凿井、造厕所等，即可得到福报。其二，“法雨”，法雨，佛教比喻佛法普度众生，如降甘露雨水润泽万物；后也用于形容高僧说法令人感服，能够滋养心田。《妙法莲花经·序品》言：“今佛世尊欲说大法，雨大法雨，吹大法螺，击大法鼓，演大法义”；《金光明经·赞叹品》言：“吹大法螺，击大法鼓，燃大法炬，雨胜法雨”；《妙法莲花经·普门品》：“澍甘露法雨，灭除烦恼焰。诤讼经官处，怖畏军阵中。”其三，“苦海”，苦海，比喻生死烦恼无边无际。众生造业受报，在六道之中生死轮回，犹如浮沉于苦海中。唯有修持戒、定、慧三学，脱离生死轮回的“苦海”，才能到达涅槃境界。“慈航”，慈航意为佛、菩萨发大慈悲，普度众生脱离生死苦海。慈航，将通往解脱的道路指引给众生，使众生得到安乐。慈，是给予众生安乐的意思。航，是比喻将众生从此岸（尘世生死轮回苦海）

① 于钟岳（1830–1865），字伯英，汉军镶红旗人，于成龙之后，荫生，咸丰十一年（1861）六月，檄署遵义、桐梓、绥阳三县，督办遵义、绥阳、湄潭、瓮安军务，已而题补都匀府，以道员用，并赏武勇巴图鲁，加按察使衔。同治四年（1865）战殁于阵。选自于钟岳著：《西笑山房诗钞（第二帙）·正安集》，顾久主编：《黔南丛书（点校本）》（第6辑），贵州人民出版社，2009，第102页。

摆渡到彼岸（出离生死苦海）的渡船。

明末铜仁人喻政《登梵净山》①：

回溯昆仑是本根，辟支复起小昆仑。
但看上界三垣近，肯信中华五岳尊。
古殿灯燃长白昼，危楼钟动欲黄昏。
到来却悟无生旨，贝叶何须细讨论。

其中亦多处用到佛典、佛语。例如“昆仑”，即昆仑国，南海诸国之总称。原指位于中南半岛东南之岛国。至隋唐时代广指婆罗洲、爪哇、苏门答腊附近诸岛，乃至包括缅甸、马来半岛。《南海寄归内法传》曰：“南海诸洲有十余国……遂使总唤昆仑国焉；唯此昆仑，头卷体黑。自余诸国，与神州不殊。”“五岳”分别为东岳泰山、西岳华山、南岳衡山、北岳恒山、中岳嵩山”，其中，衡山、恒山、嵩山均为佛教名山。“无生旨”又作无起。谓诸法之实相无生灭。涅槃之真理，无生灭，故云无生。《大宝积经》（卷87）：“无生者，非先有生，后说无生，本自不生，故名无生。”“贝叶”，古代印度人用以写经的树叶，亦借指佛经。唐代玄奘《谢敕赉经序启》：“遂使祇园精舍，并入提封；贝叶灵文，咸归册府。”

刘观光《邓道鸣元戎招集青莲界共赋》②：

崇崖表刹石为屏，休暇何妨使节停；
路指金绳开佛日，人从真气识贤星。
平临百雉烟初螟，坐对群峰雨后青；
漫向燕然谈纪绩，且将诗赋答山灵。
净土庄严大士莲，偶来览胜一参禅；

---

① （清）道光《铜仁府志（卷12）·艺文·诗》。喻政（1558–1654），字漳澜，铜仁府人。万历己未（1595）科进士．曾任福州知府等职。

② 诗刻于铜仁城西隅文笔峰文笔洞内。明万历三十八年（1610），邓钟（贵州总兵）奉命驻军铜仁，四十二年（1614）迎奉观音大士像于文笔洞中，并在洞口建亭栏，命名“名青莲界”。刘观光（时任贵州按察司佥事）作《青莲界序》及《邓道鸣元戎召集青莲界共赋》诗二首。邓钟作《文笔洞成邀刘观光观察集青莲界同韵》和诗。

开林宝树低枝日，劈石神工启洞年。
刁斗不鸣经梵响，烽烟长寝佛灯悬；
周旋鞭弭还嘉会，莫惜沉盃负胜缘。

诗人对佛理理解深透，以佛典、佛语入诗精当准确。其中，“金绳”，语出《法华经》，说的是佛教的理想国——离垢国，其道路是以金绳为界限。故“金绳”指用作分别界线的金制绳索。李白《春日归山，寄孟浩然》“金绳开觉路，宝筏度迷川。”唐代另一诗人李回秀《奉和九月九日登慈恩寺浮图应制》也用此典，“沙界人王塔，金绳梵帝游。”“净土”，即清净国土、庄严刹土，一般专指阿弥陀佛国土，其国众生皆行十善，身口意三业清净，无有众苦，但受诸乐，故又称极乐国土；“庄严”，端庄而有威严，佛教指对表相事物或心理行为的道德意义的修饰、加强；“大士”，佛教对菩萨的通称；“参禅”是禅宗用以学人求证真心实相的一种行门；“宝树”，佛经中指用纯金、纯白银、琉璃、水晶、琥珀、美玉、玛瑙等宝物，做成树状。

清人刘光宗《水月庵为雨所阻》①：

风雨漫天殢笋舆②，丛林小住意萧疏。
重寻旧日留题处，正值高僧出定初。
野鹤窥人崖竹动，涧松摇影水窗虚。
凭栏我已尘机静，笑结清缘悟六如③。

诗人乘轿出行，遇天阴下雨，留住于水月庵，在寺中闲游时，重寻以往题词之处，此时正值高僧禅修出定。藏于寂静的山岭崖竹间的野鹤，好像在偷窥人们的行迹，窗外可见山涧旁古松，环境清雅，尘机已静，六如已悟。其中“正值高僧出定初”用了佛教禅修术语“出定”。《观无量寿经》言：“出定入定，恒闻妙法；行者所闻，出定之时，义持不舍。”“笑结清缘悟六如”用了“六如”。六如，即“六喻”，指梦、幻、泡、影、露、

① 刘光宗，号若山，贵州松桃人，清道光壬午（1822）科大挑二等候补儒学士。水月庵，位于松桃县孟溪镇安山村。选自（清）道光《松桃厅志（卷31）·诗》。

② 殢（tì）：滞留。笋舆：即竹舆（竹轿子）。

③ 六如：也称六喻。佛教以梦、幻、泡、影、露、电，喻世事之空幻无常。

电，比喻世事之空幻无常。语出自东晋十六国时期后秦鸠摩罗什所译《金刚经·应化非真分》："一切有为法，如梦、幻、泡、影，如露亦如电"。佛教以梦、幻、泡、影、露、电，喻世事之空幻无常。

（三）交游唱和之作

中国古代的文人诗歌，在魏晋时便与佛教有了联系。如谢灵运《石壁立招提精舍》："绝溜飞庭前，高林映窗里。禅室栖空观，讲字析妙理。"① 魏晋时期，许多著名作家如许询、王羲之等都与名僧支遁交游。据《世说新语·文学篇》记载，许询、王羲之、支遁等常在一起谈论老、庄。到了唐代，中国古代诗歌进入鼎盛时期。在唐代诗园中，百花竞放，奇才辈出。李白、杜甫、白居易堪称一代诗圣，王维、孟浩然、柳宗元则各具特点。而唐代佛教也是中国佛教的鼎盛期，其时之佛教，各立门庭，自造家风，天台、华严、唯识、禅宗并为四大宗派，玄奘、法藏、慧能各为一代宗师。这时期之诗人于佛教涉足尤深，佛教对诗歌的影响则更大。唐宋之后，由于禅宗盛行，诗人与禅师交游成为一时之风尚，遂使佛界诗坛出现了这样一种情形：一方面，佛教界出现了一批以诗讲佛理之诗僧；另一方面，诗坛上出现了大量以禅入诗、以禅喻诗之禅诗。② 文人学士与僧人交游之风也影响到了贵州。贵州不少文人学士与僧人交往甚密，多有唱和之作。

邱禾实《冬日登阳宝山假宿僧舍二律》：

一

缥渺危峰碧落齐，攀脐竟日有招提。
云里户外诸天近，月挂松梢万象低。
玄岳何年归玉笈，清谈中夜共阇梨③。

---

①　（南朝·刘宋）谢灵运著，殷石臞选注：《谢灵运诗》，商务印书馆，1935，第 80 页。谢灵运（385–433），名公义，字灵运。会稽始宁（今浙江上虞），南北朝时期杰出的诗人、佛学家、旅行家。少即好学，博览群书，工诗善文，开创了中国文学史上的山水诗派，其诗与颜延之齐名，并称"颜谢"。

②　赖永海：《中国佛教文化》，中国青年出版社，1999，第 254 页、第 257 页、第 264 页。

③　阇梨（shé lí）：梵语的音译。阿阇梨的略称，义为教育僧徒的轨范师、高僧，泛指僧。

一声唤醒浮生梦，不是灵鸡不敢啼。

二

晚宿芙蓉第一峰，起来寒色动尘容。
天门早射扶桑影，虚谷犹传子夜钟。
自有野猿能献果，携将缩竹恐成龙。
前生知否浮邱是，已觉无生分外浓。

邱禾实诗，笔力雄劲，意贴主旨，尾句回应主题，全诗浑然一体，造成诗的浓烈的氛围。① 阳宝山寺院并不在交通沿线，邱禾实前往阳宝山并宿于僧舍，说明他与该寺僧人有密切交往。首联、颔联于点题中自然起承。写阳宝山高峻缥缈，上近天宇，下临万象。颈联推笔宕开，叙、议结合，而“闍黎”又与“招提”遥应，若断若续。尾联再摇荡一笔，荡出远神深意。“灵鸡”一声唤起，醒悟人生，有如梦之虚幻。这最后两句有回应全篇、使全诗浑然一体的艺术效应，而且使人隐然有“顿悟”之感：在倚天缥缈的阳宝山僧舍里，与高僧“清谈”之中，如梦方醒，似“灵鸡”一鸣，惊破浮生之梦。近“诸天”之佛旨，低“万象”之尘世。②

贵州花溪人周渔璜，被誉为“大清奇才”，他对佛教颇有研究，仅《桐埜诗集》就有写佛寺、佛理、僧人的诗数十首。与黔灵山弘福寺创建者赤松禅师交游。有《游黔灵山示赤松和尚》诗③：

尘土无因到上方，亭林风日净年光。
轻烟作阵扶杨柳，细雨如丝浴海棠。
忽听鸟吟天籁发，更闻禅语竹风凉。
桃花作饭终须悟，曲几何因作漫郎。

周渔璜在《黔灵山志序》中对赤松禅师赞赏有加：“黔灵山赤松禅师。密公三世法派也，始来黔，厌城市之喧阗，思得空山缚茅习静，始望城西

① 李远主编：《彪炳史册的黔南人》，贵州人民出版社，1992，第95页。
② 贵州古典文学学会编选：《贵州古典文学作品选》，贵州教育出版社，1994，第45页。
③ （清）周渔璜著：《桐埜诗集》，贵州教育出版社，1999，第554年。

之岭而异之，乃闢为禅堂。其山冈峦四合，自外睇之无所得，及登陟至顶，而后千奇万变，刻画呈露。自师居山，士大夫日从之游，后先增饰，今则林木日以茂，游人日以众，丹崖叠嶂，日增而奇丽，飞楼涌殿，遍压山椒矣。”

朱文《游相宝山示息知上人》①：

乘醉逃禅散步游，闲云笑我碧山头。
忘年古木栖玄鹤，超劫朱栏卧白牛。
开路昔人沉电火，弹丸故国事螺游。
欲来就此同君住，弄月吟风任岁流。

朱文，字湄云，广顺州人，崇祯时诸生。入清后，他与明末一些官员和文士相似，也选择了“逃禅”，因此与僧人有交往，其中包括相宝山僧息知。首联表明作者是“乘醉逃禅散步游”，并不是专门到相宝山拜访息知。但通过与息知交往，竟然产生“欲来就此同君住”的想法。说明两人投缘。但作者住寺院的目的还是“弄月吟风任岁流”。这种心态在朱文其他诗中也表露得很明显。譬如，《偶作示友》：“流光瞬息改朱颜，赢得痴愚一世间……荏苒随人评月旦，与君支枕卧南山。”《春日苦雨》：“骤风抱膝两眉攒，好景翻成离恨看……何事玉川沉陆海，教人无处望长安。”《红叶》“霜饮疏林误作春，寒山点缀为谁人……溪边寄语垂纶客，莫认桃花去问津。”②这是明末清初“逃禅”者的共有心态——既不满现实，又无力回天。与山寺僧人交往，成为其排遣的一种方式。真正选择出家修行者，只是极少数。

同样是与僧人交游，潘文芮、潘文苞的诗句就真切得多。如潘文芮《访雁上人》③：

---

① （清）唐树义审例，黎兆勋采诗，莫友芝传证，关贤柱点校：《黔诗纪略》，贵州人民出版社，1993，第1254页。朱文，字湄云，广顺州（治今贵州省长顺县广顺镇）人，崇祯时诸生，鼎革后，自号大傲，弃冠服隐居，放言以终其身。与吴中蕃相友善。为诗清放有奇气。

② （清）唐树义审例，黎兆勋采诗，莫友芝传证，关贤柱点校：《黔诗纪略》，贵州人民出版社，1993，第1256页。

③ 贵州省文史研究馆编：《续黔南丛书（第8辑）·下·黄彭年诗文集》，贵州人民出版社，2014，第856页。潘文芮，字右质，人称彬也先生。贵阳人。雍正中诸生。有《翠屏寄客集》。

尘嚣不到处，中住一僧闲。
心定非持偈，缘空但看山。
寻诗披竹径，招月入松关。
顾我难从俗，忘形许往还。

首句“尘嚣不到处，中住一僧闲”，准确摹写出山寺的幽深清净，僧人高洁脱俗。僧人的生活看上去也很平常，但思想上却进入了一种高深境界。这是普通人无法达到的。潘文苞《访苍瑶上人》①：

支公燕北至，飞锡栖霞峰。
食下忘机鸟，谈来听法龙。
题诗随兴到，栽竹任云封。
若问尘中事，门前山万重。

僧人的修持使是他们没有了世俗机诈之心，“食下忘机鸟，谈来听法龙”；修行已经融入“题诗”“栽竹”这些寻常事中。尘事抛却尽，情融山万中。一派和美景象。

郑珍《独游禹门》②：

意行无适去，遂至雪公山。
独鹤与人立，松门长自关。
老僧延客人，丛桂看人攀。
扰攘兵戈里，愁心得暂闲。

郑珍并不信仰佛教，还批评过佛教：“学禅旧辟佛，学仙今已迟。”③“号佛称神尤惑众”④，“雪公旧道场，化为三千屋。回首廿载前，误计不能赎。

---

① 贵州省文史研究馆编：《续黔南丛书（第8辑）·下·黄彭年诗文集》，贵州人民出版社，2014，第884页。潘文苞，字鞏也，贵阳人。乾隆庚午（1750）举人，官盐大使。有《琢辑云轩诗》。

② （清）郑珍著，龙先绪注：《〈巢经巢诗钞〉注释》，三秦出版社，2002，第429页。

③ 见《书遣知同以十七日归五首》之一。

④ 见《牟珠洞》。

寥寥子午山，谁听秋坟哭？”①“禹门寺内排桁杨，彼何人斯坐斋堂”，“守佛悲号佛无说，金刚弩睛菩萨怜”②，“何年浴佛供，亦与伊蒲献。佞谄贵新奇，此固不足讯”③，“生着人路上，谁能出其道。展转无奈何，可怜佛与老。百方会想尽，一朝亦僵槁”④。甚至认为有些僧人是骗人钱财。如《自讼》⑤云：“不识何髡民，不识何自来。不识何心想，打包郡城限。日持相人术，诱胁叟及孩。纷纷竞传语，历历无一乖。掐指决修短，听声知福灾。已往既可信，未来宁复猜……藐藐生之初，五福受已赅。奈何使髡残，评辱吾官骸。百年岂不识，先觉先我开……”。然而，随着生活境遇的不断恶化和不幸事件的连连打击，他逐步转变对佛教的认识，后来还接受佛教“因果报应”思想。而佛教中“无还无住”等思想，无形中也成为了他应对灾难时的一种应急心理防御机制。⑥与许多儒士一样，他尊重僧人，尤其是那些保持民族气节的明代遗臣。闲暇是也到寺院游览。写过一些有关寺院、僧人的诗。为遵义大悲阁写过楹联：“殿耸地樘千岁柏；神归天倚万人刀”。这样的转变在历代文人学士中屡见不鲜，例如，唐代韩愈由从“攘斥佛老”，到“求福田利益”；南宋许衡排佛引佛，轻道援道。等等。

贵州现代名僧果瑶 1932 年受贵州省主席毛光翔之邀入黔讲学，并任弘福寺办佛学院院长。他佛学知识渊博，辩才高妙，在黔灵山讲经时，听者如堵，省垣不少学者名流听后都钦佩不已。聂尊吾⑦与贵州现代名僧果瑶交往密切，有《冬初冒雨至黔灵山访果瑶禅师，用前韵》诗：

---

① 见《哀里》。雪公：丈雪禅师。道场：此指禹门寺。

② 见《禹门哀》。

③ 见《四月八日，门生馈黑饭，谓俗遇是家家食此，莫识所自，余“此青精饭也。”作诗示之》。

④ 见《和渊明〈饮酒〉二十首并序》。

⑤ （清）郑珍著，龙先绪注：《〈巢经巢诗钞〉注释》，三秦出版社，2002, 第 598 页。

⑥ 龚鹏程主编；陈蕾著：《古典诗歌研究汇刊（第 15 辑第 19 册）·郑珍诗学研究》，花木兰文化出版社（台湾新北），2014，第 129 页。

⑦ 聂尊吾著：《謦园诗词剩》。聂尊吾（1864–1942），名树楷，字尊吾，贵州务川人，仡佬族，清光绪初举人。进京会试时人京参加康有为、梁启超为首的公车上书活动。参与编著《黔贤事略》《民国贵州通志》《兴义县志》等。

黔灵山顶古兰若，为访名僧冒雨游。
妙粲舌莲无量义，追怀眉月半轮秋。
苾刍⑧拥座环三匝，梵箧分函萃一楼。
更向开山溯初祖，苔封短塔殿西头。

聂尊吾在诗中描述到：他冒雨到黔灵山访果瑶法师。果瑶为他讲解佛法，用语十分美妙而有文采；两人追忆峨眉山共观半轮秋月之景，以及黔灵山开山初祖赤松禅师的业绩，苾刍（寺僧）也来听讲经，周遭围满了听众。足见这种交往真切。

曹维城《初秋登黔灵山赠瞿脉上人》⑨（同题两首）：

其一

居与佛庐近，探幽不厌频。
开来天外寺，隔断世间尘。
檐敞风烟细，窗虚景物新。
白云常住处，从尔问禅真。

其二

黔山精舍好，相对有名僧。
道悟无生妙，禅参最上乘。
茶煎涧中水，香霭佛前灯。
不许尘凡到，云岚护几层。

曹维城是清康熙癸未（1703）科武状元，但虽为武将，却善画工诗，能文能武。他为人豪爽，待客谦和，不慕富贵，毫无骄气，享有“广交天下士，美酒能招客”的盛誉。常和当时贵州的一些著名文人学者如朱文、吴中蕃、潘德征、瞿脉等人有密切的交往。每有佳会，必以饮酒相招，谈诗论画，

---

⑧　苾刍（bì chú）：亦作“苾蒭”。即比丘。本西域草名，梵语以喻出家的佛弟子。为受具足戒者之通称。

⑨　道光《贵阳府志·余编（卷之16）·文征（卷之16）》。曹维城（1683-？），字价人，贵州贵阳人。清康熙癸未（1703）科武进士第一人。累官为云南副将、广西援剿左协副将。能诗善画，文武双全。有《飘然子集》。

互相唱和，风流潇洒，有奇士之风。他的《初秋登黔灵赠瞿脉上人》两首五律，描绘了深山古寺的宁静幽雅，表露了诗人超凡脱俗远离尘世的感情。①

这类诗还有不少，如王驿《圆通寺》：“侨栖来梵宇，不与俗尘干。隐几听流水，开扉见好山。钟声临枕近，谯漏隔关漫。宦辙奔波处，逢僧一话难。”②写出了对山寺和僧人难舍难分之情。又如丘懋朴③《送宝华上人游鸡足山（五首）并序》，写得十分真切感人。该诗有很长的“序”，详述宝华事迹：“宝华上人者，蜀人也。初游于贾，以赀雄④其俦矣。一旦见宝之胜，一切弃去，遂披剃焉。山故饶灵秀而绌于储蓄，往者，僧不过三五人，衣钵不充，香火寂莫。上人来，始以戒律精严为四方檀越所重，于是谒礼日众，宝地一新……聚徒百余人，鸣钟而食……一日，忽持钵辞余西游鸡足……余惟僧稀、寺古、山废而师来鸣钟聚徒，山兴而师去。其来其去皆具大根器，具大愿力，猛勇精进，坚忍非草草者……”这样一位名僧大德必然受到人们崇敬。因此，丘懋朴以诗赞云：“芒鞋箬笠任逶迤，莫讶投林早共迟。一榻从来如逆旅，出山浑似在山时。”“历尽云山礼大雄，木雕泥塑一般风。文殊菩萨原无二，何似归来斗室中。”“出定扶筇不掩关，清风明月一开颜。空门受用当如此，何必鸡山胜宝山。”“离俗何缘破俗封，解粘释缚且从容。禅师脚底从来润，不为探其访胜峰。”⑤

---

① 贵阳市政协文史和学习委员会编著：《贵阳历史人物丛书（综合卷）》，贵州人民出版社，2005，第 204 页。

② 印江土家族苗族自治县志编纂委员会：《印江土家族苗族自治县志·梵净山志》，贵州人民出版社，1992，第 1042 页。王驿，曾任贵州思州府推官。

③ 邱懋朴（生卒不详），字若木，新添长官司（治今贵州贵定）人，丘禾实长子。明崇祯六年（1633）举人。由广东徐闻知县历湖广上荆南（今湖北江陵）道佥事，以廉白闻。殁于战乱。

④ 以赀雄：以财产出名。赀，财物；雄，称雄。

⑤ （清）唐树义审例，黎兆勋采诗，莫友芝传证，关贤柱点校：《黔诗纪略》，贵州人民出版社，1993，第 903–905 页。

二、僧人诗歌

僧人诗作大体可分为摹写寺院景致、倡扬佛教义理、阐发参禅修持意境和倡导儒释道融会四类。

（一）摹写寺院景致

贵州佛教诗歌摹写寺院景致的很多，例如，大错（钱邦芑）《重九集西来庵》《中秋集古练塘》，敏树《晚兴》《山居》，策眉（黎怀智）《绝句四首》，赤松道领《次登山韵》《咏桂赠友》《次田春元夜赏菊韵》等。

大错（钱邦芑）①《重九集西来庵》：

木叶下空江，秋光澄素练。
天末气萧森，高云照微贱。
良辰兴客怀，朋好深相眷。
歌啸古人情，雅尚在游宴。
登高耳目广，日淡风岚变。
孤城守水尾，炊烟几家见。
平野饮新霜，凄清芜草编。

---

① 钱邦芑（1599–1673），字开少，江苏丹徒（今镇江）人。南明永历帝时以御史巡按四川，1652 年任贵州巡抚。后为权臣马吉翔辈所妒，兼之孙可望与永历朝臣不协，称王自恣，孙封他高官，坚决拒绝，清顺治七年（南明永历四年，1650）隐居余庆蒲村山中（今余庆县松烟镇境），将山取名“他山”，于山巅盖一茅庵，名曰“小年庵”。常游瓮安、平越（今福泉）、兴义等地。顺治十一年（南明永历八年，1654），祝发为僧，自号大错和尚，改寺名为“大错庵”。著述颇丰。有《诗话》《鸡足山志》《九嶷志》等。西来庵，位于湄潭县湄江镇（距湄潭县城约 3 公里），原名朝阳庵，钱邦芑改名为西来庵。

同赏独有娱，俯仰忽深念。
荣落理故然，时物谁能变。
归途暮霭横，月影平沙面。

大错和尚（钱邦芑）为南明永历朝重臣，因受外部形势和到内部势力所逼，选择出家为僧，在经历艰难的转变适应阶段后，适应了隐居生活，不时纵情于山水，以咏诗为文、诗文自娱的悠闲生活。《重九集西来庵》正是在这种心境反映：秋光云水如白色绢帛，木叶飘落于空寂的江面；秋气萧森，云照微贱，在诗人眼中也是一种美景，体现了“境由心造”的禅理。值此良辰美景，钱邦芑约友人相聚西来庵，游乐宴饮，谈古论今，一同登高望远高秋景致——但见山间雾霭返照着日光异彩，湄水尽头古城隐隐，村野农家炊烟袅袅。诗人不由得联想到远方的亲人，思念流亡中的永历帝及群臣……钱邦芑送客人时，走了很远仍不肯留步。回庵路上，大地薄雾轻腾，湄江倒映着深秋的月亮，月影朦朦胧胧罩隐着河岸沙滩，四周一派空寂祥瑞。联想到大错（钱邦芑）的另一首诗《中秋集古练塘》，也颇有相思意蕴：“……山斋具酒蔬，升降亦有伦。主人敦故谊，尊罍[①]见精神。言笑具深旨，风规邈可亲。新凉照颜色，露下天宇晶。众星隐余霞，夜半孤蟾明。高枝宿鸟起，飞鸣时自惊。感兹羁旅意，怀抱各纵横。往贤重聚会，精爽几消沉。杯酒具规勉，庶几千古情。”失去了权位的钱邦芑，身着僧装，“山斋具酒蔬”，与友人相聚畅饮，“言笑具深旨，风规邈可亲”。其实他和这些志同道合者，并未忘记复兴南明，“杯酒具规勉，庶几千古情”。困境中不忘初心，只有经历过大起大落才能有此境界。

敏树《晚兴》：

绿柳弄池萍，忽闻堤上莺。
窗明山月上，竹静晚风轻。
夹道花成径，游亭少客行。
坐来何所以，不觉又初更。

① 尊罍（léi）：泛指酒器。

寂静的河沿，垂柳随风轻抚池萍，堤上传来美妙的莺啼；明月新透窗纱，轻风吹拂绿竹。静中有动，动静相宜。“夹道花成径，游亭少客行”，再显寂静；初更忽响起，静寂又闻声。真乃美妙之笔。其《山居》诗多有这类特色。如《山居》（其六）：“幽岩寂静日偏长，半榻清风松竹凉。鸟啄花英落满地，累他蝴蝶暗寻香。”《山居》（其八）：“闲携竹杖玩春山，遥点诸峰耸翠环。鸟语花香无限意，几人能踏上头关。”均属此类。

策眉（黎怀智）[①]《绝句四首》（之三）：

一径萦纡入翠微，苍藤古树静晖晖。
幽行我自忘机去，惊起山鸡拍拍飞。

寺院位于回旋曲折山道尽头，庙宇四周藤条苍翠、古木参天，在阳光的晖映下显得艳丽多姿。漫步曲径通幽梵宇中，远离世俗纷繁尘嚣，闲庭信步，殊料惊飞道旁一只山鸡，拍拍飞去。静动相应，虚实契合；构思新奇，充满禅机。

文和道人题《题石上回文》[②]：

闲云野鸟宿村烟，唳鹤惊眠不似眠。
参细细功禅密密，坐深深地露涓涓。
三更五会空抛像，半夜初钟火出莲。
关外不行修佛事，南岩寄兴写诗篇。

首联，摹写寺之幽静，闲云过，野鸟翔，村烟袅袅去，偶闻鹤鸣声……动静相宜，一派祥和之景。颔联、颈联对仗工稳，言简意明，描述参禅入定玄妙境界。尾联“关外不行修佛事，南岩寄兴写诗篇”，重回到写实。全诗融会情、景、理于一炉。景美情切意深。

---

① 黎怀智（1587–1676），曾更法名彻智，号策眉。四川广安人，十四岁时随父徙居遵义乐安溪上。曾任黄冈县知县。明亡落发为僧，建龙兴寺（即后之禹门寺）。

② 诗题于桐梓县元田文笔山三座寺（该山三座寺院，即长寿寺、青都观、瓦庙子的统称）石壁。文和，不知何许人，清初云游至桐梓，尝负一神像。一日到三座寺宿，僧不纳，遂宿岩下，晨视，不知所往，只见到石上题的诗。

性莲[①]《山居》：

松长栖皓鹤，菊老放深秋。
茅屋依山静，柴门对水流。

云深林密处，皓鹤栖高松；深秋之时，菊花未败；茅屋静立岩旁，柴扉正对山泉。将山寺清幽之景，摹写得淋漓尽致。

（二）倡扬佛教义理

佛教提倡“弘法是家务，利生为事业”，所谓“家务”，就是家中应该做的、随时都要做事。因此，弘法对于佛教徒是责无旁贷的。弘法贯穿于僧人的生活，即使吟诗作对也体现着这一原则。这类诗比较多，譬如，敏树如相《复相国文铁庵居士》，燕居德申《论棒喝》，丈雪《复玉岑冉居士二首》《山居二首》《禹门六景》（《村烟》《牧笛》《月浦》《汀声》《石头山》《锁江桥》《游紫霞山睹古佛地坐有感》《山居二首》等。孤舟《偈》，语嵩《示自心禅人还凤凰池》《答天虞郑居士》《示两生座主》《读传灯寄铁庵文相公》《答神生居士二首》，佛度《次西樵先生纪游原韵》。

敏树如相《复相国文铁庵居士》[②]：

春城忽睹凤来仪，必是皇家瑞应奇。
蜀道花开香万里，楚山云接石三芝。

---

① 性莲（生卒不详。活动于嘉庆年间），章江人，开创并住持贵阳扶风山寺。工诗。有《雪斋诗存》二卷。选自张新民等整理：《黔僧语录·雪斋诗存》，巴蜀书社，2000，第746页。

② 张新民等整理：《黔僧语录·敏树相禅师语录》（卷8、卷9），巴蜀书社，2000，第117页。文铁庵：文安之（1592–1659），字汝止，号铁庵，夷陵（今湖北宜昌）人。明代文学家、文史著述家，抗清将领。天启二年（1622）进士。永历四年（1650），任东阁大学士。次年，自请往四川督师。到贵州都匀时，为孙可望所拘。数月后脱身到川东，联络川鄂边境的农民军——夔东十三家抗清。兵败。不久病逝。

传灯见性张无尽①，佛法留心曾叔迟②。
阁下雄风真大雅，壶浆不愧喜王师。

敏树这首诗，前两联以写景开篇，当时正值南明永历帝全力抗清，因此有“必是皇家瑞应奇”“蜀道花开香万里”等句，表明作者对南明政权的关注。接下来第三联“传灯见性张无尽，佛法留心曾叔迟”，才是敏树要告诉文铁庵的真情话：南明朝前景不明，希望文铁庵居士能效仿北宋张商英和曾机宜，认真研习佛法，了脱生死。最后是祝福语，既然文铁庵入川督师抗清，顺祝“阁下雄风真大雅，壶浆不愧喜王师”。

孤舟《偈》③云：

勘破无无世界，了然何物心头。
自性已归圆寂，清风明月自由。

孤舟这首《偈》，是一位僧人修持佛法、了悟人生的总结，是对佛教教理的一种简明解释。孤舟总结自己参禅历程，指出：世界不是永恒的，只要明白这个道理，就一通百通，走实现涅槃境界的正途；犹如独自漫步清风明月之下，自由自在，了无一物。

丈雪④《山居二首》：

草鞋高阁白云际，一镢⑤生涯宇宙长。

---

① 张无尽，即张商英(1043–1121)，字天觉，号无尽居士。四川蜀州新津人。宋徽宗崇宁(1102–1106)官至左丞。靖康（1126）赠太保。绍兴（1131–1162）中，赐谥文忠。自幼习儒，早年沾染道风，中年倾心佛学，具有较深禅学修养。他会通儒释道三教，主张三教融合。

② 曾叔迟，即曾机宜，字叔迟，安徽太和人。佛教居士，与宋代名僧释德洪（1071–1128）、宗杲（1089–1163）等交往密切。

③ （清）唐树义等编，关贤柱点校：《黔诗纪略》，贵州人民出版社，1993，第1274页。孤舟，不知何许人，万历初驻真州长官司今正安州皤溪寺。

④ 丈雪（1610–1693），法名通醉，号禹门，俗姓李，四川内江人。五岁入佛寺，十二岁时被天祥法师收为徒。经过8年修行，学识渊博，史事娴熟。后至梁山（今重庆梁平）万峰山，拜破山海明、密云为师。清顺治四年（南明永历元年，1647），到遵义龙兴禅院（经扩建改称禹门寺）。在禹门寺驻锡12年，有法嗣半月、月茎等10多人。后返蜀，重建成都昭觉寺。著有《丈雪语录》（12卷）、《锦江禅灯》（20卷）等。

⑤ 镢（jué）：一种类似镐的刨土工具。

月挂岩间云影静，雪残林际鸟声荒。
浓煎白水饶清富，熟蓄秋橙待晚香。
叶叶不将溪口浴，恐流名去播诸方。

荒庐寂寞野烟舒，料掉疏慵兴有余。
露地烹泉和月煮，蔬林薤草带香锄。
风摇录树传秋信，云冷长空老太虚。
一枕石头无个事，晴峰万里挂蟾蜍。

乍一看是在写一些毫不相干的事物，譬如“草鞋高阁”“一钁生涯”；以及极为常见之景，例如“月挂岩间”“雪残林际”等，但实际上是借物言情，借物喻理，借物宣教。丈雪是禅人兼学者，所学亦佛亦儒，深厚的底蕴使诗歌显得较为含蓄，其诗风清新、洒脱，真有一衲飘然的感觉，特别是关于山居生活的部分。[①] 在《复玉岑冉居士二首》也有同样的说理方式：

不居廛市岂居山，合水和泥只自闲。
任是冬瓜直儱侗，叮咛瓠子曲弯弯。

踏遍千山与万山，看来何物有忙闲。
夜来且伴芦花宿，水面无心月一弯。

僧人离开喧嚣的市井，远居于山林，悠闲自得，冬瓜直、瓠子曲，万物自由自在的生长。“踏遍千山与万山”，时光荏苒，白驹过隙，一切都是过眼云烟，只有居于山寺，才能真正享受到“夜来且伴芦花宿，水面无心月一弯”的悠闲时光。此诗表面是写景，实际上言感悟；在状物中说理，启迪人们脱离凡尘，去除烦恼，寻求解脱之路。

（三）阐发参禅修持意境

参，为佛教禅宗用语。指禅门修持中的谒师问道，坐禅参究，集众说法等。

① 遵义市地方志编：《黔北古近代文学概观》（上），中国文史出版社，2013，第 129 页。

禅宗除诘旦升堂、日暮念诵、非时说法分别称作早参、晚参、小参外，凡禅师垂语之尾也多用“参”字，意为参究言外之妙旨。[①]修持，指佛教徒依照经、律、论修习行持，不断对因妄念而产生的错误予以修正，严谨持戒，扬善抑恶，坚持不懈，最终达涅槃境界。

贵州佛教僧人佛门中这一类是较多。其中，赤松有100余首；语嵩有参禅偈100首和其他诗偈200余首；丈雪有200余首；厂石有100余首；敏树有60余首；性莲有200余首；了尘有诗（偈）2000多首，其中多为参禅修持、宣讲佛理诗，仅《劝世杂咏》（五言绝句）就有168首；《牟珠洞一百八景》108首；《释迦如来应化事迹次图赞》208赞。

燕居德申《论棒喝》：

棒是时人一样施，喝是时人一样喝。
时人不识所以然，所以拈向时人说。
未曾开口耳先聋，未曾举棒横身着。
只在时人日用中，可慨时人不自觉。

禅宗的“棒喝”往往被解释得很神秘，使人们难以理解。燕居以诗歌形式解释这一道理，全诗共用了6个“时人”，目的显然是强调了“棒喝”的道理就存在于人们日常生活中。最后两句归纳道：“只在时人日用中，可慨时人不自觉。”有些道理其实并不复杂，但由于人们不了解佛教语义，“棒喝”一词往往让人感到一头雾水。读此诗便一目了然。

云腹道智[②]《示太峰上座》《示会也上座》《寄达远上座》《寄弥光上座》《示正宇舒居士》等诗（偈），均言参禅，但各有特点。譬如《示太峰上座》：

行脚多艰事未符，老来方觉费踌躇。
豁开心眼空霄汉，历尽层峦峰亦无。

---

① 任继愈主编：《佛教大辞典》，江苏古籍出版社，2002，第882页。

② 云腹道智，四川渠县人，俗姓李，母何氏。早年在本里水月庵出家。后辗转入黔，先后驻清镇云归山、安顺府（治今西秀区）清凉禅寺、长寿院及永宁州（治今关岭县城）灵应山中和禅寺，弘法宣教。后入楚住持潭州益阳凤山西峰禅寺。其侍者岳贤、联升辑录《云腹智禅师语录》（二卷）。

说参禅有一个过程，只有不断研习参究，才能“豁开心眼空霄汉”。《示会也上座》：

刹土微尘一句收，那堪直指问根由。
只须坐断今时也，始信桥流水不流。

指出参禅要不断积累。《示正宇舒居士》①：

拟欲修行信不坚，因循却被葛藤缠。
六根结解如如佛，只要当人不变迁。

针对居士的特点，指出修行必须坚定信念，摆脱俗务“藤缠”。

古源《题壁》②：

蒲团高挂悬岩栖，独步石磴过古溪。
送客远闻樵子咏，迎宾近听野猿啼。
洞中禅座频频足，窗外云峰个个齐。
玩景空来从有识，是谁觉悟是谁迷。

诗人离寺踩石磴过古溪迎客，远闻樵子咏唱，近听野猿啼鸣。结尾点出主题“玩景空来从有识，是谁觉悟是谁迷”，美景皆为虚幻，学佛参禅，去除痴迷，提升“觉悟”，乃是僧人的追求。

赤松③《示众》（十二首）：

之十

六根清净更精勤，一念浑然超劫尘。
莫向外边寻佛果，单求自己本来人。

---

① 张新民等整理:《黔僧语录·云腹智禅师语录（卷 2）·杂偈》，巴蜀书社，2000，第 473–477 页。

② 诗刻于惠水小龙“波云洞”仙水下流里许“和尚洞”内岩壁。古源和尚（生卒不详），楚人康熙二十年（1681）云游至定番州（治今惠水县）城西九龙山，募修九龙山寺。

③ 赤松（1634–1706），法名道领。祖籍浙江，出生于四川潼川。清康熙十一年（1672），选黔灵山建寺院，得苗民罗妙德及地方官员曹申吉等支持，历 10 余载建成弘福寺。购《嘉兴藏》藏于寺内。晚年多与名士结伴，著有《语录》（5 卷）、《黔灵山志》（弟子协助撰成。12 卷），《游行草》（2 卷）等。

之十一

参禅极则取先天，一落二头便绕缠。
石火光中能辨取，不势蜗角[①]转三千。

之十二

乾坤收在一掌中，放出圆明满太空。
而今不知何若此，看来天地体皆同。

赤松以此告诉弟子：修持必须六根清净，精勤进取；修持就是修心、修身，无须外求。经过长期修持，到达一定境界，自然会“一念浑然超劫尘”。参禅需循序渐进，掌握正确方法，需要看得破，放得下，如果囿于蜗角之国那样的微小境地，很难获得成功。当到达“乾坤收在一掌中，放出圆明满太空”，就能领悟到“天地体皆同”的真境。

利根[②]是明清之际贵州高僧。陈垣《明季滇黔佛教考》说：“明季黔僧，多非黔籍。黔籍之有高僧，自利根始。”[③]利根曾云游江南名山大刹之外，在《径山藏》的刊刻处于版片四散、刊资无着、主持无人的关健时刻，挺身而出，竭尽半生心血，继续续《径山藏》刊刻，在保存佛教经书方面有重大贡献。[④]利根对参禅也颇有领悟，所作《答禅客》言：

坐残清露欲沾衣，夜色教人懒闭扉。
响落岩间钟尚在，月归林外影何依。
久知涉猎功原浅，顿觉聪明入亦非。
莫道禅机在高远，眼前光景即禅机。

利根幼年因家族遭大难而遁入空门。他看破红尘，立志修行，成为一代高僧。《答禅客》虽为描述个人修禅经历，但也可启迪他人：夜深人静，禅师参禅，清露沾衣，晚钟萦绕，月影依稀，顿生妙悟，“莫道禅机在高远，

---

① 蜗角：蜗牛的触角。比喻微小之地。

② 利根（1609-？），名继庆，赤水卫（治今今毕节赤水河）人，明清之际贵州高僧。

③ 陈垣：《明季滇黔佛教考》，北京：中华书局，1962，第286页。

④ 刘汉忠：《贵州高僧利根与〈径山藏〉》，《贵州文史丛刊》，1988年第4期。

眼前光景即禅机。”参禅不是种庄稼，农民种地，“春种一粒粟，秋收万颗子”，有耕耘，必有收获；参禅，则只管用功夫，不去想收获。功到自然成，一切顺其自然。

（四）倡导儒释道融会

倡导儒释道合一，是佛教本土化、中国化的重要表现。也是佛教立足中土、发展自己的一种策略。早在三国初期牟子在《理惑论》提出“内外（佛教和儒家）之道可合”的原则，确定了佛教与儒家“出处诚异，终期则同”的基本立场，首开佛儒道对话交融之风。康僧会笃至好学，明解三藏，博览六经，天文图纬，多所综涉。他在翻译《六度集经》时，用佛教的菩萨行发挥儒家的“仁道”说，力图把佛教大乘救世学说和儒家仁道思想结合起来。东晋高僧慧远（334–416）说：“常以为道法之与名教，如来之与尧孔，发致虽殊，潜相影响，出处诚异，终期则同。”①唐代宗密（780–841）指出：“然孔、老、释迦皆是至圣，随时应物，设教殊途，内外相资，共利群庶策勤万行，明因果始终。”②宋代以后，佛教界提倡儒释融会思想更为广泛。契嵩（1007–1072）指出，“故吾修身以儒，治心以释，拳拳服膺，罔敢懈慢，犹恐不至于道也……好儒以恶释，贵释以贱儒，岂能庶中庸乎？”③明代云栖袾宏（1535–1615）认为：“三教……理无二致，而深浅历然；深浅虽殊，而同归一理。此所以为三教一家也。”④明末清初元贤（1578–1657）提出，“三教圣人，设教不同，而所以必同者，此‘无我’也。”⑤

贵州僧人继承这一优良传统，倡导儒释融会。梅溪福度在《勉妄分儒

① （东晋）慧远：《沙门不敬王者论·体极不兼应第四》。

② 《大正新修大藏经（卷45）·原人论·序》。

③ （北宋）智圆：《闲居编（卷19）·中庸子传（上）》。

④ （明）释袾宏撰：《云栖法汇·正讹集·三教一家》。

⑤ 《卍新纂续藏经》第72册第569页（下）。转引自韩凤鸣、申思：《一个禅者的儒学——元贤禅师“以禅证儒”的学术旨趣》，《佛教文化研究》，2015年第2期。

释者》① 讲得很透彻：

释教儒宗没两途，休将儒释妄分疏。
儒宗一贯旨非别，释教单传致不殊。
会合唯时儒即释，圆通笑处释皆儒。
从来释道同儒道，谁谓儒宗异释欤。

认为释、儒两家殊途同归，“释道同儒道”，切不可妄加分疏。真正理解了这一点，就能“会合唯时儒即释，圆通笑处释皆儒”。

云山燕居《示丽水金居士》云：

儒士释士与道士，浑元三教何曾二；
同行同住复同床，可笑同床扯破被。

认为儒释道，源本同一，何曾有二；本来就是一家，但一些可笑之人偏要将其扯破。他在《云州复诸儒士》云：

释教儒宗天下传，何分西蜀与南滇。
欲知月指当空处，须识吾无隐尔篇。
居易亲僧因重道，长公解玉为逃禅。
了知彼此非同异，文字凭拈入大圆。

华严圣可有颂 ② 云：

道冠儒履释袈裟，见得分明眼亦花。
除怪先须去白泽，破家散宅是生涯。

---

① 张新民等整理：《续黔僧语录·东山梅溪度禅师语录（卷第九）·杂偈》，巴蜀书社，2000，第 678 页。梅溪福度（1637–1699），四川永川人。俗姓张。住贵阳东山栖霞山寺。有《灵隐文禅师语录》（贵筑东山发昙寺嗣法门人福度复编）。

② 《华严圣可禅师语录》（门人光佛等编）。

厂石如圣《示十洲戒子》① 云：

十洲三岛蓬莱客，曾向石床礼上乘。
识得仙佛无二致，壶中日月镇长明。

也强调了儒释道一致或释道相通，引导人们正确认识和理解。

① （民国）《续修安顺府志辑稿（第18卷）·艺文志·厂石》。

中　篇

贵州文人佛教诗词选

一、贵阳市佛教诗选

（一）明代

1. 王训[①]诗选

南庵

净度招提旧结茅，地偏应不远尘嚣。
山腰倒接城边路，水口斜通郭外桥。
深院落花无客扫，空门掩日有僧敲。
忘怀好结莲花社，分付山僧早见招。

[附记]选自（明）郭子章《黔记（卷12）·群祀志》。南庵亦称武侯祠。武侯祠，在南门外鳌矶右（今甲秀楼南方电网贵州公司大厦址），正德间以旧寺改名宦祠。嘉靖间巡抚徐问更名武侯祠，增祀傅友德等。以后续祀者俱入府司两学。名宦祠本祠列祀诸位寝以遗失，而人第知专奉武侯矣。

送陈昌归隐东山

百里花封早挂冠，东山深处好盘桓。
公卿不入新来梦，父老犹思旧任官。
鞭犊试耕云半亩，闻鸡常卧日三竿。

---

① 王训（约1410–1490），贵州贵阳人。明宣德十年（1435）举人。正统六年（1441）任贵阳儒学教授。王训知兵略，正统十三年（1448）被调至兵部尚书王骥幕府，曾参与指挥征讨云南麓川作战。旋仍回贵阳任教授。晚年封武略将军。

不应海内思霖雨，却使苍生望谢安[①]。

[附记]选自（清）唐树义审例，黎兆勋采诗，莫友芝传证，关贤柱点校：《黔诗纪略》，贵州人民出版社，1993，第8页。陈昌，贵州宣慰司人，正统甲子科（1444）举人。官知县。

2. 王阳明[②]诗选

南庵[③]次韵二首

隔水渔樵亦几家，缘冈石径入溪斜。
松林晚映千峰雨，枫叶秋连万树霞。
渐觉形骸忘物外，未妨游乐在天涯。
频来不用劳僧榻，已僭汀鸥一席沙。

落日江波动客衣，水南绿竹见岩扉。
渔人收网舟初集，野老忘机坐未归。
渐觉林间栖翼乱，想看天北暮云飞。
年年岁晚常为客，闲杀西湖旧钓矶。

[附记]选自（明）郭子章《黔记（卷12）·群祀志》。

---

① 谢安（320–385），字安石，陈郡阳夏（今河南太康）人。东晋政治家、名士。他尽心辅佐孝武帝，并在淝水之战中，以少胜多，为东晋赢得几十年的和平。战后因功名太盛而被猜忌，被迫避走广陵。追赠太傅、庐陵郡公，谥号“文靖”。

② 王阳明（1472–1529），名守仁，字伯安，别号阳明。浙江绍兴府余姚县（今属宁波余姚）人，因曾筑室于会稽山阳明洞，自号阳明子，学者称之为阳明先生。明代著名的思想家、文学家、哲学家和军事家，陆王心学之集大成者，精通儒家、道家、佛家。弘治十二年（1499）进士，官至南京兵部尚书、都察院左都御史。因平定宸濠之乱军功而被封为新建伯，隆庆年间追赠新建侯，谥文成。与孔子（儒学创始人）、孟子（儒学集大成者）、朱熹（理学集大成者）并称为孔、孟、朱、王。有《王文成公全书》。

③ 南庵，位于贵阳市南明河畔翠微园中。南明永历王朝在黔期间，孙可望的部将高恩（陕西西安府人）于南庵中建拱南阁，大殿三楹，又建大士殿于阁后，改名为观音寺。刘子元《武侯祠记》云：“南庵故有祠祀侯，前挹郡城，下瞰渔矶，烟水飘渺。余姚王文成公守仁，有南庵次韵二首律诗，今《省志》题作《武侯祠》，知祠址旧在庵中也。霁虹桥在城南跨南明河……”

徐都宪[①]同游南庵次韵

岩寺藏春长不夏，江花映日艳于桃。
山阴入户川光暮，林影浮空暑气高。
树老岂能知岁月，溪清真可鉴秋毫。
但逢佳景须行乐，莫遣风霜着鬓毛。

[附记] 选自（明）王守仁著，朱五义注，冯楠校：《王阳明在黔诗文注释》，贵州教育出版社，1996，第 70 页。

阁中坐雨

台下春云及寺门，懒夫睡起正开轩。
烟芜涨野平堤绿，江雨随风入夜喧。
道意萧疏惭岁月，归心迢递忆乡同。
年来身迹如漂梗，自笑迂痴欲手援。

霁[②]夜

雨霁僧堂钟磬清，春溪月色特分明。
沙边宿鹭寒无影，洞口流云夜有声。
静后始知群动妄，闲来还觉道心惊。
问津久已惭沮溺，归向东皋学耦耕[③]。

僧斋

尽日僧斋不厌闲，独余春睡得相关。
檐前水涨遂无地，江外云晴忽有山。
远客趁墟招渡急，舟人晒网得鱼还。

---

① 徐都宪：徐文华，字用光，四川嘉定州人。正德三年（1508）进士。授大理评事。擢监察御史，巡按贵州。

② 霁（jì）：雨雪停止，天放晴。

③ 耦耕：典出《论语·微子》："长沮、桀溺耦而耕，孔子过之，使子路问津焉。"耦（ǒu）：古指两人并肩而耕。

也知世事终无补，亦复心存出处①间。

德山寺次壁间韵

乘兴看山薄暮来，山僧迎客寺门开。
雨昏碧草春申②墓，云卷青峰善卷台。
性爱烟霞终是僻，诗留名姓不须猜。
岩根老衲成灰色，枯坐何年解结胎③？

[附记] 选自（明）王阳明著：《王阳明全集（简体注释版）·诗赋、墓志、祭文》，华中科技大学出版社，2015，第85–86页。

白云堂

白云僧舍市桥东，别院回廊小径通。
岁古檐松独存干，春还庭竹发新丛。
晴窗暗映群峰雪，清梵④长飘高阁风。
迁客从来甘寂寞，青鞋时过月明中。

[附记] 选自（明）王阳明著，张清河编注：《王阳明贵州诗译诠》，贵州人民出版社，2017，第120页。

来仙洞

古洞春寒客到稀，绿苔荒径草霏霏。
书悬绝壁留僧偈，花发层萝绣佛衣。
壶榼⑤远从童冠集，仗藜随处宦情微。

---

① 出处：谓出仕和隐退。

② 春申（?–前238），本名黄歇，中国战国时期楚国公室大臣，是著名的政治家、军事家。

③ 结胎：道家术语。也叫结丹，指神驭元气及呼吸之气，俱归丹田，属于炼气化神的功夫。“枯坐何年解结胎”一句显然混淆了佛教禅定与道家修炼丹关系。

④ 清梵：僧舍僧人诵经之声。

⑤ 壶榼（kē）：泛指盛酒或茶水的容器。亦借指铺陈酒具饮酒。

石门遥锁阳明鹤，应笑山人久不归。

[附记] 选自（明）王阳明著，张清河编注：《王阳明贵州诗译诠》，贵州人民出版社，2017，第122页。此诗描写写贵阳仙人洞景致，但从“留僧偈”和“绣佛衣”两句看，此处显然是佛寺。表明仙人洞在明代曾住过僧人。

3. 郭子章①诗选

东山②

山接夷嵎晓日晖，名山胜似此山稀。
天开巨镇云常簇，地拥雄图瘴欲晞③。
箐树摇空金刹动，江流绕郭玉虹飞。
居然别墅堪招隐，那得风尘学息机④。

[附记] 选自（明）郭子章《黔记（卷8）·山水志（上）·贵阳府诸山》。

圣泉

圣泉四水属昆仑，此水和云漱石根。
素练飞花苍藓合，白衣抹树碧池喧。
镜中玉液通仙籁，谷底潮声接海门。
天地虚盈元不毁，谁从一窍觅真源⑤？

[附记] 选自（明）郭子章《黔记（卷8）·山水志（上）·省城内诸水泉》。

---

① 郭子章（1543–1618），字相奎，号青螺，又自号曰蠙衣生，江西泰和人。隆庆五年（1571）进士，历任知府、左布政等职。万历三年（1575）奉命入黔，万历二十七年（1599）任贵州巡抚。史称其“能文章，尤精吏治”，著述宏富。

② 东山：又称栖霞山。位于贵阳市东隅（东山）上，明嘉靖年间（1522–1566）创建寺院。曾数度修葺。

③ 瘴欲晞：将瘴气扫尽。晞（xī）：消失；逝去。

④ 息机：息灭机心。《楞严经》（卷6）：“息机归寂然，诸幻成无性。”

⑤ 真源：指本源，本性。

4. 黄龙光①诗选

永祥寺雨望

秋染灵崖紫翠重，环流清浅咽杉松。
诸天金色庄严界，深树经声自在钟。
尽日宿阴沉极浦，当空垒峰抗飞峰。
一从岩下藏金甲，风雨年年护卧龙。

[附记] 选自（明）郭子章《黔记（卷55）·方外列传二·寺观》。

极乐庵

正有劳尘苦，欣逢极乐庵。
琉璃千佛照，空寂万山涵。
香染莲花妙，僧归净土参。
何年仙子迹，吹笛度鸾骖。

[附记] 选自（明）郭子章《黔记（卷8）·山水志（上）·贵阳府诸山》。

5. 谢三秀诗选

秋晴出郭与李屏孺、萧季律、张调父游眺。

薄暮饮溪上僧庵（二首）

行吟逢夕霁，踏叶过前潭。
山近青连郭，云归碧满庵。
孤钟留客听，半偈与僧参。
何处闻鸡犬，人家住水南。

---

① 黄龙光，字二为，江西浮梁人。明朝政治人物。万历戊戌科（1598）进士（曾谪官云南）。天启元年，起复任兵部武选司、右通政司等职。

溪路晴犹滑，溪流清且深。
水腥双鹭下，树暝一猿吟。
问法非高足，论交是素心。
秋原堪眺处，纤月在枫林。

石佛寺①借僧寮瀹茗作

旅况真无赖，停车对夕曛。
空林啼蜀魄，古路入滇云。
寺远客希到，钟寒僧独闻。
上方茶鼎熟，青霭渐氤氲。

送方次卿游峨嵋

汶岭万重云，岭岭梯云入。
虫声答风泉，木叶下寒隰②。
囊存古花剑，杖荷笋皮笠。
招彼山中人，探此霞外笈。

雨中对菊怀东生和愿之作

忆昨分襟何草草，秋林槭槭秋虫老。
游子天涯兴正酣，日暮彳亍峨嵋道。
峨嵋九月凌高寒，古雪皑皑应独扫。
空斋无客雨如丝，把菊怀君君不知。

陈衡灵邀游德山寺③

旃林长啸划烟霏，酒熟橙香蟹正肥。
塔忆瞿坛曾说法，台怜善卷久忘机。

① 石佛寺：位于安顺城东时家屯，洪武十五年（1382），傅友德、沐英捐建，僧佛海住持。
② 寒隰（xí）：阴冷低湿的地方。
③ 原注：寺在白龙潭上。

上方月午千峰静，枉渚霜寒万木稀。
夜半回舟风浪作，却疑潭底白龙飞。

再访德山青莲社，值建中上人归

两度扁舟访钓湾，开门童子报师还。
经旬漾楫移深浦，昨夜梯云宿旧山。
莲社可容陶令醉，蒲团聊对远公闲。
马蹄明日长安道，回首中锋积翠间。

西庵径中万竹修然，喜而赋此

负杖入深竹，一盘仍一盘。
邻僧分路去，野客到门前。
不雨夜尤绿，无风夏亦寒。
素琴多远思，空对此君弹。

[附记]选自（明）谢三秀著《雪鸿堂诗搜逸》，载顾久主编《黔南丛书（点校本）》（第4辑），贵州人民出版社，2009，第13–16页、第18–22页、第33页、第46页。谢三秀（约1550–1624），字君采，又字元端，晚年自号萍隐丈人，明朝贵州前卫（今贵州贵阳）人。自幼天姿聪明，勤奋好学。但科场不利，仅以贡生资格出任儒学教谕。中年以后弃职远游。出游楚、浙、苏、闽时，与诸名流李维桢、汤显祖等交游唱和。著有《雪鸿堂诗集》《远条草堂》。

永兴禅院赴明上人斋①

惠远能招客，香林坐掩扉。
蝉希知夏早，莺懒识春归。
净业双修苦，浮生万虑非。
伊蒲朝作供，细雨药苗肥。

① 原注：禅院疑即会城中大兴寺，建自洪武时。

[附记] 选自（清）唐树义审例，黎兆勋采诗，莫友芝传证，关贤柱点校：《黔诗纪略》，贵州人民出版社，1993，第559页。

6. 越其杰诗选

栖霞寺林中独坐

疏林落翠澹仍缅，石上留云坐亦輭①。
晴峰弃色偏宜晚，清宵独立引人远。
向焉驰骛今思返，尽倚聪明只觉浅。
避喧匿静生择选，尘累难将此法免，解开万念自然遣。

天竺

穿竹窥岩岫，分流入殿庭。
烟浓僧影湿，谷秀药苗灵。
细瀑鸣琴和，幽禽止语听。
心魂潜受濯，不自意能惺。

栖霞寺赠友

山中闻见别，静证感弥深。
鹤俗才能舞，僧高不在吟。
如何教世眼，容易识闲心。
若有兴衰念，须从响外寻。

静坐

竹密风仍度，苔侵石渐斑。
从容开静室，仿佛在深山。
无事念常寂，不吟心更闲。

---

① 輭（ruǎn）：同“软”。

如斯遣日月，颇胜药留颜。

山寺晚坐

浮岚千岭静，晚色半窗横。
远水为天幻，柔吹递簌轻。
月分残照影，泉续断钟声。
静省方知误，沉迷认作明。

与僧听树声

古树迎秋咽，禅扉尽日扃。
声先惟我解，寂处共僧听。
落叶翻成静，驰光忽似停。
往来人不绝，此意更谁惺。

九日居寺

暮年尤觉惜佳辰，秋色离怀怨略均。
多雨多风荒寺景，不言不笑忆家人。
交虽易与终存淡，事到难忘只饮醇。
起视菊丛犹寂寂，未开先带一分颦①。

闲步海云庵

金宫咫尺任探寻，路入烟岚曲自深。
景在城中翻似野，秋当霁后亦常阴。
爱闲以饮为多事，任放除诗不用心。
此地倘容虚一席，独支高枕听潮音。

与友谈禅

纷纷两地总徒然，净理原同出水莲。

① 颦（pín）：皱眉。

琢句虽清终口业，爱山近淡亦情缘。
能饶道眼方知道，不执禅心即是禅。
寂历孤灯照深意，蠹鱼未悟老残编。

冬日同友游栖霞

露洗尘封净碧苔，寒岩有意待君来。
山川不许粗心入，冰雪潜将慧识开。
得受净缘真系福，能参游理亦征才。
古人尚觉非全达，往往登临易动哀。

［附记］选自（清）唐树义审例，黎兆勋采诗，莫友芝传证，关贤柱点校：《黔诗纪略》，贵州人民出版社，1993，第628页、第637–638页、第648–650页、第667页、第673–675页。越其杰（？ –1645），字自兴，一字卓凡，又字汉房，贵州贵阳府（今贵州贵阳）人。万历三十四年（1606）举人，除夔州府同知。天启二年（1622）因平重庆奢崇明事有功，升佥事。福王时起为佥都御史，巡抚登莱。同年秋调任河南巡抚，兼管颍、亳二州提督军务。南京失守后不愿降清，后不久抑郁去世。

7. 其他诗选

大兴寺 孔镛

贵州城北市桥边，路入招提别有天。
千尺危楼齐日月，百年古殿锁云烟。
老僧独坐三生石，游客谁参一指禅。
圣泽普施丰五谷，便教龙卧井中泉。

［附记］选自（明）郭子章《黔记（卷55）·方外列传二·寺观》。孔镛（1417–1489），字韶文，南直隶苏州府长洲（今江苏苏州）人。景泰五年（1454）进士。成化二十三年（1487）以右副都御史巡抚贵州。

登东山 黄珂

城上旌旗带雨悬，城中草树昼生烟。
山光水色迷千里，人语鸡声傍一川。
望眼漫劳迎过雁，愁怀无奈听啼腾。
登临且上最高处，骚首南荒欲问天。

[附记] 选自（清）道光《贵阳府志·余编（卷之13）·文征（卷之13）》。黄珂（1449–1522），明四川遂宁人，字鸣玉。成化二十年（1484）进士，由县令累官工部尚书。有介直誉。宁王朱宸濠谋复前代宁王因罪被革去的护卫屯田，为养兵夺权做准备，黄珂坚执不签署，当时以为难能。

永祥寺 叶相

碧云萧寺暮天遥，松桂花阴晚见招。
风细小堂才听法，月明荒戍更闻刀。
尘机半日真怜息，虏气千山未许骄。
同侣旧游今远隔，珊珊鸣佩紫宸朝①。

山川黄落又残秋，尘事关心人易愁。
绝塞望穷乡信杳，长廊行尽梵香浮。
水云护榻怜僧定，秔②稻盈畴喜岁收。
更莫谈兵负明主，尚留恩泽在南州。

总兵李璋和诗

客邸光阴岁岁秋，筹边谁暇动乡愁？
几年青鬓红霜点，一寸丹心向日浮。

---

① 珊珊（shān shān）鸣佩：朝臣上朝时身上所佩戴的玉器发出声响。紫宸朝：臣子到朝廷上拜见君主奏事议事。紫宸（chén）：唐宋时为接见群臣及外国使者朝见庆贺的内朝正殿，在大明宫内。也泛指宫廷。

② 秔（jīng）：意思是秈稻。

清境偶从闲处息，尘机才到静中收。
凭高远拭登监目，望尽行云是帝州。

[附记] 选自（明）郭子章《黔记（卷55）·方外列传二·寺观》。叶相，江苏江都人。嘉靖七年（1528）任贵州巡抚。李璋，宁远（今辽宁兴城）人。嘉靖十五年（1536）任贵州总兵。永祥寺在城内西南隅，旧名潮音。成化间太监郑忠重建，敕赐今额，后稍颓。

永祥寺 汪庆

暇日闲游到上方，白云深锁老僧房。
几枝桂影摇晴照，四望山光带夕阳。
城外溪流时漱玉，阁中金鼎夜焚香。
前朝赐敕今犹在，永镇招提万古长。

[附记] 选自（明）郭子章《黔记（卷55）·方外列传二·寺观》。汪庆，贵州贵阳人。

东山 吴国伦

九日不登高，烟霞澹林麓。
十日秋气清，东山倚天矗。
复道舒新蓁，琳宫隐扶木。
振衣蹑其巅，一纵千里目。
荒城大如斗，众山渺焉伏。
扫石坐层云，鸣钟发幽谷。
僧至焚妙香，居然在天竺。
忽开西域莲，掩彼南阳菊。
何言非吾土，良游此堪卜。
羲驭难可停，且倒樽中淥。

[附记] 选自（明）郭子章《黔记（卷8）·山水志（上）·贵阳府诸山》。

吴国伦，提学。

九日登东山 刘之龙

晴日东山纵远眸，西南万里尽皇洲。
风云不变中原色，花鸟都消旅客愁。
面面危峰青黛合，盈盈江水玉虹流。
登临此日逢王粲，扫石题诗纪胜游。

[附记] 选自（明）郭子章《黔记（卷8）·山水志（上）·贵阳府诸山》。刘之龙，曾任知府。

东山 江东之

峭壁来登入境初，眼前云屋亦名都。
空怀远志耽高卧，欲靖蛮烟起壮图。
千里箐林一览尽，七擒将略百年无。
共瞻北阙舞瑶戚，谁向东山觅宝符。

[附记] 选自（明）郭子章《黔记（卷8）·山水志（上）·贵阳府诸山》。江东之（？–1599），字长信，安徽歙县人。万历五年（1577）进士。万历二十四（1596）任贵州巡抚。在黔期间购置官田，积资济贫，助学；创建贵阳甲秀楼。

东山 沈思充

方壶遥驾贵城东，秀拔群山来郁葱。
手可摘星斗姥阁，僧来面壁梵王宫。
北郊细柳开牙纛①，南浦芳洲挂玉虹。
谩自委蛇扶屐上，振衣一啸瘴烟空。

---

① 牙纛（dào）：犹牙旗。纛，大旗。

[附记]选自（明）郭子章《黔记（卷8）·山水志（上）·贵阳府诸山》。沈思充，曾任提学。

圣泉篇 杨慎

龙图天生水，羲画山出泉。
睠兹滭①沸流，肇自浑沌年。
盈涸在顷刻，消息同坤乾。
尘刹变潮汐，亿垓无贸迁。
帝台盎浆仄，神瀵壶岭颠。
冰雪姑射质，风露绰约仙。
窦云腾潏潏②，泓月涵涓涓。
虾须穿皎镜，蟹眼瞭沦涟。
岷觞衍游圣，坳舟喻思玄。
迷踪鬼方雾，蕴真罗甸烟。
讵逢陆羽③品，那遇桑钦④传？
名公纡胜引，嘉招陶芳筵。
折简开荟蔚，飞觥延霁天。
玉珂⑤袅重巘，金艾明华田。
碧敛洒柔翰，翠微铿洞弦。
临渊称混混，倚谷望芊芊⑥。
严闉⑦鼜鼓动，回溪蕡⑧烛然。

---

① 滭（bì）：风寒冷。

② 潏潏（yù yù）：水涌出貌。

③ 陆羽（约733–约804），一名疾，字鸿渐，号竟陵子、桑苎翁、茶山御史。唐朝复州竟陵（今湖北天门）人，唐代茶学家，被誉为“茶仙”，尊为“茶圣”，祀为“茶神”。

④ 桑钦（生卒不详），字君长，东汉河南洛阳人，据传为《水经》一书的作者。此书为中国历史上第一部记述水系的专著。

⑤ 玉珂（kē）：此处指马。袅（niǎo）：缭绕；缠绕。巘（yǎn）：大山上的小山。

⑥ 芊芊（qiān qiān）：山色青葱貌。

⑦ 闉（yīn）：本指西部黄土高原，转指高地。鼜鼓（cào gǔ）：古代巡夜戒守所击之鼓。

⑧ 蕡（fén）烛：古时束麻蘸油制成的火炬。

荒涂欣良会，兴言遂成篇①。

[附记]选自(明)郭子章《黔记(卷8)·山水志(上)·省城内诸水泉》。

题唐山洞 杨金

白云深隐一唐川，枕石烟萝洞口连。
策杖适情寻古迹，分云乘兴见壶天。
千重岚气千峰翠，万颗垂珠万象悬。
柯烂棋终事已往，吾身来复入桃源。

[附记]摩崖位于云岩区黔灵山麒麟洞（亦称云岩洞），刻于明嘉靖九年(1530)，约1米见方，行书，款题“镇守贵州太监杨金”。杨金，为“镇守贵州太监”。明代重用太监，始于明成祖朱棣，因之太监常奉使外国、监军镇守、出巡各省等，权力较大。

栖霞寺摩崖 董□

奉

简命亲军卫指挥同知臣董 装[庄]严《金刚经》一藏，《灵应证》千部，斋宿于是山，每见奇祥，偶成一律：

圣宵端明隆法藏，金刚灵应瑞先嘉。
御炉分得三香菉，宝盖团成五色霞。
灯蕋②夜遥双吐粟，水盆春盎蒲生花。
□□□□兆天人，万国衣冠庆岁华。

丙申（1536）岁孟夏月朔旦臣董敬题

① 原注：《志》作徐问诗，误。
② 蕋（ruǐ）：同“蕊”。

[附记]摩崖位于南明区东山栖霞寺上山道旁，高1.10米，宽0.80米（四边均不甚规则）。题诗者只留姓“董”，其身份是“亲军卫指挥同知”（全称“锦衣亲军指挥使司同知”，明朝设置的监察系统官员）。栖霞寺建于明嘉靖年间，崇祯二年（1629）重修。

安家洞摩崖 廖子、李左侯等撰

不厌尘中日去留，云和风静水声幽。
人生剩有陶闲处，苦向尘埃自白头。

壬辰岁（1592）龙泉清吏廖子书

仙洞云间草自春，石拜禅榻净无尘。
寰中亦有忘机处，遥岛何劳复问溶。

壬辰岁（1592）夏五月　李佐侯书

为寻幽意石岩开，水静云间鸟去来。
惆怅箕山高尚者，不将姓名换尘埃。

壬辰岁（1592）夏　槐亭陈君[①]□书

六月尘埃不暂休，邕从更向白云游。
人间静处皆仙境，何事怅骞问斗牛。

壬辰（1592）仲夏　□□谢天佑书

何必桃源更问真，云崖长日自生春。
幽看流水循环妙，巧爱悬空象纬新。
坐久不辞山月上，机闲真得海鸥亲。
奇踪更觉尘中少，一曲沧浪此濯缨。

① 陈君，名陈恩（？–1616），字槐亭，汉族。陈氏家族长期在贵州宣慰使司任要职。陈恩曾辅佐安国亨及其两子安疆臣、安尧臣和孙子安位理政30余年。能诗，修文阳明洞存其题壁诗两首。

起吾[①] 镌于壬辰年（1592）

[附记]摩崖诗位于开阳县宅吉乡安家洞。安家洞，又称曙云洞、宝王洞。位于宅吉乡政府驻地西北隅。洞内有不少摩崖石刻，多数撰于“壬辰岁”，系安国亨及幕僚题刻。安国亨（？ –1597），彝族土司，奢香夫人的后裔。明嘉靖四十一年（1562）袭其叔祖安万铨职，任贵州宣慰使。因擅兵仇杀被革官带。明神宗万历九年（1581）复官后，组织百姓开垦，对贫穷者给予耕牛、农具接济。境内大治，人民安业。能诗，擅书法，修文、开阳、大方等地有其摩崖、碑刻。参见吴正光《开阳宅吉明代土司摩崖》[《贵州民族报》2003–04–28（3）]。

游龙蟠山寺有感 刘秉仁

幽刹古来多胜迹，荒台今日不胜情。
乌啼故苑春堪赏，芝落灵源草自生。
仙洞云归龙已去，禅亭月在鹤空鸣。
悠悠往事成虚幻，淡霭孤峰翠黛横。

[附记]选自贵州省文史研究馆编：《续黔南丛书（第8辑）·下·黄彭年诗文集》，贵州人民出版社，2014，第1587页。刘秉仁，字子元，贵州宣慰司人，仕履具莫氏《纪略》。余检李觉斯《南滁会景编》，子元曾官南太仆少卿。《纪略》不载，可以补其缺。

秋寺连雨 越英

野寺无人叩，柴门竟日关。
暮钟翻表静，秋雨转难闲。
阶草容情积，囊诗割爱删。
小窗延湿翠，引目到青山。

---

① 启吾，名高汝吉，字启吾（摩崖中写为“起吾”），系“大方衙冠带白莫（毕摩）”。

[附记]选自(清)唐树义审例,黎兆勋采诗,莫友芝传证、关贤柱点校:《黔诗纪略》,贵州人民出版社,1993,第86页。越英,字德充,贵州宣慰司(治今贵阳市)人。弘治十七年(1504)举人。累官泸州知州,方直不为势力所挠。寻弃官归。居三十年,绝迹官府。辟西园,日静坐其中,以诗文自娱。

(二)清代

1. 吴中蕃诗选

缙云寺汤池

寺废亦已久,池乃故汤汤。
万松守幽映,百灵司泄藏。
远自沃焦山,虚通隅谷旸。
双持日月精,吐兹沐浴光。
烟雾喷潮汐,薪尽谁为扬。
燥湿互根柢,因之变燠凉。
冰雪具春温,柳下而首阳。
投躯事祓除,髓骨皆生香。
热中诚为何?煦煦似余肠。
游鳞尽泼泼,苔藓亦苍苍。
习惯成自然,焉知非故常!
沃沃清冷渊,或反谓不良。
炎洲有火鼠,热釜生虫虻。
造化恣神奇,物理安足详!
况欲问从来,丹砂与硫磺。

报恩寺铁镬歌

文皇靖难诛英杰,城镇骨骼沟流血。

功成事定起悲心，建此报恩兼解厄。
内府物力几为空，窣堵①摩霄擎日月。
一时招致万山僧，更启东寮作香积。
钵盂倾倒太仓储，釜鬵冶尽耶溪铁。
骐骥院中马递薪，光禄厨里官输䴭②。
饭罢逍遥扪腹游，谁念民劳与帝力。
大屋架成养闲汉，论年将已垂三百。
我闻青州城南寺，旧是田齐孟尝宅③。
及遭李伾④毁为兵，过者至今犹叹息⑤。
不然鸡鸣狗盗徒，比较缁流差有益。

老僧赠柏

前年赠我五株柏，株株长短均一尺。
经霜历雪四年余，二株及腰三过额。
方叹物生有不齐，或作虬龙或蚓蛴。
虬龙已欲天飞去，蛴蚓终蟠树与泥。
树泥本不离山根，天飞几得到天门？
不见老僧树高遭兵折，犹有四株存不得。
一併⑥移赠与田家，柏子无忧僧歇嗟。

雪后游德山

为嫌城里窄，更买雪中舲⑦。

---

① 窣（sū）堵：即窣堵波，亦作“窣堵坡”。梵语 stūpa 的音译。即佛塔。

② 䴭（cè）：碾碎了的豆子，用来做糕点或熬粥等。

③ 原注：其中有二镬，大者可容四十石，当年造食以养客。

④ 李伾（pī）：唐肃宗至德年间任司马。胡寇南侵，司马李伾熔了报恩寺大镬造兵器，和尚们苦苦哀求，才留下小镬和釜。。

⑤ 原注：是知帝王无度，涵盖天下哀无籍，尚不计失何况得。

⑥ 併：同“并”。

⑦ 舲（líng）：有窗户的小船。也指小船。

微径入寒竹，深烟閟古亭。
塔衰忘却长，龙老懒来听。
谡谡①松风起，残晖拂面零。
欲觅瞿童火，先寻屈子都。
山名原不枉，水意尽归湖。
门掩僧常病，舟横雁与孤。
古来仙佛地，总付鸟猿徒。

金山寺

耻与众山伍，冲波别出奇。
地天都不借，江海莫能移。
风逆徒延枝，身登忘险危。
中冷名太盛，反使后人疑。
江心呈岛屿，水气结蜃楼。
尚觉孤茎动，无防巨浪搜。
橹声时和磬，窗影或衔鸥。
何处容尘浊，居然在十洲。

雨投山寺

懒出岂云非，冲泥②兴已微。
磬沉烟里阁，灯报竹间扉。
放马龁③阶草，更衫借衲衣。
离家心便悔，何时与乡违！

早夏游潮音阁因留宿

村烟尽抱绿畴开，曲折溪流遇阁回。

---

① 谡谡（sù sù）：挺拔。
② 冲泥：谓踏泥而行，不避雨雪。
③ 龁（hé）：指用牙齿咬东西。

架木直将寻缥缈，凭栏无复见崔嵬。
松声匝地恒疑雨，潮响惊鸥每误雷。
竞使岚光留客住，不因暮色亦难回。

元旦游圆通寺

谁从蛟穴守兹山，宝刹重开万古颜。
满目烟波收近远，四时风日得宽闲。
阁将飞去岩留住，石欲奔腾松叫还。
老足尚能穷险亥，先春早已到林间。

赠华严阁老僧

穷山存古寺，废院寄闲僧。
老作无为伴，平为不二乘。
话阑因止宿，导往自持灯。
郑重觇衣履，清微及钵藤。
尘深蒙鼠迹，阁回竖风棱。
一鸟背幽独，双泉能隐层。
愁心降曙杵，了义向金绳。
遥影浓依榻，轻香暗扑瞢。
愁心降曙杵，了义向金绳①。
遥影浓依榻，轻香暗扑瞢②。
悟来生岂有，识去智难矜。
拟续《华严》语，苏公③亦未能。

---

① 金绳：佛经谓离垢国用以分别界限的金制绳索。

② 瞢（méng）：目不明。

③ 苏公：指苏轼。他对《华严经》颇有研究。

访鹤、赎鹤、快鹤①

卞制阃院中只鹤，临行放之东山，予往赎之，僧不许，已而飞去。作《访鹤》《赎鹤》《快鹤》三诗。

故是神仙侣，胡为富贵家。
几年离远峤，此日罢参衙。
翅蹋神犹馁，笼开意已遐。
山头时纵望，寺里可宽敛。
不恋公厨稻，知辞弋者罝。
瞑依僧榻磬，饿啄祇园花。
清净余生事，消除夙昔嗟。
我来如晤友，一见便欢哗。
屡舞莫能止，将归还更遮。
物微偏重旧，叹息正无涯。

幕中曾共处，跼蹐想飞骞②。
有咏常邀和，登床时对眠。
分餐甘一饱，多病荷相怜。
侧目青灯下，衔衣碧沼边。
检书初识字，守钓久忘筌。
渐惯都无忌，闻呼便肯前。
我方行引退，尔亦寡周旋。
愁思凭谁寄，虽忧许孰传？
今来身舍寺，恰似宦归田。
正好寻前约，还宜伴暮年。
峰高虽可止，人旧却难捐。
城市犹防近，神情未必全。

① 标题为选录者拟。

② 跼蹐（jú jí）：狭隘；不舒展。飞骞（qiān）：飞行。

欲招尘外侣，敢惜杖头钱！
僧陋矜官物，术疏愧侠仙。
遂令吾故友，契阔在山巅。

惆怅下山日，心知难久羁。
岂云愚俗子，致此出尘姿。
宝惜非真好，珍留待厚赀。
既然须货取，何莫与琴随！
毛羽方资养，交游谅有期。
忽因风露警，遂动海天思。
万里终焉往，千山不我辞。
僧应增懊恼，余乃罢嗟咨。
虽未相从老，犹愈久絷维。

僧至

一杖破幽独，云移雨脚斜。
翻嫌林影薄，未得晒袈裟。

秋晓山寺

漠漠云林覆梦思，纸窗中隔草虫悲。
魂兮也奉东林约，不过溪头未肯之。

雨夜闻钟

霜落千山气报钟，长吟袅袅入遥空。
愁心不逐余声散，并结寒云细雨中。

法云庵看杏花

信手拈来瓣瓣春，怜谁着地即成尘。
瞿昙已槁无迦叶，反使花枝笑向人。

原是梧丘鬼道场，一为佛地便生香。

可知净垢初无二，昧者终云隔着墙。

懒去长安策骏肥，却来鹿苑问芳菲。
行人勿讶花盈帽，选佛场中及第归。

[附记] 选自（清）吴中蕃著：《敝帚集》，载顾久主编：《黔南丛书（点校本）》（第4辑），贵州人民出版社，2009，第95页、第127页、第144–145页、第152–154页、第197页、第227页、第251页、第267页、第270页、第285页、第305–306页。吴中蕃（1618–1695），字滋大，晚号今是山人。贵州贵阳人，著名诗人。早岁通经，青年时曾漫游吴越等地。明崇祯十五年（1642）举人。南明永历年间，任遵义知县、重庆知府、礼部仪制司郎中兼吏部文选司郎中。因劝阻永历帝从安龙西迁昆明而得罪皇帝，罢官回到贵阳隐居于党武龙山。清王朝曾几次派员来请他出山为官，都被他婉言回绝。清康熙三十一年（1692），应贵州巡抚卫既齐之聘，曾主纂《贵州通志》。诗集有《敝帚集》《响怀集》等。

羡僧（有引）

督府荐亡，延僧法事，礼拜甚恭，馈复厚，而士民赴吊者数日乃得入，入得一茶而出，因羡之。

毗卢帽子锦袈裟，高坐公堂颂《法华》。
世上威仪都改尽，看来不改是僧家。

[附记] 选自（清）唐树义审例，黎兆勋采诗，莫友芝传证，关贤柱点校：《黔诗纪略》，贵州人民出版社，1993，第1207页。

2. 周起渭诗选

李苍存招集圣安寺

柳湖村边圣安寺，乃是金源之故基。
湖水沽涸村为墟，龙宫绀宇长崔嵬。

今年天气最毒热，道傍暍[①]者行累累。
吾庐有似曲直突，阳艳傍午相蒸炊。
李侯选胜得兹地，罗列酒馔相娱嬉。
眼前宾客尽名辈，坐者立者肩差随。
殿前两楸绝奇古，屈铁枝干蛟鼍[②]皮。
老槐亦是百年物，绿阴延袤身厜㕒[③]。
合欢离离可爱玩，青丝绛蕊飘缨緌。
竹柏交加互葱蒨，信知佛地无炎曦[④]。
座中谈谐了不羁，放口一嚼千留犂[⑤]。
酒酣携手看画壁，粉墨元气交淋漓。
诸天合掌还支颐，或坐巨象乘狻猊[⑥]。
毗沙[⑦]真人美且颀，坐而如尸立如遗[⑧]。
无心心可藏须弥，恒河沙劫颦伸眉。
弟子无言各膜拜，弹指而悟悟而悲。
画手云是商维吉[⑨]，百年颜色无瘢痍。
旃檀大像谁所移，令我亲见天人师。
当时道成入忉利，天宫说法报母慈。
优填王子[⑩]欲肖像，爰摄天匠升天墀。
三度往复而得之，大藏之言不吾欺。
雪楼作记磨穹碑，此事荒远吾未知。

---

① 暍（yē）：中暑。

② 蛟鼍（tuó）：水中凶猛的鳄类动物。

③ 厜㕒（zuī wěi）：山巅之末。

④ 炎曦（xī）：比喻高热。

⑤ 留犂：饭匕（舀饭的匙子）。

⑥ 狻猊（suān ní）：传说中的一种猛兽。

⑦ 毗沙：唐羁縻都督府名。高宗上元二年（675）在于阗国（今新疆和田西南）置，属安西都护府。

⑧ 尸：古代祭祀时用以代替神鬼受祭的人。立如遗：形容傲立如遗世之松。

⑨ 商维吉：明代画家。故宫藏有其写生画（一猫一狗）。

⑩ 优填王，又称嗢陀演那王、邬陀衍那王。全称嗢陀演那伐蹉。意译日子王、出爱王。为佛世时憍赏弥国之王。因王后笃信佛法，遂成为佛陀之大外护。

但念热恼烧吾肌，为吾有肌热得施。
吾今无吾热者谁，以吾身热为思维。
佛身非佛理可推，非佛乃有灭度时。
况此朽木其能支，佛仍住世旃檀非。
晚来殿角生凉飔①，飘骚竹树吹人衣。
众宾皆醉我欲归，掀髯一笑为此诗。
金粟奇幻恍难造，诸公笔舌铦如锥，请发妙谛摛②妍辞。

分咏京师古迹得明成祖华严经大钟③

鸿沟不割新亭毁，南兵百万封羊豕。
九江夜盗鱼钥行，金川门开鼓声死。
袈裟瓶钵嗣皇髡，忠臣十族飘冤魂。
高皇钟虡④幸无恙，不归异姓归宗藩。
九鼎迁移太仓卒，燕山峨峨连宫阙。
销锋铸鐻⑤一钟成，要比铜人高突兀。
当年杀戮成邱墟，凭仗佛力相忏除。
《金刚》《华严》八十卷，蒲牢腹背分明书⑥。
一字忏除一冤命，字少冤多除不竟！
钟声夜发老狐鸣，头髑髅暗中听。
秖⑦今往事三百年，零落草棘依荒烟。
红墙碧瓦半销毁，道旁翁仲行人怜。
忆昔索铜山海竭，悬钟十丈龙头楔。

---

① 凉飔（sī）：凉风。

② 摛（chī）：散布。

③ 原注：钟在万寿寺，钟内外书《华严》《金刚》诸品名经八十一卷，沈学士度笔也。

④ 虡（jù）：古时悬钟鼓木架的两侧立柱。

⑤ 鐻（jù）：古代一种像钟的乐器。

⑥ 古代传说中的一种生活在海边的兽。据说它吼叫的声音非常宏亮，故古人常在钟上铸上蒲牢的形象。

⑦ 秖（zhī）今：现在。

铭勋不计道衍功①，衅涂即用齐黄②血。
沈生字体平不颇，银钩铁画星骈罗。
宁知青史但一字，比较钟鼎尤难磨。
骨肉相残悲已事，憾留此钟阅三世。
乐安州外见俘王，南城宫中伴幽帝。
此时老佛西南行，荒陬一卷《楞严经》。
归葬西山不封树，到今谈者泪纵横。
金石寿长人不能，弹指千年多废兴。
君不见，米脂贼③来箭如雨，原庙编钟散无主。
万岁山头悲尺组，帝子王孙无处所，血溅长陵一抔土。

伏日柬查悔余高庙僧舍

下直归来百虑捐，纸窗蒲榻意翛然。
一泓烟水环僧舍，千里菰芦梦钓船。
薄宦随缘当招隐，诗人垂老例参禅。
冷灰枯木无留焰，凉过王城伏暑天。

[附记]选自贵州省文史研究馆编：《续黔南丛书（第8辑）·下·黄彭年诗文集》，贵州人民出版社，2014，第716–719页、第724–725页。周起渭（1665–1714），字渔璜，一字桐野，贵州贵筑人。康熙甲戌（1694）进士，曾任浙江乡试主考官，《康熙字典》纂修官、詹事府詹事等职。有《回青山房集》《桐野诗集》等。

春日游黔灵山示赤松和尚

尘土无因到上方，亭林风日净年光。

---

① 道衍，即姚广孝（1335–1418），幼名天僖，法名道衍。长洲（今江苏苏州）人。明朝政治家、佛学家、文学家，靖难之役的主要策划者，中国历史上著名的黑衣宰相。

② 齐黄：指齐泰、黄子澄，为建文帝亲信大臣，他们均主张削藩。朱棣攻陷南京，齐泰、黄子澄遇害，株连九族。

③ 米脂贼：指张献忠。他于崇祯三年（1630），在米脂追随府谷人王嘉胤起事。故有此贬称。

轻烟作阵扶杨柳，细雨如丝浴海棠。
忽听鸟吟天籁发，更闻禅语竹风凉。
桃花作饭[①]终须悟，曲几何因着漫郎。

城南踏青留观音寺小饮

甲秀楼边粉作尘，芒鞋亲逐捕鱼人。
桃花落后多新雨，春水生时过旧痕。
是处绿杨遮紫陌，谁家青鸟乱红巾。
踏歌休问年华度，只身樽前见在身。
选胜虽无独乐园，出城半里即山樊。
雨余朝麓岚光别，人比春禽笑语温。
花雾阴时迷远浦，柳烟开处见渔村。
凭君莫话金山约，玉带因缘恐断魂[②]。

[附记] 选自（清）道光《贵阳府志·余编（卷之16）·文征（卷之16）》。

3. 朱文诗选

游相宝山示息知上人

乘醉逃禅散步游，闲云笑我碧山头。
忘年古木栖玄鹤，超劫朱栏卧白牛。
开路昔人沉电火，弹丸故国事螺游。
欲来就此同君住，弄月吟风任岁流。

江口散步

旅庭无个事，散步白云隗。

① 桃花作饭：桃花米所作之饭。桃花米为次等米，略如今天的糙米。

② 尾联指苏东坡与佛印的玉带奇缘。

寺古苔生瓦，山寒雪绽梅。
短歌渔父放，长笛牧童催。
相顾无相识，斜阳客自回。

[附记] 选自（清）唐树义审例，黎兆勋采诗，莫友芝传证，关贤柱点校：《黔诗纪略》，贵州人民出版社，1993，第1254页。朱文，字湄云，广顺州人，崇祯时诸生，鼎革后，自号大傲，弃冠服隐居，放言以终其身。与吴中蕃相友善。为诗清放有奇气。

4. 阎兴邦诗选

游黔灵山

贵阳城北黔灵寺，寺在黔山檀水次。
石磴千盘屐印痕，僧房四面峰环翠。
轻风隔岭送钟声，好鸟窥窗听说偈。
龙潭杳冥竹林深，狮岩睥睨野花媚。
境僻曾无车马喧，景幽自有游人至。
我到牂牁已五年，举步未离方寸地。
兹山兹寺久闻名，每见如同回面避。
今夏清和日正长，新苗透绿麦挼[①]穗。
星言夙驾慰三农，间访招提见真意。
拾级而登径转纡，停车不御屏从骑。
岂料西南号漏天，阳乌匿影浮云蔽。
附葛攀藤到上方，嶙峋峭壁排灵异。
缁流相引憩禅关，布帘徐揭通香气。
杰阁高临碧汉低，龙蛇蟠蹙护经笥[②]。
开山僧腊六十余，遍游四海参同契。

---

① 挼（ruó）：揉搓。

② 笥（sì）：盛经典的方形竹器。

华严虽译数千言，达摩惟传第一义。
近来不复多饶舌，独挈髻珠付法嗣。
自叹劳劳役簿书，片刻清凉犹出世。
恰比昌黎遇大颠[①]，止耽解脱非求利。
坐久岚光落槛边，寒生衣袂催归辔。
行行策马边城闉[②]，黄犊投村炊烟细。

游东山

宛宛南明水，回环抱此山。
解鞍寻曲磴，策杖渡禅关。
薄雾侵衣湿，孤云入座闲。
少留心已寂，不信在乌蛮。

[附记] 选自（清）道光《贵阳府志·余编（卷之 16）·文征（卷之 16）》。阎兴邦，字梅公，直隶（今河北）宣化人。清康熙五年（1666）举人，三十一年（1692）任贵州巡抚。

5. 毛振翧诗选

秋日登黔灵山寺，留赠参之上人

石磴纡回到上方，开轩风露扑衣凉。
白云冉冉藏僧阁，黄叶纷纷坠佛床。
身卧灵山观自在，心驰碧落笑奔忙。
蒲团坐话非容易，况复高僧是故乡。

① 韩愈被贬到潮州以后，经常向大颠和尚问道。

② 闉（yīn）：本指西部黄土高原，转指城防工事等。

说法台前花雨迷，远公①一话夕阳西。
题诗未敢夸莲社②，送客还看过虎溪③。
清磬数声空谷杳，红尘十丈下方低。
逃禅不觉归来晚，满径松阴衬马蹄。

登拱南阁，再题赠参上人

云树苍茫望渺然，凭栏秋思满江天。
孤松干老多巢鹤，衰柳枝残不挂烟。
目送飞鸿怀往事，人临逝水怅流年。
桂花开尽黄花放，才得偷闲一叩禅。

芳杜洲前草色齐，万山飞翠日沉西。
观风台上萧萧叶，丞相祠边喔喔鸡。
少女澣④衣秋水碧，牧童牧犊暮云低。
坐来诗思清如洗，短纸重张笔再题。

[附记] 选自（清）李宗昉：《黔记》（卷2）。毛振翧（1686-？），字翥苍，四川华阳人，康熙戊子科（1708）举人，曾任贵州古州同知。著有《半野居士诗集》。

6. 李专诗选

登黔灵山赠瞿脉上人

荆棘昔满径，将我衣裳钩。
平生一两屐，恨无奇可搜。

---

① 远公：对东晋名僧慧远（334–416）的尊称。

② 莲社：以念佛为主旨之团体名。东晋慧远大师居庐山，与刘遗民等同修净土，寺中有白莲池，因号莲社，又称白莲社。后结社念佛者亦多以此名之。

③ 溪名。在江西省九江市南庐山东林寺前。相传晋慧远居此，送客不过溪。过此，虎辄号鸣，故名虎溪。唐李白《庐山东林寺夜怀》诗："霜清东林鐘，水白虎溪月。"

④ 澣（huàn）：同"浣"。

奄忽[①]廿七载，拂云见松楸。
何时招大匠，结构成经楼。
独念厖眉人，掉臂归九幽。
卢能及慧可，孰辨龙与虬。
坐叙初地日，不为荼瓜留。
愿拍洪厓肩，同作方外游。

殷梦臣先辈将归粤，诸友留之，同饮黔灵山

共拟行觞政，相传有好山。
春晴称人意，路险学猿攀。
风物揽千里，别离偷一闲。
只愁明日事，折柳向郊关。

[附记]选自贵州省文史研究馆编:《续黔南丛书(第3辑)·上·播雅》，贵州人民出版社，2012，第135年。李专，字知山，号白云居士，遵义人，康熙丙寅（1686）拔贡。《贵州通志》选举失之。后选授教官，不就。后遍历滇、黔、楚、蜀、吴、越、燕、赵等地。

东山

望里招提别有天，楼台隐隐隔苍烟。
短筇出郭寻幽径，野鸟呼人上极巅。
摩诘[②]不来谁作画，生公[③]如到许栖禅。
只愁灵谷钟山水，未免嘲讥此地偏。

[附记]选自（清）道光《贵阳府志·余编（卷之16）·文征（卷之16）》。

---

① 奄（yǎn）忽：文言副词。忽然。

② 摩诘：王维，字摩诘，唐代著名诗人和画家。晚年奉佛。

③ 生公，西晋高僧魏道生，又称生公，在杭州虎丘山讲经，传说他聚石为徒，石听经后也为之点头。

7. 邹一桂诗选

照壁山

山势裁成幅，帆开未见舟。
游人常面壁，落日好登楼。
万井容牕①隙，千峰插案头。
率然环雉拱，卓尔画扇秋。

拂藓寻题句，凭栏恣远眸。
啸空宜舞鹤，飞杖欲乘虬。
新月城笳动，疏钟梵吹幽。
归来衫袖重，携稿上鸣驺②。

登来仙阁游雪崖洞四首

劖崖营杰阁，突兀傍城偎。
曲磴盘云上，朱棂耀日开。
远烟清瘴岭，秋色上楼台。
隐约闻笙鹤，仙人自去来。

元洞何年辟，穿幽透碧穹。
暗苔侵古佛，落木响晨钟。
壁净尘难到，龛深膝可容。
有人夸白雪，题咏最高峰。

着破登山屐，朝来得胜游。
雉环千堞峻，虹护一溪流。
渔艇晴波暖，霜枫落照秋。
碧鸡何处觅，咫尺是丹邱。

---

① 牕（chuāng）：同“窗”。

② 鸣驺（zōu）：古代随从显贵出行并传呼喝道的骑卒。

筇竹枝为友，牂牁月是家。
六年边地客，一席小春花。
倚槛临清濑，停杯看落霞。
遥程计归雁，万里愧星槎。

[附记] 选自（清）李宗昉《黔记》卷2。

黔灵山观圣泉

山不在高，有仙则灵，不见希夷至今在华山之内高卧未醒。

头发毵毵委地如蟠云，指爪袅袅[①]环匝其形。未知神游六合而委蜕其枯槁乎？抑得长生之诀而造乎不死之庭。眼前何处见太华，亦少仙客来俜停[②]。昨于播也，见三丰之迹礼斗之亭。高真古观临郊坰，井边老桂枯复青。

兹山何窈冥，廓然巍然罗三宝、扪列星。山僧耄矣！扶我上层阁危棂，四峰围抱如列屏。山下泉水清泠泠。一呼一吸昼夜百度而不停。余历遍罗国，类多荒莽磔碣[③]，怪哉此泉岂以是为黔山之灵。

[附记] 选自（清）邹一桂著，余平点校：《邹一桂集（上）·卷5·筑籁》，浙江人民美术出版社，2019，第71页、第84–86页。

东山十二咏次潘橡林先生韵（选二）

梵龛夕照

龛火犹未明，梵呗生虚室。
庭树何苍苍，回头见落日。

---

① 袅袅（niǎo niǎo）：细长柔软的东西随风轻轻摆动。

② 俜（pīng）停：姿态美好的样子。

③ 磔碣（zhé jié）：此处形容怪石嶙峋。

琴台谱月

皓月布空明，清徽时一理。
夜静无知音，空山净如水。

[附记]选自（清）道光《贵阳府志·余编（卷之17）·文征（卷之17）》。

题东山十二景和潘橡亭元韵 邹一桂

春亭远眺

青归杨柳枝，红入桃花面。
独有岁寒松，春来自不变。

晴涌云涛

踏阁上层颠，忽然身入海。
拟作么蜃观，汹波成叆叇。

旭日蒸霞

山居看朝日，饮露还餐霞。
蔚然蓝幕间，烂漫垂天花。

螺峰耸翠

卓立一屏开，螺黛千松点。
苍翠佛头深，红尘岂能染。

铜鼓传声

雨来听其镗，风度有余响。
铜鼓本无声，千秋自灵爽。

梵音夕照

龛火犹未明，梵呗生虚室。

庭树何苍苍，回头见落日。

牛渡潮音

深柳乱虹桥，澄波桂天影。

何来南海潮，吹上西风岭。

松风晚吼

声远密还疏，音清伏更起。

风从无穴来，色相本尔尔。

竹径流云

翠竹蔽蒙茸，白云穿窅窱[①]。

提筇入竹行，山风弄清晓。

万家灯火

万井一洪炉，漏转灯未灺[②]。

恍如星撒沙，何必小天下。

钟声夜度

蒲牢一声吼，万籁寂无哄。

枕石在祇园，莫作槐安梦。

[附记] 选自（清）邹一桂著，余平点校：《邹一桂集（上）·卷5·筑籁》，浙江人民美术出版社，2019，第71页、第84–86页。邹一桂（1688–1772）：字原褒，号小山，江苏无锡人。雍正丁未（1727）进士。曾任贵州学政。能诗善画。有《春华秋实图》《楚黔山水画册》等。

---

① 窱（tiǎo）：深远、深邃的样子。

② 灺（xiè）：灯烛熄灭。

8. 田榕诗选

闲居用柳州《晨诣超师院读禅经》韵①

挂我竹皮冠，脱我藤荔服。
抽得蒙庄书，坐对秋水读。
门庭何萧然，麋鹿迹相逐。
野人忘言说，但觉来往熟。
随意具浊醪，来兴题青竹。
身闲谢圭组，头轻感栉沐。
俯仰两大间，居止五亩足。

宿中兴寺

宿雨朝已歇，游兴狂乃逞。
踉蹡屡穿壑，踸踔②还陟岭。
径口茑萝僻，山深烟霞回。
瀑声般轰輵③，峰色人清靓。
顿令出世心，忽在无人境。
阜公吾夙好，径造不待请。
尘尾捉松枝，余物皆可屏。
茶瓜忘日夕，清言味颇永。
须臾梵放声，初地一寂静。
月色上方来，露坐不知冷。
墙隅一角花，对客娇弄影。
谁能齐舍却，而悟无生忍。

---

① 《晨诣超师院读禅经》，柳宗元作。793年，柳宗元进士及第。后因永贞革新失败，被贬柳州。故人称柳柳州。

② 踸踔（chěn chuō）：奔跃。

③ 轰輵（gé）：象声词。形容车声、雷声等。

长至后四日至兴觉寺访徐太史赋赠

云鸾纵高翔，海鹤引遥唳。
矫矫徐夫子，放浪江海志。
科第摘颔髭①，经史饱腹笥。
早谢淋池绘，未厌末下豉②。
逍遥园绮俦，唱和皮陆次。
偶为广陵游，钟梵乐古寺。
寒日静禽音，冻云酿雪意。
解超八角盘，悟入三摩地。
檐松攫虬龙，窗竹滴苍翠。
慈乌共禅心，清诗消旅思。
偶接一笑言，翛然脱尘累。

僧寺纳凉赋六言一首

古树捎檐拏攫，飞泉溜笕清泠。
此间大可消夏，何客兼来写经。
菡萏③香池逾白，□桐净土尤青。
谈空说有终日，笑对晚山翠屏。

万松庵赠僧

万松庵子绝尘氛，绝顶盘盘尽白云。
万壑松涛一声磬，老僧可是断知闻？

[附记] 选自贵州省文史研究馆编：《续黔南丛书（第8辑）·下·黄彭年诗文集》，贵州人民出版社，2014，第764页、第775–776页、第783页、

---

① 髭（zī）：嘴上边的胡子。

② 末下豉（chǐ）：即末下盐豉。末下为地名。盐豉，即豆豉。用黄豆煮熟霉制而成。

③ 菡萏（hàn dàn）：古人称未开的荷花为菡萏，即花苞。

第802页，田榕，字端云，一字南村，玉屏人。康熙辛卯（1711）举人，由中书改知县，历保山、太平、安陆三县。

9. 曹维城诗选

初秋登黔灵山赠瞿脉上人

居与佛庐近，探幽不厌频。
开来天外寺，隔断世间尘。
檐敞风烟细，窗虚景物新。
白云常住处，从尔问禅真。

初秋登黔灵赠瞿脉上人

黔山精舍好，相对有名僧。
道悟无生妙，禅参最上乘。
茶煎涧中水，香霭佛前灯。
不许尘凡到，云岚护几层。

[附记] 选自（清）道光《贵阳府志·余编（卷之16）·文征（卷之16）》。曹维城（1683-？），字价人，贵州贵阳人。清康熙癸未（1703）科武进士第一人。累官为云南副将、广西援剿左协副将。能诗善画。有《飘然子集》。

10. 潘淳诗选

寻春登栖霞山最高处

寻春偶及山溪隈，草木遍地辞枯荄①。
梅花将谢李花发，寒风忽变和风摧。
振衣更陟峰绝顶，决眦自有云成堆。

① 荄（gāi）：草根。

须臾上界放皎日，照耀大地无纤埃。
画图满幅展万丈，葡萄盈盏倾千杯。
吹笙鼓簧鸟唱和，鞭鸾笞凤仙追陪。
已觉身离帝座近，便应眼见神山开。
此生行止如寄耳，半世纷扰胡为哉？
徐邈①中圣未失计，灵运着屐②非常才。
我今头白当转黑，刀圭不乞人相哀。

寓东山赠苍遥和尚

觉岸原人世，危峰绝垢氛。
风停松自响，雨歇草初薰。
素月当头照，疏钟半夜闻。
浮生过五十，回首剧纷纷。
听法依龙树，翻经贯鹿车。
心如澄井水，语亦带烟霞。
了却一生事，倾将万斛沙。
维摩③门许入，灵运④已忘家。

和方伯陈密山⑤游雪崖洞原韵四首（选二）

矗矗花宫接市边，此中日月一壶天。

---

① 徐邈，三国时魏人。他坚守个人的准则，不随世风的转变而变迁。

② 灵运着屐：谢灵运为游览山水，自制一种木屐，屐下有齿。登山时穿的一种木鞋，鞋底安有两个木齿，上山去其前齿，下山去其后齿，便于走山路。人称“谢公屐”。

③ 维摩：即维摩诘，是释迦牟尼在世时，居住在印度毗耶离城中的一位大乘居士。他精通佛理，辩才无碍。

④ 灵运：即谢灵运（385–433），本名公义，字灵运，陈郡阳夏县（今河南省太康县）人，东晋至刘宋时期大臣、佛学家、旅行家。参加过《大方广佛华严经》《大般涅槃经》的润改、注释，编有梵汉字典《十四音训叙》，还创作了大量的具有佛禅意蕴的诗赋文章。

⑤ 陈密山，即陈德荣，字廷彦，直隶安州人。康熙五十一年（1712）进士，历任湖北枝江知县、贵州黔西知州，贵州按察使、布政使，在贵州任上教民种棉、织布、饲蚕、纺织。得旨嘉奖。乾隆十一年（1746），迁安徽布政使。次年卒于官。

松高不碍仙禽舞，漏尽长教佛火然。
但解平常心是道，自饶定慧力安禅。
恒沙历尽逍遥劫，犹是人寰大小年。

欲识浮生来去因，身前身后孰为真？
千年旧迹何关我，一点灵光不藉人。
斡地旋天归净业，披云履水忆前尘。
他年手把浮丘袖①，笑渡沧溟不问津。

[附记] 选自（清）道光《贵阳府志·余编（卷之16）·文征（卷之16）》。潘淳，字元亮，一字南垞，教授珍子。康熙辛卯（1711），以平远籍举于乡，遂为贵州平远（治今织金）人。己未（1715）进士，改庶吉士，授检讨。罢官后，遨游滇、蜀、秦、陇，晚岁尤精内典。有《橡林诗集》等。

11. 陈法诗选

游清凉寺二首

策杖及山麓，已觉心清凉。
登顿出高阁，凭栏俯江光。
天风左右来，飘摇吹我裳。
竹树散清影，茗椀有余香。
何当执热时，披襟此翱翔。

天风吹浮云，千古亦不息。
奈何扫叶僧，朝夕尽微力。
至今画中人，箕帚在其侧②。
造化日代谢，人事递迁革。

---

① 浮丘：即浮丘公，传说为黄帝时仙人，是他接王子乔上嵩山修道。郭璞《游仙诗》之三：“左挹浮丘袖，右拍洪崖肩。”

② 原注：寺有龚半千画扫叶僧像。

剩水与残山，几历兴亡迹。
前度有刘郎，搔首空叹息。

禅窟寺①

洞口寒云合，遥岑万木阴。
未须临绝境，已自豁烦襟。
碧瓦余尘劫，苍山动越吟。
胜游有元度，还愧蚤投簪。

[附记]选自贵州省文史研究馆编：《续黔南丛书（第8辑）·下·黄彭年诗文集》，贵州人民出版社，2014，第811页、第812页。陈法（1692–1766），字世垂，一字圣泉，晚号定斋，贵州安平（今平坝区）人。清代乾隆年间著名学者、治水专家。康熙癸巳（1713）进士，改庶吉士，授检讨。曾任顺德知府等职。有《易笺》《明辩录》《河干问答》等。

12. 曹石诗选

初冬同东河、卓山游圣严寺二首

梅信探何处，闲投古寺看。
山深人迹少，树老鸟声寒。
空殿炉香寂，疏林枫叶丹。
欲归情未已，断碣夕阳残。

丹信报青枫，连镳出郡东。
野田新稻黑，山路夕阳红。
古寺藏深树，疏种香晚风。
坐来无俗虑，心彻梵云空。

① 原注：寺在定远绝壁下，涌泉有声，清澈可爱。

游黔灵山归后寄瞿脉上人

灵山之颠天同高，我来登此攀跻劳。
十步盘盘九步旋，青鞋布袜追猿猱。
谁携鬼斧驱金匠，石鲸铺作天梯上。
犹余峭壁矗千仞，时生层云胸臆荡①。
忽开镜面万山阿，厜㕒②庙貌壮山河。
三千世界万千魔，南无稽首笑婆娑。
赑屃③蒲牢一一睹，历遍回廊兼两庑。
胜地原来字迹多，应是将军不好武。
踉跄又过最西厢，青苔亭子桂花香。
山僧惠我一杯水，心沁甘泉法界凉。
欲穿飞屐山岩逴④，闻声惊悸藏彪豹。
原知腐鼠足解颐，一嚇鹓雏⑤忙不较。
拜读韩公岣嵝碑⑥，可怜荞合并尘埋。
翠微佳处标双塔，独叹和南心未斋。
一跻层楼脱尘屣，唐家宝藏皆封匭。
沧桑指点有无间，为砺扬尘真偶尔。
我来最后遇生公，一喝棒头双耳聋。
茶瓜留客多幽兴，维摩室里雨花空。
阴阴白日辞山去，牢愁偏有金吾虑。
老僧送我黄叶林，回首白云迷去处。

---

① 胸臆荡：层云荡涤着心灵。借用杜甫《望岳》“荡胸生层云”诗意。

② 厜㕒（zuī wéi）：山巅。

③ 赑屃（bì xì）：龙之九子之一，又名霸下。蒲牢（pú láo）：在古代中国神话传说中为龙九子之一，排行第四。

④ 逴（chuō）：古同“踔”。跳跃、疾行。

⑤ 鹓雏（yuān chú）：古代传说中与鸾凤同类的鸟。

⑥ 岣嵝碑：也称“禹碑”。相传大禹治水时曾登过衡山岣嵝峰，故后人附会此碑为大禹治水时所刻之记事碑文。许多地方有仿刻。黔灵山亦有仿刻碑。

匆匆又作下山行，溪桥杨柳咽蝉声。
海尘飞处投闲地，滚滚风波逐蚁生。
归后衷情不自忍，声作苍蝇纸画蚓。
封愁寄去白云间，试藉老僧聊一哂。

嵝我怀古

极目高原落木稠，岩花乱点入边愁。
千山拄颊镵于槊，一水襟衣淡似油。
黄叶林中僧磬古，苍苔石畔履痕幽。
临风不语空延伫，无数苍烟绕树秋。

游东山

百尺招提径，攀跻力尚遒。
青鞋蹴石藓，踏破万年幽。
倚然临高阁，旷荡正消忧。
会我云岚中，列我筼筜[①]俦。
松杉碧蒙密，天音响飕飕。
江山浩无际，历历望中收。
欲留饮者名，遂与杜康仇。
谁贪五鼎食，我愿醉乡侯。
孤枕石头卧，清风为我留。
云岑发孤啸，音韵凤凰悠。
恨无华丈绳，系彼崦嵫头。
明月空携去，山灵笑我不！

[附记] 选自（清）曹石：《秋烟草堂诗稿》（第一卷、第二卷），载顾久主编：《黔南丛书（点校本）》（第 5 辑），贵州人民出版社，2009，第 157–158 页、第 163–165 页。曹石（曹维城子），雍正二年甲辰

① 筼筜（yún dāng）：生长在水边的大竹子。

科（1724）武进士，雍正御前带刀侍卫，官至副将，著有《秋烟草堂诗稿》。

13. 洪亮吉诗选

雪涯洞摩崖诗

回途至郭外车转至雪涯洞小憩。

危桥背郭几人家，石径东西路转斜。
清浅溪山浮晓日，冥濛楼阁散栖鸦。
闲情乍懒非关病，春气原馨不系花。
一带壁龛藏古佛，几回欲与论年华。

[附记] 选自（民国）《贵州通志·金石志（四）》。雪涯洞位于今南明区雪涯路北段西侧。明代开建。洞高约2.5米，面积约30平方米。洞内原塑有佛像，建有玉皇殿等，有多处摩崖。民国时期在此建学校、工厂。今摩崖已不存。洪亮吉（1746–1809），字君直，号北江，江苏阳湖（今常州市）人，乾隆五十五年（1790）进士出身，授编修，五十七至六十年（1792–1795）任贵州学政。嘉庆元年（1796）回京供职。著有《洪北江全集》。题于清乾隆五十八年（1793）。

乙卯（1795）人日①早登黔灵山

扶云入山门，一壁削天半。
青松三百树，直上寡曲干。
危崖嵌楼阁，悬处铁索断。
开轩同客话，响与禽雀乱。
窗纱裂盈尺，腊雪尚堆案。
僧延繙②佛藏，石匮鼠惊窜。
云光开半郭，下视起烟爨。

① 农历正月初七。

② 繙（fān）：同“翻”。

东西万家屋，驿道复中贯。
一径促下山，藤枯屡萦绊。
崭岩生对面，欲下削如岸。
风寒砭肌骨，坐处裘屡换。
忍冻舌本强，舆丁尚挥汗。

人日登东山遇雪，复携客至黔灵山久憩

别来方十日，春色满山村。
树矫将穿牖，峰奇欲突门。
半城新绿影，齐上振衣冈。
露湿栖鹤径，春浓选佛场。
我愧非安石①，山真似白门②。
乍披天半牖，同醉雪中尊。
松阴委曲廊，杏树攒高阁。
城中客始来，原上花先落。
积雨厨烟重，穿云涧水温。
马头山鹊噪，牛角野禽蹲。
树侵官道窄，山压女墙低。
马逐云头上，人随雨脚西。
三层楼上雪，百尺树头花。
白欲迷天影，红疑讶岁华③。
廊长纵独行，龛小容危坐。
天上有人声，山樵堕松颗。
小亭三面影，清磬四时声。
树暗藏西岭，窗明瞰北城。

---

① 安石，指谢安，字安石。早年曾隐居于浙江上虞县境东山。此外，临安（杭州）、金陵（南京）也有东山，也是谢安石游憩之地。

② 白门，南朝宋的都城建康城西门叫“白门”，建康旧名金陵，后来便把白门作为金陵的代称。这里以金陵东山作为谢安隐居地。

③ 讶（yà）：迎接。岁华，指新年。

半窗初积霰[1]，一枕乍闻雷。
腊意屏前散，花容镜里开。

[附记]选自道光《贵阳府志·余编（卷之17）·文征（卷之17）》。

14. 花杰诗选

春日登黔灵山感赋

癸酉（1813）春初，偕友人登黔灵山高处，见梵宇一新，山水如故，回忆旧游，忽廿年矣。感而赋此。

拨云攀磴践莓苔，小憩孤亭四面开。
白鹿竟随僧老去，青山依旧我归来。
千声佛拜千层塔，一首诗成一树梅。
到此风尘机已息，置身高处即蓬莱。

经楼百尺坐中峰，山外云山几万重。
犀角又添新出笋，龙鳞不改后凋松。
犹存古刹思前度，久别清泉照旧容。
圆觉可能参妙谛，惊人谁打寺门钟。

古寺

驿程经古寺，小憩趁斜曛。
鸟去下黄叶，客来多白云。
梵声催月上，樵影隔溪分。
烧芋燃僧火，尘劳愧此君。

[附记]选自贵州省文史研究馆编：《续黔南丛书（第8辑）·下·黄彭年诗文集》，贵州人民出版社，2014，第1055–1056页。花杰（1780–1839），

① 霰（xiàn）：空中降落的白色不透明的小冰粒，常呈球形或圆锥形。

字建标，又字晓亭，贵州贵阳人，嘉庆四年（1799）进士，选庶吉士，改主事，以朱文正公荐授编修，改监察御史。丁卯典广东试，两充顺天乡试同考官，迁给事中。历广西、福建、江西布政使。有《宝研斋诗钞》四卷。《春日登黔灵山感赋》为诗屏，由四石组成。行书，原石毁于1966年。

观音崖

老僧燃火炬，导我白衣前。
此地无明月，何年辟洞天。
乱帆千影曲，孤磬一声圆。
坐觉蕉衫薄，飘来峡口烟。

赋得编竹渡蚁得桥字①

戏取篺筡竹，编成略彴桥②。
翠筠浮霭霭，白蚁渡迢迢。
镂玉筒堪截，溅珠麦已漂。
汉应同架鹊，枝未许巢鷦。
信手澜真挽，回头岸匪遥。
箭流惊逝水，槐梦稳今宵。
石溜杭同苇，檐零滴听蕉。
状头他日兆，骨相品③僧寮。

[附记] 选自贵州省文史研究馆编：《续黔南丛书（第6辑）·上·傅竹庄稿·宝研斋诗钞·陈钟祥诗文集》，贵州人民出版社，2014，第287页、第362页。

---

① （南宋）李元纲《畜德录》卷一载：宋时有名宋郊者，见堂下蚁穴被暴雨所浸于水中，乃编竹为桥，将群蚁渡出。传说他因此而中状元。后遂以“宋郊渡蚁”形容为人慈善。

② 彴（zhuó）桥：独木桥。

③ 骨相品：中国古代相术之一。谓通过看骨骼识人。

15. 傅潢诗选

闱中题独秀峰

粤山如人挤，到此忽一让。
欲让不让间，突起一峰抗。
殿阁压层巅，满空任跌宕。
四面插万笏，摺叠作屏障。
其下堂数椽，摹仿凤咮①状。
桂花金风生，群仙此停仗。
披荆采翘秀，拨雾发秘藏。
我来山下居，终朝盼山上。
有如面壁僧，羁絷不得放。
闲酌茶一瓯，廊头左右望。
秋于高处深，月较当时旷。
尘土纷沓中，何曾涴庚亮。
积蹄万里待②，堆案百重忘。

徐受之诸子邀游伴云寺

巉巉青不断，杖履蹑云根。
老树通樵径，悬崖敞寺门。
人烟城市晚，香火佛堂温。
离乱牵愁绪，何劳载酒尊。

石头山晚眺

拂袖风烟冷，登临感慨长。
草枯山石瘦，稻获野田荒。

---

① 凤咮（zhòu）：凤凰的嘴。

② 原注：时将赴京。

万树攒秋色，千峰恋夕阳。
苔封香火院，古佛叹凄凉。

秋寺

征雁飞飞塔上头，深藏兰若地清幽。
半林落叶荒山路，一杵疏钟冷寺秋。
僧杖乍归云满钵，佛灯初上月当楼。
行将看菊来禅榻，静诵《楞严》学比丘。

[附记] 选自贵州省文史研究馆编：《续黔南丛书（第8辑）下·黔诗纪略后编·黔诗纪略补》，贵州人民出版社，2014，第1110页。傅潢，字星北，一字篆泉，贵州贵筑人。嘉庆辛未（1811）进士，历博野、丰润、苍梧知县。全州知州等职。

16. 郑珍诗选

游黔灵山憩云栖亭

去郭亦不远，及麓力见之。
每上觉径穷，去涂生转时。
偶然入深处，却顾忘前巇。
几年辟初地，亭小幽可憩。
久坐绝声响，林影澹无际。
松风回夕阳，苍然雨峰翠。

饮圣泉上

历第有时差，洞渊穷九容。
天与设悬壶，一勺掣鸿濛。
盈虚应晷刻，浑盖相参通。
大哉造化机，奇出无终穷。
我从万山来，襟带含松风。

独酌此泉上，兴酣呼白龙。
往来五色鰕[1]，荡漾青黛中。
神鱼掉尾出，闪映斜阳红。
欲濯双玉趺，乃恐摇蛟宫。

[附记]（清）郑珍：《巢经巢诗集》，载杨元桢注释，贵州大学古典文学教研室校订：《郑珍巢经巢诗集校注》，贵州人民出版社，1992，第54页。郑珍(1806–1864),字子尹,晚号柴翁。贵州遵义人。道光十七年(1837)举人，选荔波县训导，咸丰间告归。同治初补江苏知县，未行而卒。著有《仪礼私笺》《说文新附考》《巢经巢集经说》《巢经巢诗》等。

17. 颜嗣徽诗选

秋晚登黔灵山

岱宗七十二家封，不道南天别有峰。
半壁烟萝嵌古碣，一林霜叶锁寒钟。
山环玉蹬回奔马，瀑倒银河启蛰龙。
试展胸怀发清啸，虚声时度最高松。

相宝山十八罗汉像

纤埃扫净天宇清，危峰涌出势峻增。
芒鞋布袜试攀登，回峦复磴层复层。
石坛风静露苔梭，峭壁雨洗胪翠屏。
松柏偃蹇崖罅撑，芭蕉叶大詹卜馨。
好花皆从优昙称，幽鸟亦作迦陵听。
径趋古刹绝深闳，置身俨如化王城。
诸天幻相骈罗星，相相奇诡多变更。
老者龙钟少妙龄，肥者如瓠瘠于藤。

① 鰕（xiā）：古同“虾”。

魋肩垤腹貌狰狞，唇绽丹砂面淀青。
修眉广颡美而娙[①]，芙蓉颊辅胭脂凝。
余或趺坐或拊膺，或袒或卧或曲肱。
袈裟毳衲五色呈，七宝庄严缀珞璎。
牟尼垂项粒粒莹，幢盖护身曲曲承。
黄金之钵白玉璎，倚天之剑系日绳。
瓶盂杖麈交纵横，一一束结态珑玲。
浮屠荒诞本不经，小儒龂龂[②]分寸争。
昌黎辟佛轰春霆，大颠文畅与赠行。
胸有智珠辨淄渑，慧眼别具放光明。
彼观罗汉笑相迎，辟支证果参上乘。
我观罗汉寂不应，缄口如鉴金人铭。
彼观我观漫置评，瑰奇壮丽山始灵。
譬之百怪畜沧瀛，蜃楼海市日峥嵘。
香龛佛火磬泠泠，下视城郭浮烟青。

[附记]选自（清）颜嗣徽：《望眉草堂诗集》（卷1），载贵州省文史研究馆编：《续黔南丛书（第4辑）·上·望眉草堂文集》，贵州人民出版社，2012，第3–5页。颜嗣徽，字义宣，别号望眉，贵筑人。同治庚午（1870）解元，以知县分发广西，补迁江知县，擢归顺直隶州知州。有《望眉草堂诗集》等。

观音洞

初阳眩金碧，隐约睹精蓝。
峭壁一峰转，危阁半岫嵌。
凌缅还迢递，登顿徒趁趕[③]。

① 娙（xíng）：女子修长美好。
② 龂龂（yín yín）：争辩的样子。
③ 相随驰逐貌。

细葛萦石罅，垂藤倒树尖。
哈呀得古硐，中有莲花龛。
石笋并石芝，供养特芳甘。
取火烛深邃，万状归浑涵。
心骨俱凛凛，音响辄韽韽①。
灵踪不我吝，游兴殊成贪。
碧眼爸比丘，隐几无言谈。

[附记] 选自（清）颜嗣徽：《望眉草堂诗集》（卷1），载贵州省文史研究馆编：《续黔南丛书（第4辑）·上·望眉草堂文集》，贵州人民出版社，2012，第25页。

18. 吴振棫诗选

春游扶风山

山近来尤数，晴光翠胜螺②。
径深新树密，雨歇断云多。
鸟解当花舞③，僧客载酒过。
似闻松坞里，隐约有樵歌。

黔灵山

黔灵孰云远，朝夕在北户。
命驾欣兹游，冈阜何回互。
曈昽欲上日，拨豁④初解雾。
开堂何时僧，法雨活万树。

---

① 韽（ān）：钟声（声音）微小难辨。

② 原注：俗呼“螺丝山”。

③ 原注：山有驯翠亭，著孔雀二。

④ 豁（huò）：裂开。

纯碧裹一山，面目不复露。
修蛇径盘盘，前跂断无路。
百转快新观，千级蹇窘步。
喘汗升其巅，石角败芒履①。
香台功德云，地静鸽无怖。
小休青豆房②，松竈③治茗具。

东山僧寺

我爱东山最闲寂，松厓萝磴郁迂回。
静中阅世通禅悟，老去登高灭赋才。
浴鹤春淙翻亀霰，经鲸午殿吼晴雷。
上方好是昏黄后，卷幕先看海月来。

[附记] 选自《清代诗文集汇编》编纂委员会编：《清代诗文集汇编576·花宜馆诗钞·无腔村笛·躬耻斋文钞·躬耻斋诗钞》（1），上海古籍出版社，2010，第110–111页。吴振棫，字仲云，浙江钱塘人，嘉庆甲戌（1814）进士，道光二十三年（1843）任贵州按察使。官至云贵总督。有《黔语》《花宜馆诗钞》《养吉斋丛录》等。

游雪崖洞登来仙阁晚眺

朱符墨煤判易了，笋瘦蔬肥贪午饱。
闲官只合作清游，况是看山晴最好。
雪崖近在城南隅，石窍庨④豁含清虚。
恨无奇境辟奥窔⑤，但有古佛常跏趺。

---

① 芒履（lǚ）：芒鞋。

② 青豆房：南朝梁简文帝《与慧琰法师书》：“辩论青豆之房，遣惑赤华之舍。”后以“青豆房”指僧房、僧舍。

③ 竈（zào）：同灶。

④ 庨（xiāo）：高峻深邃。

⑤ 窔（yào）：幽深。

长廊森森万绿裹，风叶举举交婀娜。
余花几点不成春，已老莺声啼向我。
欲穷望眼登高阁，面面山如青铁削。
中央如砺不全平，天遣何年着城郭。
旧时游迹堕渺茫，廿载身名仍寂寞。
旁人指点说顽仙，三度飞来健黄鹤。
暧暧春烟向夕生，鳞鳞新水涨南明。
沉吟独客凭栏久，门外夕阳流薯声。

翠微阁秋望

白云从何来？晓雨洒然作。
僧房钟未动，樵涧叶初落。
冥蒙飞鸟外，寒翠抱高阁。
下枕南明河，急溜漱崖崿①。
筒车并村喧，渔舠②过桥泊。
地近得清游，心寂解尘缚。
未须蹉远宦，风景良不恶。

相宝山

人言苦荦确③，我爱松间风。
翛然不知夏，缥缈登兹峰。
威迟樵人径，崔嵬梵王宫。
幻相灭诸妄，镜台尘已蒙。
长廊亘天际，疏雨湿网虫。
凭阑一以眺，群山自横纵。
城郭出地底，万家云气中。
闻香入微妙，解带语从容。

---

① 崿（è）：山崖。

② 渔舠（dāo）：一种刀形的小渔船。

③ 荦（luò）确：凹凸不平的石头。亦形容土地、路径多石不平的样子。

坐久豁斜景，饮涧下双虹。

[附记] 选自（清）道光《贵阳府志·余编（卷之18）·文征（卷之18）》。

19. 沈毓荪诗选

游黔灵山

游春爱着寻山屐，连日城东穷胜迹。
西北林峦图画如，黔灵未上峰千尺。

晓莺催梦天放晴，威清门外朝曦明。
芒鞋竹杖出门去，山蹊纡曲穿林行。

重重石磴盘空上，天空吹下馨声响。
梵宫缥缈层崖巅，足未到门心先往。

远峰近峰围如屏，竹树蔽天昼晦冥。
叩关尽日蒲团坐，空翠扑衣衣欲青。

三台锡杖下罗拜，岩际涤涤泉倒挂。
庭花不繁鸟不喧，一片清空佛世界。

手开兹土曹溪禅，种松传自康熙年。
前者荆榛塞荒谷，大罗木寨疆宇连。

名山显晦有定数，古往今来静中悟。
人生胡不逍遥游，东隅静盼桑榆暮。

象宝扶风取次探，那容鼎足分为三。
绕郭之山观止矣，不负万里来黔南。

重过象（相）宝山寺

石梯依旧入烟霞，桃李幽蹊满落花。

应是山灵解人意，不教两度见繁华。

看云爱向曲栏凭，又上危楼第一层。
万里登台慵照镜[1]，前身可是此山僧？

[附记]选自（清）道光《贵阳府志·余编（卷之18）·文征（卷之18）》。

黔南嬉春词——戏仿竹枝体

丞相祠堂一度游，南明河畔有高楼。
当年济火臣西蜀，莫怪侬家拜武候。

梵宫缥缈隔云遥，指点黔灵百仞高。
仄磴上山山住佛，劝郎腰畔解苗刀。

[附记]选自贵州省文史研究馆：《贵州竹枝词集》，贵州人民出版社，2019，156页。沈毓荪，字苹滨，浙江海宁人，贡生，嘉庆间应贵州学政李宗昉之邀入黔。著有《琴研草堂集》。

20. 杨光焘诗选

登黔灵山，访赤松师不值 杨光焘

历尽巑岏[2]路，危梯桂石阑。
凌空人似鹤，望远市如盘。
云掩孤扉回，风高六月寒。
谩须寻胜迹，缓步已蹒跚。

---

① 相传贵阳相宝山屏山寺内有一面铜镜，能照出人的今生与来世，能分辨善恶，并能判断吉凶祸福。

② 巑岏（cuán wán）：山高锐貌。

不图霄汉外，蜃结涌珠宫。
轩翥[①]森高下，盘旋入窅濛[②]。
雨余芳草绿，霞落碧崖红。
坐觉尘机息，悠然忆远公。

自来峰顶上，石径总蛉屏[③]。
落落松千个，离离花满庭。
云归僧舍碧，烟霭佛头青。
想象天台路，奇观殊未经。

不尽看山兴，迟迟日已斜。
清香余茗碗，佳味饱胡麻。
院寂猱升木，庭空鸟啄花。
主人归路晚，明月照袈裟。

[附记]选自（清）李宗昉：《黔记》（卷2）。杨光焘铜仁人，嘉庆间举人。

游黔灵山赠赤松方丈

黔地钟灵远，兹山独擅名。
峰峦环臂指，星汉落檐楹。
坐觉松风好，吟余茗碗清。
参禅非我事，聊以畅孤情。
寂寥于俗远，奥旷与神谋。
地僻飞潜适，春深草木稠。
君怀惟极乐，吾道合先忧。
且莫生同异，诗篇足唱酬。

---

① 轩翥（zhù）：飞举。

② 窅濛（yǎo méng）：遥远云空。

③ 蛉屏（líng píng）：孤单貌。

[附记] 选自（清）道光《贵阳府志·余编（卷之16）·文征（卷之16）》。

21. 陈钟祥诗选

黔灵山

高岭逼天上，万山森地中；
白云采石壁，翠色落晴枫。
钟韵余流水，梵林生远风。
凌烟一挥手，城郭夕阳红。

登扶风山寺

万户人烟外，诸山拱抱中。
满城低落照，孤岭矗扶风。
龙气盘天回，螺光出郡雄。
寺楼高撼月，梵语但闻空。

[附记] 选自贵州省文史研究馆编：《续黔南丛书（第6辑）·上·傅竹庄稿·宝研斋诗钞·陈钟祥诗文集》，贵州人民出版社，2014，第373页、第390页。陈钟祥（1810–1865），字息凡。先世浙江山阴人，侨寓贵州贵筑（今贵阳）。道光辛卯科（1831）举人。考取官学教习，以知县分发直隶，以亲老改四川，历署青神、绵竹、大邑知县。一度出使察木多、古昌都地区处理民族事务，后调任直隶沧州知州、赵州知州。有《依隐斋诗钞》《夏雨轩杂文》《香草词》等。

22. 黄彭年诗选

游螺山并序

丙辰（1856）二月九日，天气晴和，草树鲜美，与唐鄂生邀同郑丈子尹、夏丈秋丞、高丈秀东、莫君芷升、舒君文泉，同游螺山，长子国琮从。凭高楼，俯城阙，金鲫跃池，群鸟绕树，山光适性，欣然有怀。渊明不云“想日月之遂往，懔吾年之不留”①，辄用《游斜川》诗韵，并依其例，“各疏年纪乡里，以纪时日”，乞郑丈为之图。

连日天气晴，游山兴不休。
昨饮城东隅，预计今朝游。
侍骑有童子，招寻皆胜流。
阅世江湖深，聚散同浮鸥。
高楼多悲风，荒冢盈山丘。
寂寞正如此，生时谁与俦。
念之感人怀，满酌更唱酬。
及今不行乐，知有来岁不？
谈谐破愁颜，域大奚独忧？
但得饱看山，舍是吾何求？

山柴古畸士，抽绂行归休。
莫子从之来，更拟去年游。
二君楚国材，非同时世流。
教谕滑稽者，嬉狎如闲鸥。
各抱磊落姿，慷慨凭高丘。
俯视城阙中，此局谁可俦？
放浪遗形骸，主客忘献酬。
借问痴贫僧，颇知此乐不？
入山恐不深，出世胡更忧？
尔镐吾不如，而尔又何求？

昔者阳明子，身谪心自休。
黔士闻其贤，负笈从之游。

① 诗出自陶渊明《游斜川》，原句：“悲日月之遂往，悼吾年之不留”。

彬彬何陋轩，请益多名流。
一朝被朝命，网罗及沙鸥。
勋伐垂旂①常，伟业铭山丘。
当时天下士，顾瞻难与俦。
谗言由之兴，论功无可酬。
讲学居夷时，意宁及此不？
污隆信无常，从兹消百忧。
石椁吾欲师，好爵非所求。

日入相与还，归骑何休休！
柴翁老画师，拈毫写兹游。
莫以无水嫌，遥指南明流。
小池跃金鳞，野田翻白鸥。
夕阳映高阁，点缀成丹丘。
兰亭绘群贤，少长相为俦。
图成各题誌，诗来增唱酬。
出城百里间，得复如此不？
南岳有主人，忽抱采薪忧。
乃知游是福，天运难强求②。

题龙山寺壁

龙山缈幽翠，胜擅黔西隅。
古木森参天，深洞含清渠。
地偏佛亦静，风高诗更癯。
道人老龙钟，拄杖睡模糊。
问我来何因，此间曾到无？

① 旂（qí）：同“旗”，古代指有铃铛的旗子。

② 原注：高丈约游南岳，以疾不果。

题顾含象《我我图》

画两人，一剑侠一僧。

说剑只求下剑，谈禅都是禅钻。
世人说禅说剑，忘了自家心肝。

苦道由剑入禅，却反弄禅成剑。
我自不知我心，休嗔一刻千变。

圣人说个无我，漆园多了周旋。
若道我禅我剑，不知是剑是禅。

人言宝气冲霄，佛说莲花涌现。
毕竟千秋甚事，我自与我相见。

游龙藏寺有序

甲子（1864）夏，同顾幼耕、杨铁才、余牧之游龙藏寺，访雪堂上人。适寺后竹林架阁落成，背负绿阴，面临绿水，滩喧涤暑，遥岑粲然，蝉噪乌呼，唱答不绝，声闻沓积，勾留尽欢，俱忘其在酷暑中也。赋诗纪游，兼赠雪堂。

东湖看荷兴不足，赤日炎云更来促。
出门一笑尘颜开，白旃檀里祛烦溽。

卧龙桥外悟云桥，寂寞禅房径一条。
花院那知连竹圃，危楼突见起江皋。

坐对平畴万千顷，雾廓烟销山梦醒。
因树能教日影凉，枕流未觉江波冷。

已公留客供茶瓜，醉里先开智慧芽。
蝉噪停时歌吹续①，蚊雷起处绿窗遮。

---

① 原注：牧之度曲。

我来一抉生盲眼，杰阁初成颇舒展。
似有前身香火缘，一真顶上楞伽转。

日落驱车各自归，虎溪偶过总忘机。
何当再约青蓑侣，闲度双林敲夕扉。

录东湖龙藏纪游杂诗寄伯昭、鄂生书后

鹤性灵心正可侔，衔斋幕府各羁留。
我逢佳景题诗句，送与先生当卧游。

雪堂上人以《新构小亭落成》诗见示，并邀同幼耕、莘云为草堂之游，依韵率答，即以代简

记昔相寻六月天，小亭初起已超然。
携来诗句清如水，犹说山光淡似烟。
叹我栖皇难绝俗，羡君幽寂不关禅。
草堂还约同游客，更是飘扬兴欲仙。

草堂即事和雪堂元韵，八月初九日

浣溪依旧抱村流，乘兴何人更感秋。
草堂空余诗卷在，桂庭惊看落花稠①。
稻黄苇碧多清赏，伴鸟随云亦胜游。
朱老东湖方有约，何妨几日小勾留②？

题汪叔明《梦衲庵图》

曾游宦海列儒林，缘是前身幻是今。
百一诗篇犹在眼，大千世界本无心。

---

① 原注：今科遗才几数千人，是日草堂遣闷者自辈。

② 勾留：停留。

生花偶著青莲笔，得意聊陈栗里琴①。
颇似释迦成道日……

[附记] 选自（清）黄彭《陶楼诗钞》（卷1–4），载贵州省文史研究馆编：《续黔南丛书（第4辑）·下·黄彭年诗文集》，贵州人民出版社，2012，第743页、第766页、第811页、第819–820页、第892页。黄彭年（1823–1891），字子寿，号陶楼，贵州贵筑（今贵阳）人。清道光二十五年（1845）进士，授翰林院编修。后随其父黄辅辰回贵阳办团练。曾任任湖北按察使、署江苏巡抚等职。

23. 刘藻诗词选

黔灵山 刘藻

拂竹攀藤破绿苔，侧峰横岭白天开。
黔阳十月犹蒸燠，喜到清凉法界来。

松籁清寥般户流，残英琐碎缀崖幽。
何当更待梅花发，折取高枝上岭头。

[附记] 诗碑嵌于云岩区黔灵山弘福寺大雄宝殿后碑廊，高0.60米，宽0.90米。刘藻（1701–1766），初名玉麟，字麟兆（乾隆三年春，奉特旨改名为刘藻，字赢海，号苏村），山东巨野人。清朝雍正年间举人。乾隆元年举博学鸿词，乾隆二十八年（1763）任贵州巡抚。

贺新郎·雨中游南岳寺

烟雨苍茫里，笑游人，拖筇着屐，冲云犯水。踏碎苔痕临绝顶，翠绕佛堂如几。看城郭、周遭眼底，燕语莺啼浑不住，一声声、欲唤垂杨起。凭阑处，暮山紫。

① 栗里：地名。在今江西省九江市西南。晋代陶渊明曾居于此。陶渊明的琴不具弦徽，却又逢场抚和。他说："但识琴中趣，何劳弦上声！"

东风肯助吾侪趣。破空中、湿云掠去，夕阳徙倚。十八女郎歌唱罢，报道天晴心喜。便催酒，再三无已。缓拨琵琶娇整髻，令青衫、司马魂消矣①。想金谷，乐应似。

醉蓬莱·游扶风寺，为广善和尚题

费经营多少，卷雨飞云，楼台造就。绿畅红酣，正春深时候。倚树浇花，披云拾笋，尽清闲消受。净土无尘，午钟初动，黄鹂巧凑。

如此山林，等闲难遘。笑煞城圈，繁华辐辏。洞府琳宫，让老僧消受。人静鹤酬。沙门解事，向梵王说呗。领略禅心，水云深□②，月光斜透。

[附记] 选自（清）刘藻初：《姑听轩词钞》。顾久主编：《黔南丛书（点校本）》（第15辑），贵阳：贵州人民出版社，2010，第116页、第122页。刘藻，初名蘅，字湘耜，贵筑人。咸丰中诸生，官四川通判。诗才豪逸，尤工骈文。中岁游幕于蜀，南皮张文襄称为黔中名士，有《姑听轩词钞》。

24. 于钟岳诗选

雪涯洞望河亭夏夜独作

水月光无定，开帘宿鹭飞。
仙台香冉冉，竹院露微微。
夜久梵声寂，灯明泥饮归。
避喧来古寺，未觉赏心违。

钟磬诸天罢，疏槐月挂钩。
露苗如雨洗，河水带星流。
市远茶瓜洁，人稀风景幽。
深宵吹铁笛，山气冷如秋。

---

① 原注：谓严伯牙司马在座。

② 按词谱，此处脱一字。

静坐风吹竹，长吟月转廊。
水云心澹静，虫羽意悠扬。
石气侵衣冷，泉声傍枕凉。
只疑幽寂处，自有一仙乡。

贵阳城南山寺即景①

俞渊淳征士读书贵阳城南山寺中，癸丑（1853）夏日乘兴过访即景得七古五章。

其一

俞郎养真厌尘俗，凿径通幽碧山麓。
粳稻作实茄作花，山榴红绽晓桃熟。
绿萝寂寂阴寺门，小轩丛桂忘炎暾。
扫地焚香诵今古，客来挥尘同讨论。
贱子闻名走相见，清才妙论中心羡。
何日提携酒一罂②，僧寮蔬果开清宴。

其二

山塘水浅多芙蕖，时获素藕莲叶俱。
主人饷客尽欢乐，更指河中多鲤鱼。
因之颇忆江湖乡，锦鳞初肥香稻长。
十年从宦滞南裔，莼鲈孤负秋风凉。
多君绝不忆乡里，知君至味在书史。
白药红菱佐晚餐，僧厨惟乞金沙水。

其五

斋鱼粥鼓□音清，妙香冉冉佛火明。
夜深露坐寂无事，空廊飞坠蝙蝠声。

---

① 标题为选录者拟。

② 罂（yīng）：小口大肚的瓶子。

须臾解制老僧饭，野田风静水声缓。
禾苗万顷青琉璃，伴月幽人睡恒晚。
禾根滴露苗翻风，蛤声如雨明月中。
夜半高岩响泉水，梦回疑在钱塘东。

雨中至扶风山甲寅（1854）

入山路匪遥，登山力已竭。
但觉寒意深，峰头雨成雪。
古寺一声钟，寒烟翳城阙。

仙台自今古，菩萨璎珞寰。
俯仰六合中，俱作平等观。
春畴麦田秀，高坟芳草间。
春风意无限，忽忆江南山。

[附记]（清）于钟岳著：《西笑山房诗钞（第一帙）·黔南集》，选自顾久主编：《黔南丛书（点校本）》（第6辑），贵阳：贵州人民出版社，2009，第74–75页、第81–82页。于钟岳（1830–1865），字伯英，汉军镶红旗人，于成龙之后，荫生，咸丰十一年（1861）六月，檄署遵义、桐梓、绥阳三县，督办遵义、绥阳、湄潭、瓮安军务，已而题补都匀府，以道员用，并赏武勇巴图鲁，加按察使衔。同治四年（1865）战殁于阵。

嘉平七日蟠龙寺题壁

古寺松杉正寂寥，孤灯独坐夜迢迢。
久经战阵诗怀灭，偶入名山俗虑消。
富贵那如僧有福，江山应笑我无聊。
内人生日今朝是，万种牢愁赴此宵。

生日作时，已克复务川县城，
振旅于赵北渡观音寺（四首之四）

蜗牛蛮触漫争雄，尽在拈花一笑中。
千佛说经徒有迹，一官于世岂无功。
福田法雨心偏切，苦海慈航道本同。
稽首空王无别祝，早销兵气庆年丰。

游龙塘寺作

征尘未洗又寻幽，藤杖稷鞋得自由。
几点峰峦秋刻骨，连宵风雨稻低头。
梵宫偶击沙场马，薄宦如乘苦海舟。
愿度众生归极乐，须凭佛法挽中流。

金戈铁马七年兵，欲把边陬寇盗平。
绶带愧非羊叔子[①]，戎衣来拜古先生。
情田未了人间累，痴念难忘死后名。
莫谓奇功非慧业，丹心更比佛灯明。

蟠溪寺有前明殿，撰罗洪先七律一章。
问诸山僧，墨迹为人窃，碑亦无有，诗以志感

懒向华林听晓钟，翩然遐举一冥鸿。
逃名粉署金銮外，高咏寒山古寺中。
野鸟不惊蛮树绿，清溪横跨板桥红。
残碑款识琼笺墨，总被人间劫火空。

---

① 羊叔子：羊祜（221–278），字叔子，泰山郡南城县（今山东平邑县）人。魏晋时期大臣，著名战略家、政治家和文学家

春日寄题鹅池寺

日映娇花红欲燃，春山雨洗净娟娟。
旧游忽忆鹅池寺，万壑松风闻杜鹃。

[附记]（清）于钟岳著：《西笑山房诗钞（第二帙）·正安集》，选自顾久主编：《黔南丛书（点校本）》（第6辑），贵阳：贵州人民出版社，2009，第102页、第111页、第123页。

25. 陈夔龙诗选

除日游扶风山、登文昌阁[1]

除日游扶风山还，登文昌高阁，有怀少石大兄，适得鄂臬电音。

爆竹家家饯岁筵，我来偏缔赤松缘。
上方钟磬孤云里，极浦炊烟落照边。
柏府恩纶驰远驿，梅花春意入新年[2]。
颍滨镇日闲无事，却笑东坡苦被牵[3]。

十七日游黔灵山寺，即景用花筱亭[4]先生题壁韵

石磴重寻旧点苔，荡胸绝顶白云开。
人如退院闲僧在，我为看山倒屣来。
落叶半飞烟外寺，拈花一笑佛前梅[5]。
亭碑剥蚀依稀认，谁向天荒辟草莱。

大好黔南第一峰，回栏曲曲路重重。
客来活火双旗茗，风送奔涛万壑松。

---

① 标题为选录者加。

② 原注：山中梅花盛开。

③ 原注：坡诗，“除日当告归，官事苦被留”。

④ 花筱亭：花杰（约1780–1839），字建标，又字晓亭，贵州贵阳人，生卒年不详。嘉庆己未（1799）科进士，曾任陕西道监察御史、顺天乡试同考官凡（三任）等。

⑤ 原注：佛堂有古梅株甚佳。

石壁又增新韵事，钵池难照少年容。
平生出处殊王播，喜听斋堂饭后钟。

礼大士日游相宝山

一览群山拜下风，黔灵而外此称雄。
凭临北斗悬城上，飞卷南明入镜中。
说法无僧参玉版，沽春有客掷青铜。
莲台未是银河畔，刻画牛郎总不工①。

贵阳九华宫主持了尘衲子

普陀礼罢又峨眉，行脚生涯瓶钵随。
最忆九华参妙谛，一天花雨落经帏。

黔灵山题壁诗

戊申（1908）正月十七日游黔灵山寺，即景用花筱亭先生题壁韵②。

石磴重寻旧点苔，荡胸绝顶白云开。
人如退院闲僧在，我为看山倒屐来。
落叶半飞烟外寺，拈花一笑佛前梅。
亭碑剥蚀依稀认，谁向天荒辟草莱？

大好黔南第一峰，回栏曲曲路重重。
客来活火双旗茗，风送奔涛万壑松。
石壁又添新韵事，钵池难照少年容。
平生出处殊王播，喜听阇黎饭后钟。

筱石陈夔龙

---

① 原注：大士座前旧有铜牛已失去，今改铸以铁，工拙殊不形似。

② 碑分刻于四方碑（各高 1.50 米，宽 0.78 米）。无碑题和碑额。竖书楷书阴刻。今重刻嵌于云岩区黔灵山弘福寺大雄宝殿后碑廊。

[附记] 选自贵州省文史研究馆编：《续黔南丛书（第6辑）·下·陈夔龙诗文集》，贵阳：贵州人民出版社，2014，第936、941、949、1005页。陈夔龙（1857–1948），字筱石，贵州贵筑（今贵阳）人。光绪十二年（1886）进士。曾任河南巡抚、江苏巡抚、四川总督、直隶总督。宣统元年（1909）任直隶总督北洋大臣。著有《松寿堂诗钞》。

26. 乔用迁诗选

游黔灵山①

巍巍佛殿敞，证果傍岩栖。
钟鱼理清课，戒律说闍梨②。
茅屋有新诗，好句待评题。
回顾松竹环，次第匀高低。
奇花傲霜发，山鸟向风啼。
怪石依阶砌，苔钱满庭蹊。
由来僧占处，本不畏人挤。

相宝山寺大铜镜

浮屠崇感应，艳说去来今。
宝山有古镜，万斛障烟尘。
庙令传疑信，云可睇③前因。
三生证宿果，明月在一轮。
事严迹亦秘，幻相现人禽。
我来适晴霁，爽气挹深林。
相对滋瞀昧④，沦茗试证心。

---

① 标题为选录者加。

② 闍梨，也作“闍黎”，梵语“阿闍黎”之省，意为高僧，也泛指僧人、和尚。

③ 睇（dì）：眼睛斜看。泛指看。

④ 瞀（mào）昧：昏蒙迷惑。

六叠前韵

三千大千一微尘，扰扰胶胶昏达晨。
游仙梦[1]隔卅二载，选佛场留两三人。
座中满饮北海酒，赋就且关西都宾。
他年耋耄[2]健腰脚，待我再醉蓬壶春。

[附记] 选自（清）道光《贵阳府志·余编（卷之18）·文征（卷之18）》。乔用迁（？ –1851），字见斋，湖北孝感人。嘉庆十九年（1814）进士。道光二十五年（1845）任贵州巡抚。

27. 其他诗选

知非庵吊钱开少 赵旭

在修文城北五里，旧名潮水寺，明总兵王国正建。后四川巡按钱邦芑居此，更名知非庵。

凤凰山中殪黄虎，养子南奔更雄武。
渡江唾手得滇黔，贼党议尊为国主。
丹徒巡按方督兵，移书可望何忠贞。
也识朱温终跋扈，强将钱傲比归诚。
胁要封爵谁能阻，乘舆劫置安龙府。
皇帝一员日支粮，劝进争谋登九五。
是时巡按隐蒲村，伪官迫受骑纷烦。
一夕小庵先祝发，任他海立复山奔。
封刃行诛怒未已，扭械登途岂为耻。
难与十一门人居，愿随十八先生死。

---

① 游仙梦：同源典故“一枕仙游”。龟兹国进奉枕一枚，其色如玛瑙，温温如玉，其制作甚朴素。若枕之，则十洲三岛、四海五湖尽在梦中所见，帝因立名为“游仙枕”，后赐与杨国忠。

② 耋耄（dié mào）：高寿。一般指八九十岁。

息息蛮触适相侵，败走长沙伪党捦①。
忽讶余生离虎口，即从初地听潮音。
非是真非错真错②，绣衣早换袈裟薄。
勤王心事付空空，招魂路隔滇池恶。
游人莫怨水三潮，明家旧恨无时消。
当年亦有生程济，白云寺伴晚鸦朝。

[附记] 选自贵州省文史研究馆编：《续黔南丛书（第8辑）·下·黄彭年诗文集》，贵州人民出版社，2014，第1359–1360页。赵旭，字石知，贵州桐梓人。九试于乡，不得志。以军功得训导，即选署荔波教谕。战殁。赠国子监学录，世袭云骑尉。

雪崖洞 傅玉书

厓壑寄嵚③一洞开，碧波环琐翠微堆。
烟雾葱茏嶂间树，疑是蜃气成楼台。
飞红结翠几千尺，嵌空作幻无纤埃。
中有仙人倚石壁，拍肩挹袖影徘徊。
云际隐现石发古，荷衣飘飖④绣绿苔。
须眉剥蚀不可辨，广成偓佺安在哉？⑤
我欲相从飞九陔⑥，洞口松风涛声回。
遥望画舫江之隈，御风咫尺登蓬莱。

[附记] 选自（清）傅玉书著：《竹庄诗草》，贵阳：贵州人民出版社，

---

① 捦（qín）：同“擒”。

② 开少僧，号大错。

③ 嵚（qīn）：山势高峻。

④ 飖（yáo）：随风摇动

⑤ 广成：广成子，上古黄帝时候的道家人物，修行于崆峒山和神仙洞，黄帝听说后专程去拜访他，并拜广成子为师，问治国之术。偓佺（wò quán）：古代传说中的仙人。

⑥ 九陔（gāi）：亦作九垓，中央至八极之地。

2013，第 32 页。傅玉书（1746–1812），字素余，号竹庄，贵州瓮安草塘下司人。乾隆乙酉科（1765）举人。曾任江西安福知县，署瑞州府铜鼓同知。贵州著名诗人。有著作数种。

游观音洞 石赞清

大士生天竺，何人知去踪。
石梁萦润转，洞府过山逢。
日布玲珑影，花藏缥缈容。
相看指杨柳，入望似芙蓉。
啼鸟仍临穴，归去时抱峰。
地奇人境别，机绝道情浓。
因物成真悟，苦心归妙宗。
栖迟观自在，坐到夕阳钟。

[附记]选自贵阳市文化局编:《贵阳文物景点》，贵阳: 贵州教育出版社，2007，第 162 页。石赞清（1805–1869），字次臬、襄臣，贵州黄平旧州人。清道光十八年（1838）进士。曾任工部右侍郎等职。文学上也很有造诣，有《豆丁吟》等。

九日同黄侍御再游东山寺 卞三元

九日寻芳景，东山只里余。
延宾来鸟径，携酒借僧庐。
古树垂青影，层云荫碧虚。
临流多客意，未免忆鲈鱼①。

① 忆鲈鱼，用张翰思家乡“鲈脍蔬羹”而辞官返里的典故。

和卞抚军游东山寺前韵 黄敬玑

古刹东山下，萧条兵火余。
秋声连远壑，酒兴满幽庐。
翠色当窗合，云光映座虚。
诸侯正好客，不必赋无鱼。

[附记] 选自（清）道光《贵阳府志·余编（卷之16）·文征（卷之16）》。卞三元（1616–1697），清初汉军镶红旗人，字月华。崇德举人。曾任贵州巡抚。康熙间，擢云南总督，加兵部尚书衔。工诗，有《公余诗草》。黄敬玑，身世行履不详，清顺治十七年（1660）以评事出任贵州乡试主考官。

东山 杨雍建

危峰东峙郁岧峣，小阁凭虚瞰碧霄。
战伐几经飞鸟乱，登临犹见落霞标。
留将半时增题咏，剩有孤僧伴寂寥。
极目乡关何处是，归情早逐断云飘。

[附记] 选自（清）道光《贵阳府志·余编（卷之16）·文征（卷之16）》。

九日宴集东山登高 蒋攸铦

依城东面绿回环，画景全收翠霭间。
维蝶烟濛初酿雨，鳌机云涌欲浮山。
朱颜醉认枫林叶，金缕歌穿拂髻鬟。
指点坡陀峰下路，腰镰齐负稻孙还。

主人爱客客情豪，竹杖蓝舆不厌高。
福地未须萸结佩，新霜应有鹤鸣皋。
烟霞细染山公屐，樽俎闲吟白傅糕。

怪底深秋无雁影，时平久庆息鸿嗷。

[附记] 选自（清）蒋攸铦撰：《蒋攸铦文学家族诗集》，上海古籍出版社，2019，第352–353页。蒋攸铦（1766–1830），字颖芳，号砺堂，谥文勤。汉军镶蓝旗。乾隆四十九年（1784）进士，授翰林院庶吉士。道光间官至文渊阁大学士、两江总督。有《绳枻斋诗集》《黔轺纪行集》。

游雪涯洞 陈德荣

群江闻道似瀛洲，为爱清幽览胜游。
雉堞四围山北去，鼍梁[①]双架水东流。
别开云路邀青鸟，暂息尘机玩白鸥。
疑是桃源通柳市，风光占尽郭南头。

玉虚宫阙彩云边，下有维摩小洞天。
钟磬声中清梵落，松杉影里夜灯燃。
闻歌欲证三生果，微笑同参一指禅。
会得西来无限意，碧溪芳草自年年。

层楼高矗水云隈，挂斗横参万象开。
碧汉乍疑槎泛去，青天应有鹤飞来。
梦中蝴蝶原非幻，眼底蜉蝣尽可哀。
一瓣心香迎绛节，欲将清浅问蓬莱。

入圣登仙各有因，万缘澄澈见天真。
须知卧雪瓷霞客，即是吟风弄月人。
一念常惺虚白室，三花应现软红尘。
敲爻妙义通河路，洙泗[②]源头好问津。

---

① 鼍（tuó）梁：即鼋梁。鼋（yuán）梁，《竹书纪年》卷下："穆王三十七年，伐楚，大起九师，东至于九江，叱鼋鼍以为梁。"后因以"鼋梁"借指帝王的行驾。

② 洙泗：即洙水和泗水。古时二水自今山东省泗水县北合流而下，至曲阜北，又分为二水，洙水在北，泗水在南。春秋时属鲁国地。孔子在洙泗之间聚徒讲学。后因以"洙泗"代称孔子及儒家。

[附记] 摩崖位于贵阳市雪涯路北段西侧雪涯洞，今已不存。此诗选自（民国）《贵州通志·金石志（四）》。雪涯洞明代开建，洞高约 2.5 米，面积约 30 平方米。洞内原塑有佛像，建有玉皇殿，洞前有三官殿、来仙亭，亭内有吕真人刻石像，有多处摩崖。民国时期在此建学校、工厂。题者陈德荣，字廷彦，直隶安州人。康熙五十一年（1712）进士，历任湖北枝江知县、贵州黔西知州，贵州按察使、布政使，在贵州任上教民种棉、织布、饲蚕、纺织。得旨嘉奖。乾隆十一年（1746），迁安徽布政使。次年卒于官。题于清乾隆六年（1741）。

游东山 李仙根

当年蜡屐陟崇阿，选胜探奇几回过。
楼阁庄严新法相，林峦掩映旧烟萝。
山因久别神情异，客为重游感慨多。
廿载梦魂今始慰，临风一放紫芝歌[①]。

[附记] 选自（清）道光《贵阳府志·余编（卷之 16）·文征（卷之 16）》。

九日登东山 刘远誉

极顶人争上，狂游趁小晴。
蝉声催落木，秋气肃边城。
僧老禅心定，林幽隐念生。
潺湲余野况，隔岭听泉鸣。
天地尚干戈，风尘日凋丧。
世俗固称险，江海未云旷。
安得生羽翰，直往凌元阆。

① 紫芝歌，又作“紫芝曲”，古歌名。传说秦未商山四皓以世乱退隐而作。

[附记] 选自（清）道光《贵阳府志·余编（卷之16）·文征（卷之16）》。刘远誉，字骏声，清贵州新贵县人，康熙中诸生。

早起登东山 潘驯

繄①余遭世乱，窘迫非一状。
独有山水缘，梦寐不能放。
无才合幽栖，岂日抱微尚。
迩日秋正清，诸峰竞殊相。
泼墨两三重，拔翠几千丈。
奇光人我怀，高兴遂难量。
晨起揽衣据，历历穿林上。
四际天宇宽，元气恣洸漾。
忽讶青山移，始知白云涨。
少焉发初暾②，明媚互争让。
恰似丹砂丸，跃出碧瑶盎。
暂领心颜开，久坐形神畅。
天地尚干戈，风尘日凋丧。
世俗固称险，江海未云旷。
安得生羽翰③，直往凌元阆④。

九日同诸僚陪抚军登东山 潘驯

落帽龙山礼数宽，得从幕府罄交欢。
札侪意气天涯合，韩范威名徼外寒。
选胜刚逢秋九月，探奇休惜路千盘。
迩来牧马郊原静，闲看三军解玉鞍。

---

① 繄（yī）：同“惟（wéi）”。文言助词。用在句首。

② 暾（tūn）：刚出来的太阳。

③ 羽翰：翅膀。

④ 凌元阆：即凌烟阁。是唐朝为表彰功臣而建筑的绘有功臣图像的高阁。

[附记] 选自（清）道光《贵阳府志·余编（卷之16）·文征（卷之16）》。潘驯（1610–1681），字士雅，号韵人。明朝贵州前卫（今贵州贵阳）人。云南左布政使潘润民之子。幼聪颖好学。崇祯十二年（1639）举人。任云南蒙自知县。他廉政利民，百姓称之为“老佛”。

望黔灵寄赤松和尚 邹继圣

自笑尘中老，久与名山别。
延目望山阁，烟光若明灭。
雨余半岭岚，向晚气超越。
猿吟岩际风，僧参床上月。
衲破寒暑忘，性寂天人彻。
孤云独去来，长年傍禅悦。

重到黔灵 邹继圣

一岭晴晖照客颜，昔年浪迹几跻攀。
到门人破烟中阁，歇马帘收槛外山。
醉落云霞浮地底，尽藏弦管隔城间。
清幽近枉风尘辔①，好让高僧独坐闲。

[附记] 选自（清）道光《贵阳府志·余编（卷之16）·文征（卷之16）》。邹继圣，字远绍，清贵州思州（治今岑巩）人。康熙中贡生，官训导。有《清江剩草》。

游黔灵山赠翟脉上人 蔡珽

辋川旧识是天亲，还向黔灵问夙因。
野狖②驯从青嶂下，山居常与白云邻。

---

① 辔（pèi）：驾驭牲口用的嚼子和缰绳。

② 狖（yòu）：古书上说的一种猴。此处指猴。

结社不嫌陶令[①]酒，吟诗却认贯休[②]身。
不须更作牂牁怨，绿水青山总故人。

[附记] 选自（清）道光《贵阳府志·余编（卷之16）·文征（卷之16）》。蔡珽，字若璞，号万功。云贵总督蔡毓荣之子。康熙进士，累官奉天总督。工诗，有《守素堂诗集》。

暮秋游照壁山 吴廷桢

孤嶂开僧舍，山门碧藓侵。
游人不到处，吾辈独登临。
黄叶尊前树，清秋客里心。
黔南风日好，只是忆山阴。

[附记] 选自（清）道光《贵阳府志·余编（卷之16）·文征（卷之16）》。吴廷桢，子山抢。清长洲人。康熙举人，康熙帝南巡，献进鑫诗，召入南熏殿，不久成进士，官左谕德。有《南村集》。

登东山 潘德征

危峰开曲径，步步入烟深。
寺古资禅悦，人闲长道心。
当杯残磬落，倚杖宿云侵。
归路斜阳里，飞鸦返旧林。

[附记] 选自（清）道光《贵阳府志·余编（卷之16）·文征（卷之16）》。

---

① 陶令：指陶渊明。他曾任过彭泽县令。陶渊明（？–427），字元亮，晚年更名潜，别号五柳先生，私谥靖节，世称靖节先生，浔阳柴桑（今江西九江）人，东晋著名诗人、辞赋家、散文家。

② 贯休（832–912），俗姓姜，字德隐，婺州兰溪（今浙江兰溪市游埠镇仰天田）人。唐末五代前蜀画僧、诗僧。七岁出家和安寺，日读经书千字，过目不忘。唐天复间入蜀，被前蜀主王建封为“禅月大师”，赐以紫衣。

登黔灵山赠释乾御① 潘快

拓山尘世界，石畔话三生。
境静神弥淡，缘空志自清。
山中栖慧远，社外入渊明。
预订篱边约，黄花酒一觥。

[附记] 选自（清）道光《贵阳府志·余编（卷之16）·文征（卷之16）》。潘快，字无闷，清贵州贵阳人，潘德征之子，康熙壬午科（1702）举人。有《留余堂集》。

雪崖洞次方伯陈公元韵 唐璥

神山海宇浩无边，五岳图中别一天。
满院氤氲花雨落，数龛窌窈②宝灯然。
濠鱼③到处关玄妙，幢月分明引道禅。
洞壑也存兴废数，辉煌旧句忆当年。
休向空王证夙因，且从紫府叩元真。
虎丘聚石殊多事，缑岭④吹笙自可人。
悟彻玄关差胜佛，扫清魔障已无尘。
谁知谢傅登临暇，望海还能识道津。

---

① 释乾御，法名宏源，字乾御，赤松弟子，能诗。

② 窌（jiào）窈：窈窕。

③ 濠鱼：即濠上鯈鱼。《庄子·秋水》载：庄子与惠施游于濠梁之上，见鯈（tiáo）鱼出游从容，因辩论鱼之知乐与否。后以“濠上”代指逍遥闲游之所。

④ 缑（gōu）岭：即缑氏山。多指修道成仙之处。缑氏山，位于今河南省偃师县。（汉）刘向《列仙传·王子乔》：“王子乔者，周灵王太子晋也。好吹笙，作凤凰鸣。游伊洛之间，道士浮丘公接以上嵩高山。三十余年后，求之于山上，见桓良曰：‘告我家：七月七日待我于缑氏山巅。’至时，果乘白鹤驻山头，望之不得到，举手谢时人，数日而去。”后因以为修道成仙之典。

晚登大佛寺 胡立儒

霜钟动远林，微风催晚屩[①]。
行行入云限，落叶声寒峭。
老僧踏叶来，遥遥指山峤[②]。
云封路不迷，幽猿时一啸。
天籁入人深，林泉足感召。
白云为我留，青山为我笑。
疏钟落叶情，千古谁同调。

[附记] 选自（清）道光《贵阳府志·余编（卷之 18）·文征（卷之 18）》。

东山 吴达善

一望青葱入画图，恰当新雨湿平芜。
闲吟不觉莺啼晚，槛外青山半有无。

[附记] 选自（清）道光《贵阳府志·余编（卷之 17）·文征（卷之 17）》。吴达善，清满洲正红旗人。姓瓜勒佳氏。乾隆进士，授户部主事，累迁湖广总督。后官陕甘总督，卒益勤毅。

游扶风山寺偶成 郭石农

郁郁万株松，森森千树柏。
闲游至螺峰，螺峰真秀绝。
山深俗障空，地远尘嚣隔。
曲径而通幽，有室愈精洁。
图书妙古人，题咏多遗迹。

---

① 屩（juē）：用麻、草做的鞋。

② 峤（qiáo）：山巅圆曲。

屏开草色清，窗映苔岑碧。
金筑地低窳[1]，过夏犹炎热。
嘉客两三人，相邀聊共适。
俯仰于其中，陶然殊自悦。
爽气扑眉清，凉风生面彻。

[附记]选自（民国）《续修安顺府志辑稿（第18卷）·艺文志·郭石农》。郭石农（1838–1919），贵州安顺人。本名郭临江，字春帆，别号石农等。曾在清泰庵、崇真寺等设帐教学，其弟子何威凤最为出名。

水月寺[2]小坐 国梁

出郭散春日，旷然洗愁心。
滩风兼树响，岩翠宿庭阴。
飞絮鸟边度，落花帘外深。
静观妙无喻，清馨下高岑。
水月招提境，虹桥芳杜洲。
此间蕴真意，象外得天游。
佛火黑花馥，慈云护洞幽。
岩阴方酿雨，归路听鸣鸠[3]。

[附记]选自道光《贵阳府志·余编（卷之17）·文征（卷之17）》。

① 金筑：贵阳别称。古代贵阳盛产竹子，以制作乐器“筑”而闻名，故简称“筑”，也称“金筑”。低窳（yǔ）：凹陷；低下。

② 水月寺，在南明河甲秀楼旁，一名观音寺，即明代的南庵。

③ 鸣鸠：农谚说“斑鸠叫，有雨到”。“鸣鸠”预示有雨将至。

重阳前一日约郑东园、段聚亭、蔡丰川①登东山 何德峻

幸无风雨到林丘，且乐朋侪结胜游。
白酒暂将消夙愿，黄花犹得谢新愁。
叶残已见山无骨，稻熟应歌岁有秋。
摇落更谁悲宋玉，孤云何意欲相留。

[附记] 选自（清）道光《贵阳府志·余编（卷之17）·文征（卷之17）》。何德峻，字鲁瞻，一字醉石，贵州开州（今开阳县）人。何德新之弟。清乾隆三十四年（1769）进士。改庶吉士授编修。著有《东山志》《栖霞山房集》等。

游西山寺 潘宪武

野寺萧条甚，老僧游未归。
空林堆落叶，古洞淡斜晖。
憩石客心远，登楼尘迹稀。
西山来爽气，时见白云飞。

[附记] 选自（清）道光《贵阳府志·余编（卷之17）·文征（卷之17）》。潘宪武，字立山，贵州清镇人，乾隆进士。官湖北咸丰知县。事母最孝。著有《立山诗稿》。

步何鲁瞻重阳前一日同人登东山原韵 郑邦杰

疏慵野性癖山丘，已谢荣华肯倦游。
曲径且寻今日趣，黄花漫说古人愁。
数杯浊酒千年话，一笛清高万壑秋。

---

① 郑东园、段聚亭，行历不详。蔡丰川，名世平，字志安，又字丰川、碧川，贵州思州人，乾隆己卯（1759）举人。

更上落伽[1]看夕照，此身欲共白云留。

[附记] 选自（清）道光《贵阳府志·余编（卷之 17）·文征（卷之 17）》。

春游山寺 潘骧

枭枭萝阴覆古藤，乱峰深处一筇登。
松含雪意微存傲，石抱云根浅露稜[2]。
故态狂来宜对酒，尘心淡后喜逢僧。
空山坐久偏生寂，透骨春寒冷似冰。

[附记] 选自（清）唐树义审例，黎兆勋采诗，莫友芝传证，关贤柱点校：《黔诗纪略》，贵州人民出版社，1993，第 1019 页。潘骧，字子襄，贵州前卫（治今贵阳市）人，明末贡生。永历帝时任云南罗次知县、四川崇庆知州。入清，守义不复仕。有《淡远亭诗集》。

读郭青螺《黔书·烈女传》六首（选一） 史昌期

诵佛焚香四十年，灵芳相伴绿芊芊。
剪芽张换三间屋，雷电窥人倘见怜。

[附记] 选自（清）唐树义审例，黎兆勋采诗，莫友芝传证，关贤柱点校：《黔诗纪略》，贵州人民出版社，1993，第 924 页。史昌期，贵州都匀人，明末以选贡官广西知县。桂藏永明王称号，晋柳州府同知。后随永历帝如云南，战殁。

游黔灵山 谈中信

磅礴结黔灵，秋深众壑鸣。

---

① 落伽（jiā）：山名。即普陀。代指寺院。

② 稜（léng）：同“棱”。

长松扶地立，峭石碍人行。
峰顶过云影，林间出梵声。
去尘知几里，跏坐有余情。

[附记] 选自贵州省文史研究馆编：《续黔南丛书（第3辑）·上·播雅》，贵阳：贵州人民出版社，2012，第332页。谈中信，遵义诸生。

东山栖霞寺 赵德昌

同治甲子（1864）夏五月重游东山。

东岭路如梯，云深曙色迷。
仰攀高鸟近，俯视万峰低。
酒醉戈为枕，更阑月映溪。
举头天尺五，拟上岱山西。

达庵赵德昌题

[附记] 碑立于南明区东山栖霞寺。青石质，方首，无碑额及碑题，高3.23米，宽1.3米，厚0.26米，竖书楷书阴刻。赵德昌（1831–1899），字达庵，贵州郎岱人。出身军门，清同治三年（1864）由兴义总兵擢升贵州提督。颇习文学，著有《枕戈室诗钞》。颇习文学，著有《枕戈室诗钞》。

东山寺 刘玉泉

昔爱东山好，今来莽棘榛。
绿苔生壁旧，青草掩阶新。
寺寂僧无事，炉寒佛有尘。
萧萧香积地，冷落几经春。

[附记] 选自贵州省文史研究馆编：《续黔南丛书（第8辑）·下·黄彭年诗文集》，贵州人民出版社，2014，第730页。刘玉泉，字源公，大定人。康熙癸酉（1693）举人，官夏县知县，有政绩，告归，学行为乡里表率。有《适

情斋诗集》。

雪崖洞次陈方伯韵 王瓒

凭虚身在白云边，杰阁崚嶒势插天。
一抹残霞天欲暮，数星渔火夜初燃。
豪吟不碍庾楼兴，净业新逃鹿苑禅。
谁驾铁船浮黑海，愿将七日换千年。

[附记] 选自贵州省文史研究馆编：《续黔南丛书（第8辑）·下·黄彭年诗文集》，贵州人民出版社，2014，第836页。王瓒，字尔爵，贵州贵阳人。康熙戊戌（1718）进士，改庶吉士，授检讨，改监察御史，转刑科给事中。

碧云山僧体宗过署访之已他适 田樟

逍遥云外踪，但栖云中寺。
云出亦无心，清露湿行屦。

[附记] 选自贵州省文史研究馆编：《续黔南丛书（第8辑）·下·黄彭年诗文集》，贵州人民出版社，2014，第850页。田樟，字韦斋，玉屏人。雍正癸卯拔贡，乾隆初，举孝廉方正，官知县。有《木笔轩集》（《黔诗纪略后编》卷八）。

访雁上人 潘文芮

尘嚣不到处，中住一僧闲。
心定非持偈，缘空但看山。
寻诗披竹径，招月入松关。
顾我难从俗，忘形许往还。

[附记] 选自贵州省文史研究馆编：《续黔南丛书（第8辑）·下·黄彭年诗文集》，贵州人民出版社，2014，第856页。潘文芮，字右质，人

称彬也先生。贵阳人，雍正中诸生。有《翠屏寄客集》。

秋日偶成 潘晓

秋色清无际，山中引兴深。
绿苔侵古径，红叶落疏林。
有造得幽境，忘机生道心。
天游还共适，野老暇追寻。

[附记] 选自贵州省文史研究馆编：《续黔南丛书（第8辑）·下·黄彭年诗文集》，贵州人民出版社，2014，第859页。潘晓，字白东，黔西人，雍正中诸生。随父潘文芮有贵阳移居黔西。有《断续亭诗集》。

访苍瑶上人 潘文苞

支公燕北至，飞锡栖霞峰。
食下忘机鸟，谈来听法龙。
题诗随兴到，栽竹任云封。
若问尘中事，门前山万重。

[附记] 选自贵州省文史研究馆编：《续黔南丛书（第8辑）·下·黄彭年诗文集》，贵州人民出版社，2014，第884页。潘文苞，字鞏也，贵阳人。乾隆庚午科（1750）举人，官盐大使。有《琢辑云轩诗》。

宣府大觉寺和壁间元韵 张伟

到眼名山兴未穷，招提深处策吟筇。
客来衣湿三春雨，茶好香生两腋风。
草上闲阶铺嫩绿，花摇绀宇弄新红。
寻幽揽胜生平事，一任游踪类转蓬。

[附记] 选自贵州省文史研究馆编：《续黔南丛书（第8辑）·下·黄彭年诗文集》，贵州人民出版社，2014，第897页。张伟，字德超，平远人。

乾隆丁丑科（1757）进士，官丰都知县。

人日[①]星南、伯子偕游河堤阁，重入万寿寺观梅同作（二首） 戴粟珍

晨起春气积，一鸟破晴哢[②]。
林壑动远思，出郭脱尘鞚[③]。
远岫淡余辉，平畴泄春冻。
苍苍修竹林，万绿围无缝。
中有古寺存，仿佛迷香洞。
禅枯息梵音，鸽冷绝斋俸。
冥坐寂已忘，入定香微送。
何时忏六如，来醒空花梦。

横塘冷澹烟，古径留寒色。
老鹤导我前，恍人水晶域。
笑拈功德香，微嗅葡萄汁。
色相自来无，梦影了不惑。
时有僧雏来，修绠寒泉汲。
古灶燃松烟，煮茗漱白石。
我也蒲团坐，跏趺尘虑息。

[附记] 选自贵州省文史研究馆编：《续黔南丛书（第8辑）·下·黄彭年诗文集》，贵州人民出版社，2014，第1346页。戴粟珍，字禾庄，贵州清镇人。以贵筑学籍中道光己亥科（1839）举人。禾庄及兰雪之门，与荻洲并称“二俊”。道光中，大、安二郡称诗者，并推史、戴。

---

① 人日：又称人节、人庆节等，时间为每年农历正月初七。
② 晴哢（qíng lòng）：晴天天亮时的鸟鸣声。
③ 尘鞚（kòng）：尘世的羁绊。鞚：带嚼子的马笼头。

登东山绝顶佛阁（三首） 刘贵阳（刘书）

凌虚磴道郁千盘，松栝阴阴护戒坛。
深箐湿云晴亦雨，悬崖飞瀑夏生寒。
楼台日丽林端涌，城堡星罗井底看。
阅尽兴亡惟老佛，石龛坐冷一蒲团。

形胜西南纪壮游，八番风物望中收。
流亡图画谁封传？戎马关山独倚楼。
野烧无端惊远堠，荒榛不分占平畴。
狂来欲把浮云扫，直叩天阊诉积愁。

卜筑犹难与世违，暂来已觉宦情微。
喜闻钟磬趋琳宇，能避风尘是布衣[①]。
乡信浮沉鸿雁杳，蛮花开落鹧鸪飞。
乱山何事争稠沓？不放羁人觅路归。

[附记]（清）刘书年撰《刘贵阳遗稿（卷之2）·涤滥轩诗钞》。选自顾久主编：《黔南丛书（点校本）》（第6辑），贵阳：贵州人民出版社，2009，第193页。刘书年（1811–1861），字仙石（竹史、有云），自号秋冶子，以字传，河北献县人。咸丰三年入黔，知安顺府，后调贵阳知府，世称“刘贵阳”。刘书年“内行纯笃，才艺丰多”，清代著名诗人，工长短句，类南宋。经学家，笃守诸大儒之道，书法家，工楷书。有《涤滥轩诗钞》《黔行日记》等。

黔灵山 刘藻

拂竹攀藤破绿苔，侧峰横岭白天开。
黔阳十月犹蒸燠，喜到清凉法界来。

---

① 原注：寺有吴生僦居读书。

松籁清寥殷户流，残英琐碎缀崖幽。
何当更待梅花发，折取高枝上岭头。

[附记] 碑嵌于云岩区黔灵山弘福寺大雄宝殿后碑廊，高0.60米，宽0.90米。刘藻（1701–1766），初名玉麟，字麟兆（乾隆三年春，奉特旨改名为刘藻，字赢海，号苏村），山东巨野人。清朝雍正年间举人。乾隆元年（1736）举博学鸿词，乾隆二十八年（1763）任贵州巡抚。

黔灵山 李檝

郭外名山窄径斜，白云影里树杈丫。
风边隐有钟鱼度，日午全无鸡犬哗。
曲曲芳池浮积藻，深深禅室护名花。
振衣更向峰头望，碧瓦参差十万家。

[附记] 选自贵州省文史研究馆编:《续黔南丛书（第3辑）·上·播雅》，贵州人民出版社，2012，第465页。李檝，字荫侯，遵义人，乾隆朝贡生。有《望云诗草》。

回龙寺诗碑 郑良能、王宗尧

其一

华龙崎岖透高楼，改转康庄西地游。
椎鲁何堪题贝叶，禅僧颇足共绸缪。
仰观云白惫天近，俯察泉清会□悠。
座对佛前无语祝，一□风月净尘浮。

本境郑良能作

其二

古刹清幽月映楼，白云深处故人游。
一潭绿水□□静，万仞晴峰放眼收。
□步残岩风竦竦，径穿斜□意悠悠。

山僧应会圆通□，指引迷途惫世浮。

黔阳士王宗尧韵

清朝乾隆十二年（1747）八月

[附记]选自政协贵州省清镇市委员会编：《清镇文史资料选辑（第14辑）·清镇文物古迹专辑》，2004，第18–19页。碑嵌于碑立于贵阳市观山湖区百花湖乡萝卜村花桥大寨回龙寺下悬崖石穴中，青石质，高0.25米、宽0.39米的，距地2.50米。郑良能，为郑氏从江西到清镇的第六代。王宗尧身份待考。两诗为唱和之作。

黔灵山摩崖诗 鄂尔泰

过黔灵山寺。慨然有述。时己酉（1729）重午后一日。

弓衣驰小队，纡径入黔灵。
隔岸竹林紫，举头天骨清。
刍尼驯上坐，梵呗理残经。
问询峨眉老，猧猿认祖庭。

刹那车三乘，庄严草一茎。
众人殊狗苟，吾道亦蝇营。
杀活从渠会，泥沙回自倾。
底缘返初服，安养证无生。

[附记]选自（民国）《贵州通志·金石志（四）》。鄂尔泰（1677–1745），西林觉罗氏，字毅庵，满洲镶蓝旗人。康熙三十八年举人。雍正四年（1726）调任云贵总督，六年任云贵、广西总督。

书翠微阁匾后并序 阮元

水南小阁题名后，一段林峦未可忘。
黄叶多时有霜气，翠微空处即秋光。

眼前画意任舒卷，溪上诗情谁短长。
莫怪阑干人倚久，勾留清景是斜阳。

[附记] 选自（清）道光《贵阳府志·余编（卷之18）·文征（卷之18）》。阮元（1764–1849），字伯元，号云台、雷塘庵主，晚号怡性老人，江苏仪征人，乾隆五十四年（1789）进士，道光六年至十五年任云贵总督。观音寺民国二十九年（1940）改建为学校后，寺内碑刻等已逐次损毁。阮元诗碑仅存拓片。翠微阁，在贵阳城南南明河畔观音寺（亦名水月寺）右侧，始建于清道光初年。道光八年（1828），时任云贵总督的阮元额为“翠微”。

登黔灵山绝顶 许秀贞

绝顶登临日，长天一望中。
山高凭小立，风峻逼长空。
树黑疑藏虎，潭腥欲起龙。
一声清呗响，苍翠锁冥檬。

薄暮游水月寺 许秀贞

数里寻山径，云开别有天。
水环溪口寺，月抱渡头船。
冷落金茎露，清流玉女泉。
萧萧红叶里，楼阁枕江烟。

[附记] 选自（清）道光《贵阳府志·余编（卷之18）·文征（卷之18）》。许秀贞，字芝仙，贵州贵阳人。适武秀才胡风翔。兼长诗画，著有《枣香山房诗集》。

冬日游黔灵山 李坤耀

毕竟冬晴胜素秋，探梅何待几生修。

试看莲社谭三昧[①]，怪石[②]峥嵘尚点头。

[附记]选自（清）道光《贵阳府志·余编（卷之18）·文征（卷之18）》。李坤耀，女，贵州贵阳人。

小饮翠微阁 杨恩桓

鳌矶溪畔柳毵毵[③]，夕照楼台倒影涵。
到眼春光无限好，杏花天气似江南。

[附记]选自贵州省文史研究馆编：《续黔南丛书（第8辑）·下·黄彭年诗文集》，贵州人民出版社，2014，第1487页。杨恩桓，字半翁，贵州松桃人。以军功保府经历。

穿石 朱轸

清溪几折过苔矶，古庙凌虚压翠微。
异境忽逢来不速，巨灵凿空是耶非？
樵云客借岩扉宿，避雨僧寻石硐归。
瞥眼扁舟摇已过，满林黄叶向人飞。

[附记]选自贵州省文史研究馆编：《续黔南丛书（第8辑）·下·黄彭年诗文集》，贵州人民出版社，2014，第1527页。朱轸，字琴舫，贵州贵筑人。同治庚午（1870）科举人，以军功保校官，进知县。

---

① 莲社，晋代庐山东林寺僧慧远，与僧俗十八贤结社念佛，因寺凿池种白莲，称“白莲社”。谭：同“谈”；三昧：佛教语，梵文音译，又作“三摩提”或“三摩帝”。意即排除一切杂念，使心神平静。这里指寺僧演说佛法。

② “怪石”句，用“石点头”的典故。相传晋代高僧道生法师于虎丘山聚石讲经，与谈至理，石皆点头。

③ 毵毵（sān sān）：枝条等细长的样子。

题北宋本《百缘经》 黄国瑾

岭云渡海拥残编，佛许百缘结十缘①。
妙果力成传鹿苑，误书思得胜麋躔②。
涌泉喝水知何寺③，定籍书碑阅几年④。
却笑当时资禄位⑤，判官应亦费金钱⑥。

[附记] 选自贵州省文史研究馆编：《续黔南丛书（第8辑）·下·黄彭年诗文集》，贵州人民出版社，2014，第1537页。黄国瑾，字再同，贵州贵筑人，布政使彭年子。光绪丙子（1876）科进士，改廉吉士。丁丑散馆，授编修，充会典馆总纂。著有《小夏正集解》等。

黔灵山 何威凤

万木萧森鸟道纡，翳然风叶足清娱。
亭台绝胜云栖好，笑问山灵似也无。

[附记] 选自（民国）《续修安顺府志辑稿（第18卷）·艺文志·何威凤》。书画奇才何威凤（1853–1918），字翰伯，号东阁、藻篁，别号七癖、盟石主人等，贵州清镇人。光绪十一年（1885）举人举。曾甘肃布政使岑春煊（后任四川总督）府上做幕僚。后主讲贵阳正本书院（俗称北书院）。精书画、工诗文。

---

① 原注：唐慧林《一切经音》第七十四卷目列此经十卷，此第四卷凡十缘。

② 麋躔（mí chán）：麋：麋鹿。躔：兽的足迹。《博物志》记：十千为群，掘食草根，其处成泥，名曰麋畯。民人随此唆种稻，不耕而获，大收百倍。因此将麋群践踏过的田地称为“麋躔”。

③ 原注：涌泉院、喝水岩，皆神宴诵经处，在鼓山，详王应山《闽都记》。前后朱记曰“鼓山大藏”。

④ 原注：蔡京定《党籍碑》在崇宁三年（1104），造端于元年（1102）五月初，立碑在九月也。

⑤ 原注：经前有閤郡长官同资禄位之语。

⑥ 原注：崇宁初张康国方为福建转运判官，后为蔡京所援引。

戊戌春再游黔灵山得句 吴慕尧

闲暇约友上黔灵，走出书斋喜气盈。
遥听树间山鸟叫，对人似作不平鸣。

[附记] 选自王宗勋选编：《锦屏历代诗词选》，2012，第165页。吴慕尧（1877–1915），原名尚隆，苗族，贵州锦屏钟灵乡人。清光绪十年（1884），慕尧随父寓居贵阳，后成为府学廪生。民国元年（1912），加入同盟会和“南社”，任《国风日报》主笔。民国四年（1915），参与反对袁世凯斗争遇害。

花溪党武摆头山古碑 张孔修

忆昔建文到此山，此山高插白云间。
悠悠白云时出现，是我徒思活佛颜。
山不在高仙常恋，他山孰与此高攀。
仰观尚离天不远，俯察群山不一斑。
咸丰年初□□□，我祖聚五时盘桓。
众志成城无敢慢，地方从此得安闲。
人人对此皆称赞，犹如圣域与贤关。
宽长绝顶平而垣，曲折崎岖路又弯。
层层叠叠岩花灿，礴礴磅磅石发斑。
紫气熏蒸时变幻，落照清空旷无边。
骚人逸士来游玩，选胜登临别有天。
石枕横眼真古干，岩头自有飞瀑泉。
一呼关壑声飞遍，空谷好音到处传。
欲穷极目周图看，南北东西在眼前。
庙宇巍峨只一殿，方池积水清且涟。
钟鼓声喧地运转，五风十雨乐丰年。
自在老僧多闲淡，不是仙来也是仙。
地方无人存善念，谁肯布施出银钱。
几回修理不方便，要想成功难又难。

而今筹得有几款，勉强初成屋数椽。
更名之曰孤王院，永赖僧人祀香烟。
愧我才疏学历浅，不能吟咏作诗篇。
俚语编成歌一段，留与万家取笑谈。
唯祈老幼人健康，家家户户得平安。
风调雨顺如人愿，永享清平福寿全。

枕泉居士：张孔修手书
首士：李良才 黄辅百 董文相仝较
光绪二十七年（1901）二月吉日立

[附记] 选自贵阳市花溪区地方志办公室编：《贵阳市花溪区志》（第二十篇第七章“文物”）。相传明建文帝曾在龙翁庙住过数年。碑镶嵌于贵安新区党武乡翁岗村活佛寺墙上，呈长方形，长 1.43 米，0.57 米。

赤松和尚像赞 陈起蛟

这个和尚，尽有力量。
踢翻大地乾坤，单传正法眼藏。
有纵有擒，有收有放。
任是金刚汉子，也与他三十拄杖。
咦！若画身外之身，相外之相，
纵饶你巧夺天机，也只合睁开两眼，望着天上。

（三）民国时期

1. 龙昭灵诗选

游螺丝山与诸同志会饮

筑垣廓外扶风寺，避暑人来日正中。
松柏重重花满地，楼台面面座当风。

神州醉梦呼难醒，祖国维新恨鲜终。
酒后何须重看剑，相随明月进城东。

登东山

东山高仰止，曲径树间开。
石上镌文字，阶前种竹梅。
峰峦争笋长，烟火乱鳞堆。
更上楼头望，凭栏酒一杯。

游黔灵山

青山绿树路盘旋，一片浓阴四月天。
石径苔生新雨后，茅亭客坐晚花前。
长松不改寒冬节，丛木偏多蔽日嫌。
满架蔷薇相对酌，何妨说鬼与谈禅。

[附记] 选自林顺先主编，政协锦屏县委员会编：《龙昭灵诗文集》，2005，第13–16页。龙昭灵（1876–1952），字拙园，号杰卿，别号黄哨山樵，贵州锦屏人。参与辛亥革命和护国战争。创作过大量的诗词楹联。

2. 柴晓莲诗选

奉和覃师芙峰登高原韵

破悭晴翠迟人来，似扫眉螺亦靓哉。
一劫梦回秋尚在，几枝菊瘦座相陪[①]。
冥心远证天南学，清话微醺世外杯。
木落鸟飞供啸咏，老于律细见诗才[②]。

---

① 原注：山有尹公祠和阳明祠。

② 律细：诗歌应该遵守的格式。

春暮挈成孙登东山

风度春犹冷，公封望欲迷。
万家残照底，一水断峰西。
衣袂生松气，声尘忘鸟啼。
相随孙好弄，磴滑费提携。

和仲麐九日双荫庵之作

秋色笼天地，积阴三日霖。
倚闾家有母，出岫子无心。
作健还多难，经年此一吟。
不胜人事感，入晚况哀砧。

[附记] 选自柴晓莲《心远楼剩稿》，载许先德、龙尚学主编，贵阳市志编纂委员会办公室《金筑丛书》编辑室编：《贵阳五家诗钞》，贵州教育出版社，1995，第293页、第299页、第302页。柴晓莲（1898–1974），原名申荣，以字行，贵州贵阳人。十四岁遵父母命助父亲经营布业，但出于爱好，始终坚持对文史诗词的自学。1932年后专门致力于《贵州通志》等地方志修纂。新中国成立后，曾任贵阳市文化局副局长，贵阳市政协副主席、贵州省文史研究馆馆员等职。工诗词，有《心远楼剩稿》诗集传世。

3. 聂尊吾诗选

扶风寺观梅用东坡松风亭韵

探梅步出城东村，漫天雪意清诗魂。
扶风古寺隔人境，冷红冻白闲朝昏。
岁寒同抱松柏志，不共桃李嬉春园。
肌肤玉雪矫世媚，肝胆铁石生奇温。
我来看花已嫌晚，翠禽三五啁清暾。
腊前十月值花盛，悔不早叩僧家门。
爪摩鼻嗅绕百匝，向花索笑花无言。

明年看花誓及早，重来扫石罗芳尊。

和蔬农黔灵山观梅二律韵 丁卯（1927）

枝北枝南花似雪，陇头愁杀未归人。
萧条野径成孤往，料峭寒威勤早春。
瞥眼自开还自落，回头如梦复如尘。
无端又发寻春兴，粗俗漫山与结邻。

嶕峣石径背溪斜，一树垂垂又着花。
已分穷冬委冰雪，不甘高格锢烟霞。
翠禽月落空啁梦，老鹤天寒苦恋家。
独抱美人迟暮感，几枝狼藉水之涯。

华氏子炽昌出家诗

士夫近风尚，喜阅佛经论。
文字藉藻绘，竺典恣点窜。
澜翻口头禅，倾座舌莲粲。
叩以真儒理，乃一门外汉。
更有妄庸子，百业懒不建。
袈裟袭一领，斋堂饱粥饭。
目不辨十宗，心未空五蕴。
如此学佛徒，佛见实生愠。
矫矫华氏子，头角露龆龀①。
根器秉夙世，智慧轶群彦。
泛览百家学，惟佛为无间。
念非离世网，莫由穷奥衍。
顶礼离父母，合十谢亲眷。

① 龆龀（tiáo chèn）：指孩童、垂髫换齿之时。

毅然遂披剃，问齿未及冠①。
华屋轻一茅，万金比土贱。
深居小兰若，钟鱼伴经卷。
书告出家由，词理无罅莹②。
祛惑解疑窦，读者同赞叹。
士夫妄庸子，对之有靦面③。
我闻永明师，世味了不恋。
少小礼法华，皈心梵王殿。
我闻憨山师，童幼发大愿。
含笑辞两亲，入待大师院。
后皆证菩提，次第登彼岸。
勖④哉华氏子，二师贻典训。
猛勇复猛勇，精进复精进。
为此一大事，修途勿自靳。
他年灵山会，我佛授心印。

和普定任志清可澄九日登黔灵山韵 壬申（1932）

佳节难将酩酊酬，具无济胜怯山游。
径蒿不剪慵通客，入墨交磨又送秋。
都督⑤华筵敞高阁，髯苏吟兴满黄楼。
新霜催放东篱菊，也待簪花笑白头。

冬初冒雨至黔灵山访果瑶禅师，用前韵

黔灵山顶古兰若，为访名僧冒雨游。

① 及冠：古代男子满二十岁时举行加冠的礼节，因称男子满二十岁为及冠。

② 罅（xià）莹：没有裂缝，光洁像玉的石头。比喻说话在理，符合逻辑。

③ 靦（tiǎn）面：惭愧的样子。

④ 勖（xù）：同“勯”。勉励。

⑤ 都督：指任可澄。民国初年各省也设有都督，兼管民政。1920 年 12 月 7 日，任可澄被推选为临时省长。

妙粲舌莲无量义，追怀眉月半轮秋①。
苾刍拥座环三匝②，梵箧分函萃一楼③。
更向开山溯初祖，苔封短塔殿西头④。

赋贺恒安，兼示超伊⑤

贵阳陈恒安德谦与高女士缔婚，为女兄所阻，乃偕赴渝合卺⑥而归。有超伊僧者，欲赴峨眉，与恒安同行，因道阻乃偕返，赋贺恒安，兼示超伊二首。

携手宵分走钿车⑦，巴山雨夜定情初。
双声又谱将归操，三月应成博议书。
枉自张罗奈何鸟，从知得水便如鱼。
绮窗今日梅花放，再赋催妆集佩琚。

望汝黔南续慧灯⑧，迢迢蜀道又担簦⑨。
风餐露宿偕双妙，泥絮天花悟上乘。
欢喜听参无量佛，萧闲宁爱打包僧⑩。
峨眉西去崎岖少，莫为鏖兵谢不能。

观音洞（有序）

洞在贵阳城南三里许，观音大士久著灵感。辛未秋，住持僧创建洞外

---

① 原注：师自峨眉来。
② 原注：是日佛学院开学。
③ 原注：藏经楼贮南北本藏经。
④ 原注：开山祖师赤松塔在佛典西偏。
⑤ 标题为选录者拟。
⑥ 合卺（jǐn）：指成婚。卺，古代举行婚礼时用作酒器的瓢。
⑦ 钿（diàn）车：用金宝嵌饰的车子。
⑧ 原注：《续藏经》有人纯撰《黔南会灯录》。
⑨ 担簦（dēng）：背着伞。谓奔走，跋涉。簦，古代有柄 的笠。类似雨伞。
⑩ 打包僧：即云游僧。出自南宋陈造《次韵杨宰葫芦格》：“仍烦析尘语，远寄打包僧。”

楼三楹，苦乏栋材，而龙里黑窝、猴场诸地人忽同运巨木至，云：“有远来老母愈家人疾，不受酬，谓身在观音洞皈依大士，个洞建楼需材，可输助之。”僧以洞中无此姆，始识大士身云。癸酉仲春偕内子往瞻礼，因记以诗。

箯舆①出城南，南明波已绿。
细路越坡陀，曲折入山腹。
拾级不百步，划然开石谷。
白衣一大士，玉立螺容肃。
至心早归命，顶礼三起伏。
散坐楼三楹，前秋始兴筑。
僧言兴筑始，庀材苦未足。
大士现化身，治疾遍乡曲。
疾愈不受酬，劝令输巨木。
遥遥邪许声，忽戾山之麓。
经营不日成，实蒙大士福。
《楞严》述圆通，成就随所欲。
《法华普门品》，威神久著录。
凿凿山僧言，闻之信弥笃。
愿假大士力，大积万间屋，
普令号寒人，人人就温燠②。
愿假大士力，大积千仓粟，
普令啼饥人，人人饱粱菽。
秽熏戒定香，暗照光明烛。
尽已众生病，创起断者续。
如地广持载，如天广复育。
更化强梁徒，永结平戈足。
大士慈悲尊，我愿偿可卜。

---

① 箯（biān）舆：一种竹轿。

② 温燠（yù）：温暖。

僧厨设午斋，豆羹佐野蔬。
饭罢晚钟动，杵杵声相属。
山雨逐人行，暝烟眯归目。

七古一首①

二月八日，公武生日，同人宴之慈母园，余以持斋未赴，赋诗为祝。越日公武招饮寓宅，复用覃生韵，成七古一首。

春满西园公宴启，声声啼鸟唤人起。
我时正守太常斋，觞末躬称以诗抵。
寓庐越日宴重开，旧雨联翩入座来。
笑我逃禅例止酒，看人乐圣各衔杯。
此时鸮音②不集泮，群儿负书士脱剑。
烽销远堠天狼沉③，绮散余霞寿星现。
是公昔日驰三边，鼓鼙动地戈沸天。
长揖归田谢功赏，短衣射虎看残年。
年来世事百不省，东坡只接张无尽④。
觅句同参主客图，谈心交慰桑榆境。
投老英雄万念灰，不归我佛将谁归。
维摩丈室散花满，不二法门知者稀。
三两衲僧方外友，摄意有时严守口。
忽然捧喝逞机锋，掩耳伧夫齐却走。
灵崖大有桃源风⑤，烂熳山漳纷碧红。
盘纡时有樵牧至，沉寂绝无冠盖通。

---

① 标题为选录者拟。

② 鸮（xiāo）音：鸮鸟的恶声。“鸮音不集泮”，飞鸮未集于泮林，没有影响学官学生学习。

③ 远堠（hòu）：敌情已远离瞭望点。堠，古代瞭望敌情的土堡。天狼沉：天狼，星名。天空中非常明亮的恒星。属于大犬座。有一个伴星，用望远镜可以看见。古以为主侵掠。“天狼沉”表明没有战争。

④ 张无尽：张商英（1043–1121），字天觉，号无尽居士。四川蜀州新津人。官至左丞。他会通儒释道三教，主张三教融合。著有作《护法论》，阐释对佛教的认识。

⑤ 原注：公武家郎岱岩脚。

西山百里萑苻靖，二十四番递花信。
山庭应有勒移文，主人定起归欤兴。
那肯黄昏恋夕阳，瞢腾欠住黑甜乡①。
要知一剂清凉散，远胜千金续命汤。
我发谰言舌已燥，诸君莫笑老夫髦。
试问云台画像人，何如严濑②安渔钓。

登东山栖霞寺③

东山栖霞寺登高，以郑子尹偕郘亭游东山诗分韵得近字。

东望栖霞岭，出郭二里近。
高踞群山巅，俯瞰列城胜。
忆在甲子秋，卢帅初罢政。
集饮高会亭，赋诗各拈韵。
刻石置壁间，藉留鸿爪印。
寒燠十数更，乡邦慨多衅。
亦欲事游览，颓丧力难奋。
今逢大乱平，两浙渐安靖。
长吏勤民瘼④，一一修庶政。
幕府多清才，首邑得贤令。
佳节值重九，同发登高兴。
折简招诗流，畅情寄觞咏。
时当久雨余，林麓尚含润。
趣途支一筇，破藓蹑百磴。
盘纡经九折，振衣立千仞。
僧寮藉小憩，危栏供久凭。

---

① 瞢（méng）腾：形容模模糊糊，神志不清。黑甜乡：梦乡。形容酣睡。

② 严濑（lài）：即严陵濑，在浙江桐庐县南，相传为东汉严光隐居垂钓处。

③ 标题为选录者拟。

④ 勤民瘼（mò）：勤于政事，关注民生。民瘼，指人民的疾苦。

远堠烽早停，近郊获已罄。
苍山秋色中，遣我积年闷。
一亭榜小鲁，名自山姜定。
今日曾侯来，宿缘若可证。
须臾罗长筵，满座列才俊。
酒令金谷严，诗格玉山正。
东坡登太华，泉明开菊径。
以今方古人，流风未云逊。
不图劫余身，重与宴游盛。
兴尽同下山，佛殿铿晚罄。

和襄蘅九日独游东山诗韵

秋老寒山气泬寥①，重阳有约度林皋。
难除结习烟霞重，赢得诗名岱华高。
雨过千峰齐洗垢，风平万窍不闻号。
苍茫独立成佳咏，侍侧何须挈二豪。

重游东山②

重阳后五日应永昌禅人之约重游东山，用前韵。

重来古刹访参寥③，一鹤萧然在九皋。
秋尽花将人比瘦，径穷山与我争高。
虎虽善射北平老，虫不禁寒东野号。
同抱暮年萧瑟感，登临选胜兴偏豪。

腊八日

佛一苦行僧，六年雪山住。

① 泬寥（jué liáo）：空旷清朗。
② 标题为选录者拟。
③ 参寥（liáo）：《庄子》中虚拟的人名，寓意虚空高远。

夜半睹明星，豁然大开悟。
无上调御天人师，悟了还同未悟时。
含灵各具妙明性，心佛众生无等夷。
衣里珠，无外觅；镜蒙尘，勤拂拭。
一分烦恼不能除，佛与众生遂异途。
嗟予世网苦缠缚，到老方知抱佛脚。
本来悲智贵双修，欲求觉他先自觉。
晨夜钟鱼一卷经，心先朗耀佛灯青。
绵绵密密万声佛，自念还须自己听。
多生习染有如冰积海，佛日一临融顿解。
多生罪孽有如薪积山，佛火一投烧顿完。
送心先至清泰国①，婆娑岁月身轻安。
佛节今逢腊八日，供养香花自斋洁。
但愿同时八功德水种莲人，异日花开齐见佛。

除夕

冻雨连宵逼岁除，催残腊鼓上灯初。
桑榆未了儿孙债，表志粗完郡国书。
贾岛有诗堪献佛，香山作达早悬车②。
家人例食团圆饭，随分斋厨具笋蔬。

元日大雪和襄蘅韵（丙子 1936）

龙公行雪应元春，散作天花遍刹尘。
会有鸿泥留爪迹③，偏于梅鹤见精神。
丰年兆卜篝篓④满，大地阳回物候新。

① 清泰国：即阿弥陀佛所居之国土名。意指清净舒泰之国。

② 悬车：古代官员致仕后，把原来任职时所乘坐的车悬挂起来，表示告老退居故乡之意。

③ 鸿泥留爪迹：鸿雁在雪泥上踏过留下的爪印。比喻往事遗留的痕迹。

④ 篝（gōu）篓：竹筐。

正是四郊多垒日，苦寒应念铁衣人①。

麒麟洞（在黔灵山）

黔灵气不泄，久郁成大瘤。
帝哀遣五丁②，穿穴作一窦。
天上石麒麟，何时脱帝囿。
窦外偶停趾，苦被老僧咒。
万古不得归，遍身土花绣。
麟兮来何求，悲同获西狩③。
羡彼牛羊群，寝讹山左右。

狮子山（在罗汉营侧）

罗汉西渡江，爱此山势平。
诛茅作兰若，草草如结营。
文殊座下狮，其时随之行。
恋恋不顾返，蜷伏当前楹。
瞢腾入大梦，不复闻吼声。
项背和尘土，草木遂怒生。
腰腹犁为田，有人叱犊耕。
周遭百里内，豺虎尢纵横。
狮虎再不醒，鼎镬④行见烹。

绝句二首⑤

三穗周伯庸居士笃志净业，近成《读阿弥陀经杂咏》百三十六首，并检旧作之契于佛理者，都为一册属题，为赋二绝句。

---

① 铁衣人：指战士。铁衣，用铁甲制成的战衣。
② 五丁：神话传说中的五个力士。
③ 西狩：相传鲁哀公十四年在大野狩猎获麒麟。
④ 鼎镬（huò）：古代两种烹饪器。
⑤ 标题为选录者拟。

念佛伽陀百偈成，涅槃一路放光明。
彻师西去音尘绝，且喜莲溪有继声。

舌粲莲花[①]老辩才，疑云拨尽曙光开。
不同吟弄闲风月，文字都从般若来。

登谭经阁赠昌明上人用王太蕤韵

华严楼阁涌层层，法要宏宣最上乘。
胜揽匡庐留慧远，气豪湖海笑陈登。
横秋鹰击投怀鸽，破浪龙惊劈脑鹏。
同抱神州陆沉痛，却蕃高座待神僧[②]。

七律二首[③]

坡公生日，咏笙宴集诗社同人，用公乐全先生生日以铁拄杖为寿二首韵，时中日战事正亟，故末章及之。

髯乎老佛浪成仙，观化人间六十年。
文字偶耽魔忽起，穷荒远窜节弥坚。
寻僧讲易将心洗，拉友谈空费夜眠。
且喜西方公据在，忘家不肯堕狂禅。

戒衲今朝示后身，举杯同酹玉壶春。
鹤飞谁解翻新曲，龙战刚逢堕败鳞。
笠屐高风留画像，簪裾雅集属词人。
豪吟不为兵戈阻，赖有群贤秉国钧。

---

① 舌粲莲花：形容人口才好，口齿伶俐，能言善道，有如莲花般美妙。

② 却蕃高座待神僧：原注：《旧唐书》载：吐蕃入寇，三藏不空于广顺门外高座讲《仁王经》，贼惊溃。

③ 标题为选录者拟。

续乞命篇告贵阳后所祀真武者

儒家重物命，载之于礼经。
牛羊及犬豕，无故不就烹。
释家严五戒，首戒即杀生。
道家亦复然，物命不敢轻。
水蛭入药剂，弘景滞上升。
迨用植物代，笙鹤始下迎。
真武居武当，杀戒严而明。
登山着革履，不得上殿行。
乃至殿旁鼓，舍革用布绷。
贵阳后所地，庙塑真武形。
二将龟与蛇，厥状尤狰狞。
岁值祖师诞，礼祷来村氓。
人各手一鸡，杀之陈庙庭。
流血渍阶础，惨迫闻号声。
会期计三日，日杀千有赢。
岂知祖师意，不肯歆荤腥。
愚氓欲徼福，适以种恶因。
杀业积益多，异世头面更。
汝为机上肉，充彼盘内羹。
纵不信因果，问心当求平。
欲谋己身利，致彼身命倾。
脱汝司神柄，能否多福膺。
愿汝速改计，毛血无再呈。
时新荐瓜果，丰洁供粢盛。
只此爱物心，已足通精诚。
祖师应庇汝，遗泽及孙曾。
梁武改祭品，麦面代牺牲。
食报递十世，世世登台衡。

此非余臆言，前史信可征。

黔明寺广妙上人塑丈六弥陀像成纪之以诗

画佛吴道子，塑佛杨惠之。
妙手善状天人师，至今真迹见者稀。
黔明古刹老禅伯，造弥陀像矜瑰奇。
金身丈六光巍巍，八十种好能形随。
白毫珂雪映两眉，兜罗绵手过膝垂。
接诸有情游宝池，吴杨绝艺固罕匹。
华严功德无差岐，抟土为胚照金漆。
即是法身报身应身佛，愿君心莫生分别。
对佛念佛志专一，定有花开见佛日，余若诳语甘拔舌。

觉圆念佛林周年纪念赠尘公

园居万人海，魔众易相侵。
此地得宏法，吾师定力深①。
明宗标净缔，拔苦切悲心。
缅彼文星阁，临风怀二林。

去夏初开社，俄然岁及期。
般舟衍三昧，法乳给千儿。
龙象衰微日，河山破碎时。
祇园精舍好，怖鸽许栖迟。

读《华严经》

荒村僻地，静阅华严，偶有会心，辄拈成句，不过排遣之一法，自无寄托之可言。读吾诗者幸勿妄生揣测也。

---

① 原注：园在闹市中，5次有军人入园强住，师均力拒。

说有谈空妙义该，空中云网演将来。
声闻缘觉齐缄口，辜负人称大辩才。
铁围山[①]势比龙蟠，香水如环海面宽。
世界早经安立稳，寻常劫火敢摧残？
神变居然等幻师，祇园境界忽离奇。
目莲迦叶追随久，不证普提不使知。
五台高处接青苍，长作文殊显化场。
金色迷漫成世界，世间谁信有清凉。
摩天金翅海空翔，护脑群龙尽怖藏。
此鸟也曾参法会，性根无法与调良。
修罗身量百由旬，屡次称戈未息嗔。
不道骄兵终败北，藕丝孔里想藏身。
头目都捐况国城，佛门布施出常情。
如何百日百僧诵，经署仁王护国名。
檀度先将鄙吝除，登欢喜地发心初。
万金脱手无难色，不是因人强迫渠。
五十三参索解人，百城烟水渺无垠。
刀山火聚都经过，解脱宁须仗夜神。
瞿波罗显大神通，楼阁须臾启万重。
从此海南清净地，时时光怪骇鱼龙。
世间文字贵精通，印玺图书事事工。
佛子欲超难胜地，敢将小技薄雕虫。
断除烦恼入山林，尚复跫然喜足音。
为问潜修辟支佛，此时此际是何心。

读《楞严经》

曼陀花雨满祇林，环听频伽出妙音。
直入三摩忻得路，遍征七处咄非心。

---

① 铁围山：佛教认为南赡部洲等四大部洲之外，有铁围山，周匝如轮，故名。

波斯面已观河皱，演若头方背镜寻。
老不知归狂未歇，宝珠原在汝衣襟。

学禅学密计频更①

诸君以余好佛，诗每及之，因成一律，专言学佛事，四迭前韵。

学禅学密计频更，又复旁通到五明。
净土三经②能立命，仁王万卷冀销兵③。
水清月白江间现，尘去光非镜外生。
我是莲池旧侍者，与人家国让良平。

呈太虚大师绝句六首

鱼呗声稀画角哀，弥天一衲破空来④。
迷茫法海今头白，无碍初逢大辩才。

萧然瓶钵历重洋⑤，大海潮音震八方⑥。
再见祇园精舍启，一时龙象尽调良⑦。

南能北秀齐名久⑧，海内同尊两导师。
今日万人空巷出，白毫光里见威仪⑨。

杖锡寻春和靖家，一株香雪四株霞。
不须更问西来意，笑指寒梅正着花⑩。

---

① 标题为选录者拟。
② 净土三经：《佛说无量寿经》《佛说观无量寿佛经》《佛说阿弥陀经》。
③ 原注：《仁王护国经》。
④ 原注：师自渝航空至筑。
⑤ 原注：师曾弘法欧美各国。
⑥ 原注：师主编《海潮音》月刊，风行海内外。
⑦ 原注：师创立佛学院及谟截（汉藏）教理学院，成才甚众。。
⑧ 原注：师与印光大师齐名。
⑨ 原注：四众欢迎师于民众教育馆。环而观者如堵墙。
⑩ 原注：缁素念佛，会同人延师和同观梅，园中白梅一株，红梅四棒，花正盛开。

半壁西南寇已深，不虞劫火到禅林。
重阳偶尔成高咏，流露平生爱国心①。

勋业文章作句痴，晚知佛学已衰迟。
乞师指与奢摩路，钝劣犹能半偈持。

和憨山大师山居偈韵

置身城市中，人人堕苦趣。
日荷恐怖行，夜抱忧患睡。
千间厦已倾，百丈裘失敝。
遁迹来空山，聊且宁吾意。
如去在背芒，如刮碍目翳。
矧兹坚固土，直入金刚际。
一路便经行，六时可佛事。
野衲相过从，俗客少留滞。
暂得身心安，且省妻孥累。
佛宣无量光，经置不了义。
会有清泰时，再作还家计。

闻尘空上人结茅蔡家关②

徂年③送惠休，西去访丹丘。
一钵久行脚，把茅今盖头。
风云方谲诡④，林壑自清幽。
何日谢尘网，从师方外游。

---

① 原注：师出示在渝与曹襄薪诸诗人重阳吉祥分咏诗，爱国之忱，溢于言表。

② 原注：师去年冬离贵阳，云将游丹霞山。

③ 徂（cú）年：流年，光阴。

④ 谲（jué）诡：变化多端。

读《法华经》

一方是实二非真，我佛圆音转法轮。
惭愧孽根难领悟，一时退席五千人。

熊熊烈焰已周遮，火宅如何认作家。
叵耐痴儿犹恋恋，门前枉驾白牛车①。

目连迦叶诸耆宿，作佛犹须亿万年。
输与八龄小龙女，屈伸臂顷觉行圆。

大会灵山犹未散，只今目想尚存之。
是真解脱真精进，识取焚身供佛时。

读《维摩诘所说经》

长者维摩诘，支离一病翁。
尘劳大解脱，游戏小神通。
天女花齐散，香严饭更丰。
法门真不二，尽在默然中。

读《地藏本愿经》

万劫准教地狱空，大心大士术俱穷。
瞿昙已去寂光土②，谁竟庄严地狱功③。

读《药师本愿经》

稽首东方礼药师，恒沙世界隔琉璃。

---

① 白牛车：佛教语。比喻大乘佛法。

② 寂光土：亦称常寂光土、净土、佛土。佛所住的清净国土之四土（凡圣同居土、方便有余土、实报无障碍土、常寂光土）之一。

③ 原注：或问谁入地狱，佛曰：“我当入地狱，不特入地狱，具常住地狱；不特常住地狱，且乐地狱；不特乐地狱，且庄严地狱。”

即今他国侵陵急，佛力宁无解脱时①。

寄周伯庸②

露园捐馆舍，余既为之传矣，重过觉圆，又为赋此篇寄周伯庸三穗③。

觉圆善知识，君与周伯庸。
聚处五鞭策，瀹智开昏蒙。
寇氛压天来，避地各西东。
伯庸返三穗，乱定当重逢。
君居曰新寨，马鬣成新封。
君少业制举，乡邦称文雄。
中岁习申韩，能以儒术通。
晚乃涉佛乘，皈仰净土宗。
信念日精进，法侣咸钦崇。
烛灭夜趺坐，恍如明光宫④。
危幕方移巢，天乐俄鸣空。
耸身黄金台，飞堕莲华中。
宝池浴八德，行树绕七重。
想当经行时，其乐滋无穷。
觉圆今重来，法会犹未终。
钟鱼声宛然，渺矣故人踪。
作诗寄周叟，怆怀将无同。

百字令 游东山

近城二里，见青空兀突，断霞栖岭。沿壁几重之字路，倏已耸身绝顶。一角危亭，翼然天半，揽尽无边景。夕阳城郭，炊烟

① 原注：经云："他国侵扰，盗贼反乱，忆念恭敬彼如来者，亦皆解脱。"

② 标题为选录者拟。

③ 原注：露园于戊寅（1938）腊月日机袭贵阳后，避居北乡新寨，己卯仲冬病殁。

④ 原注：君每夜静灯灭，趺坐帐中念佛，觉有白光照耀目前。

四合成暝。

记得前岁新秋，招邀小谢，同赴山亭饮。醉墨淋漓留殿壁，不觉驹光一瞬。风物依然，故人何在，怕听哀蝉哽。月明归路，婆娑自弄清影。

百字令 题书屋壁

壶天小拓，似巢营蚊睫，国居蜗角[①]。且莫打头嘲屋矮，赛过行窝安乐。挈鼎焚香，支铛瀹茗，天与安排着。《楞严》一卷，《六经》且置高阁。

赢得劫火余生，津梁久倦，舍此将安托。睹墅争墩成笑柄，输我自专一壑。万丈长裘，千间广厦，早乏匡时略。老夫耄矣，横飚休入吾幕。

[附记] 选自聂尊吾著：《謦园诗词剩》，载许先德、龙尚学主编，贵阳市志编纂委员会办公室《金筑丛书》编辑室编：《贵阳五家诗钞》，贵州教育出版社，1995，第207页、第216页、第228页、第232–236页、第239–242页、第245–246页、第252页、第254页、第257–258页、第261–263页、第265–268页、第270–271页、第273页。聂尊吾（1864–1942），名树楷，字尊吾，晚号謦园居士。贵州务川县人。仡佬族。光绪甲午科（1894）举人。次年进京会试，参与康有为、梁启超“公车上书”签名。辛亥革命后委为兴义县知事。民国五年（1916）任省署秘书长。后参与续修省志，撰《兴义县志》。有《謦园诗剩》等。

4. 周渔璞诗选

题屏山庵（修文）

龙场佛寺伴诸生，夜倚松杉各问名。
我为看山来此地，传经还有旧阳明。

① 蜗角：蜗牛的触角。比喻微小之地。

[附记] 选自安顺地区诗词楹联学会编：《安顺名胜诗词楹联选》，贵州人民出版社，1996，第139页。

5. 王敬彝诗选

丁酉正月偕务川县斋幕僚及陈雨生游鹅池寺

岁华倏已春，我来忆初夏。
人海如转蓬，易速青阳驾。
丘壑动逸兴，学堂有清暇。
驱马适我游，追逐无人谢。
崎岖颇撼顿，山行屡上下。
经寒林不凋，呈险壁忽罅。
河流百仞低，曦光一线射。
升降亦已劳，喘嘘还慰藉。
日午四十里，休息得僧舍。
经觏溯在途，异境嗟元化。
寻胜穷日晡，清谈澈寒夜。
归来别山灵，行路难复讶。
同行几坠马，踟躇不能罢。
嗟哉风尘劳，此境甘犹蔗。

宿鹅池寺

策马疏林踏黄叶，乱峰稠叠入云深。
客游踪迹春风远，萧寺夜阑初月沉。
石藓绕廊琳宇古，寒松覆屋树涛阴。
山中明日招猿鹤，话我烟霞物外心。

游南山寺夜宿夕阳楼

一夕炎风土囊急，凭栏人在树头立。

蝉声围绕夕阳楼，明月窥帘窗牖辟。
载具招邀避暑来，山灵缱绻久徘徊。
解衣磅礴摇风扇，苦热烦襟得露台。
洞天朝入清凉地，酣嬉淋漓恣游戏。
晚来魑魅喜人过，转妨龙隐嘘云气。
谋新舍旧别寻幽，摆被张灯对酒筹。
污尘庾亮难侵座，湖海陈登更上楼。
气备四时褚季野，豪情跌宕如奔马。
岁时寒暖付悲歌，藻绘江山须健者。
丹荔黄蕉近柳州，琼裙玉佩百城侯。
明朝更访罗池庙，知否龙城剑气留。
瀛寰扰扰神州陆，唯有青山看不足。
身忘世乱顾阿瑛①，句压奚囊李昌谷②。
退之③逸兴赋南山，子美④北征亦等闲。
宜山郭外南山寺，鸿爪雪泥窥一斑。

游山赋诗⑤

退坳居士生日为六月六日，夫人鲁氏生日为六月廿日，戊寅同年生。今居士载具于黔灵山为夫人作生日，招同老友聱园、覃生、露园相与游山赋诗为寿，瘿叟与焉。不能噤默，亦微吟以侑酌尔。

荷花生日六月杪，先庚三日亦何巧。
欲借荷花作生日，鸿案相庄偕到老。
招来老友如岁星，商山余韵钟黔灵。
瑰玮文词唾珠玉，徽言秀夺黔山青。

---

① 顾阿瑛（1310–1369），名瑛、一名仲瑛，字德辉，号金粟道人。其才性高旷，精于音律，擅长吹、拉、弹、唱。无论在文坛、艺坛，还是在商界都有一定的影响。

② 奚囊：指诗囊，贮诗之袋。李昌谷，即李贺。

③ 退之：即韩愈，字退之。《南山诗》为中唐时期韩愈所作的五言古诗，计一百零二韵。

④ 子美：即杜甫，字子美。有《北征》诗。

⑤ 标题为选录者加。

瘿叟管城新结构，拟花九锡为花寿。
一寿碧筒杯，姑酌胜金缶。
再寿韶华玉，镌作南山祝。
三寿趵突泉，一钟小寿三百年。
四寿松花贝叶茵，坐卧金刚不坏身①。
五寿石麟符，预占老蚌生明珠。
六寿王母园中桃，筵前初试金错刀。
七寿比目双双鱼，鹿门偕隐有鹿车。
八寿梅花九寿鹤，孤山长享林家乐。
九寿居然九锡封，举觞笑语东王公。
庞公妻子不回避，善颂善祷将毋同。

[附记] 选自王敬彝著：《柳瘿庵诗钞》，载许先德、龙尚学主编，贵阳市志编纂委员会办公室《金筑丛书》编辑室编：《贵阳五家诗钞》，贵州教育出版社，1995，第84页、第133页、第139页、第188页。王敬彝（1864–1936），字书农，又字蔬农，贵阳人。优廪生，累举乡试不第，改习幕。民国九年（1920）任《贵州通志》分纂。

6. 任可澄诗选

山斋秋夕坐月 癸丑八月

萧萧寒月下疏林，地僻曾无世虑侵。
远听泉声知夜静，卧闻虫语觉秋深。
樨香满院参禅悦，皓月空山见道心。
一曲清琴人籁寂，寥天有鹤破烟岑。

壬申九日登黔灵山

一年佳日推重九，又遣浮生作胜游。

① 原注：居士与夫人皆习佛典。

名士从来偏爱菊，黔灵高处最宜秋。
雨余晚稻犹栖亩，霜近初枫欲媚楼。
归晚漫愁山路滑，窥林凉月恰当头。

和漱荪重阳宴黔灵山诗原韵

胜侣高情敢拜嘉，吟怀无奈似蓬麻。
三年早止渊明酒，九日还开子美花。
怕听孤城吹觱栗，且留初地试瓜茶。
明年此会知同健，更有佳诗众口夸。

尊前还与细论文，酒滟天风客易醺。
晚节孤芳怀隐士，新词俊逸似参军。
搨来世事愁难说，老去诗篇感不群。
归插菊花人散乱，暮山烟霭正氤氲。

不须绝壑问藏舟，方内何妨与物游。
早有政闻齐蹇（季常）籍（困斋），晚将诗句拟杨尤。
计然应笑纡三策，老矣谁能展一筹。
淞隐未嫌朝市近，南村何处买黄牛。

曹襄衡以重九独游东山诗索和，依韵酬之

肯把繁雄换寂寥，南来诗句满林皋。
春明梦影痕逾淡，妙墨渊云世所高。
揽胜名山宜独往，鸣秋万籁有同号。
两京何用频回首，黄菊清尊到处豪。

乡云凝望入天寥，鹤响随风遍九皋。
佳士君山须共语，黔灵秋气与争高。
眼前菊酒宁辞醉，劫后苍生尚载号。
为报里人相慰藉，刘郎余事是诗豪。

觉生寺[①]

庚午八月四日，铁光邀饮厚德福，遂同出西直门，赴觉生寺观大钟，钟重八万一千余斤，身长二丈一尺余，口径一丈一尺许，真巨制也。

西直门外觉生寺，质赑洪钟倚夕曛。
不论兴亡论文字，闲凭杰阁话秋云。

[附记] 选自任可澄著：《匏斋诗存》，载许先德、龙尚学主编；贵阳市志编纂委员会办公室《金筑丛书》编辑室编：《贵阳五家诗钞》，贵州教育出版社，1995，第 43 页、第 51 页。任可澄（1878–1946），贵州普定人。光绪癸卯科（1903）举人，任贵州教育总会会长等职。辛亥革命后，任大汉贵州军政府枢密院副院长。1920 年被推为贵州代省长。1936 年任云贵监察区监察使。曾主持续修《贵州通志》，编印《黔南丛书》（共 7 集，每集 10 册）。

（四）当代

黔灵山等诗选

黔灵山[②] 董必武

（董必武题 1959）

竞上黔南第一山，老夫腰脚尚称顽。
泉清树古叶微脱，寺外双峰峙若关。

1959 年 10 月 23 日，偕李景膺、吴石、伍嘉谟、褚振明、鲁平诸同志游黔灵山。董必武

① 标题为选录者加。

② 碑立于云岩区黔灵山弘福寺大雄宝殿后碑廊前，青石质，方首，座高 0.29 米，碑高 1.72 米，宽 0.90 米。无碑题和碑额。竖书草书阴刻。

上黔灵山① 朱德

（1960年3月1日）

黔灵山上望贵阳，建设十年换新装。
青年子弟多豪俊，鼓足干劲建家乡。

上东山② 朱德

（1960年3月4日）

登峰直上画楼台，春色满城眼底开。
四面环山成屋海，河水清清绕市来。

过贵阳③ 陈毅

（1959年11月25日）

闲步跑上东山头，贵阳全景一望收。
新城气旺旧城尽，不愧雄奇冠此州。

黔灵秀色 李冀峰④

绿遍黔灵山色秀，林深古木自清幽。
登高极目胸襟阔，一道明河绕郭流。

鹧鸪天·清晨黔灵山看荷花 陈恒安⑤

步入垂杨一径偏，池塘高下涨沦涟。坐观翠壁孤云起，来赏红衣晓露鲜。
林涧外，水亭边，清如佛殿妙香传。黔山自古荷花少，不似江南叶满田。

---

① 碑嵌于云岩区黔灵山弘福寺大雄宝殿后碑廊前，青石质，方首，座高0.34米，碑高1.74米，宽0.80米。碑题《游黔灵山登瞰筑亭》（竖书草书阴刻）。诗文竖书草书阴刻。

② 贵州省图书馆、贵州人民出版社编：《不朽的诗篇》，贵州人民出版社，1981，第17页。

③ 陈毅著，辽宁第一师范学院中文系选注：《陈毅诗词选注》，北京出版社，1978，第363页。

④ 李冀峰（1923–2017），河南南乐人。曾任中共贵州省委常委兼组织部部长、省人大副主任，贵州省诗词学会名誉会长。

⑤ 陈恒安（1910–1986），贵州贵阳人。著名书法家。曾任贵州省艺术馆馆长，省文史研究馆副馆长等职，中国书法家协会名誉理事。

黔灵纪事 王得一①

湖山应许黔灵好，万鼓松涛翠黛迷。
九曲云梯花碍路，一椽水榭浪平堤。
重修梵宇更新貌，细认苔碑品旧题。
胜日登临逢禊事，诗情直与碧峰齐。

黔灵山 严朴②

郁郁苍苍岭上松，烟霞古寺晚来钟。
一山秀出千山上，不愧黔南第一峰。

弘福寺 王邸③

巍巍弘福寺，隐隐诵经声。
寂静云深处，传来钟鼓鸣。
通幽九曲径，爽挹万人情。
不上雷音道，神游到筑城。

[附记] 选自黄润蓬等著《贵州旅游诗词选》，贵州人民出版社，2006，第29–31页。

东山古刹 释妙果

奇山东向立，名寺黔境希。
增建塔楼美，新景张古迹。
举目千里远，万物收眼底。
命笔抒心怀，初心仍依依。

---

① 王得一（1922–1997），湖南省长沙市人。贵州文史馆馆员。曾任中华诗词学会理事，贵州省诗词学会副秘书长，贵州《爱晚诗刊》编辑部主任。著有《春近楼诗选》。

② 严朴（1917–2004），浙江省金华市人。曾任贵州人民出版杜社长、省出版局副局长、省老年大学副校长，爱晚诗社副社长。

③ 王邸，河北饶阳人。曾任省计委副主任、贵阳市委书记、省人大常委、贵州省楹联学会名誉会长，中国楹联学会顾问等职。

黔明盛景 释妙果

何处寻净土，筑境有黔明。
近寺清流绕，远郊秀山横。
红墙琉璃瓦，精美不在形。
妙意静中悟，果成在笃行。

巢凤寺 李大光

巢凤寺如昔，提名墨尚新。
弥陀如旧识，一笑认前因。

巢凤寺 刘长焕①

仁王护国金轮固（清·曾广钧），山外丹梯晚照斜（明·朱谋晋）。
大道不从心外得（（宋）释延寿），高人久已悟空花（（宋）程公许）。

辛丑中秋于白鹿洞书院春风楼

题巢凤石 何江

突兀立山巅，尔来何许年。
嶙峋披瑞藻，荦确抱灵源。
昂首朝西极，侧身护法莲。
经冬无覆雪，历夏自流泉。
有木生空窍，无圤长更坚。
夜耽宵月冷，昼秉信香残。
寨以其名久，寺因祥瑞传。
一方承庇护，万姓喜崇瞻。
冠盖来朝觐，簪缨礼奉禅。
中兴曾几度，纷谢固如磐。
六百年间事，千缃无字刊。

---

① 刘长焕，庐山白鹿洞书院常住。

从兹铭厥后，起见征详究。
香火筹绵远，宗风蔚大观。
重楼凌碧汉，法轨度弥繁。
也拟成宏愿，凤巢天地宽。
为君三叩首，一念化云帆。

巢凤石 李世岭

城东有凤巢，灵趾寓芳郊。
项引三千界，无言对月敲。

云峰祖高禅师赞诗

永历年悲恫，入黔避难中。
菁山飞絮雨，白马慕晨钟。
何必云足猛，坦然大地平。
宛虹奚水远，禅脉我心宗。
知非剖石祖，象龙证印承。
榭亭听漱涌，僧寮临济翁。
淡泊须更静，圆融究竟通。
三生皆幻影，万法尽虚空。

二、六盘水市佛教诗词选

（一）明代

1. 沈思充诗选

碧云洞

西南天际流云碧，削出芙蓉插半壁。
中多灵怪不可藏，混沌之窍俺忽擘。

若个窍中别有天，阿谁巧构神明宅。
灵扉不扃敞若堂，琼昙缀宇星辰摘。

烟烁非电亦非霞，盘蜒疑螭复疑貘[①]。
八宝擎出蕊珠宫，六种震动祇树国[②]。

仰视香霭穹窿迷，上有通天一门拆。
寂寥惝恍了无声，下有长流喷瀺浐[③]。

溟通百折不可回，龙门谁凿岂禹迹？
我欲乘槎问广寒，携取支机[④]一片石。

俄惊水底潜蛟腾，震地一声人辟易。

① 貘（mò）：相传为上古时期一种极为凶猛、嚼铁如泥的怪兽。

② 祇树国：指祇园。祇陀太子所置之园林。后借称佛寺。

③ 瀺浐（chán zé）：水流貌。

④ 支机：即支机石，传说为天上织女用以支撑织布机的石头。

仆夫呀指壁间垠，长蛟去去遗蜕迹。

回头相彼石田崖，势吸长河见龙脊。
扰之鳞甲个个飞，乘此行云天下泽。

[附记] 选自（明）郭子章《黔记（卷8）·山水志（上）·普安州诸山》。沈思充，字邃庵，万历十四年（1586）进士，曾任贵州提学佥事。沈思充，浙江桐乡人，进士，万历二十三年（1595）任贵州按察副使。万历二十五年（1597）主修《贵州通志》。他曾两次游碧云洞，皆有诗。徐霞客称其“诗不甚佳”，所镌诗碑已“为供饮之具”。

再游碧云洞

春风桃李媚，再度碧云时。
波荡渊鱼乐，山辉洞亦奇。
芳樽对景尽，幽意问谁知？
不厌乘轺过，何妨秉烛随。

[附记] 选自盘县城关镇等单位编，叶晓尧主编：《盘县碧云洞诗文集》，2005，第75–76页。碧云洞内塑有佛像，曾住过僧人，也住过道士。

2. 孙应鳌诗选

东陵寺①

逸客无俗轨，灵区寡尘迹。
躁静实异缘，趣景各有适。
东陵表黔中，奕奕清虚宅。
长峦莽回抱，峭壁隐络绎。
渐次入云林，潜觉市途隔。

① 原注：据诗云“东陵表黔中”，盖即会城东之东山寺。

洞天忽开朗，径碰递掀掷。
飞岩覆远空，坐卧平于席。
风雨万壑惊，泉响泻澎湱[①]。
芳木沉遥翠，素烟突浮白。
以兹飘洒境，契我泓澄积。
相对各忘言，熟信有真益。
度阿愿考室，故里况咫尺。
终当谢世鞅，托此忻晨夕。

[附记] 选自（清）唐树义审例，黎兆勋采诗，莫友芝传证，关贤柱点校：《黔诗纪略》，贵州人民出版社，1993，第193页。孙应鳌（1527–1586），字山甫，号淮海，谥文恭。贵州清平卫（今凯里）人。嘉靖癸丑科（1553）进士，官至工部尚书。著有《学孔精舍诗钞》《学孔精舍汇稿》《淮海易读》《春秋节要》《四书近语》等。

（二）清代

1. 夏成业诗词选

天目山大威寺

苍翠隐禅房，纡回谒上方。
竹深僧院静，杉古寺云凉。
梵响出高阁，钟声飞夕阳。
此心爱岑寂[②]，径僻不嫌荒。

---

① 澎湱（pēng huò）：指大雨声。

② 岑寂：寂静；寂寞。

游大威寺赏牡丹（二首录一）

野竹藏深寺，看花别有天。
雅从兜率境，妙结众香缘。
佛国春常在，钟声午更园。
静拈发微笑，参透美人禅。

[附记]选自（清）光绪《普安厅志（卷22）·艺文》。参见罗再麟主编，六盘水市地方志编纂委员会编：《六盘水旧志点校》，贵州人民出版社，2006，第432–433页。夏成业，嘉庆年间时任普安直隶厅（治今盘州市双凤镇）同知。

金曙云上舍游丹霞山，作此送之

送君南去游丹霞，峰回路转天之涯。
沿河曲曲三十里，浮云涌出红莲花。
此为盘州第一境，君去直到丹霞顶。
俯视诸峰若蚁蛭，仰见天高没鸿影。
琳宫突兀白云边，无端鸡犬皆神仙。
何必蓬莱阆苑九万里，此间别有一洞天。
怅我道经丹霞麓，梯磴无阶愁转毂。
山灵阻我攀跻缘，何时绝顶一聘目。
烽烟满地横戈矛，邻塞悲笳①声不休。
安得急挽天河洗兵甲，狂风漂渺吹我独卧兹山头。长歌大啸落斗牛。

游丹霞山②

金曙云上舍游丹霞山，八日而归，予赠以诗二首录一。

四面苍松锁寺楼，涛声真走万山秋。

---

① 悲笳（jiā）：悲凉的笳声。笳，古代军中号角，其声悲壮。

② 标题为选录者拟。

不须更绘仙灵状，饱读新诗当卧游。

[附记] 选自（清）光绪《普安厅志（卷22）·艺文》。参见罗再麟主编，六盘水市地方志编纂委员会编：《六盘水旧志点校》，贵州人民出版社，2006，第428页、第441页。

水星寺秋末晚眺

人在水精域，心同山月清。
白云归岫影，黄叶隔林声。
野鹤闻僧性，崖花淡客情。
高寒吾不畏，即此是瑶京①。

夏杪斗老阁池荷盛开乘雨登览

野寺池亭古，清香出芰荷②。
纳凉留客少，习静闭门多。
小有林泉胜，况兼风雨过。
碧筒③倾美酿，花下醉颜酡④。

游丹霞山⑤

重九日，董杏东、任小乾邀同金曙云游丹霞山，余以公冗不果，赋此寄寺僧兼示诸君。

灵山咫尺阻奇缘，况值重阳风雨天。
笑我久羁尘俗吏，如君同是大罗仙。

---

① 瑶京：繁华的京都。也泛指神仙世界。

② 芰（jì）荷：菱角和荷叶。

③ 碧筒：即碧筒饮，采摘卷拢如盏、刚刚冒出水面的新鲜荷叶盛酒，将叶心捅破使之与叶茎相通，然后从茎管中吸酒，人饮莲茎，酒流入口中，诚为暑天清供之一。

④ 醉颜酡（tuó）：喝得薰然微醉脸红。酡：喝了酒脸色发红。

⑤ 标题为选录者拟。

胸怀超旷无今古，气象纵横俯万千。
此去终当期后约，将诗遥寄白云边。

[念奴娇]晚登凤鸣山

二分春近，正天桃、秾李万花争发。信步嬉游舒望眼，且喜云天辽阔。

夕照低衔，高凭彩凤，恍惚凌仙阙。青衫摇动，好风吹面相识。

惆怅此地闲僧，寺门深闭，冷落梅花笛。佛座灯昏人悄悄，难破今宵岑寂。

云卧楼空，鹤归山暝，长啸惊林樾。谁和轻歌，晚钟飞上明月。

[绛都春]重九雨霁，招诸友人登凤山

西风送冷。正满林黄叶，无边秋景。宿霭渐开，密雨初停天光净。登高直上龙山顶。要作个，群仙管领，碧云佳客，丹霞胜侣，潜通亥謦。

酩酊。招呼彩凤，当缑岭跨鹤，吹箫子晋。落帽孟嘉，系马彭城谁堪并。须臾遍历蓬莱境。俯世界，一空尘影，黄华笑插归来，醉乡未醒。续采杂箸。

[附记]选自（清）光绪《普安厅志（卷22）·艺文》。参见罗再麟主编，六盘水市地方志编纂委员会编：《六盘水旧志点校》，贵州人民出版社，2006，第432–433页、第438页、第442页。

2. 朱右贤诗选

因公过大威寺

到寺不见寺，林遮无稍懈。
一水跨断虹，万绿排层寨。
法相尚庄严，殿宇半颓败。
墀前蓄芳草，游鱼惊出拜。

钟声来上方，忘机听梵呗。
有菊大如盘，点缀香色界。
似怨我迟来，憔悴神垂惫。
似待我迟落，俯首皈法界。
不信观止此，搜奇尽斯快。
得意象可忘，世具壶非隘。
文心与禅心，妙旨无两派。
宇内纪丛林，如滕两大界。
邱壑各有真，亦自矜灵怪。
小憩作游仙，借酬登览债。

游大威寺归放歌

好花素见开不鲜，奇书百读思渺然。
拈花枕书对名胜，逸兴高踞苍云巅。
廿年簿书劳束缚，岁月无情风霾薄。
过虎溪桥发长啸，点额深怨朱衣虐。
上不能乘鸾贝阙珠宫探苍冥，下不能步杖万壶员峤恣谳谑。
昆仑之高手穷攀，桐庐之险足为缩。
泰岱朝瞰虞海枯，峨眉夏雪惊花落。
而乃拓落箐烟瘴雨中，如蛙在井蜗负彀[①]。
花不谱群芳，书未搜秘阁。
方寸培塿[②]塞地天，少见多怪矜奇博。
夔魉[③]輾然笑，笑我心局促。
菩提喟然叹，叹我骨不俗。
说法无法非非法，大非世界小非粟花落。
无声书可言，撮土卷石不盈掬。

---

① 彀（gòu）：.圈套；牢笼。

② 培塿（lǒu）：小土丘。

③ 夔（kuí）：古代传说中一种形状像龙而只有一足的动物。魉（liǎng ），即“魍魉”：传说中的怪物。

从此更结阮生缘，石扪岑萝漱流泉。
看花花光艳欲燃，观书书意珠玉联。
我自爱山山我怜，山口云封留我眠。
倩作主持不愿住飞仙。

再游大威寺

烟开画本水鸣琴，风物凄清自古今。
解傲菊应怜瘦影，重来人早涤烦襟。
已输猿性安禅久，转愧僧才人世深。
不为催成云积墨，空园落叶寄诗心。

[附记] 选自（清）光绪《普安厅志（卷22）·艺文》。参见罗再麟主编，六盘水市地方志编纂委员会编：《六盘水旧志点校》，贵州人民出版社，2006，第423页、第427–428页、第438页。

3. 金灏诗选

丹霞山

孤峰千仞着招提，收拾虚空万象低。
今古不摇苍玉柱，人天回隔紫云梯。
常时钟鼓惊风雨，尽日烟云落涧溪。
此地岂曾烧木佛①，名山却为祖师题。

过鹦鹉寺

形胜能将鹦鹉名，青松翠竹景偏清。
饮来茗碗同甘露，行到邮亭亦化城。

① 烧木佛：指“丹霞天然禅师烧木佛”公案。典出（北宋）赞宁著《宋高僧传（卷第十一）·唐南阳丹霞山天然传》：释天然……后于慧林寺遇大寒，然乃焚木佛像以御之。人或讥之。曰：“吾荼毗舍利。”曰：“木头何有。”然曰：“若尔者何责我乎？”

野火顿忘终夜黑，林花好趁一春晴。
风尘何事知回首，啼破清溪杜宇[①]声。

[附记] 选自（清）光绪《普安厅志（卷22）·艺文》。参见罗再麟主编，六盘水市地方志编纂委员会编：《六盘水旧志点校》，贵州人民出版社，2006，第436页。金源，字促远，号秋野，昆明人。康熙丙子举人，历官晋安府知府。

4. 金钟晓诗选

次戚问樵见赠韵

古城有白云，峰高莫与伍。
今我登丹霞，爽然意为怃。
峭壁藤萝蟠，石径松杉古。
仙凤吹衣裳，飘逸神栩栩。
烹茗汲甘泉，味香胜膏乳。
众鸟挟云飞，夕阳忽当户。
天半朱霞落，好景尽难谱。
乘兴一放歌，深林跃猛虎。

游丹霞山步夏秋丞司马见赠韵

城南有山名丹霞，缥渺云烟无际涯。
拔地红岩十万丈，鲜艳如火还如花。
吾友董君家其境，门对丹霞峰之顶。
蓬莱咫尺在人间，高擎一朵芙蓉影。
九日招饮翠微边，醉卧问谁知谪仙。
醒来独倚高楼上，呼吸直欲接苍天。

---

① 杜宇：相传为古蜀国国王。洪水为患，其相鳖灵治水有功。杜宇让帝位于鳖灵。杜宇死后化作鹃鸟，每年春耕时节，子鹃鸟鸣。后因称杜鹃为“杜宇”。

吁嗟乎！我身常思寄林麓，而乃转徙若推毂[①]。
今朝缘何逢胜景，风尘劳瘁一开目。
何况内地动戈矛，竞与诸君乐休休。
应是山灵有意助，狂啸载将满腹奇气一洒群峰头，何啻干将莫邪射斗牛[②]。

游丹霞山[③]

董杏东招游丹霞山，喜晤任小乾昆仲承赠以诗。

依韵和之二首录一

盘磴凌空灿锦霞，幽林环绕梵王家。
佛幢影落禅心静，仙磬声流谷口斜。
山傍危楼秋气老，身留异地别情赊。
最难露白葭苍日，旧雨重逢水一涯。

次戚问樵见赠韵

古城有白云，峰高莫与伍。
今我登丹霞，爽然意为怃。
峭壁藤萝蟠，石径松杉古。
仙风吹衣裳，飘逸神栩栩。
烹茗汲甘泉，味香胜膏乳。
众鸟挟云飞，夕阳忽当户。
天半朱霞落，好景尽难谱。
乘兴一放歌，深林跃猛虎。

---

① 推毂（gǔ）：推车前进。

② 干将莫邪（yé）：中国古代神话传说。干将，春秋时吴国人，是楚国最有名的铁匠，他打造的剑锋利无比。后与其妻莫邪奉命为楚王铸成宝剑两把，一曰干将，一曰莫邪（也作镆铘）。射斗牛：源见“丰城剑气”。牛，牛星，二十八宿之一。指建功立业的豪情。（唐）孟郊《百忧》诗：“壮士心是剑，为君射斗牛。”

③ 标题为选录者拟。

[附记] 选自（清）光绪《普安厅志（卷22）·艺文》。参见罗再麟主编，六盘水市地方志编纂委员会编:《六盘水旧志点校》，贵州人民出版社，2006，第438页。

5. 陈昌言诗选

清华洞

玉华山高高插天，山腰洞险走云烟。
指点灵青屈屈上，洞口开张月半弦。
中锁石屏玲珑透，斜列关门左右穿。
我方攀石逡巡入，千奇万变迷当前。
第见如虎踞、如龙蟠，如伏鼠、如飞鸢；
峭者笔、扁者砖、高者柱、短者椽；
圆者璧跳掷，方者圭钩连。
或为吟榻安，或为琴式眠，或为臂搏拳，或为叶覆莲。
其色或雪白、或朱研，其气或清爽、或芳鲜。
呼童然烛钻罅隙，洞上之洞更空悬。
磷磷而泽润水乳，滴珠圆身随石转。
手抓石恍惚磨游蚁、木升猿。
画之画不得，状之状不全。
侧闻黔地近接漏天南，或者娲皇当日炼补遗坚顽。
否则是佛是道是神仙，潜入洞中学参禅、炼汞铅。
丹成炉底落真诠，变作虚碧留人间。
足不足，般不般，徒与猹花仡草争娇妍。
安得秦王鞭石鞭，更借东方太乙船；
移山端向海中立，配作蛟窟龙宫壮大观，
日与蓬莱仙子相往还，何至局促偏狭而蹒跚。
山灵大笑发长叹，我当留作青石磐；
钟毓梧桐在冈顶，蓁苯萋萋集凤鸾。

[附记] 选自六盘水市钟山区地方志编纂委员会编，六盘水市钟山区地方志编纂委员会编:《水城老城志》, 方志出版社, 2018, 第288页。清华洞，位于水城县玉和山麓，又名“玉和洞”。乾隆间水城通判董良相题其左，曰“清华仙洞”；水城营游击郑联元题其右，曰“天然南海”。

翠霞山

松柏翠回环，飞霞映日殷。
征尘容我洗，香火爱僧闲。
凭眺春如海，参禅月满关。
一声清磬澈，猿鹤啸空山。

[附记] 选自六盘水市钟山区地方志编纂委员会编，六盘水市钟山区地方志编纂委员会编:《水城老城志》, 方志出版社, 2018, 第290页。翠霞山，在归集群山中，形独秀，松柏深蔚。内有文昌宫，雅绝尘寰。

6. 其他诗选

僰人 舒位

一串牟尼极乐天，舌端青有妙华莲。
参军诗思娵[1]隅跃，正要方音作郑笺。

[附记] 选自贵州省文史研究馆：《贵州竹枝词集》，贵州人民出版社 ,2019，第65页。

作者原注：僰人住普安州，性淳而佞佛，常持念珠诵梵咒，朗朗可听。凡诸苗言语不能相谙者，类皆以僰人通传。

① 娵（jū）：中国古代南方少数民族称鱼。

登丹霞山① 余厚墉

重九日，随冗翁叔祖、勤夫叔父暨方襄黼秀才登丹霞山有感，赋七古一篇。

洞庭之隈吾所囿，壮志亟思游五岳。
适与名山有夙缘，惊起骚人兴驰逐。
盘州西南胜境幽，丹霞千仞撑荦岦②。
命俦啸侣亦前因，有约登临同看菊。
异乡重九聚天伦，仆痡马瘏足趫踔③。
攀藤扪翠跻崖巅，有寺巍然云中擢。
老僧出拜迎其前，袈裟短笠黄花簇。
解衣箕踞坐空庭，摸索我头并未秃。
嗔尔众衲不识字，也能享此清闲福。
我闻山顶高齐天，飒飒尖风寒透肉。
天公阳伏阴未消，五月犹下三尺雹。
古佛庄严法相空，殿楹破碎雷车扑。
旁有平台对凤山，三十里间城一角。
遥瞻八纳如削平，滇南锁钥五丁④斫。
层峦叠嶂发奇文，竹韵松涛奏仙乐。
隐隐白云落上头，红日正中鸡喔喔。
齐厨野蔌⑤列满筵，有客挽留邀我宿。
谈诗纵酒尽欢娱，独惭小阮志昏浊。
可人负约怯题糕⑥，后其所至行略[illegible]OA。

① 标题为选录者拟。

② 荦岦（luò xué）：亦作荦确。怪石嶙峋貌。

③ 仆痡（pū）：仆从疲劳致病。马瘏（tú）：所乘之马已经生病。趫踔（qiáo zhuó）：身手矫健，善于行走。

④ 五丁：神话传说中的五个力士。

⑤ 野蔌（sù）：野蔬。

⑥ 原注：刘敬亭广文。

太守忧民厉禁严，勿种罂粟种五谷。
归询田舍麦苗青，民心迁善何其速。
吁嗟乎！拓落尘寰廿五年，粤黔奔走徒荒学。
海疆有事逆氛侵，愿乘长风效宗悫。

[附记] 选自（清）光绪《普安厅志（卷22）·艺文》。参见罗再麟主编，六盘水市地方志编纂委员会编：《六盘水旧志点校》，贵州人民出版社，2006，第429页。

碧云洞摩崖 余云焕、余愭、余厚墉

万丈悬岩千钧石，裂破重门空洞开。
要求出险扶危手，莫待岩崩石倒来。

一云出岫欲从龙，一云挽住不放松。
顷刻风挟云飞去，化作甘霖洒万峰。
（余云焕题）

仙凤汾穆洞门寒，乘兴来游秋又残。
一片碧云天半落，道人拿住补层峦。
（余愭题）

山□裂穿十里，罅流旁泄溅溅。
我欲探源穷险，恐惊洞内神仙。

疑是秦人避世，手种桃花满邨。
云气氤氲不散，捉来长护禅门。
（余厚墉题）

监制：张元珍
泐石：沈性华

[附记] 摩崖刻于盘县城关镇西南1公里处碧云洞（又名“水洞”）崖壁。余云焕，字凤笙，号冗翁，湖南平江人，廪生，清光绪四年（1878）

任兴义知府，光绪十一年（1885）署普安直隶厅同知。后到京城任职。光绪三十一年（1905）被贬谪（时年七十二岁）为思州知府。次年奏请改建思州文庙，获准。不久卸任还乡。余云焕为官清廉。工诗能文。余愭，字勤夫，湖南平江人，余云焕之侄。善诗，有《普安诗钞》[（清）光绪十一年稿本]。余厚墉，字坚甫，湖南平江人。余愭之侄，余云焕之侄孙。

因公过鹦鹉寺 余云焕

曲径回环古洞天，双旌小驻寺门前。
紫薇花照昙云艳，翠陌光分晓日妍。
呗静似闻鹦欲语，夜深可有鹤参禅。
一官可补丝毫事，惭愧山阴道上钱。

[附记] 选自（清）光绪《普安厅志（卷22）·艺文》。参见罗再麟主编，六盘水市地方志编纂委员会编:《六盘水旧志点校》，贵州人民出版社，2006，第438页。

游丹霞山 任蘅

兰若何幽静，空山但鸟喧。
杳然开别境，遽尔到仙源。
径僻晴犹湿，林深午亦昏。
清音发长啸，高况拟苏门。

[附记] 选自道光《贵阳府志·余编（卷之16）·文征（卷之16）》。任衡，《黔诗纪略后编》作“任衡”。字长钧，一字止轩，清贵州清镇人。康熙乙卯科（1675）举人，官乐昌知县。有《止轩诗话》。

观音阁即景 陈琮

凤水麟山暑不侵，覆钟笔峙白云深。
遥看文笔枝枝秀，桃李飘香遍地金。

[附记]选自六盘水市钟山区地方志编纂委员会编，六盘水市钟山区地方志编纂委员会编：《水城老城志》，方志出版社，2018，第290页。陈琮，字玉芳，号卧雪斋主，四川綦江人，嘉庆初携书箧琴囊来水城。品行端方，博闻强记，工书画琴棋，诗尤精妙。著有《卧雪斋诗草》。道光十年（1830），受聘于岁稔里课读，卒于其地。

莲叶洞八景俚 胡定邦

石莲台上阿弥陀，板角牛将道主驼。
大圣仙源来献果，灵鱼口吐佛南无。
瓶花富贵馨香远，古迹名贤姓字多。
硐外飞虹栓铁索，高车驷马享安乐。

宣统元年（1909）三月书
筱藩胡定邦题

[附记]选自六盘水市地方志编纂委员会编：《六盘水市志·交通志》，贵州人民出版社，2004，第47–48页。摩崖位于位于水城县境西南北盘江上游高家渡河段上普济桥（又名高家渡铁桥）。摩崖刻于盘县城关镇西南1公里处碧云洞（又名“水洞”）崖壁。碧云洞简介，见《碧云洞诗碑》题记。

仲春陪张岱庵司马游丹霞山 任浚

城南多奇峰，丹霞尤独辟。
灵气时往来，雷霆走屋脊。
丹砂播层云，岩岫烘之赤。
倏如建锦标，轩轩列绛帻[①]。
又如饮飞虹，灿烂垂千尺。
晴雨割阴阳，气候变朝夕。

---

① 轩轩（xuān xuān）：摹状词，古代一种有围棚或帷幕的车。绛帻（jiàng zé）：红色头巾。

烟岚出重霄，赪①光摇秋碧。
我本仙山人，爱山更有癖。
蹑屐陟山樊②，旷览得所适。
盘州大若拳，蒙外清如壁。
霞举睇长空，临风生六翮③。

[附记]选自（清）光绪《普安厅志（卷22）·艺文》。参见罗再麟主编，六盘水市地方志编纂委员会编：《六盘水旧志点校》，贵州人民出版社，2006，第423页。

游大威寺 冯子俊

有寺名大威，城北巍然秀。
山以寺为门，寺在山之霤④。
群峰万壑奔，大小急相就。
象鼻曲盘盘，石坊依古堠⑤。
河水浅且清，虹桥跨其右。
一径竹萧森，竦飒寒风透。
禅门昼未开，有客花阴叩。
山僧采药还，携来云满袖。
丛篁蓊蔚中⑥，清泉倒泻溜。
呼童烹新茶，多云饮者寿。
闲玩池中鱼，一片慈云复。
留荷雨声繁，听松天籁凑。
野菊采东篱，不碍秋容瘦。

---

① 赪（chēng）光：红光。赪古同“赬”（chēng），红色。
② 蹑屐（niè jī）：穿着木屐。陟（zhì）：登高。山樊：山中茂林。
③ 六翮（hé）：鸟的两翼。
④ 霤（liù）：屋檐。
⑤ 古堠（hòu）：古代瞭望敌情的土堡。
⑥ 丛篁（huáng）：丛生的竹子。蓊蔚（wěng wèi）：茂盛。

小憩水心泉，棋声消永昼。
扶杖引鹤行，苍翠叠远岫。
或窅然而行，或如往而复。
或蜿如游龙，或惊若骇兽。
万状森开罗，元机谁能究。
信步枯木堂，壁联皆史籀①。
云黑古木拏，石忙飞泉漱。
风霜任剥蚀，破屋走饥鼬。
大厦广帡幪②，匠心精结构。
预占不成日，经营若灵囿。
持柬来催诗，击钵兼刻漏。
崔灏③黄鹤吟，适逢贤太守。
得意每疾书，廿八胸罗宿。
仆本疏狂人，所学皆饤饾④。
愧乏作赋才，恍闻钧天奏。
今来游此间，已是深秋候。
木叶打头飞，翠麓迎目绉。
一觞一咏间，顿觉消尘垢。
陶然醉忘归，山林一宇宙。

[附记]选自（清）光绪《普安厅志（卷22）·艺文》。参见罗再麟主编，六盘水市地方志编纂委员会编：《六盘水旧志点校》，贵州人民出版社，2006，第423–424页。

---

① 史籀（zhòu）：西周宣王太史、书法家。师法仓颉古文而成“大篆”。曾作《史籀篇》15篇，字即为籀文，亦即大篆

② 帡幪（píng méng）：本指古代帐幕之类的物品。后亦引申为覆盖。

③ 崔颢（约704–754），唐朝汴州（今河南开封市）人，盛唐诗人。著有《崔颢集》。最出名的是《黄鹤楼》。

④ 饤饾（dìng dòu）：指词句的安排罗列。

李翊侯明府祷雨后邀游大威寺 杨敬熙

李侯秉性丘山重，势与峰峦争巃嵸[①]。
暇日邀我游山林，层岩俯首如相拱。
雷公铿轰山鬼怒，锦屏中开若裂素。
那问浊流与清流，打破石关走脱兔。
怪龙夭矫形莫测，手无鞭勒谁能驭。
山僧指点向予言："道是新来司马贤"。
昨日泉流失涓涓，赤地东陌连西阡。
野花炙日争欲然，朝祷北灵暮洒泉。
西郊雨霖淋，直捣旱魃魄，万户千门动欢喜。
竹阴浮碧松声肃，松干撑天竹切玉。
郁蓊萧飒斗奇古，有如下笔惊神速。
心转夷，神无悚，苍苔团坐祛烦冗。
我闻此中老猨[②]近，千岁仙苓黄精矜独拥。
斫竹划藤出双杖，暂请相从求铅汞[③]。

[**附记**]选自（清）光绪《普安厅志（卷22）·艺文》。参见罗再麟主编，六盘水市地方志编纂委员会编：《六盘水旧志点校》，贵州人民出版社，2006，第427页。

游丹霞山 张人龙

蓬壶昆仑空耳食，今日喜上丹霞峰。
足踏云华学仙步，手搴日毂分行踪。
矗矗千寻地上柱，四围削壁谁持斧。
人在空明笑语喧，恐如罗浮逐风雨。
闻到每年时雨行，冷风飒飒鸡犬鸣。

---

① 巃嵸（lóng zōng）：亦作"巄嵷"。山势高峻貌。

② 猨（yuán）：同"猿"。

③ 铅汞：道家言以铅及汞入鼎炼丹，服之可以长生，因谓炼丹之事为"铅汞"。

雷火穿房走几榻，霹雳一震人不惊。
灵山倍有神灵在，呵护千秋应不改。
我抚神弦歌一曲，庭花欲舞霞流彩。

[附记] 选自（清）光绪《普安厅志（卷22）·艺文》。参见罗再麟主编，六盘水市地方志编纂委员会编：《六盘水旧志点校》，贵州人民出版社，2006，第428页。

登丹霞山步夏秋丞司马送金曙云上舍韵 刘国卿

昔闻盘州有丹霞，名山怅望隔天涯。
挺然独出万峰上，丹霞乱堕如茵花。
今日何幸逢胜境，招我友人到绝顶。
白云深处寺门封，一声钟磬杳无影。
琼楼斜映夕阳边，放饮高歌似飞仙。
此山灵秀钟何日，茫茫我欲问青天。
忽见群鸦起林麓，飞飞绕树若转毂。
更上层楼一眺望，如此清幽胜景殊豁目。
但念河上逍遥歌，二矛南北羽书今未休。
我欲手挽银河洗兵甲，中流砥柱天南头。
嗟哉此身落落谁推引，空山夜半歌饭牛。

[附记] 选自（清）光绪《普安厅志（卷22）·艺文》。参见罗再麟主编，六盘水市地方志编纂委员会编：《六盘水旧志点校》，贵州人民出版社，2006，第429页。

游丹霞山 刘国卿

丹山开辟自何年，挈半登临思缈然。
曲径人穿红树里，云深犬吠翠微巅。
层层直上疑无路，步步回看别有天。
峭拔盘州推第一，高歌绝顶似飞仙。

[附记] 选自政协贵州省委员会文史资料委员会《贵州旅游文史系列丛书》编委会编：《碧水丹霞》，贵州人民出版社，1999，第272页。

和余坚甫重九登丹霞山七古原韵 刘汉英

浮生苦被浮名囿，六上燕台游海岳。
而今一事竟无成，回首廿年空逐逐。
匏系此官冰样衔，块垒填胸石截峃①。
有酒莫浇两鬓华，有诗久负三径菊②。
盘州太守苏髯流，公余问俗游情踔。
轻车五马秋兴豪，健笔一枝云表擢。
丹霞有约作重九，连骑翩翩兰玉簇。
贱子附骥心正忙，蹇策疲驴尾先秃。
群仙反辔我方来，盛会未逢真薄福。
山灵拍手招我前，谓我骨相食无肉。
疏钟聒耳杂风涛，寒叶打头惊雨雹。
方将左转忽右旋，势欲上升防下扑。
苍藤古木龙蛇盘，一路攀鳞且附角。
岿然古刹如蜃楼，结撰凌空苦匠斫。
此身恍入广寒宫，绕坐如闻羽衣乐。
儒生不解西梵音，蛙鸣两部声咿喔。
须臾纤月落杯盘，咫尺摩天摘星宿。
我醉未必众皆醒，心清何防酒独浊。
蝴蝶双双入梦来，一枕清风睡味趚。
清晨催起饭前钟，枉说修行能辟谷。
去去聊问行脚僧，来曾不速归仍速。

---

① 峃（xué）：多石头的山。

② 三径菊：源见“陶潜三径”。借指归隐的闲适田园。东晋陶潜《归去来兮辞》：“三径就荒，松菊犹存；携幼入室，有酒盈樽。”东晋陶潜因不愿为五斗米折腰，弃官归隐。

挥手笑谢霞中君，我不佛仙不道学。
径欲摩崖书短歌，雷篆飘然生谨悫①。

［附记］选自（清）光绪《普安厅志（卷22）·艺文》。参见罗再麟主编，六盘水市地方志编纂委员会编：《六盘水旧志点校》，贵州人民出版社，2006，第429页。

望丹霞山 杨茂材

霞丹耸峙盘州南，回立天半半云含。
晴空一扫烟雾净，州人指点认层岚。
灵山遥传知名久，我居凤山山当右。
三十里余遥遥见，群山四面齐俯首。
乾坤异迹神灵护，怪奇流传喧童叟。
年年四月浴佛会，殿阁白日霹雳走。
阊阖紫垣会可通②，天梯跨越神抖擞。
我欲绝顶观日月，寸心飞渡峰九九。

［附记］选自（清）光绪《普安厅志（卷22）·艺文》。参见罗再麟主编，六盘水市地方志编纂委员会编：《六盘水旧志点校》，贵州人民出版社，2006，第430页。

游碧石洞用东坡游金山寺韵 许克家

看山新自五岳归，闲坐小窗读《山海》。
有客邀我城南游，美人峰下碧云在。
洞中云冷乏头陀③，洞口云低水不波。

---

① 雷篆（zhuàn）：雷法中所创用、符字。创之者称其来源为天雷下击妖邪或恶人时留下的痕迹。谨悫（què）：厚重朴实。

② 阊阖（chāng hé）：传说天宫的南门。也指皇宫的正门。紫垣（yuán）：星座名。常借指皇宫。

③ 头陀（tuó），佛教用语，也译作杜多、杜荼、投多、偷多、尘吼多，是佛教僧侣的一种修行方式，通常称为头陀行、头陀事或头陀功德。借指僧人。

神功鬼斧何年擘，琼花玉笋中藏多。
笑携筇竹用作楫，天窗缥渺透红日。
石田膴膴①租税无，仙源曲曲桃花赤。
正好寻搜壮吟魄，欲行不行天忽黑。
洞阴磷火暗忽明，猿啼狐啸凄然惊。
惆怅仙棋不可识，烂柯人在知何物。
归路且随云出山，山灵喜我腰脚顽。
探奇未尽兴胡已，重来细问三溪水。

[附记] 选自（清）光绪《普安厅志（卷22）·艺文》。参见罗再麟主编，六盘水市地方志编纂委员会编：《六盘水旧志点校》，贵州人民出版社，2006，第430页。

崧岿寺 高其倬

溪色澄无滓，岚光翠欲流。
几盘松外径，一牖竹间楼。
钟放依岩殷，云停为客留。
髯僧同一笑，踪迹愧藏舟。

[附记] 选自（清）光绪《普安厅志（卷22）·艺文》。参见罗再麟主编，六盘水市地方志编纂委员会编：《六盘水旧志点校》，贵州人民出版社，2006，第431–432页。

再游金峰 孟本淳

孤峰峭立压群山，石磴藤牵杖履艰。
夹道鸟歌青树里，隔扉犬吠白云间。
飞仙胜迹千秋古，老衲栖迟百岁闲。
我亦再登凭放意，逍遥景况不知还。

---

① 膴膴（wǔ wǔ）：膏腴；肥沃。

[附记] 选自（清）光绪《普安厅志（卷 22）·艺文》。参见罗再麟主编，六盘水市地方志编纂委员会编：《六盘水旧志点校》，贵州人民出版社，2006，第 436 页。

丹霞山题壁 张士兰

客游无处谢尘埃，得访名山又此回。
霞落半天仙犬吠，松封一径寺门开。
钟声隐隐穿林出，雷火年年下殿来。
却感高僧留待意，新醅香酒满金罍①。

[附记] 选自（清）光绪《普安厅志（卷 22）·艺文》。参见罗再麟主编，六盘水市地方志编纂委员会编：《六盘水旧志点校》，贵州人民出版社，2006，第 437 页。

普安道中 蒯关保

五更喔喔乱村鸡，催客林鸦又晓啼。
山静钟声来古寺，月斜屋角暗前溪。
桥因霜压留泥印，犬为人稀逐马蹄。
一路风光描不尽，普安城与白云齐。

[附记] 选自（清）光绪《普安厅志（卷 22）·艺文》。参见罗再麟主编，六盘水市地方志编纂委员会编：《六盘水旧志点校》，贵州人民出版社，2006，第 437 页。

游大威寺 许乂山

放眸不见烟中寺，侧耳惟闻叱犊耕。
洗钵僧归云满袖，参禅人至话偏清。

---

① 金罍（léi）：大型盛酒器和礼器。

山藏绿树深无隙，竹锁红桥画不成。
更有醴泉灵境在，澄漪无滓复无声。

[附记] 选自（清）光绪《普安厅志（卷22）·艺文》。参见罗再麟主编，六盘水市地方志编纂委员会编：《六盘水旧志点校》，贵州人民出版社，2006，第437页。

游大威寺 张风枝

步屧随风到上方，禅房曲径隐高冈。
千章古木拏云黑，百道飞泉漱石忙。
祛我尘氛消永昼，留僧清话坐匡床。
劳生已作头陀笑，托钵空山路杳茫。

[附记] 选自（清）光绪《普安厅志（卷22）·艺文》。参见罗再麟主编，六盘水市地方志编纂委员会编：《六盘水旧志点校》，贵州人民出版社，2006，第437页。

癸亥仲秋邀刘鹤泉、顾清溪同游大威寺 曾明

公余邀友出郊坰，古寺深幽户半扃。
缓步溪边寻瑞草，回头松下遇仙苓。
徘徊胜地环秋水，一望群山列画屏。
对酒可堪消永昼，花香鸟语静中听。

[附记] 选自（清）光绪《普安厅志（卷22）·艺文》。参见罗再麟主编，六盘水市地方志编纂委员会编：《六盘水旧志点校》，贵州人民出版社，2006，第437页。

胡芝庭少府邀游大威寺 孙世舒

绿筠匝径石桥横，笑语溪头老衲迎。
印月池边看松色，观音阁上听泉声。

高朋入座风生次，少府题诗酒共倾。
醉卧不知天欲暮，归来玉兔已东生。

[**附记**] 选自（清）光绪《普安厅志（卷 22）·艺文》。参见罗再麟主编，六盘水市地方志编纂委员会编：《六盘水旧志点校》，贵州人民出版社，2006，第 437–438 页。

游丹霞山 龚正熙

万山捧出一山孤，高插重霄景象殊。
飞阁欲倾风起撼，好花齐发鸟惊呼。
人居树杪疑天上，我坐峰头想画图。
胜境吾乡夸第一，何须方外觅蓬壶[①]。

[**附记**] 选自（清）光绪《普安厅志（卷 22）·艺文》。参见罗再麟主编，六盘水市地方志编纂委员会编：《六盘水旧志点校》，贵州人民出版社，2006，第 439 页。

游丹霞山（四首录二） 任调

谁向山峰创寺楼，将军名字古今留。
千重紫气摩仙掌，万道霞光满佛头。
拾级半空疑日近，升阶数武尽云浮。
飘飘若在终南里，无限烟峦一览收。

从来名胜几篇诗，谁肖庐山面目奇。
叠嶂云封人到少，层峦树绕月临迟。
嶙峋拔地岩千仞，挺健凌空笔一支。
旧说盘州饶俊杰，灵钟秀毓理咸宜。

① 蓬壶：即蓬莱。古代传说中的海中仙山。

[附记]选自（清）光绪《普安厅志（卷22）·艺文》。参见罗再麟主编，六盘水市地方志编纂委员会编：《六盘水旧志点校》，贵州人民出版社，2006，第439页。

侍张心园登丹霞山、集古次韵（八首录三）　冯克观

心园先生，厅名士也。余束发即游其门，后仕滇，以忧归。常侍登丹霞山，雷雨交作，霁后，诵“云落半天”之句，不觉尘襟顿涤，因喜名山不朽。先生犹存集古，叠依其韵以述事云。

漠漠轻阴隐隐雷，晚吟多是看山回。
守愚不觉世途险，大啸一声幽抱开。
残曙微星当日没，半弯新月出云来。
峰攒仙境丹霞上，小雨飞飞润绿苔。

铁甲春生万壑雷，晚归多是看山回。
云飞杰阁轻烟散，风打虚窗佛幌开。
人宇四垂黏地近，雨声一片隔林来。
青山缺处月初上，竹拂栏杆满壁苔。

岩悬飞瀑吼晴雷，一寸乡心万里回。
世事总如春梦里，洞门早为野云开。
拾薪煮药怜僧病，扫地焚香待客来。
幽境自能情外见，竹稍垂露点苍苔。

[附记]选自（清）光绪《普安厅志（卷22）·艺文》。参见罗再麟主编，六盘水市地方志编纂委员会编：《六盘水旧志点校》，贵州人民出版社，2006，第439页。

题鹦鹉寺　甘文煜

盘纡冒雨陟高巅，斜木森森猿鸟喧。

只恐深山迷瘴雾，乘槎误入斗牛边。

[附记] 选自（清）光绪《普安厅志（卷22）·艺文》。参见罗再麟主编，六盘水市地方志编纂委员会编：《六盘水旧志点校》，贵州人民出版社，2006，第441页。

东山望气 佚名

古木参天绕四围，东山佳色映清晖。
老僧扫叶通幽径，骚客寻芳上翠微。
紫气来时苍霭合，清钟响处白云飞。
曷当载酒临禅榻，静写黄庭掩素扉。

[附记] 选自政协贵州省委员会文史资料委员会《贵州旅游文史系列丛书》编委会编：《牂牁风情》，贵州人民出版社，2001，第88页。

游东山寺 佚名

城东东山山之巅，古木茏葱枝相连。
中有绝阁何穹窿，半绕绿阴半插天。
年年三月廿八日，游人往来密如织。
我亦信步从之上，曲径苔衣滑且湿。
藤萝满树芝兰香，苍岩隐隐蛟龙藏。
琉璃殷阔翡翠屏，鸣禽四壁如笙簧。
清幽仿佛入天姥，胡为不见群仙舞。
但有妇孺稠且俗，杂以优伶弄金鼓。
喧嚣杂沓不可耐，或则宣佛或则拜。
一声下里巴人曲，锦禽侧翅飞天外。
呼嗟乎！
仙乡清境竟如斯，山如有灵亦怨知。
我今履此尘浊世，独立怅怅将何之。

[附记]选自（民国）《郎岱县访稿·卷七》。参见罗再麟主编，六盘水市地方志编纂委员会编：《六盘水旧志点校》，贵州人民出版社，2006，第735–736页。

三、遵义市佛教诗词

（一）明代

1. 任思永诗选

西禅晚钟①

禅林僻在婺城西，竹径斜开过小溪。
万井楼台当月夜，一声清磬出招提。

桂阁泉②

桥横七曲锁云庵，香径逶迤溜碧潭。
此去广寒应不远，桂花飘微作烟岚。

[附记] 选自（清）道光《思南府续志（卷 12）·艺文门·诗》。任思永，贵州思南人。万历中岁贡。官四川德阳知县。

2. 傅光宅诗选

过螺水寺③

螺水溪边寺，松杉一径深。

---

① 西禅寺：位于务川县城西郊。

② 桂阁泉：位于务川县城东郊。

③ 螺水寺，位于绥阳县城西，旧名三教寺。建于明万历己卯（1579）。

好山多近户，芳树半成阴。
落日烟霞色，寒宵钟磬音。
浮生属往事，慷慨欲沾襟。

晓发莲子坝①

野寺钟鸣夜未阑，驱车随处问凋残。
莺啼谷口千林晓，马渡溪头二月寒。
流水远从云际落，春山半向雪中看。
蛮家竹屋层崖上，遥指双旌识汉官。

[附记] 选自遵义市地方志编纂委员会办公室整理点校，（清）郑珍，莫友芝编纂：《遵义府志》，成都：巴蜀书社，2013，第906页。傅光宅（1547–1604），字伯俊，号金沙，聊城九州洼人。明万历五年（1577）进士。曾任重庆府知府，南京兵部郎中，按察副史，督学政。自幼聪慧过人，其才博大通敏，擅诗书画，书摹黄豫辛体，苍劲有致。

3. 其他诗选

桃源洞摩崖诗 程仲愚

虚石穷中天，痴云时独发。
寒煦自觉殊，风露匪所及。
石柱屹当门，迎人不拜揖。
清响出沉冥，空翠宛可拾。
磨岩旧字残，苔藓不敢集。
阴森行欲尽，参差危磴级。
飞阁临高烟，竹柏秀林立。
中有古僧留，幽气与人袭。
真隐何必深，元液聊饮吸。

① 莲子坝，位于正安州（治今正安县城）北面。

洞禽知客意，残啄胡麻粒。
太白亦有□，狂歌松岭急。
寄语避秦人，问津良不易！

乙卯（1615）夏五古卢陵程仲愚子及题

[附记] 摩崖位于遵义府（治今红花岗区）城东桃源洞（今红花岗区丁字口遵义一中操场下方）石壁。行书，五古，有王孟、孟浩然韵味。摩崖选自（清）道光《遵义府志（卷45）·艺文（四）》。

宿月山寺 杨遵

金刹玲珑翠巘巅，传灯谁续远公禅。
经坛鹤去风生翼，梵钵龙归雨带涎。
已破碧苔因笱出，欲颓锦石赖藤缠。
探奇兴剧心忘返，暂借僧房伴月眠。

[附记] 选自（清）唐树义审例，黎兆勋采诗，莫友芝传证，关贤柱点校：《黔诗纪略》，贵州人民出版社，1993，第76页。杨遵，平越卫人。成化五年（1469）进士。官至云南右参议，遂引疾归，杜门著述以终。

游鼎山城 唐文烇①

山城何奕奕，仙梵耸云端。
顶绝千峰伏，林深六月寒。
孤灯悬慧日，列壑吼奔湍。
石壁重门锁，泥封一粒丸。
行营仍细柳，刀剑化芳兰。
欲削封禅草，谁登李杜坛。

① 唐文烇，广西籍，举人，崇祯初任桐梓县令。莅任即以转化民俗、教化育才为己任。始建县学，定期在县学授课，教化诸生。崇祯年间县内考取拔贡4名、副榜1名、岁贡5名。有《三瑞诗集》。

骑龙随羽化，飞锡任风翰。
自我逢津引，多君载酒欢。
坠花方滚滚，零露更团团。
有约归灵鹫，无心恋好官。
岱恒空际出，岷冢望中盘。
逸致云归岫，闲情月满阑。
兴余分席去，归路屡回看。

蟠溪寺 罗洪先

懒去京门带晓牌，书囊又向此山开。
有锥著地非贫士，无句惊人岂俊才。
剑挂床头龙卧稳，诏从天上凤衔来。
书生洗涤巢由耳，饱听松风坐石苔。

[附记] 选自遵义市地方志编纂委员会办公室整理点校，（清）郑珍，莫友芝编纂：《遵义府志》，巴蜀书社，2013，第 908 页。

（二）清代

1. 吕大器诗选

呈破山明禅师二偈

天生体态自轻柔，红粉佳人日夜愁。
逐色寻声年易迈，婆婆原是旧风流。

又

粗言恶棒不容情，收放何须藉主人。
恁般磕着吾怀里，一句承当觌面亲。

答破山明禅师

万丈滩头横夜月，一腔宿雾扫晴天。
他年合坐三生石，始信因缘弗偶然。

[附记] 选自胡传淮、陈名扬主编，四川宋瓷博物馆编：《南明宰相吕大器》，现代出版社，2016，第20页。原载（清）超永辑《五灯全书》卷六十四，见《续藏经》。吕大器（1598-1650），字俨若，号东川，四川遂宁人，明末著名政治家、军事家、诗人。明崇祯元年（1628）进士，曾任吏部主事、兵部右侍郎、吏部左侍郎，官至永历朝兵部尚书、武英殿大学士。工诗，尤擅五言。吕大器在其五十二岁时，拜破山海明为师。他与莲月印正禅师、敏树如相禅师、铁壁慧机禅师均有交往。

2. 黎怀智诗选

山中吟二首

破屋三两椽，著在碧峰上。
云散天宇清，放目聊四望。
世界空中花，起灭尽虚妄。
日落山风寒，闭门吹火炀。

结茅荒山顶，随分度朝暮。
秋老西园花，水影断岩树。
曳杖度别岭，即景得新句。
归去日已昏，落叶满前路。

斜日

斜日上崖树，前溪偶一临。
静观流水意，如见古人心。
花老孤芳灭，潭深万象沉。
萧然洽幽兴，倚杖独闲吟。

一榻

一榻幽然静，心清息万缘。
山空云自在，天净月孤圆。
僧打林间磬，人烹石上泉。
此中多隐趣，谁为世情牵？

偶题

历遍乾坤已半生，岩居今日始修行。
一官抛掷等闲梦，数载幽栖无世情。
客去客来何障碍，花开花落自枯荣。
深山只作藏身计，何用千秋识姓名。

山中杂诗四首

松下双扉冷不扃，一龛金像照青灯。
眠云麈①鹿惊回梦，落涧玄猴坠折藤。
随意看山山转好，无心合道道相应。
多时不踏门前路，藓叶苔花积几层。

白发禅翁久住庵，衲衣风卷破毵毵②。
溪边扫叶供炉灶，霜后苫茅覆橘柑。
本有天真非待造，现成公案不须参。
豁开户牖当轩坐，尽日看山不下帘。

卜得幽岩远市朝，柴扉半掩草萧萧。
自甘白发贫无怨，谁信朱门富不骄？
急债莫于宽里做，妄情须是静中消。
白云也道青山好，夜夜飞来伴寂寥。

① 麈（zhǔ）：古书上指鹿一类的动物，其尾可做拂尘。
② 毵毵（rán sān）：毛发、枝条等细长。

自觉从前世念轻，老来万事不关情。
芒鞋竹杖春三月，纸帐梅花梦五更。
求佛求仙全妄想，无忧无虑即修行。
松风昨夜分明说，自是聋人不肯听。

相逢

相逢尽说世途难，日望宫门拟挂冠。
除却渊明赋归去，更无一士肯休官。

绝句四首

茅屋低低三两间，小扉环绕尽青山。
崖边野鹿时来去，却比山僧一样闲。

倚杖来看山外云，树头黄叶带斜曛。
天风飒飒来何处？吹起涛声隔岭闻。

一径萦纡入翠微，苍藤古树静晖晖。
幽行我自忘机去，惊起山鸡拍拍飞。

石头山畔秋色冷，月浦溪边树影凉。
携杖闲吟穿竹去，晚来天色正苍苍。

[附记]选自贵州省文史研究馆编:《续黔南丛书（第3辑）·上·播雅》，贵州人民出版社，2012，第8–11页。黎怀智（1587–1676），曾更法名彻智，号策眉。祖籍四川广安，十四岁时随父徙居遵义乐安溪上。曾任黄冈县知县。明亡落发为僧，建龙兴寺（即后之禹门寺）。

3. 陈启相诗选

山居杂诗六首

山石凿奇门，苍苍百里屯。

夜听翻句鬼，月照负粮猿。
采药寻高士，藏书待后昆①。
定知人世内，不用别乾坤。

僭著寒山谱，奇名古路编。
果余留饲鸟，花落自香泉。
私雨无官税，忘交省问笺。
但惭僧行短，不解执牛鞭。

山事真无倦，波澜造物微。
竹时开口笑，鹤不为粮肥。
偈现他生果，人惊昨日非。
偶然凭眺处，无数白云飞。

日月洪荒久，花林三二家。
素心那可得，白眼亦无加。
草遏清泉转，山挤落鸟斜。
非关娱我静，两部自鸣蛙。

独契终难变，行年老益坚。
淡期求水味，静例以山编。
时有巢前鹊，全无社里莲。
古人不可面，空处的堪传。

敢道还山乐，无言意自赊。
眠来犹梦笔，坐久落天花。
以月为佳客，贪云欲爇茶。
不辞牛马迹，含笑对桑麻。

---

① 后昆：亦作“后緄”。后嗣；子孙。

回龙寺

僧房落照悬，无事看炊烟。
花发年前树，峰高尺五天。
盘空归鹤老，蛰水卧龙蜷。
苔藓榴皮字①，何人骨不玄？

赵次老居士见访

若或相驱过草堂，日之夕矣好烟冈。
人从晚季追怀葛，心退衣冠熟老庄。
舟可量移还剑刻，李曾无谓代桃僵。
奇公独下□□□，二十年中风雨场。

石上坐

偶值平台片石间，日西不去去犹还。
高吟松籁翻流水，淡扫蛾眉出远山。
云里入衣原不碍，世中无梦可相关。
本非语必供人解，候鸟时虫亦只闲。

告友

挟此无名石上苔，一尊惟对故人开。
得诗且破禅龛寂，避世何因匹马回。
风走落花随鸟梦，林开明月转经台。
繁霜容易丝丝鬓，莫笑从来错失陪。

言山

是籁泠泠尽有声，一朝僻地得收名。
花含巧笑因知节，月入空山亦傍行。
散淡独从泉责备，推敲不放竹逢迎。

---

① 榴皮字：指宋时回道人以石榴皮题诗于湖州归安东林隐士沉思（即沉东老）庵壁事。

颇因一懒成虚负，语到浇锄事未精。

山居

幅巾挂杖委山樵，野俗安人岁月遥。
怡悦有云持作赠，盘桓在石不堪招。
签名执簿呼毛女，泼茗殊形叱木魈。
勾引桃花休用水，苍苔直绣过墙腰。

夜①

帝子提兵险路通，湘灵鼓瑟清宵空。
南山白额风生窍，北涧玄猿月挂弓。
败笔纵书时对帖，众山有响欲输桐。
衰翁二十年前梦，一倍幽怀现未融。

荷花新开，投以四韵

梅雨黄时燕欲慵，石家醋醋过墙东。
忽惊顾我倾城笑，所谓伊人在水中。
半亩淤泥澄露白，一春富贵续灯红。
玉儿缓试廉纤步，且筑高台护暖风。

送扬州李儆丹南还

晓光连露拂招摇，有客言归廿四桥②。
坐厌乡心歌缓缓，行轻游橐③影萧萧。
应知舶棹风前至，待看蕃厘花后雕。

---

① 原注：有传私怪拥被为吟者。

② 廿四桥：二十四桥位于今江苏省扬州市。

③ 行轻游橐（tuó）：行橐，即行囊。

他日樊川[1]来问讯，秋娘席上话魂消[2]。

九日二首

霜葭送白菊飞黄，令节愁中自去忙。
不解东坡偏好事，岭南十月作重阳。

黑云如瓮箐光寒，一盏胶唇醉不堪。
报道蟹肥新酿熟，雨中清梦足江南。

[附记]选自贵州省文史研究馆编：《续黔南丛书（第3辑）·上·播雅》，贵州人民出版社，2012，第15–20页。陈启相（1602–1683），字枚庵，号啸谷，四川富顺人。明代进士。南明时，约在明永历八年（1654）官河南御史。随即出家为僧，遍走吴楚诸山，更名圣符，号大友。清康熙元年（1662）到贵州遵义，隐县南平水里掌台山寺，自称“掌台老人”，足不出户30年。他于寺设书院，并潜心著述。

4. 闵相诗选

栗溪吟小引

相于乙巳（1665）仲春值蒲柳节来游此地，但见巉岩怪石，孤寺小庵，创自古播。年来兵燹频仍，香火零落，是夜借宿僧床，雷雨骤至，风卷屋殿上重茅。余因矢愿力重兴□，爰□□斩山填壑作□，□买田园，永定常住。迨殿阁粗成，亭台栏亦次第可观。庶栗溪八景不致湮没于荒草寒烟中也。遂成俚言，勒诸石壁，若夫登临吟咏，俾□□□，是所望于群公耳。

初度来游信宿还，夜□风雨叩禅关。
□□花木僧□□，□□壑□□窗间。

---

① 樊川：指杜牧（803–约852），字牧之，号樊川居士，京兆万年（今陕西西安）人，唐代杰出的诗人、散文家，与李商隐并称“小李杜”。因晚年居长安南樊川别墅，故后世称其为“杜樊川”，著有《樊川文集》。

② 杜牧有《秋娘诗并序》。

点缀□开新面□，□仍□□□□□□。
尚余虽□□□□，□□□□在此□。

康熙庚戌（1670）仲春资中闵相弼子甫题

坦步寻幽一洞天，悬岩溅玉水涓涓。
买山非为学支遁，胜地应留大觉前。

资中闵相题

[附记] 录于遵义市志编纂委员会编：《遵义市志》，中华书局，1998，第2109页。摩崖位于汇川区高坪镇十字村喇叭河畔灵碧峰山麓石壁，此处原有寺院一座（大觉寺），有摩崖两处。一处高0.70米，宽1.10米，一处摩崖位于寺右山腰洞内石壁，横幅，纵0.40米，横0.60米。闵相，字弼亭，四川资中人。因兵燹流落浪迹七省，庚子年（1660）遂明军将领吴广入播，寓居遵义5年。后到了栗溪（喇叭河大觉寺段）扩建大觉寺。终老于此。

5. 傅尔元诗选

过蒲村谒钱开少师①

癸巳春日过蒲村谒钱开少师兼访杜耳侯（鼎黄）许飞则（振鹭）②。

遥望蒲村路，迨迨入翠微。
山空花自发，人静鹤犹飞。
相见皆幽意，行歌共落晖。
春风欣坐我，明月映柴扉。

---

① 标题为选录者拟。

② 原注：《澹方刻集》卷首载，同刘斯汇、杜鼎黄、许振鹭、曾椿、李花荣五人校阅，皆开少门人也。计六奇《明季南略》载《开少祝发记》云："富顺杜耳侯，西湖许飞则。"

三月桃花放，乘槎来问津。
村烟笼远岫，山鸟啄浮萍。
师友为吾法，文章定有神。
裁诗得佳句，唱和见天真。

春夜同许飞则侍开少师坐假园临小钱塘①

水满阶前碧，风微花落迟。
淡云笼月渡，清汉带星移。
眄睨禽声活，婆娑树影移。
临流不忍去，却立看涟漪。

侍开少师游小年庵②

寻胜又桥东，风花回不同。
云飘荒寺外，鸟语万山中。
古木凌霄汉，青牛卧灌丛。
尘嚣声隔断，归路半林枫。

留别开少师

黄莺啼过子规啼，相送春风路欲迷。
一代文章知有据，千秋节义信难齐。
池前月映藤萝密，户外烟笼藤荔低。
此地伤心轻舍去，何时重到夜郎西。

寄呈开少师

三载彭宣③未在门，又携诗卷到蒲村。
桃花夹岸香风暖，柳絮飞空秀色翻。

① 原注：小钱塘，盖即余庆蒲村之柳湖。假园在湖上。

② 原注：庵即开少蒲村旧居，落发于此。

③ 彭宣，字子佩，淮阳阳夏人。师从张禹。几度官场沉浮。后王莽掌权，彭宣见险而止，告老还乡。

驰马曾经权贵避，荷衣还与野人论。
名高天下全无意，养晦而今吾道尊。

晚烟和开少师

若比行云去较迟，湖光淡荡小风次。
阑干曲曲横空霭，人在烟中尚不知。

[附记] 选自（清）唐树义审例，黎兆勋采诗，莫友芝传证，关贤柱点校：《黔诗纪略》，贵州人民出版社，1993，第1237–1240页、第1248页。傅尔元，字澹方，贵州桐梓人，少年英异。崇祯末拔贡。钱邦芑隐余庆之蒲村，负笈从游。

6. 越闿词选

浣溪纱（第一体）·归宗寺

溪上鲜云裹寺根，峰头高塔插天门。奇来松石了无痕。
为问墨池登小阁，更寻栗里到荒村。六朝遗迹未全湮。

阮郎归①·雨宿黄岩寺

微茫鸟道未全分，虚空容屐痕。山高雨气易黄昏，秋声何早闻？
云作屋，石为门，松间着此身。登台不觉与湖亲，朝光荡水滨。

最高楼②·天池寺

天池寺，池在最高峰，尺水伏鱼龙。九奇未尽丰碑在，四仙归去画亭空。笑何从，骑白鹿，驾青虹。

更须记，远公松里路，更须看，文殊台下树。才坐落，翠重重。

---

① 阮郎归：词牌名，又名《醉桃源》《醉桃园》《碧桃春》。双调47字，前后片各四平韵。

② 最高楼：词牌名，又名“最高春”“醉亭楼”“醉高楼”。双调81字，前段8句4平韵，后段8句2仄韵、3平韵。

上方岁月无寒暑，山间宇宙小鸿蒙。跨浔阳，扪楚泽，俯巴邛。

[附记] 选自江闿《春芜集》，载 顾久主编：《黔南丛书（点校本）》（第 14 辑），贵州人民出版社，2010，第 14 页、第 20 页、第 42 页。江闿，又名越闿，字辰六，别号牂牁生，原籍江南歙县（今安徽歙县）人，贵州新贵（今贵州贵阳）籍，早年从姻戚姓越。家贫好学，常向亲友借书阅读。清康熙二年（1663）举人。举博学鸿词不第，任益阳知县、解州知州，有善政。有《江辰六文集》《春芜词》等。

7. 唐兰诗选

和徐西樵《冬日游莲池洞喜余与藏云相次来山》韵

洞壑阴晴异，幽居一榻分。
窗虚常到月，松老肯留云。
小立凭危石，沉吟驻夕曛。
眼中惟尔我，犹自感离群。

莲池避暑待徐西樵不至

山中习静欲参禅，寺远曾邀共试泉。
阅尽《南华经》一卷，履声花外竟茫然。

[附记] 选自贵州省文史研究馆编：《续黔南丛书（第 8 辑）·下·黔诗纪略后编》，贵州人民出版社，2014，第 695 页、第 1683–1684 页。唐兰，字邃庵，贵州铜仁府人，康熙中岁贡，官石阡训导。邃蕃与徐西樵唱和，诗品略相近。有《龙桥居士稿》。

8. 苏鲲诗选

望回龙寺

兰若倚天际，朱书隐树间。
晓钟云出岫，夕馨雨连山。
梵响千家静，龙回一水环。
危梯三百曲，欲上费跻攀。

游湘山寺①

毵毵堤柳映春江，胜日寻幽问佛幢。
僧住乱山常伴虎，客来荒寺独惊尨②。
拈花是雨棒休喝，集字成诗钟欲撞。
底事逃禅看醉倒，愁城似铁一时降。

[附记] 选自贵州省文史研究馆编:《续黔南丛书(第3辑)·上·播雅》，贵州人民出版社，2012，第231页、第235页。苏鲲，字南溟，号或翁。父霖泓，云南鹤庆州人。雍正间知遵义府，升江南大通道。工诗，著有《或翁集》，清稳可诵。

9. 郑珍诗选

霜晓过禹门寺

溪上寒生骨，行行手自磨。
萍红知鸭路，水暗认鱼窝。

---

① 原注：湘山在郡东南二里，上有大德护国寺。山怪石礌砢，面湘一带石尤苍瘦，古木千章，清阴夹径，幽风徐引，绿尘细霏。炎天坐卧其间，日影碎金，时闻鸟语，人境俱寂，恍然世外也。郡守赵遵律易寺名“双泉禅院”。

② 尨（máng）：多毛的狗。

石碰苍苔古，山门落叶多。
未应禅宿尽，钟梵共蹉跎。

独游禹门寺

意行无适去，遂至雪公山[①]。
独鹤与人立，松门长自关。
老僧延客入，丛桂看人攀。
扰攘兵戈里，愁心得暂闲。

[附记]（清）郑珍《巢经巢集经说》，载杨元桢注释，贵州大学古典文学教研室校订：《郑珍巢经巢诗集校注》，贵州人民出版社，1992，第87页、第431页。禹门寺，位于红花岗区新舟镇禹门山乐安江畔。郑珍（1806–1864），字子尹，晚号柴翁。贵州遵义人。道光十七年（1837）举人，选荔波县训导，咸丰间告归。同治初补江苏知县，未行而卒。著有《仪礼私笺》《说文新附考》《巢经巢集经说》《巢经巢诗》等。禹门寺，位于红花岗区新舟镇禹门山乐安江畔，建于明万历末年。

寒食游桃源湘山寺醉歌

桃源洞旁满桃花，春风吹嘶梨眉騧[②]。
箫声引入绿深处，桃花泥人且须住。
太白高楼莺乱鸣，太白何年此听莺。
一世餐霞弄云海，飘零绿杖随风灯。
引杯到口戒迟缓，已觉落花多几瓣。
有酒莫浇黄面儿，有钱莫绣阿罗汉。
生前自苦皱两眉，此人死后徒呻叹。
君不见绕郭重重万土馒，头拄人脚脚拄肩。
儿孙即酹一樽酒，欲视无光语无口。

---

① 雪公：通醉，字丈雪，蜀内江李氏子，破山海明大弟子，开创遵义禹门寺。有《丈雪醉语录》。

② 梨眉騧（guā）：古代骏马的一种称谓。

百年手足得自如，不解运动已太愚。
手可以提酒一壶，足可以向花林趋。
好山好日不用一钱买，送到眼中皆画图。
天公办此亦费力，无人消受真成虚。
洞天福地孤老之院耳，几人鸡犬同妻孥。
鹦鹉鸬鹚看将夕，更衔一杯来侑吾。
一杯一杯吾不识湘山之路矣，青岩白鹿归来乎？

重醉湘山寺歌

湘山树逾碧，人又老七日。
若复不快饮，此日真可惜。
晴风吹皱白练裙，春树翻杯摇绿云。
流莺啼到最深处，落花如雨吹缤纷。
座中头白念台孙①，引满导我不厌频。
怪君六十胡为尔，似借一醉泯悲喜。
掀髯怅触风火肠，仰天四顾心茫茫。
当年饿死念台老，眼底儿孙亦枯槁。
稚存哭出玉门关，何用小书挂鸿爪②。
谈经讲学仅写意，不及饮酒终日醉。
醉生醉熟总可怜，心中了了无一事。
湘之山，何葱葱，湘波弥绵草茸茸。
醉看美人戏其中，纤髾③曳烟腰若风。
相逢欲问海深浅，打头忽唾青芙蓉。
是儿狡狯未全消，老子欲眠亦懒招。
山花笑领经巢意，右丞雪里画芭蕉。

---

① 原注：山阴刘泽山咸，念台先生裔孙，道光二年奉神牌从祀西庑者。

② 原注：寺壁有洪北江小篆。

③ 髾（shāo）：头发梢。

[附记] 选自贵州省文史研究馆编：《续黔南丛书（第8辑）·下·黄彭年诗文集》，贵州人民出版社，2014，第1243–1244页。

禹门哀

禹门寺内排桁杨，彼何人斯坐斋堂。
举人秀才附耳语，捐户捉至如牵羊。
喝尔当捐若干石，火速折送亲注籍。
叩头乞灭语未终，掴嘴笞臀已流血。
十十五五银锵联，限尔纳毕纵尔旋。
守佛悲号佛无说，金刚努睛菩萨怜。
君不见前年此寺亦劝捐，乐安一里银九千。
当时谓我备贼祸，贼来用之否还我。
去冬贼入烧诸村，村人自结葫芦军。
向者金钱落谁手，何曾此日沾毫分。
连日裹粮自为战，战捷功赏皆他人。
自从去冬来，贼退事防守。
一家起一人，轮直诸隘口。
团头团总皆豪绅，不舍升勺科团民。
出防又遣自供食，不知底用谁敢云。
六月贼仍寇吾里，倒村杀贼各携米。
可怜十九无粒粟，怀中旋摘新苞谷。
时时犹闻催军需，速送城中总捐局。
即今贼走湄龙间，官吏耽耽来抑捐。
国帑虚时固宜尔，岂必乐安方有钱。
不论家有无，十户养一练。
纳谷官雇之，一举灭贼焰。
豪绅共赞官能兵，速输尔输观太平。
家家竭作始如此，不谓一练当十丁。
今年差喜岁不恶，嗷嗷待收免沟壑。
贼来掠去官来捐，所有终为他人获。

噫吁嚱，吾闻湄潭诸县贼初至，任民拒贼贼亦畏。
后来搜括民不堪，力尽心离乃群溃。
利害在民非在官，有庐墓者将无然。
割肉愈疮岂不愿，但恐此捐仍旧年。

僧尼哀

僧尼皇皇不得休，暮叩团总朝团头。
借问尔曹何为者，答言“昨日新令下：
诏书令核常住田，一僧三斛养一年。
余谷尽输作官用，官为护法调其间。
但过十石十抽五，常平县仓待填补”。
令条谁抗况僧徒，格外宽仁倚团主。
不求报册中，产未及十石。
但求略灭半，赋谢非所惜。
噫吁嚱！朝廷未闻有此旨，纵有亦行乐安里。
尔曹平时饱欲死，固应香饭供国偫①。
但惜官之所获能几何，猫翻甑盎狗候多②。

[附记] 选自（民国）《续遵义府志（卷34）·艺文（三）·诗》。

思禹门

雪公旧道场，云木郁苍雾。
当时避献贼，于此启龙树。
迩来又一变，乡里资守御，
闻已三千家，多于城中户。
川岩想居积，隐隐见雄固。

---

① 偫（zhì）：预先准备。雷台山庙在遵义府城东隅。形如覆釜。庙祀雷祖。寺前牡丹，百年物也。咸丰甲寅（1854）八月，毁于兵燹焚毁。光绪中复建。

② 是由遵义地方谚语“猫翻甑子胀死狗”转化而来。

此方实穷乡，其民朴而苦。
村罕十金家，家有一抔土。

[附记] 选黄先荣编著:《遵义览胜》, 贵州人民出版社 ,2000, 第 357 页。

10. 莫友芝诗选

憩雷台寺①

酷日不让路，绿阴招上山。
雷公好身手，何事伴僧闲。

[附记] 选自（民国）《续遵义府志（卷 4）· 坛庙 · 寺观附 · 遵义县》。

湘山

石色缘云薄，溪光抱日流。
湘山萧爽处，攀折一淹留。

青田山二十六景诗并序

乐安溪，即《元和志》夷牢水，经遵义治东八十里，岩壑幽曲，林木苍蔚，自锁江桥溯而北，至坍坪，可十余里，尤据其胜。中间距桥三里。为黎伯容秀才藏诗郛。循郛上三里，度藻米溪会为郑子尹学博望山堂。又三里，为吾青田墓庐，皆濒岸东。良辰素心，杖策交错。拣常所游憩，得二十六题。

禹门山

禹门多古木，俯仰一翠气。
从来溪上人，不见山中寺。

① 雷台寺：位于遵义城东隅雷台山，山形如覆釜，上庙祀雷祖，庙后有寺。

月浦

疏疏寺林月，白下东溪蒲。
何处夜归人，依依沙上语。

[附记]选自（民国）《续遵义府志（卷5）（上）·山川（上）》。

近寺①

近寺罗幽阴，长柏森广路。
石瑟弄溪声，泠泠②太音度。
冬暄招不来，清寒难久驻。

游大觉寺③

同子何、子觐寻粟溪大觉兰若④，遍历碧波潭、朱萼岩、天桥、西洞诸胜四首。

雨余薄涨溪色清，老樨吹香过溪迎。
两边山木夹萧寺，日午不闻钟磬声。
山僧食力自耕获，下首高尻侧青箬。
客来久立忘应门，稻秉横斜上笭落。

城中招提轰轰开，苦无丘壑可展眉。
消闲一杖粟溪去，往往竟日忘归来。
闵生⑤诛茅颇有眼，程生榜书亦清婉。
颓金剩碧良复佳，正与溪山称萧散。

---

① 寺：指沙滩禹门寺，离青田山较近，周围古柏荫翳，藤萝缠绕，其下夷牢溪漱崖而过，洄为深潭。

② 泠泠（líng líng）：形容水流声音清越。

③ 标题为选录者拟。

④ 大觉兰若：即大觉寺，位于遵义城北。兰若，佛家语指寺院。

⑤ 闵生：原注："寺建于资中人闵相，中有遵人程副使生云书榜联最佳。程、闵并明末人，入国朝而隐。"

碧浑窈窕隐石扉，青玻璃盆贮清晖。
游鱼十百来自去，如缀空际无因依。
忘机贪得一晌乐，清寒逼人难久著。
回看紫翠满亭西，手把斜阳上朱萼。

石桥天生垂碧虹，洞天小有微溪通。
白波滔滔阻去路，嗒然①坐弄双芙蓉。
古苍一壁挂桥侧，恍自浯溪淡山得②。
涪翁漫叟不待人，乡壁摩挲意无极。

西来寺③

皋陶西路远，初地数安衾。
求野抽经目，临池见道心。
秋风八里水④，朝日九苍林⑤。
欲问边屯迹，萧萧只树阴。

饮禹门寺，因检华严字母⑥

山僧不食肉，而有不空尊。
把酒对诸佛，仰见眉月痕。
劝月月不饮，问佛佛无言。
纷纷贝多书⑦，赞颂一何冤。

---

① 嗒（tà）然：形容懊丧的神情。

② 浯溪：在湖南永州北，唐元结（号漫叟）有《浯溪铭》。淡山：在永州南，（宋）黄庭坚（号涪翁）有《题澹山岩二首》。

③ 西来寺，原注："在遵郡治西 30 里皋陶山侧，唐南诏陷播州，命杨端讨之，自泸州、合江径入白锦堡，军高遥山即此也。寺旧名松邱禅院，康熙初蜀僧真如建，其行书有'绿天风'。康熙末奉颁佛藏北本贮寺楼。曾假元应、慧远两《音义》过录。"

④ 八里水：即今八里，今属播州区龙坑镇。西来寺即在八里。

⑤ 九苍林：今属播州区龙坑镇。

⑥ 华严字母：原注："隋《志》载：《婆罗门书》一卷，能以十四字贯一切音，即此。"

⑦ 贝多：树名。梵文的音译。亦称菩提树等，叶可裁为梵夹，用以写经。

我醉月在户，我醒月挂村。
长吟十四字，笑谢婆罗门①。

华严洞②

苔阶圈绿几痕沙，小径疏篱半未遮。
洞犬不惊长道客，山僧能护满园花。
频添榍柚③煨松火，自洗官哥④点雪茶。
寄语与人莫催唤，老夫清兴正无涯。

盂兰会⑤

去年乱定盂兰盆，撞钟吹螺九朝昏。
□僧□道斗焰唱，黄童白老相欢奔。
生天脱罪复何有，佛力会销兵劫源。
罂⑥桐抽刃已数见，肯信爝火能炎燔⑦。
居然发难在旦夕，攻城杀将何喧喧。
雨雪行师更徂暑，瓮鳖插翅教腾骞。
此时佛法何处救，袖手低眉泥土蹲。
故知平等匪真惠，长恶翻结无穷冤。
古来乱国用重典，乃以止辟非寡恩。

---

① 婆罗门：梵语。意译“净行”“净裔”。印度早期奴隶制度时代四个种族中的最高级，自称梵天后裔，世袭祭司贵族。

② 华严洞：位于施秉县甘溪乡凉风坳。

③ 榍（xiè）柚：小木头块。

④ 官哥：官窑和哥窑，均为宋代著名瓷窑。此处指官窑和哥窑烧制之瓷器。

⑤ 盂兰会：即盂兰盆法会。盂兰盆，梵语为乌蓝婆拏，意译为救倒悬。法会是根据《盂兰盆经》，于每年农历七月十五日举行，以佛法供养三宝的功德，回向现生父母身体健康、延年益寿，超度历代考妣宗亲能速超圣地、莲品增上的佛教仪式。

⑥ 罂（yīng）：古代大腹小口的酒器。原注：“甲寅（1854）岁，遵义西乡油桐子树多化荚如刀形，亦有树巅抽作长刀大剑者，遂有杨风之乱。乙卯（1855）此树复然，中元前乡民曾折以呈官，未几遂有邹辰保之乱，二逆皆桐梓民也。”

⑦ 爝（jué）：火把；小火。炎燔：焚烧。

莠骄不拔尚害稼，何事叛櫱培其根。
此曹狼性哪得改，一息尚在思噬吞。
作逆可生即教乱，嗟彼良善何由存。
只今逸魁未授首，愁遽韬甲少捍藩。
婆心大尹别有喜，喜此节序仍中元。
刻绘镂彩续大会，好与妇孺嬉花幡。
重令倾城走折趾，巷舞衢歌夸不谖①。
呜呼！当途善后只如此，使我气结何能言！

[附记] 选自（清）莫友芝著，龙先绪，符均笺注：《郘亭诗钞笺注》，三秦出版社，2003，第34页、第165页、第181–183页、第257页、第326页。莫友芝（1811–1871），字子偲，自号郘亭，贵州独山人，布依族。晚清金石学家、目录版本学家、书法家，宋诗派重要成员。家世传业，通文字训诂之学，与遵义郑珍并称“西南巨儒”。道光十一年（1831）举人，后屡试不第。道光二十一年（1841）与郑珍撰成《遵义府志》（48卷）。道光二十七年（1847）客居曾国藩幕府。同治四年（1865）莫友芝任金陵书局总编校。同治九年（1870）任扬州书局主校刊。有《郘亭诗抄》《郘亭遗文》等。

湘川上呈山长王梦湘玥观察

西风满意晴，吹我赤藤行。
野径将花转，村篱就竹成。
树挦溪日影，云逗石泉声。
为问王摩诘，清游似孟城。

[附记] 选自（民国）《续遵义府志（卷34）·艺文（三）·诗》。

① 不谖（xuān）：不忘。

11. 黎庶蕃诗选

游佛寺有感①

胭脂井故址，旧为僧舍，迭遭焚毁，仅存破屋几椽、残僧三两而已。

紫苔绣蚀妖娥血，破屋钟残孤鬼咽。
碧甃寒深枳棘春，髑髅冷抱桃花月。
只今承平二百年，佛火销沉六代烟。
寒泉已涸无人照，输与群蛙作废田。

夜宿藏经楼

古殿寒云外，山楼复几重。
月来常碍竹，风定不离松。
夜气沉虚壑，秋心人暗蛩。
十年尘梦醒，凄绝饭时钟。

[附记] 选自贵州省文史研究馆编：《续黔南丛书（第8辑）·下·黄彭年诗文集》，贵州人民出版社，2014，第1441–1442页。黎庶蕃，字晋甫，别号椒园，庶焘弟。咸丰壬子科（1852）举人，数上春官不第。遭乡里丧乱，从事军旅，论功得候补知州，改两淮盐大使。

秋日游禹门寺

苍岩压溪断，飞阁镵云起。
栏楣半浮空，参差暮霞里。
下有碧玉流，冷漱苍龙齿。
古苔寒不动，石黛萎欲死。
飞萝缠风烟，削壁插潭水。

---

① 标题为选录者拟。

白翻溪鹭明，绿醉秋林紫。
琳宫此结构，线路螺绕指。
何年通醉师，卓锡来住此。
潢池聚么麽，劫火暗千里。
鬼神独呵护，草木尽欢喜。
幽幽雪公泉，潋冽到地底。
偶然借一勺，味比中泠美。
兹山信佳绝，胜践难悉纪。
愧我尘世人，幽栖未能尔。
寒汀吹月上，露瓦白于洗。
残夜肯独游，云中吠仙杞。

湘山寺

去郭曾几何，回溪已千绕。
鹤池春水生，泠泠玉泉好。
高僧具独眼，占此一丘小。
古来龙蛇交，苍藤云雾倒。
到来不知门，径暗修竹老。
繄余昔好事，蓐食惯幽讨。
偶然尽曲折，欲出迷未了。
残阳背西岭，众绿生窈窕。
时于清磬边，一见五色鸟。

[附记] 选自（民国）《续遵义府志（卷 34）·艺文（三）·诗》。黎庶蕃（1829–1886），字晋甫，别号椒园，贵州遵义人，黎庶昌之二哥。咸丰壬子科（1852）举人。因军功保知州，改官两淮盐大使。一生游历较广，善诗。有《椒园诗钞》等。又工书法。

12. 黎庶焘诗词选

秋晴出郭渡湘川寻龙山寺得诗二首

霜气昨宵肃，瑟瑟秋林干。
沿途望蔬圃，老草栖黄团。
初阳出不高，山雾渐已残。
溪光淡如沐，烟草馨于兰。
客行引佳兴，健步沿涧干。
茅茨四五家，竹色护苍寒。
低吟有真赏，欲去仍盘桓。

溪径蟠如蛇，随势揽其妙。
招提隔幽涧，欲渡苦无棹。
寻源兴靡尽，涉浅仆先导。
圆波浮温温，败簁[1]袅窣窣。
登陂入古刹，划然断嚣闹。
黄花明篱根，幽香淡斜照。
殿角阒声响，沙鸨时一叫。
吾欲息尘机，于焉托长啸。

二月初三日雨后游禹门寺醉归

芳洲尽残雪，融风解酥冻。
波软浴鹭轻，烟柔驮日重。
却寻南溪寺，著足泥水壅。
老柏围禅扉，青苍密无缝。
山隐岚气深，犬带溪声哄。
登堂憩半晌，有酒乡开瓮。
山僧戒肉食，嗜酒犹从众。

① 簁（shāi）：筛子。

劝我尽醉归，疏钟隔林送。

[附记] 选自（民国）《续遵义府志（卷34）·艺文（三）·诗》。黎庶焘（1827–1865），字鲁新，别号筱庭，贵州遵义人。咸丰壬子科（1852）举人，因病魔缠身，未参加会试，专心从事诗歌创作，借以抒发胸中抑郁不平的思绪。先后应聘为湘川、育才、培英三书院讲席，传播黎氏之学，培育了宦懋庸等一批英才。有《慕耕草堂诗钞》等。亦能书画，擅长山水。

红花寺

偶缘樵径入，度竹复穿松。
一犬吠何处，茅庵深几重。
鬓香花露袭，衣润石云封。
寂寞无人到，空余麋鹿踪。

[附记] 选自（民国）《续遵义府志（卷4）·坛庙·寺观附·遵义县》。红花寺在治东七十里，旧名兴隆寺。明万历间建，清光绪甲辰（1904）增修正殿、客堂。寺外古柏万株。

晨起步至禹门山眺览

遥峰云未披，近浦日初映。
水禽矜文毳①，喜以波自镜。
川华涵烟动，溆篠②揖风横。
路软晴乍晞，沙干浪旋润。
截溪一回刹，取道穷登顿。
翠气欲閟关，清响时落磬。
蕴真百态呈，揽要孤怀胜。
眷此情屡移，顾彼意先迎。

---

① 毳（cuì）：鸟兽的细毛。

② 篠（xiǎo）：同“筱”。

沿洄淡忘归，足适兴公性。

雨后游栖霞山水口寺

日陷空林里，人来湿翠间。
雨花常卧槛，烟鸟不离山。
名喜随秋淡，身缘入寺闲。
好持一壶酒，物外写愁颜。

禹门山

回溪抱空山，水木含静气。
为爱丈雪师，云房结空翠。

[附记] 选自贵州省文史研究馆编：《续黔南丛书（第8辑）·下·黄彭年诗文集》，贵州人民出版社，2014，第1429–1430页、第1438页。

南歌子·山寺

水阁松篁啸，云堂薜荔遮。山僧几日不还家。浅浅一庭寒雪落枇杷。
塔影移朱槛，炉烟篆碧纱。藤床睡起日西斜。消得一枰棋子一瓯茶。

[附记] 选自（清）黎庶焘：《琴洲词》（卷第1），载顾久主编：《黔南丛书（点校本）》（第15辑），贵州人民出版社，2010，第41–42页。

13. 黎恺诗选

石头山晚眺

拂袖风烟冷，登临感慨长。
草枯山石瘦，稻获野田香。
万树攒秋色，千峰恋夕阳。
苔封香火院，古佛叹凄凉。

登石头山①

闰重九复偕子尹甥、伯庸侄登石头山，饮普同塔下，用东坡“今日我重九，谁谓秋冬交”句分韵拈得三字。

游兴患不引，引之乃莫既。
昨日计今日，佳节希益贵。
人事又不常，兴到知践未。
果然惬所适，鬼窟庸足畏。
老衲不了事，留此究何谓？
席地择平洁，尊酒足相慰。
长笑陆大夫，空耗饮食费②。

仍我甥与侄，来成今日游。
随意一壶酒，坐立高冈头。
草枯石露脊，树老风萧飕。
矫颈望寥空，孤云去悠悠。
漫漫东逝水，日夕无停流。
当杯不极兴，古人谁千秋？
摆荡沧海胸，聊复乐斯丘。

重阳帀③一月，气候犹非冬。
红树度飞鸟，黄花乱游蜂。
衔觞会兹地，醉老留遗踪。
我非清净身，学佛意颇慵。
缅维尹氏贤，道屹西南宗。
欲副瓣香心，舍旃谁适从？
潮也会吾意，粉壁拂尘封。

---

① 标题为选录者拟。

② 原注：塔为丈雪所建。

③ 帀（zā）月：满一个月。帀同“匝”。

淋漓泼醉墨，郁郁盘双松①。

[附记]选自（民国）《续遵义府志（卷34）·艺文（三）·诗》。黎恺（1788–1842），字子元，一字雨耕，晚自号石头山人，贵州遵义县人。自幼体弱多病，但读书用功，三十八岁考中举人，四十八岁才以大挑二等以教职补用。任过印江县学训导，后又补贵阳府开州（今开阳县）儒学训导。为人侠肝义胆，乐于助人，工诗文，著有《近溪山房诗钞》《石头山人词钞》《教余教子录》。

禹门晚钟

近晓不成梦，山钟何处鸣？
年来万虑寂，一听一心平。

石头禅塔

笔插石头山，远望入天半。
神僧去不归，空有谈经案。

[附记]选自贵州省文史研究馆编：《续黔南丛书（第3辑）·上·播雅》，贵州人民出版社，2012，第625–626页。

14. 黎兆勋诗词选

九月十七夜东溪放船过禹门山

波光乱飐影不定，明月已上青林端。
我行独爱暮山回，与客放艇虚明间。
长河低昂碧波近，众星错落苍龙蟠。
此时原野半明灭，山根一抹炊烟残。

① 原注：是日子尹画寺壁，甚奇壮。

琴洲畔暂停櫂[1]，风露满身人影寒。
仰视月轮贮虚碧，水天上下双玉盘。
溪山人物两清洁，只有石濑鸣风湍。
鸟更渔火夜还夜，云碓松门湾复湾。
乃知人世有仙境，亦须卜筑临江干。
呼吸寒光荡心魄，此中正少闲人闲。
忆昨江头醉重九，野烟漠漠浮波澜。
渡江岩嶂一挥手，力与猿狖穷追攀。
木叶四山绿未脱，但见积翠迷峰峦。
归来幽思郁难泄，新诗欲吐心暗悭。
今夕何夕客当醉，扁舟拍拍轻往还。
骊龙吐珠水仙笑，野鹤横江霜影干。
我疑汉陂赤壁之游景若是，恨无诗老同清欢。
回舟复掠云际寺，清咏岂惜留禅关。

春日过禹门禅院

回溪抱孤光，袅袅挂风磴。
言寻高僧庐，荦确入山径。
时当春气微，野梅香已孕。
苔冻啄寒冱，老鹤饥独醒。
树根带残雪，石角落孤磬。
叩关访层台，凭高豁清听。
心知道场山，地以幽寂胜。
仅可娱野人，不堪接骖乘。
胡为渐尘土，杂铻奴隶胫。
驺从来长官，饭香溢僧甑。
吾生事幽独，所往无一定。
人去我则来，楼虚客当凭。

---

① 原注：余家门首洲名东。

尚爱西山月，清光发新莹。
十载名三怀，道心实堪证。
君看水石奇，所乐有余兴。
但苦接尘迹，此堂亦难称。
茅庵倘可结，似有奇壁胜。

[附记] 选自（民国）《续遵义府志（卷34）·艺文（三）·诗》。黎兆勋（1804–1864），字伯庸，号檬村，晚号涧门居士，黎恂长子，性情耿介，重德行。九岁即能作诗，尤为乡人所惊叹。后随祖父黎安理读书山东长山县。祖父谢世后，返遵与郑珍、莫友芝同窗共读十余年，研读古籍珍本，切磋诗艺。清道光二十九年（1849），代理石阡府学教授，补开泰（今贵州省黎平县）教谕。官至随州州判。有《侍雪堂诗抄》《葑烟亭词》等。

登石头山①

子寿比部持王文成手书《君子亭记》卷并子寿跋文见示，此卷为方伯厉公云官所藏。

六经统万古，一气无始终。
纷纶宙合内，伦理归牢笼。
道自元明来，几堕烟雾中。
不挺神睿姿，孰能觉群蒙。
文成②谪黔疆，读《易》蓬蒿宫。
良知发真诣，浩然蟠太空。
默从何陋轩，集义追鸿濛。
斯亭名君子，从游冠与童。
方知九夷地，实与诸夏同。
于兹基天德，后业智勇隆。

① 标题为选录者拟。
② 文成：王文成。王守仁，字伯安，自号阳明子。谥文成。

宸濠及藤徭①，一过如沙虫。
引试治平术，始昭心性功。
后儒昧厥旨②，禅理群起攻。
訾謷多谮人③，聚讼难通融。
龙溪致知辩，念庵为扩充。
竹垞守先训，考订博且工。
讲学笑多事，此论吾难崇。
卓哉苏门叟，明辨堪折衷。
晦庵事物博，阳明心性丰。
分裂与繁词，朱王自磨砻④。
求实与课虚，先后分宗风。
矫枉或滋病，泄补道斯洪。
尝闻闻知统，姚安辟蚕丛。
自从濂洛来，元亨道运通。
朱子利其传，万窍开玲珑。
后生误泝源，派别迷泷漎⑤。
不有姚江学，谁贞紫阳翁。
属知与属行，物论徒自穷。
尊道本一事，格物定两公。
请述苏门语，助君文字雄。
此卷不可污，戏海骞群鸿。
想见濡毫时，天机扬德躬。

① 宸（chén）濠：指宸濠之乱，又称宁王之乱，指明武宗正德十四年（1519）由宁王朱宸濠在南昌发动的叛乱，波及江西北部及南直隶西南一带（今江西省北部及安徽省南部），最后由南赣巡抚王守仁（王阳明）、吉安太守伍文定平定。藤徭：指王阳明在嘉靖七年（1528）任两广总督兼广西巡抚时，平定断藤峡（大藤峡）事。

② 昧厥旨：不明白主题。昧，不明；厥旨，主题。

③ 謷（áo）：诋毁；诽谤。谮（zèn）：说别人的坏话，诬陷，中伤。

④ 磨砻（mó lóng）：切磋。

⑤ 泷（lóng）：湍急的流水。漎（zōng）：崖岸；水边高地。

万象登孤亭，皎如日在东。

自泸州东归

岷山远夹双江流，奇秀直到江阳收。
岂无扁舟泝江上，凌云载酒思一游。
治平寺中塔铃语，风雨夜合南山头。
闭门一月病难出，更有人事催归舟。
思奇好异要有数，天不假汝空强求。
吾生去留缘作主，不必水有蛟龙山有虎。
故园得归姑早归，莫恋寒镫卧秋雨。
舟人鸣钲呼晓发，汉嘉西望重云结。
空江濛濛鸡一鸣，好在峨眉半轮月。

题舒筠峰其鏉①《前身觉悟图》

劫灰飞尽秦时火，儒冠依旧长嵬峨。
华严法界一千春，成佛生天两无我。
摩诘参禅仆未能，陶潜入社吾犹可。
蹉跎四十五年身，一例苦吟如饭颗。
筠峰先生古丈夫，照人早握牟尼珠。
谈空不用法王法②，入市能识壶公壶③。
南来笑指人中我，请君为证前身图。
桫椤林边风萧萧，大千世界同秋毫。
蒲团随分老行脚，此翁意象殊超超。
吾闻贯休④善画阿罗汉，入定相寻笔端现。

---

① 鏉（sù）：金。

② 法王法：佛法中最为重要的内容。

③ 壶公：据《后汉书·方术列传·费长房传》，是东汉时期的卖药人，传说他常悬一壶于市肆中出诊，市罢辄跳入壶中，一般人不能见到他。后来历代医学家学成开业为人治病，多称之为“悬壶”，称颂医生常用“悬壶济世”。比喻指仙人道者。

④ 贯休（832–912），俗姓姜，字德隐，婺州兰溪（今浙江兰溪市游埠镇仰天田）人。唐末五代前蜀画僧、诗僧。尤其所画罗汉。有《十六罗汉图》存世。

眉山语言妙天下，前身谓是卢行者。
两公神理过来人，笔墨萧闲自写真。
三十二相观净因，五十三参朝世尊。
恒河沙数去来今，大觉为君转法轮。
相逢酣饮黔中酒，不必姓名呼某某。
检取百年学道身，画图游戏成乌有。
舒夫子，听我歌，男儿岁晚慷慨多。
神仙仆令等闲事，竖子英雄名若何。
木樨林中山谷子，闻香吾毋隐乎尔。
身外之身皆妄矣，读书吃饭从此始。
我欲改名刘更生①，来识香山老居士②。

舟中望明月庵

山月晚逾白，江天寒更青。
小峰如有待，去棹且为停。
薄暮中流望，含愁孤屿亭。
残阳沙岸瞑，风水自泠泠。

有怀禹门山寺

秋气入怀抱，翛然山水深。
禹门一片月，楚客异乡心。
黄叶分南涧，丹梯上北林。
羁愁长在眼，云路隔层阴。

[附记]选自贵州省文史研究馆编：《续黔南丛书（第8辑）·下·黄

① 刘更生：刘向（约公元前77–前6年），本名更生，字子政，祖籍沛郡丰邑（今属江苏），楚元王刘交五世孙，西汉阳城侯刘德之子。好儒学，能诗赋，曾校阅群书，撰成《别录》，为我国目录学之祖。

② 香山老居士：指白居易（772–846），字乐天，晚年又号香山居士，河南新郑（今郑州新郑）人，我国唐代伟大的现实主义诗人，中国文学史上负有盛名且影响深远的诗人和文学家。

彭年诗文集》，贵州人民出版社，2014，第1303页、第1308–1310页、第1316页。

临江仙[①]·禹门山绝顶纳凉

日脚蹋云云欲坠，群山如马东来。青天万里白云堆。只堪擎赤日，莫去作风雷。

今夜月明来定早，横飙猎猎先催。此生司何事望蓬莱？琳宫高爽处，狂饮亦佳哉！

菩萨蛮[②]·忆峨眉

佛光下罩尘沙界，半轮月挂毫光外。杖倚碧虚寒，千峰春雪残。一龛弥勒宿，松火明深绿。为问白头僧，孤眠云几层？

明月引[③]·寄友

仙人何处彩云边，思绵绵，恨绵绵。橄榄窗中，不见又经年。遥识猩猩啼暮雨，邛竹影，琐窗寒，闻杜鹃。

半阴半晴杏花天，云黯然，意凄然。别来情绪，不为思君更可怜。鬓丝禅榻，帘静袅茶烟。若使相逢应太息，闲病酒，更伤春，人独眠。

齐天乐[④]·游桃溪归来，明日赋此阕，呈部亭

盂公挂席几千里，名山更无逢处。澹泊行踪，清瘦骨相，还

---

① 临江仙：词牌名，又名《谢新恩》《采莲回》《瑞鹤仙令》《画屏春》《庭院深深》等。双调。有54字、58字、59字、60字、64字等体。

② 菩萨蛮：词牌名，又名《重叠金》《子夜歌》《菩萨鬘》《花间意》《梅花句》《花溪碧》《晚云烘日》《巫山一片云》等。双调，44字。

③ 明月引：词牌名，又名《江城梅花引》《摊破江城子》《四笑江梅引》《梅花引》《西湖明月引》等。双调，有85字、87字、88字等字体。

④ 齐天乐：词牌名，又名《齐天乐慢》《五福降中天》《五福丽中天》《如此江山》《台城路》。双调120字，前段10句5仄韵，后段11句5仄韵。另有双调130字，双调140字。

向鹿门归去。幽吟漫与，笑高士心期，十年游屐。故里溪山，才添得，夜归诗句。

吾行亦多自娱。有故人招我，乡关留住。石壁搴云，桃溪钓月，曾挈山中游侣。新诗共补，记山寺鸣钟，烟开村树。一样清怀，有幽人约赋。

[附记] 选自黎兆勋：《葑烟亭词》，载顾久主编：《黔南丛书（点校本）》（第 14 辑），贵州人民出版社，2010，第 333–334 页、第 363 页。

15. 李国材诗选

西峰霁雪[①]

一峰黯然一峰明，天角微阳送晚晴。
松柏满山开冷翠，云烟落地化空清。
高僧梦鹤门常闭，有客骑驴酒共行。
最是寒樵寒已惯，单衣短布动歌声。

梨井春光[②]

腻腻风光渺渺[③]春，梨开金井动游人。
山林厚福多香火，士女轻衫拜土神。
流水小桥清照影，凌云高阁净无尘。
登楼不敢拈花笑，侬是华严法界身。

清虚灵洞[④]

万峰联络一峰孤，万峰古峭一峰雏。

---

① 编者原注：西峰霁雪，在严冬，从荔波县城向西远望，可看到笔架山、皇帝洞一带群山雪景。

② 梨井春光：荔波八景之一，位于城北郊石灰坳土地祠前，清泉自石隙流出，其味甘洌，旁有梨树。

③ 渺渺：幽远的样子。

④ 清虚灵洞：即仙人洞，位于荔波县玉屏街道水丰村村。传说有仙人到此居住。

玲珑剔透中空虚，仰覆两朵青芙渠。
飞来石佛貌清耀，倒生古木半荣枯。
岩泉落地溅明珠，承泉石盘冷相于。
石几石席天然铺，四围绿翠摇风疏。
人间此地真蓬壶，无怪仙人择所居。
我来不见烧丹炉，仙花仙果半荒芜。
夕阳在山酒醉余，闲情倚槛一长吁。
村翁向我笑邪揄，促归声口但狂呼。
高歌一曲临草庐，乘烛还观仙子书。

[附记] 选自政协荔波县委员会文史资料研究委员会编，何正刚、黄尔康编著：《荔波诗词集》，1992，第12页。李国材，字似村，号晴舟，贵州荔波人。清道光十五年（1835）恩贡生。屡科不第。设馆教学。有《通鉴论略》等。

16. 王惠诗选

游双泉寺

古寺藏何处，山深引领望。
云封千树密，磬满一声长。
佛髻惟峰翠，僧衣满菊黄。
恍逢竹院里，相与话沧桑。

双泉晓钟

寺门双抱古清泉，向曙蒲牢响逼天。
百八声残初出定，三千界阔远衔烟。
客楼梦醒黑甜里，别院雏惊青豆前。
茶板粥鱼相继起，还从暮鼓破尘缘。

湘川夜月

夜汲清湘月满瓢，无声天籁正刁刁①。
潭心静印愁冲浪，弓势高悬欲射潮。
田园灌溉十三里，风景依稀廿四桥②。
不羡玉人箫韵好，借光红女茧丝饶。

[附记] 选自（民国）《续遵义府志（卷34）·艺文（三）·诗》。王惠，字兰上，会稽人。

17. 赵旭诗选

虎峰寺

寺门黄叶罨③苍苔，载酒高登眼界开。
花事渐随秋色老，山灵曾阅古今来。
风回溱水无王气，日对楼关感将才。
欲见洪公题壁句④，晚鸦啼树不胜哀。

[附记] 选自（民国）《续遵义府志（卷4）·坛庙·寺观附·桐梓县》。桐梓县虎峰寺在虎峰山崇德庙后。奢崇明陷桐梓，邑令洪维翰至寺，题壁云："憾乏张巡相拒力，愿为厉鬼杀崇明。"遂自经寺壁岿然不毁。

金凤寺⑤

入寺不知山，钟声古柏间。
佛堂开晓日，照见碧苔斑。
地僻留花老，僧劳羡客闲。

---

① 刁刁：形容风声。
② 廿四桥：二十四桥位于今江苏省扬州市。此处借指遵义桥景。
③ 罨（yǎn）：覆盖。
④ 原注：明邑令洪公维翰殉奢应周之难，于此题壁，有"愿为厉鬼杀崇明"之句。应周，崇明子。
⑤ 原注：穆家寺在桐梓城南三十里，一名金凤寺。

年年春到此，扫墓傅家湾。

观音寺感怀（二首）①

短衣深入虎狼区，守令招降胆气粗。
为枳江淮讥水上，搔瓜梁楚划边隅。
求安岂是拼孤注，难事其如处两姑。
草木萧森风鹤警，万山凉涌月模糊。

红岩头上信难真，通踏坪前战具陈。
响应渐教成满地，风闻先已急比邻。
谁知相忌用争博，自计无恩到徙薪。
藤酒香浓聊痛饮，来朝返辔度嶙峋。

[附记] 选自（民国）《续遵义府志（卷4）·坛庙·寺观附·桐梓县》。

鼎山纪游

鼎山何高高，独立俯群岫。
元气森熊熊，岚光亚星宿。
播州出其前，夜郎绕其后。
俗客不喜至，至亦罔寻究。
形胜坐寂寞，传闻每易谬。
向读唐公诗，梦魂已飞就。
初晴值重九，良友挟芳酹。
联吟乐攀跻，壮往忘颠仆。
沿途好山多，新越巧引逗。
已断忽连终，将平更急骤。
金银坎由左，马鹿岩经右。

① 原注：观音寺在城西南120里牛渡滩，与遵仁交界。嘉庆中建。寺前古柏，大可4人围，枝叶丛缛，神灵所凭，无敢犯者。咸丰时，知府杨书魁、知县刘毅曾招降于此，赵旭有诗记其事。

小村缀山腰，暂憩贯勇又。
回旋幸逢巅，峨峨一鼎覆。
四围立壁峻，三足插空瘦。
是岂补天时，鸿钧偶泄漏。
跌落蛮荒中，青红杂皴皱。
匪惟地险阻，林木亦畅茂。
南宋此设县，戊午值宝右。
不久即废弛，故关若主宾。
踵事来□僧，实为□□副。
蚩尤铜头额，横绝谁敢斗。
乱定建招题，庄严盛结构。
钟鱼镇上方，朝暮闻梵咒。
缅维我先子，勤学自厥幼。
爱此境幽偏，数年长宿留。
负笋归遗母，父老曾口授。
我今重流览，低徊心孔疚。
山门鹤巢堕，佛面珠网瞀①。
曲径莽榛芜，空庭窜鼪鼬。
山僧皆新进，无一堪访旧。
身世倏弹指，百成竞相凑。
茫茫今古事，盛衰各有候。
四时变寒温，一日判昏昼。
人非金石坚，焉能长老寿。
振衣向天啸，飘飘云两袖。②

宿尧龙山

元猫儿垭今虹关，双猫竞立劳登攀。

---

① 瞀（mào）：目眩。

② 原注：载《播州诗钞》。

地近形侔[①]名易混，遂教李乙戴张冠。
我生好奇展屡折，万里归来肺肝热。
往还十载此山下，双眸望眩山头雪。
读书莫受前人欺，非亲考证多虚辞。
山灵约我洗旧辱，真形传与人间知。
交巴络鬱青无界，变幻阴晴逞光怪。
不见中原五岳尊，拔奇同引昆仑派。
破空积石森崚嶒[②]，路从群嶂披云登。
夺取猿栖嵌梵宇，一笼深豁飞云蒸。
摩岩有碑不可读，米洞荒唐逛流俗。
空闻黄虎守山门，惟见寒泉浸佛足。
我来一宿了因缘，冰柱中宵坠塌前。
清晨更觅来时路，举手平扪五尺天。

[附记] 选自（民国）《续遵义府志（卷5）（中）·山川（下）》。鼎山位于遵义旧城东南10里，其形若鼎故名。赵旭，字石知，贵州桐梓人。九试于乡，不得志。以军功得训导，即选署荔波教谕。战殁。赠国子监学录，世袭云骑尉。

18. 敖兴南诗选

游云山寺

不知山寺路，取道觅荆榛。
幽箐鸟呼伴，空山云逐人。
乱流飞涧脊，秋叶下岩唇。
即此真蓬岛，何须更出尘。

---

① 侔（móu）：等；齐。

② 崚嶒（léng céng）：高耸突兀。

宿钟灵寺

水鸟穿烟去，山童抱瓮归。
野云羞见客，争向树颠飞。

[附记]选自贵州省文史研究馆编：《续黔南丛书（第8辑）·下·黄彭年诗文集》，贵州人民出版社，2014，第1144页。敖兴南，字蓼汀，印江人。嘉庆中岁贡，官贵筑训导。蓼汀诗清丽芊锦，与萧玉初齐名，号“思南二俊”。有《蓼汀诗集》。

19.冯子玉诗选

桃溪寺

昔从溪上过，溪水东西流。
不是武陵源，桃花水面浮。
人寺随瞻仰，忽忽玩一周。
山环并水绕，不让大觉幽。
两山西北峙，骚客任遨游。
屡欲重流览，羁鞅[①]莫予由。
几度遭兵燹，灵光岿然留。
高阁悲秋雁，矮屋鸣春鸠。
朝梵云淡淡，夜禅月悠悠。
牧章横短笛，桃林自放牛。
重与仙兄话，溪山一望收。

[附记]选自（民国）《续遵义府志（卷4）·庙坛寺观附·遵义县》。桃溪寺在遵义府城西十里，旧曰“延禧寺”。平畴漫衍，林壑窈窕，亭谥为近郊诗酒甲选。光绪末知府袁玉锡以公款建。高楼疏棂，四置丽楼闿明，怒槛横空，凭栏入瞰，菡萏盈眸，亭亭田田，碧晕无际。

---

① 羁鞅（jī yāng）：亦作“羇鞅”。羁，马络头。鞅，牛缰绳。泛指驾驭牲口的用具。喻束缚。

游虎峰寺

名山如故人，久别辄增想。
邂逅得相邀，襟怀顿轩爽。
联步陟其巅，风景尚仍曩。
孤高绝依傍，远势收指掌。
娄山前为障，溱水曲而往。
烟花殊烂漫，万丈铺平壤。
既然念生机，寸地皆长养。
诸君有同心，纵然发幽响。
解袂濯清池，云影落深朗。
良友与良辰，此乐何幸两。

[附记] 选自（民国）《续遵义府志（卷4）·坛庙·寺观附》。

20. 张琚诗选

城东山寺小酌，借萧杰园寻吴兰雪先生瘗子诗碑

随意倾醅语绿阴，嫩晴天气起幽寻。
新来燕似曾相识，活泼云如不系心。
春雨梅花随梦断，秋坟荒草逐年深。
摩挱①一片韩陵石，何处天涯为赏音。

[附记] 选自贵州省文史研究馆编：《续黔南丛书（第8辑）·下·黄彭年诗文集》，贵州人民出版社，2014，第1212页。张琚，字子佩，黔西人。道光乙酉（1825）副榜，选贵州开泰（治今黎平县城）教谕。

九日周养恬守正刺史宴集湘山寺赠别魏春林孝廉

春日寻春太白楼，楼外桃花逐水流。

---

① 摩挱（mā sā）：同“摩挲”。用手轻轻按着并一下一下地移动。

登高却入湘山寺，湘水涵秋湘竹翠。
观河感皱叹年速，世短意多常不足。
此地双泉擅幽胜，且喜云龙两追逐。
魏君风雅何翩翩，出手文章菡萏[①]鲜。
车君恬静真斐然，左右弟子皆清妍[②]。
同在异乡作异客，三生信有山水缘。
主人饮客必醇醪，行厨一洗膻腥臊。
我来适疾河鱼腹，强策筇杖采山菊。
有花有酒醉不得，停盏凭栏舒病目。
侧帽悠然见龙山，风流想像桓孟间。
平舆龙渊近无恙[③]，习城老鹤飞不还。
韵事当年空咄嗟，搓斑无复击尖乂[④]。
何况谪仙去千载，白田马迹风卷沙。
今古须臾一俯仰，浮生万事轻秋霞。
此山下接仙源口，我欲移家俗缘厚。
魏君胸中富丘壑，生绡为仿南宫旧[⑤]。
坐中促题意苦切，老懒无心斗诗笔。
支离勉索不成章，奈此江山好风月。
他时看遍长安花，可忆湘山送秋别。

[附记] 选自（民国）《续遵义府志（卷34）·艺文（三）·诗》。

① 菡萏（hàn dàn）：荷花的别称。

② 原注：朱星斋、尹阶平俱学律于车斐然。

③ 原注：谓郑子尹。

④ 乂（yì）：割。道光戊戌（1838），平樾峰太守九日登龙山，用苏集搓斑韵作诗，有《龙山唱和集》。

⑤ 原注：春林为予作桃源图。

21. 黎汝谦诗选

得纯斋叔父书，云重修禹门寺，敬献长句。

禹门古刹夷牢东，辟自前明万历中。
破山丈雪启净域，继嗣弟子策眉翁。
策眉吾祖怀仁弟，故名怀智当启崇。
起家征仕遭国变，伤心剃发栖禅宗。
本师丈雪弃妻子，老人西川昭觉终[①]。
法嗣相承二百载，石林烟月常雍容。
梵呗钟鱼自朝暮，六时香火严虔恭。
古木苍藤映寒碧，祇园草木争丰茸。
圆峤方壶忘岁月，揭竿忽起惊蛮童。
赤眉铜马妄雄长，□□浩劫当咸同。
千村万落尽荆杞，儿号妇泣天为聋。
我君奋义扞乡里，依山设险开垣墉。
堑山堙谷建隍栅，谯楼烽燧连天红。
欃枪昼出豺虎啸，旄头夜落天狼空。
重围荡决百余战，云梯邃道寅宵攻。
扶持幸赖弥陀力，弹丸得抗千熊罴。
遵东大小四十寨，匪降即陷无全功。
贼徒杀戮到鸡狗，风凄云惨悲天梦。
十年血战一朝定，尽解兵卫归耕农。
雨歇鸠鸣禾黍长，青畴绿野歌年丰。
远乡屠破无遗类，连村残骼栖蒿蓬。
始信当年战守力，虽曰天助繄人功。
从兹古寺成寥落，颓垣废突荆棘丛。
春雨禾麻缠白骨，秋风瓜豆巢斯螽。

---

① 原注：策眉翁圆寂于四川昭觉寺。

佛殿蜘蛛罗雀鼠，经楼蝙蝠如人雄。
厨爨无烟僧侣散，惟余老衲煨残松。
沧桑人事几迁变，物穷则返天维聪。
吾家老叔黔男子，廿年作宦依吴蒙。
西极欧洲东日本，再使持节柔夷戎。
艰归周视读书处，慨然兴感思前踪。
先茸经楼庋北藏①，后补旧殿安三官②。
贝叶娑罗致天竺，景钟汉缶来歧丰。
竭来备兵障西蜀③，去国益迩功益洪。
谓言老释不同道，一庵供奉难和融。
文昌让位祝釐寺④，祖师移阁临溪矼⑤。
玉皇下殿避方丈，桥头杰阁栖关公⑥。
更为三君筑祠宇，郘亭子尹兼伯容⑦。
高阁崇楼焕金碧，粉墙丹桂余沙虫。
吾叔尊儒不佞佛，独于此刹萦深衷⑧。
香火蒲团证因果，事难凭信理良通。
策眉死后二百载，惟公继此真奇逢。
却思先子手种树，拱把今已参苍穹。
平生志事百不就，每睠兹庙心常恫。
天若假年睹此盛，定知笑语门闾充。
余亦十年倦奔走，思营一室娱寒冬。
叹息无田又无屋，先人丘垄还须封。

① 原注：叔在日本买北本藏经，今贮存寺中。庋（guǐ）：放置；保存。
② 原注：旧有三官殿，甫竖栋梁，工未毕而止。叔为完茸，奉三官像居之。
③ 原注：叔由日本归简川东兵备道。
④ 原注：移文昌像于祝釐寺。
⑤ 原注：以玉皇殿为方丈别建阁于平远桥头，并置祖师像。
⑥ 原注：于平远桥建阁奉关帝。
⑦ 原注：于经楼后建三君祠，祀郑子尹、莫郘亭、先伯父伯庸兆勋三君子。
⑧ 本句说黎庶昌并不信仰佛教，但在禹门寺修葺完善中却费了不少心思。

他日归来谒方丈，可许扶筇托钵相追从？

[附记] 选自（民国）《续遵义府志（卷34）·艺文（三）·诗》。黎汝谦（黎庶昌侄子），字受生，贵州遵义人。中国变法维新运动鼓吹者和参加者。光绪元年（1875）举人。两度随黎庶昌出使日本。回国后以知府分发广东，任财务提调等职。与莫庭芝、陈田共辑《黔诗纪略后编》三十卷。著有《夷牢溪庐文集》等。

22. 蔡登龙诗选

三台故址

仙境归何处，沉沉古佛龛。
山存峰六六，松老径三三。
筑寺文光显，名台雅意含。
夕阳依鹫岭，寒馨杳云庵。
仅指菩提树，空留父老谈。
本来无一物，遗迹此中探。

三台故址

三台遗庙址，世远已荒村。
钟磬藏何处，蒲团挂那轩。
雨淋前石磉，风认古山门。
此地称灵秀，几时降世尊。

[附记] 选自龙先绪采编:《仁怀诗征》,仁怀县志办公室,1992,第12页。赵本敖，道光年间瓮安州孝廉，有《朵园诗钞》。蔡登龙（1814–1887），字文耕，号铁樵，贵州仁怀冠英乡人，庠生，以授徒为业，善画花鸟山水，工金石篆刻，明医术。咸丰四年（1854）曾带领乡勇复县城，准给六品官衔。三台，世传明时所修，至今仅有三层殿宇、基址、古树、柱磉，在尚礼老松山。

23. 何鼎诗选

偕智水和尚登慈恩寺，因至兴善、荐福二寺，皆为兵火尽矣。

平原秋色五陵遥，断塔层层镇寂寥。
西去夕阳浮太白，东来云气接中条。
旧游聊共闲僧话，佛地都随浩劫消。
一例招提零落尽，黄昏钟梵冷萧萧。

戒坛碑

古寺无从问戒坛，残碑欹侧草弥漫。
雪庵化去风流歇，茶牓①飘零几度看。

[附记] 选自贵州省文史研究馆编：《续黔南丛书（第8辑）·下·黄彭年诗文集》，贵州人民出版社，2014，第1384页。何鼎，字梦庐，一字丹邻，开州人。道光甲辰举人，咸丰庚申进士，官叶县知县。罢官后，侨居汴梁，辟院种海棠三百株，跌宕诗酒，颇称好事。所著有《游嵩日记》《游终南太乙小记》《蔬香小圃漫录》。

24. 周炳著诗选

摩崖诗

余宰湄三年矣，闲与邑人士避暑此地。清风盈抱，乐趣横生，爰书此以志。

课罢农桑后，闲从古洞游。
山排三面笋，寺带四时秋。
风逼岩门入，泉寻石罅流。
环乡多士女，膜拜乞神庥。

同治癸酉岁（1873）林钟月中浣日题

① 牓（bǎng）：同“榜”。

[附记] 选自湄潭县文化馆编：《湄潭文物志（第1辑）·贵州湄潭》，1984，第72页。摩崖诗刻于湄潭县湄江街道清虚洞（亦称观音洞）内岩壁。另见光绪《湄潭县志（卷8）·下》。周炳著，湖南澧州举人，实授县事。辛未（1871）入城，复修城垣衙署，给廪膳生、折兑丁粮，尤勤课士。

25. 安子章诗选

天城塘摩崖诗

明季山岗上建有佛庵一座，今已矣，故题诗以咏之：

古刹今何在？楼台一望空。
惟存崖色碧，但听水声淙。
暮挂藤萝月，朝吹杨柳风。
烟花春烂漫，砧杵捣溪中。

天神潭题咏

蹀躞清溪岸，淙淙响不停。
寒潭浮藻绿，汲井涌泉清。
崖前巢燕雀，水面点蜻蜓。
锦鲤穿波浪，野花几度春。

增生总甲子章题戏

五行不到处，父母未生前，
识得玄中妙，即作上品仙。

宣统元年（1909）五月二十九日安子章记

[附记] 选自湄潭县文化馆编：《湄潭文物志》（第1辑），1984，第95–96页。摩崖位于距湄潭县天城镇通济桥右侧河边崖壁上。摩崖宽0.46厘米，高0.60厘米，离地2.5米，其上刻诗三首，前有序，后有跋，共正

书11行，竖书楷书阴刻。安子章，名绍义，号卧云山人。清末秀才。曾任天城民团团总。

26. 李廷瑛诗选

清虚古洞

古洞清虚别有天，色空空色悟真诠。
低垂甘露枝枝柳，倒插天花瓣瓣莲①。
四面层峦云气合，一渠流水浪纹园。
此生苦厄凭谁度，好把心经静证禅。

虚阁暮烟

高阁凌虚忆昔年，苍苍暮色锁寒烟。
一湾绿水渔舟晚，半壁青山倦鸟还。
寺近回龙飞缕缕，人如孤鹤想翩翩。
可怜诗酒论文处，剩有闲云古刹边。

晓钟

大小鸣来待叩钟，偏于古寺羡奇逢。
但随鸡唱飞清籁，何事鲸铿发大镛。
默激蒲牢音窾窾②，惊回蕉鹿梦惺忪。
山僧岂敢贪朝睡，早起空潭制毒龙。

[附记]选自（清）光绪《湄潭县志（卷8）·下》。李廷瑛（1820–1890），名鼎调，号瑞堂。贵州湄潭宝洞人。清同治丁卯科（1867）举人，选平远学正等，因故未就。后受聘为湄水书院讲席20余年。著有《自省斋文集》等。

---

① 原注：洞顶石乳，结成莲花。

② 窾窾（kuǎn）：空隙。

27. 安盘金诗选

夏日偕门人游清虚洞

四面峰峦列，丛林花木深。
清兼山水韵，虚入地天心。
乱影云飞绕，斜光月照临。
桃源真胜境，不受俗尘侵。

环堵皆山也，洪荒古窍通。
诗笺扫苔石，茶鼎听松风。
日月频吞吐，阴晴傲化工。
开樽堪避暑，杯酒碧为筒。

尘隔红千丈，林攒翠几重。
佛头山霭霭，钟乳水淙淙。
磬落飞岩蝠，烟凝走石龙。
此中有佳趣，慧业悟禅宗。

次李瑞堂夫子生茔自寿原韵

一笑头衔秩未加，廿年狂说宦天涯。
延龄漫觅仙山草，过眼频观世界花。
半夜油添残晷继，暮天露绕夕阳斜。
惟闻性道无生灭，舍利流光亘古华。
嗜欲休将本体戕，好收精气入丹囊。
两间世业千秋在，一点灵魂万古长。
莫使余生美矣尽，须先直养浩然刚。
从来天地为郛郭，何用区区石室藏。
一生不受鬓霜加，性海汪洋识靡涯。
丹向田中寻大药，采从顶上聚三花。
好抽玉兔阳光补，莫待乌驹日影斜。
愿向西方归净土，庄严法座涌莲华。

人生只为七情戕，性道文章早括囊。
泡影须知如梦幻，金光遮莫比天长。
神留宇宙行精粹，气塞乾坤至大刚。
万里河山辽阔甚，但凭粟米尽包藏。

[附记] 选自（清）光绪《湄潭县志（卷8）·下》。安盘金，湄潭县人。生卒事迹不详。

28. 苏鲲诗选

望回龙寺

兰若倚天际，珠书隐树间。
晓钟云出岫，夕磬雨连山。
梵响千家静，龙回一水环。
危梯三百曲，欲上费跻攀。

游香山寺

毵毵堤柳映春江，胜日寻幽问佛幢。
僧住乱山常伴虎，客来荒寺突惊龙。
拈花是雨棒休喝，集字成诗钟欲撞。
底事逃禅堪醉倒，愁城似铁一时降。

修禊桃源洞

柳衣脱絮逼清明，幽洞桃花半落英。
几个渔舟波荡荡，谁家樵斧韵丁丁。
高冈燕雀啼音巧，古寺龙蛇笔阵横。
归路夕阳人影乱，山阴风味有余清。

[附记] 选自遵义市地方志编纂委员会办公室整理点校，（清）郑珍、莫友芝编纂：《遵义府志》，巴蜀书社，2013，第928页。苏鲲，字南溟，

号或翁，清雍正贡生。工诗，著有《或翁集》。

29. 其他诗选

遵城八景（回龙锁水） 李铠

牂牁城外尽青山，脉有回龙去复还。
洑水潆洄翻石圻[①]，晴砂曲折锁江关。
桥横野渡苍松合，寺隐悬岩碧鸟闲。
我欲穿林探胜迹，藤萝天半听潺溪。

遵城八景（白云钟梵） 李铠

缥缈峰头踏不穷，寻源何处接花宫。
溪连野树僧归晚，风度疏鱼月到空。
万籁声稀丹壑里，三乘悟入白云中。
买山可得无心法，日日携筇叩远公。

西山向未得游，今闻师岩卓锡于此，作二绝句奉寄 李铠

好事平生谢客同，登临曾不畏蚕丛。
如何独被西山笑，翠壑丹岩待远公。

石上当时会未曾，却从图画识诗僧。
何当眼底西山出，行与岩栖杖老藤。[②]

[附记] 选自遵义市地方志编纂委员会办公室整理点校，（清）郑珍、莫友芝编纂：《遵义府志》，巴蜀书社，2013，第913–914页。

题朗山关寺壁 焦尔厚

僧迎少尘境，古刹漫来游。

---

① 石圻（zhúo）：亦作“石碕”。曲折的石岸。

② 原注：石刻在西山寺壁。

云压青山暮，泉鸣野竹秋。
摩挲余断碣，眺望一登楼。
不为参禅意，停骖记小留。

游方广寺 张汝霙

碧溪行尽鸟绵蛮，古寺青青接暮山。
贝叶千层园塔外，禅心一片白云间。

游真武山 张汝霙

古树无多绕殿边，残碑仆地草芊芊。
老僧多病难看客，半灭孤灯挂佛前。

[附记] 选自遵义市地方志编纂委员会办公室整理点校，（清）郑珍、莫友芝编纂：《遵义府志》，巴蜀书社，2013，第923–924页。张汝霙，贵州绥阳人。清乾隆三十三年（1768）岁贡。

游大觉寺 周际岐

欲觉谁能觉，苍凉入梵宫。
闲云常绕座，老树半拏空。
采药僧何处，呼名鸟不同。
一声吹鼻笛，归去月明中。

秋日游湘山寺，用东坡腊日游孤山韵 平翰

山名湘，水非湖，双泉细流差胜无。
有时松风激涧雨，龙吟虎啸猕猿呼。

往往惊起邻家孥，惯闻反觉入耳娱。
清秋气爽远峰逼，蜿蜒一带川泽纡。

意拟此间结蘧庐，纵不久处亦不孤。
松根可劚千岁茯，涧底常生九节蒲。

食之颜色敌凡夫，不必更愁日欲晡。
人言三丰旧曾到，壁留爪迹当画图。
至今洞口春有余，温凉夏屋同蘧蘧①。
诗成一笑若偿逋，此时妙景难尽摹。

[附记] 选自遵义市地方志编纂委员会办公室整理点校，（清）郑珍、莫友芝编纂：《遵义府志》，巴蜀书社，2013，第 928 页、第 940 页。也见黄先荣编著《遵义览胜》，贵州人民出版社，2000，第 342 页。

登九龙山 杨华本

山自宣威来，支干何磅礴。
九龙犹未分，到此一束缚。
参天十万仞，云间凌峭崿。
烟雾藏半腹，峰峦长笼络。
晴空白日上，天公为卷幕。
突兀见颠际，浑疑太华削。
绝顶一登览，万里烟漠漠。
环列涌千岩，奔翻蹙万壑。
古箐足虎豹，空林惟鹳鹤。
上有神异泉，疗病胜医药。
又长峨眉茶，味苦难遽嚼。
石眼数千围，虚空相附著。
偶为野火燎，珍城必见烁。②
我非好事者，大荒为开凿。
若得强有力，登临殊不恶。
郡志志山川，因之述大略。

① 蘧蘧（qú qú）：悠然自得貌。
② 原注：山有二石，曰牛眼石，此处火，正安城必火。名山在荒远，灵异久寥落。

登金顶山 陈启绪

山上有山山不断，来登金鼎最高峰。
东窥渤瀣浮阳乌，西望昆仑卧玉龙。
万点灵灯开佛界①，一声清磬失樵踪。
归途好借僧房榻，梦里云烟又几重。

[附记]选自（民国）《续遵义府志（卷5·上）·山川（上）》。

题大悲阁 黎庶诚

江桥接处绿云浮，杰阁摧残忆旧游。
剩有烧痕留劫火，应无宝筏渡中流。
斜阳闪闪余鸦背，野水涓涓泛鸭头。
可叹昔年征战地，几经兵燹不胜愁。

[附记]选自贵州省遵义市新浦新区新舟镇沙滩村志编纂委员会编:《沙滩村志》，方志出版社，2019,第168页。

金鼎山征霖石 喻克溥

金鼎本名山，去天不盈咫。
高耸出群峰，景行成仰止。
上有巨石焉，端方平如砥。
作霖有先征，若或为之使。
燥则逞骄阳，润则穴封蚁。
历验总无差，相传旧如此。
播州在山间，坦途无十里。
造化亦何心，钟灵秀于是。
岂伊阴阳鞭，燥湿存至理。

① 原注：此山每夜有灵光千百，凭空飞来，近则没，不可得见，土人谓之“神灯”。

一峰识天根，从兹油云起。
方今苦秋阳，望断云霓矣。
蓄目睹时艰，徒唤奈何耳。
石兮果不顽，曰肃休征始。
望满慰三农，易忧心为喜。

游大水田即宿天池寺（六首） 喻克溥

山门一望浸玻璃，细草长松掩映奇。
万顷波光归眼底，寺名无愧号“天池”。

方圆九里有三分，红粉芙蓉间绿云。
忽有幽香清扑鼻，叶摇花飐正来熏。

四围山色郁青苍，不辨天光与水光。
微雨初收凉意重，芙蕖深处睡鸳鸯。

荷花荷叶两鲜妍，是否人间别有天。
仙女洞门云不锁，鹤鸣风景至今传。①

一点匀圆绕碧波，水晶盘内叠青螺。
洞庭遮莫图成稿，见得君山写意多。②

约得良朋问水滨，顿令眼界一翻新。
荷花看遍参方丈，和尚逃禅不见人。③

[附记] 选自（民国）《续遵义府志（卷5·上）·山川（上）》。大水田位于遵义市播州区龙坑镇。有天池寺。喻克溥，贵州遵义人，清末贡生。

① 原注：仙女洞门有“鹤鸣风景”四字石刻，甚古。
② 原注：水中有一岛，远观如拳石。
③ 原注：时住持为本隆，不遇。

雷台山（三首选一） 赵彝凭

出郭转南桥，拾级雷台山。
酷日不入庙，凉风为开颜。
披发出爽气，倚栏心自惘。
树叶从檐下，溪云任天攀。
吟蛩①闻人迹，发声疏而顽。
秋色真明净，远望开重关。
叠叠高下田，谷色何斓斑。
迟早亦有运，静案亦好还。
坐久僧方觉，惊诧来此间。
孤居无所事，非故爱偷闲。
昔我从亲游，喜此好名胜。

[附记] 选自（民国）《续遵义府志（卷5·中）·山川（下）》。雷台山，位于今遵义市红花岗区延安路街道雷台山社区。赵彝凭（1836–1900），字思永，号席余。赵旭次子，早慧工诗博学。曾以佾生随军襄赞，积功特旨同知。光绪甲午（1894），回桐后复受聘撰《桐梓县志》（何志）历三年计30卷。著有《玩易山人诗钞》9卷，今存复印本6卷，载诗488卷。

夜郎箐云雾茶 赵彝凭

大娄开帐珍州交，三百余里一周遭。
回龙顾祖祖师高，终年云雾缠山腰。
惟岳降神生英豪，降珍之后无其曹②。
发泄仙茶三五条，灵异不数蒙顶苞。
山僧历险睹孤标，采供佛前如琼瑶。
廿年以前过山坳，片甲持赠惠贪叨。

① 蛩（qióng）：古指蟋蟀。

② 原注：唐置珍州，以降珍山得名，即今降珍箐，与祖师山连。

归来大暑愁炎歊[1]，急取活水活火熬。
泛泛瓯中若鸟翱，雨过天青瓷盖交。
须臾揭起满银涛，云雾层层往上超。
□□□□□□□，玉乳满目香尘飘。
嗤彼诗句幻为妖，岂比天然显白描。
甘露徐吸闷全消，爽透心脾胜□醪。
散步空庭何逍遥，不觉斜阳月又招。

[附记] 选自（民国）《续遵义府志（卷5·中）·山川（下）》。夜郎箐，位于今桐梓县大河镇。

游天台山四首 杨开秀[2]

策杖快登临，天台有茂林。
钟鱼清俗虑，泉石洗尘心。
啸傲一壶酒，消然几曲琴。
绿蓑堪小坐，静听午蝉吟。

僻地贪清静，兹山耸秀灵。
欲分禅榻畔，易作读书亭。
足荡重云白，眉连四野青。
漫寻幽绝处，独坐亦忘形。

极目乾坤大，山城在眼前。
小溪衔落日，比户起炊烟。
绕郭浮岚气，连城只稻田。
一般清趣味，领得即神仙。

萝月[3]晚生凉，披襟出道场。

---

① 歊（xiāo）：炎热。

② 杨开秀贵州遵义人。

③ 萝月：藤萝间的明月。

松风洗洗垢，花露暗流香。
缓下苔岑滑，归寻石径荒。
自挑青箬笠，回顾色苍苍。

宿天坐山[①] 萧光远[②]

冒雨登高埠，禅堂已二更。
破残古庙貌，零落旧书生[③]。
佛力难逃劫，僧徒颇习兵[④]。
乱中眠睡少，倚枕已天明。

[附记] 选自（民国）《续遵义府志（卷34）·艺文（三）·诗》。

映月 欧阳曙

有色即有空，无空不是色。
潭月两无心，相映只默默。

释慈晓钟 欧阳曙

何处闻晓钟，声自云间送。
释迦果慈怨，破尽痴人梦。

[附记] 选自（清）光绪《湄潭县志（卷8）·下》。欧阳曙，清代贵州湄潭人。

游神仙洞 敖石贤

黔山多险怪，陵履无留恋。

---

① 原注：时因督团攻海龙囤住此。

② 萧光远，字吉堂，贵州遵义举人。

③ 原注：戊子、己丑、庚寅授徒于此。

④ 原注：新招徒湄潭人，旧充蒋军门和尚队。

及过飞云路，登眺神忽倦。
乃知美中在，灵秀耻外炫。
前岁来洋川，名胜访求遍。
有洞号“神仙”，未至先生羡。
今春结伴游，桃源开一线。
万象森罗列，耳聩目惊眩。
峰峦排似笏，竹笋密于箭。
珠缀星宿海，花开芙蓉院。
牛马下饮溪，虎豹上腾堑。
不雨起虬龙，不风飞莺燕。
目惊不暇接，蓦地奔雷电。
幕府树日旌，沙场挥霜剑。
十万天魔兵，终古苦酣战。
到此心胆裂，瞥眼景又变。
钟声上方来，见出菩提面。
须眉各肖真，殿阁忽隐现。
心迹顿清凉，斯名信堪擅。
此皆石浆结，神功穷烹炼。
丹青千百编，一一难加烂。
闻有二三洞，其境当倍善。
水深阻行迹，将其巨灵厌。
枕石作卧游，挹泉和云咽。
拥火觅路出，一步一缱绻。
出洞别有天，回首更系念。
大观尽于斯，览胜今遂愿。
有寄来尽探，俗吏翻自怨。
寄语嗜游人，外观殊浅见。

[附记] 选自绥阳县旅游产业发展委员会编：《绥阳旅游》，贵州人民出版社，2007，第98页。敖石贤，清道光进士。道光十六年（1836）和

十九年（1839）两任绥阳县知县。神仙洞，位于绥阳县城郊，寺院依洞而建。

偕吉子方往游螺水约明日同登西山 获安

西山清妙照城郭，碧云翔空高不落。
螺江水曲千玻璃，照见横江两白鹤。
吾侪兴发能来游，虽无地主亦足乐。
昨宵吉子忽思归，万里江山愁雨脚。
我生行止不自主，处处途穷甘寂寞。
不如觅取云水僧①，指点烟螺度林壑。
君看云烟无世情，幻尽空中几楼阁。
故国难归且莫归，菰茆②可博姑共博。
书生出世本糊涂，浑沌不须七日凿。
恶郡休嫌古播迁，此邦信美停芒屩。
明朝杖策君莫惜，已有秋色照林薄。

[附记] 选自绥阳县旅游产业发展委员会编：《绥阳旅游》，贵州人民出版社，2007，第100页。获安，清道光二十年（1840）绥阳训导。螺水寺，位于绥阳县城西郊，旧名三教寺。建于明万历己卯（1579）。丁世桢，字桂村，绥阳牛心山人，清道光二十四年举人。历任云南通海、昆山等县知县。著有《清华斋诗集》。

偕节斋兄过辰山 丁世桢

天峰一山锁烟雾，青苍疑有神灵护。
岿然宝刹与云齐，创自前明迹已故。
我来正值暮秋天，溪花野鸟助幽趣。
未跻共腹且憩息，遥望四山多红树。
杯尽忽然见花宫，杰阁三重足展布。

---

① 云水僧：亦称云游僧，为寻访名师，或为教化他人而广游四方的僧人。

② 菰（gū）：长于浅水里的多年生草本植物，嫩茎称“茭白”。茆（mǎo）：莼菜。

古碑多记上人迹，翼钟犹是将军铸。
金刚努目佛低眉，阿罗十八殊喜怒。
一僧兀坐傍西廊，徐起迎客通情愫。
粉墙亦有博大题，狼头鹰起双赤兔。
贵贱同归貉一丘，好持尊酒乐吾素。

[附记] 选自绥阳县旅游产业发展委员会编：《绥阳旅游》，贵州人民出版社，2007，第101页。丁世桢，字桂村，绥阳牛心山人，清道光二十四年（1844）举人。历任云南通海、昆山等县知县。著有《清华斋诗集》。辰山位于绥阳县风华镇牛心村，辰山寺始建于明朝末年，历史上为绥阳外八景之一。

醉题湘山寺 赵遵律

颍谷封人狂痴颠，携酒学佛如学仙。
不知苏晋长斋何所似，以头濡墨来逃禅。
通林开士亦好事，揽取灵丹归福地。
倾壶重结翰墨缘，满纸拂拂皆酒气。
只愁醉笔淋漓化蛟龙，冲檐破壁天矫飞寥空。

易湘山寺为双泉寺歌 赵遵律

万叠峰峦涌一岛，攒青蔚翠周墙绕。
上有参差特出之禅林，仿佛华严楼阁现云表。
我困簿书锁愁城，咫尺香界无缘登。
只今撒手脱鞿网，蹑屐周览心迹清。
其左白云右响水，双泉吞吐摩空起。
不知何年杯渡翁，杖锡飞来参妙旨。
丹桂绕郭八月天，香风巧结散花缘。
形影三人太白月，须眉百处东坡船。
尝闻黔中山童黔水涸，如此双泉良不恶。
想见混沌初辟时，激荡风轮鼓橐箭。

或谓白云洞水出严村，下作飞瀑上作霖。
其中仙鼠为家鸟，成群蝙蝠垂翅如车轮。
又谓响水来自沙坝穿众岭，石硔喧豗难导引。
一自巨灵劈开湘山腰，至今犹留仙掌影。
我谓此郡应以双泉灵，此寺合以双泉名。
拂拭尘埃启明镜，试从兰石深处听泉声。
吁嗟乎！谪仙诗，归乌有；野仙迹，满人口。①
是耶非耶谁分剖？争似此泉分派汇源泄化工，堪与古刹长不朽。
漫索芦洲擘窠书，但须轻磨旧墨浓置酒。②

［附记］选自遵义市地方志编纂委员会办公室整理点校，（清）郑珍、莫友芝编纂：《遵义府志》，巴蜀书社，2013，第 908 页。赵遵律，河南偃师人，进士。嘉庆九年（1804）和十九年（1814）两任遵义府知府。

湘山寺 恒安

叠嶂嵯峨一径深，扪萝攀葛碧云侵。
树藏古寺僧归定，塔转虚坛鹤在阴。
静听清风敲竹户，坐招凉月入松林。
尘心涤尽空无语，为悟真如独漫吟。

［附记］选自黄先荣编著：《遵义览胜》，贵州人民出版社，2000，第 342 页。恒安，清代人士。生卒事迹不详。

① 原注：在桃源洞。

② 原注：寺僧索题“双泉禅院”四字。

西来寺[①]，次王参军云川韵（二首） 李专

密箐封兰若，炊烟入望微。
崎岖经九折，剥啄启双扉。
客系桃花马，僧披屈眴衣[②]。
此游殊不恶，茗战[③]莫思归。

画里西来寺，堪栖象与龙。
四围君子竹，千尺大夫松。
波若汤难觅，伊蒲馔易供。
昔年曾托憩，忆听五更钟。

[附记]选自遵义市地方志编纂委员会办公室整理点校，（清）郑珍、莫友芝编纂：《遵义府志》，成都：巴蜀书社，2013，第919页。李专，字知山，号白云居士，遵义人，康熙丙寅（1686）拔贡。《贵州通志》选举失之。后选授教官，不就。

过螺水寺次韵 詹淑[④]

草昧谁经始，登临感慨深。
山环新藿户，溪绕旧禅林。
忍见啼饥色，愁闻鞶鼓音。

---

① 原注：西来寺在遵义城西八里水。康熙初破山明大师弟子两生来开道场，名松邱禅院。为手按《大乘经》字数种柏数十万株，其尾字倒植之。后长枝皆下垂，今犹存。寺内有释藏。

② 屈眴（xuàn）衣：一种由木棉心织成的细布。传说达摩所传袈裟即以此布裁成。《义楚六帖》云："屈眴，《宝林传》云：唐言第一布，纺木绵华心为之，即达磨所传之衣，七条也，碧里，自师子尊者传与。"

③ 茗战：即"斗茶"，古代评定茶叶质量优劣、沏茶技艺高下的竞赛方式。

④ 詹淑：字甫善，号怀野，湖北麻城人，绥阳县第一任知县。1601年，明朝为加强对边远地区的统治，将播州分为遵义平越军民府，遵义军民府归四川（川南）管辖。实行"改土归流"政策，在绥阳旧地重设绥阳县。他率民众筑城池，建衙署、学校、庙宇；劝说农民勤耕细作，种桑植麻。为官清廉，政声远播。百姓倡议为他建祠树碑。螺水寺位于绥阳县城西郊，始建于明万历初年（约1579）。

太平应有象，烂醉且披襟。

游石佛洞 李樾

凌风拾级到层台，混沌何年始凿开。
云锁洞天春意暖，分将瑞色带归来。

[附记] 选自王现璋主编：《文涌西坪》，西南交通大学出版社，2018，第348页。李樾，字荫侯，遵义人，乾隆朝贡生。有《望云诗草》。

怀阳洞① 赵本敖

巉岩压鸟道，一洞出青天。
直捣乾坤窍，高悬日月肩。
峰攀猿性险，壁睡佛偷闲。
回首踏歌处，石门跨岭圆。

[附记] 选自（民国）《续遵义府志（卷34）·艺文（三）·诗》。赵本敖，道光年间瓮安州孝廉。著有《朵园诗钞》。怀阳洞位于仁怀市坛厂镇庙林村，由怀阳洞等12个主洞及数十个岔洞组成，“怀阳古洞”是昔仁怀“八景”之一。洞中保留有20多幅摩崖石刻。

禹门行 郑知同

古刹遥传三百年，山环水绕林峦巅。
世世恢宏极雅丽，今时檀越犹增田。
佛像移来自昭觉，百夫舁致千里艰。
不识雪师当时避蜀难，何处得此布施钱。
其徒月茎南去请经律，夥颐② 万卷丛楼间。
破山禅宿妙入逸少室，宝墨犹留遗像颜。

---

① 原注：载《续遵义府志》。

② 夥颐（huǒ yí）：盛多。

数公神迹可胜述，只今父老纷增传。
畸人举事自绝俗[①]，道场千载无隮颠[②]。
庚辛逆党纵焚掠，连屋累栋皆烧残。
四境丛林荡无迹，灵光独此存岿然。
乡人因恃筑寨堡，周垣依旧增高坚。
吾舅黎公主厥政[③]，佐以刘子相仔肩[④]。
椎牛赛祷谕大众，誓不与贼同戴天。
千家蜂凑寇麇至，殊死百战枭其元。
邑中坚壁百数十，非降即下无一完。
禹门片壤卒获免，神功昭著不可刊。
吾家亲老谢征召，团茅亦借居西偏。
抱病弥留遂不起，甲子秋深归道山。
三载服除乱始靖，农氓散罢耕其廛。
我独无资宅故址，八口且寄徐图迁。
晨昏钟梵清入耳，远胜鼙鼓难安眠。
弥勒同龛未即拟，却与香火为因缘。
死生一岁足悲咤，有如膏火空自煎。
安得至人谈寂灭，使我万虑随云烟。
置身清净空众有，冥情逃入忘家禅。
回头自省岂得已，名教难轻中路捐。
遭逢只合据理遣，一任哀乐相摩研。

[附记]选自（民国）《续遵义府志（卷4）·坛庙·寺观附·遵义县·禹门寺·附》。郑知同（1831–1890），郑珍之子，贵州遵义人。有《屈庐诗稿》。

---

① 从上下文看，原诗这两句：“即此一斑已足知豹，全固应有灵力呵护”，应为原注。

② 隮（jī）颠：颠仆，倾覆。

③ 原注：兆祺、庶蕃。

④ 原注：汉英。

宿虎丘次壁间韵 赵天开

虎丘山头西寺边，笔峰遥峙对葱芊。
阶前客坐移花月，堂上僧浇洗钵泉。
古殿华灯光十色，浮图深夜影双圆。
冶公解说孙公法，拟问天龙一指禅。

[附记] 选自（民国）《续遵义府志（卷4）·坛庙·寺观附·遵义县》。原载《播雅》。掌台山虎丘寺位于遵义市播州区西坪镇。

过高胜寺 罗煜

雨霁新晴暑漫侵，梵王宫外柏森森。
幽溪曲径尘嚣远，古刹回廊花木深。
当境顿忘炎热态，此时尽释利名心。
却惭底用酬高胜，啜茗频频搦管①吟。

[附记] 选自贵州省文史研究馆编：《续黔南丛书（第3辑）·上·播雅》，贵州人民出版社，2012，第239页。罗煜，贵州遵义府人，廪贡生。著有《远游草》。

黎民镇普光寺吊古② 刘玠

万里提封彻总戎，炎凉岂独梵王宫。
百年佛面烟尘老，半座莲台雨雪空。
世事到头终又复，禅林寂极塞难通。
金铙法鼓依然在，伫看沙弥振旧风。

① 搦（nuò）管：写诗文。

② 原注：《龙井刘氏藏稿》。

[附记]选自龙先绪采编：《仁怀诗征》，1992，第12页。刘玠，字天锡，别号乐渔翁，贵州仁怀龙井乡人，乾隆七年（1742）拔贡，屡试不第，归隐林泉，以钓鱼自乐，长于诗赋。

秋日，游永宁观音洞 陈一亨

古洞秋高爽气澄，清游许藉一枝藤。
飞泉仄出凉如许，怪石奇撑得未曾。
风度乔林喧宿鸟，门悬皓月待归僧。
山城竟有神仙窟，何事桃花问武陵？

[附记]选自贵州省文史研究馆编：《续黔南丛书（第3辑）·上·播雅》，贵州人民出版社，2012，第540页。陈一亨，字嘉会，号萃斋，桐梓人，嘉庆辛酉（1801）举人，官永宁州（治今关岭县城）训导。

登接龙寺后 刘佐国

仄足过崔嵬，寒空首怯回。
问鸦红日外，倚树白云隈。
路自危岩断，人从细岭来。
接龙山下寺，钟鼓几时开？

[附记]选自贵州省文史研究馆编：《续黔南丛书（第3辑）·上·播雅》，贵州人民出版社，2012，第467页。刘佐国，字公弼，号龙颔，遵义人。乾隆朝恩贡，后选教职，以老辞不就。有《自娱文稿》。

读李春坞《雪崖唱和编》赋赠 金章聘

古寺荒荒碕①岸边，高歌一响振南天。
飞扬跋扈谁拘得，涂抹东西总自然。
度去分明针是绣，参来智慧棒为禅。

① 碕（qí）：曲折的堤岸。

愧渠逸论风生处，解语阿咸最少年。

[附记] 选自贵州省文史研究馆编:《续黔南丛书(第3辑)·上·播雅》,贵州人民出版社,2012,第482页。金章聘,字莘田,遵义人。乾隆乙卯(1795)科举人，官永宁州(治今关岭县城)学正。

游正定大佛寺，读张诗舲①先生《大铜佛歌》，因仿其体 陈钟祥

佛以丈六现金身，化身今现七十尺。
巍阁三重广百间，森护法王半空立。
传闻铸自开宝年，累朝供养费千亿。
请看百八牟尼珠，海南香自先皇赐②。
弹指低眉法界中，何须多臂神通力③。
乃知是具大足相，须弥山王法可说。
我昔曾游青海西，巍峨大诏数瞻谒。
佛身十丈谁铸成，颇疑殊相异西域。
今到恒山古寺中，端趺璀璨现金色。
吁嗟圜府今竭泉，铸错九州到锡铁。
慈悲宏愿须舍身，大身非身应莫惜。
不然布金满地如河沙，大千颂遍佛功德。
岳色苍茫襟衽间，足底滹沱水呜咽。
胡为恋此色相身，庄严七宝留陈迹。

[附记] 选自贵州省文史研究馆编：《续黔南丛书（第8辑）·下·黄彭年诗文集》，贵州人民出版社，2014，第1332页。陈钟祥（1810–1865），字息凡。先世浙江山阴人，侨寓贵州贵筑（今贵阳）。道光辛卯科（1831）举人。考取官学教习，以知县分发直隶，以亲老改四川，历署青神、绵竹、

① 舲（líng）：有窗户的船。
② 原注：佛手间有迦南念珠，为乾隆时御赐物。
③ 原注：旧时佛像有四十二臂，今已无。

大邑知县。一度出使察木多、古昌都地区处理民族事务、后调任直隶沧州知州、赵州知州。有《依隐斋诗钞》《夏雨轩杂文》《香草词》等。

茅衙寺①吊田惜玉 程生云

惜儿旧宅今为寺，芳径尚留兰麝香。
不欲共迷歌舞地，应思微悟夜郎王。
苔经细雨啼犹湿，树点寒鸦怨未央。
愁听暮猿声不断，夕阳孤影上禅房。

[附记]选自贵州省文史研究馆编：《续黔南丛书（第3辑）·上·播雅》，贵州人民出版社，2012，第6页。程生云，字古愚，贵州遵义府人。崇祯间以拔贡授铜仁知县，累官监军副使。著有《求志轩集》。茅衙寺位于遵义市红花岗区海龙镇。田惜玉（田雌凤），为播州末代土司杨应龙小妾。

净土庵牡丹（四首）② 吴国霖

频年报说此花开，始信春风早结胎。
为爱倾城颜色好，庵前不惜数回来。
衰翁七十不知羞，也欲将花乱插头。
扶路归来人尽笑，花光终逊竹青幽。
人将富贵锡佳名，妒忌遭谗祸匪轻。
只为露浓香拂槛，至今遗调感清平。
莺情蝶梦两留连，迷恋花丛不计千。
但愿东皇加爱护，长留春色惹人怜。

[附记]选自（民国）《续遵义府志（卷4）·坛庙·寺观附·遵义县》。吴国霖（1842–1919），字泽波，晚号椎叟，贵州遵义（今播州区）南白镇人。

① 茅衙寺位于遵义城北。相传明杨应龙妾田氏旧居。

② 净土庵，位于遵义府北门内大龙山下。明崇祯四年（1631）重建，清康熙二十七年（1688）再建，又名营盘寺。僧紫石住持此庵。寺宇卑庳如故，惟檐前牡丹成丛，开时或二三百朵，郡城中之盛游地也。

光绪六年（1880）进士。光绪十二年（1886）任四川仁寿县令。光绪三十年（1904）回乡教授地方子弟。辛亥革命后，任遵义军分政府副府。后参修《续遵义府志》。

再游虎峰寺 佚名

秋风吹我袷衣轻，直上层巅趁午晴。
寺远僧随云晏起，径荒人让鸟先行。
孤臣碧葬知何处①，古佛西来记不清②。
拔佛尘埃寻前作，漫劳题和墨纵横。

[附记] 选自（民国）《续遵义府志（卷4）·坛庙·寺观附·桐梓县》。

明月寺③ 梁宗鲁

明月明时寺，无粮孝德香。
相传任将军，名奇武艺强。
母思儿远出，盈盈泪眼伤。
眼盲心爱佛，独建观音堂。
愿目如月明，虔拜向空王。
将军告终养，梵刹加严庄。
忠臣孝子心，舔母目回光。
孝感达于朝，嘉靖旌免粮。
将军遂祝发，修到自然乡。
慈悲心即佛，墓表寺东冈。
鼎革遭兵燹，僧逃田并荒。
邻占暗碑毁，远界失边疆。

---

① 明末典史黄启鸣同邑令洪维翰殉奢应周之难，葬于此山之阳，今不知其处。

② 原注：寺有铜佛三，极精致，或谓宋铸，或谓明铸。

③ 原注：明月寺在（桐梓）县城东北260里，前《志》作400里，又名镜子寺。明正德丙寅（1506）僧法崇建。其后界启弃官养母，后出家。嘉靖旌免寺粮。界启墓在寺后。

康熙世太平，景运如陶唐。
士民报四恩，三教广宣扬。
天机和尚好，善化复辉煌。
茂林老松柏，修竹围门墙。
厥田多肥美，积水治堰塘。
阿僧占福地，教学有间房。
旦暮闻钟声，心热转清凉。

[附记] 选自（民国）《续遵义府志（卷4）·坛庙·寺观附·桐梓县》。梁宗鲁，贵州桐梓人，道光辛巳（1821）举人。明月寺在桐梓县东北部，又名镜子寺。明正德丙寅（1506）僧法崇建。其后界启弃官养母，出家。

禹门寺 冯桂堂

夙闻禹门寺，第一清净土。
雪翁此卓锡，双桂植仙宇①。
飘飘句欲仙，散花步天女。
暧暧远行村（烟村），皎皎沙际浦（月浦）。
溪响涤烦襟（汀声），太音希终古（牧笛）。
山头佛顶圆（石头山），江桥作砥柱（平远桥）。
侵晓闻洪钟，薄暮听渔鼓。
岩腹杂花开，拈来笑欲语。
此中有骚人，二妙结俦侣②。
唱酬山水间，大笔如燕许。
昔为选佛场，今为坚壁所。
捍卫自有方，兵法本孙武③。
何日靖烽烟，买山筑别墅。

---

① 原注：黎鲁新孝廉有禹门寺双桂歌朝骑驴背，六景诗囊贮丈雪曾咏禹门六景。

② 原注：谓郑子尹、黎鲁新。

③ 原注：黎介亭诸君御贼年余，未尝小挫，可谓知方者。

[附记] 选自（民国）《续遵义府志（卷34）·艺文（三）·诗》。冯桂堂，字子玉，遵义人。

窦千山招赴城东登高晚归 李蹇臣

郡东精舍剧清闲，佳节登临一破颜。
闹市千家全近水，危城十里半依山。
感生白雁元猿外，兴寄黄橙绿橘间。
合坐宾僚欢正洽，前林已见暮鸦还。

[附记] 选自贵州省文史研究馆编：《续黔南丛书（第8辑）·下·黄彭年诗文集》，贵州人民出版社，2014，第1205–1206页。李蹇臣，原名栖凤，字仪轩，遵义人。道光乙酉举人，官婺川教谕。仪轩敢于任事，咸丰初，杨隆喜反，承平久，人不知兵，仪轩督乡团往攻，乡人始敢杀贼。郡有养幼堂、同仁会仪轩身任其劳，实惠及人，卒，祀乡贤。所著有《守拙斋训语》《杂著》《诗集》。

宿蟠龙寺偶题 于钟岳①

古寺松杉正寂寥，孤灯独坐夜迢迢。
久经战阵诗怀灭，偶入名山俗虑消。
富贵何如僧有福，江山应笑我无聊。
老妻生日今朝是，万种闲愁赴此宵。

桃溪寺题壁 胡培恩②

路出桃溪入望深，疏林摇曳响沉沉。
苔痕渐蚀题诗石，草色微侵学士襟。
四面青山朝佛座，一湾绿水空禅心。

---

① 于钟岳，字伯英，汉军镶红旗人。咸丰九年（1859）任绥阳县令。善诗，有《喜笑山房诗稿》。

② 胡培恩，贵州遵义人。

消闲半日忘归去，别有奇观仔细寻。

蟠龙寺题壁 陈铸①

暂息风尘破寂寥，山环翠绕水迢迢。
多年老柏撑天立，数里乔松觉暑消。
对此昙花空色相，自惭薄禄愧无聊。
有缘福地因公憩，并赋难容待隔宵。

湘山寺题壁 冯璋②

适出桃花源，更度双泉寺。
山灵故眩奇，使客无停屐。
坐久而相忘，白云自来去。

仁怀杂诗（六首之三、四） 杨树③

地有龙居寺，深藏在翠微。
蛛牵佛面网，蛇挂檐牙衣。
盏饭僧俱出，阒门客到稀。
幽禽无意思，常绕故山飞。

僻地忘岑寂，闲窗试展眉。
帘疏蜂入座，树少鹊争枝。
旧史从人得，家书到我迟。
扣门闻索字，写与醉中诗。

[附记] 选自（民国）《续遵义府志（卷34）·艺文（三）·诗》。

---

① 陈铸，贵州遵义人。

② 冯璋，字象德。贵州桐梓人。

③ 杨树，字珍林，贵州安顺人。

西来庵有泉微温 方懋禄

有山不可测，有寺僧已微。
晚雾空阶发，残云古洞归。
泉温池作釜，崖冷树为衣。
只恐风雨夜，因之山亦飞。

[附记] 选自康熙《湄潭县志（卷3）·诗文》。方懋禄生卒、籍贯不详。

游大觉寺 黎安理

不见钓鱼台上客，空余楼观此耽耽。
当年闵老兴不浅，胜地而今犹可探。
雨后苔泥沾屐齿，潭阴钟梵礼伽蓝。
山僧极有殷勤意，欲遍经寻力不堪。

过禹门寺 黎安理

白牛露地[①]只无情，自挂筇枝绕砌行。
最是夕阳天气好，杂花深处听流莺。

[附记] 选自选自《黔诗纪略后编》，另见《贵州历代诗选·明清之部》。寺建于明万历末年。黎安理（1751–1819），字履泰，号静圃，晚年自号非非子。贵州遵义县乐安里人。乾隆己亥科（1779）举人。嘉庆戊辰（1808），以大挑二等为永从县（今贵州从江县）训导。癸酉（1813）选授山东长山县（今邹平县）知县。为官清正，曾平反冤狱，政声甚佳。有《梦余笔谈》等。其家教甚严，课子有方。子黎恂、黎恺，孙兆勋，外孙郑珍等，均得其教诲，后为黔中文坛佼佼者。

---

① 白牛，意指清净之牛；露地，为门外之空地，喻平安无事之场所。《法华经·譬喻品》中，以白牛譬喻一乘教法，从而指无丝毫烦恼污染之清净境地为露地白牛。

岩脚寺 杨怀清

北寻岩脚寺，山户竹西开。
鹤出随云去，僧归共月来。
题诗聊坐石，把酒忽登台。
为约春风至，携朋看老梅。

[附记]录选自贵州省文史研究馆编：《续黔南丛书（第8辑）·下·黄彭年诗文集》，贵州人民出版社，2014，第1215–1216页。杨怀清，字同亭，瓮安人。道光乙酉（1825）拔贡。瓮安自竹庄、西樵以诗古文倡后生，邑子翕然向风，直夫、同亭其后劲也。同亭诗力摹韩、杜，硬语盘空，格高气老，与直夫为素交，集中多唱和之作。本书选自遵义市地方志编纂委员会办公室整理点校，（清）郑珍，莫友芝编纂：《遵义府志》，巴蜀书社，2013，第908–909页。

步澮园夏日过访韵 宝灿

避山因抱拙，长者几招寻。
坐对一峰静，谈余半日惺。
藤岩悬瀑影，松润落潮音。
相伴登高处，烟岚自碧岑。

[附记]选自贵州省文史研究馆编：《续黔南丛书（第8辑）·下·黄彭年诗文集》，贵州人民出版社，2014，第1573–1574页。宝灿，字素蕴，贵州铜仁府人。

游禹门寺[①] 黎兆熙

九日偕从弟筱庭庶焘、表弟张半塘鉴，陪柏容兄游禹门寺。

① 标题为选录者拟。

不到香台已二年，今朝重酌醉翁泉。
楼高远带一溪下，若突倒吞双桂悬。
白酒正携重九日，黄花新证十三禅。
辋川旧美王摩诘①，山月林风愧昔贤。

[附记]选自贵州省文史研究馆编：《续黔南丛书（第8辑）·下·黔诗纪略后编》，贵州人民出版社，2014，第695页、第1683–1684页。黎兆熙，字仲咸，号寿农，国子监生。

笔峰寺 李先立

山头余古寺，移住断岩中。
处静禅方稳，无名佛始空。
鸦巢盘谷月，龙护土囊风。
几杵钟声出，诸峰界划通。

[附记]选自遵义市地方志编纂委员会办公室整理点校，（清）郑珍、莫友芝编纂：《遵义府志》，巴蜀书社，2013，第921页。

初夏闲步禹门寺 黎恂

适兴不在远，探幽何必深。
脱巾偶独步，顿生尘外心。
筇竹聊可倚，苔磴悠然寻。
俯瞰崩岩石，仰瞩兴云岑。
澄潭养澹沱，茂树交清森。
唼荇鲤翻浪，啭枝鹂弄音。
重以风日美，复此藤萝阴。
众绿结高幄，微凉袭虚襟。

① 王摩诘：王维，字摩诘，号摩诘居士，河东蒲州人，祖籍山西祁县。唐朝著名诗人、画家，与孟浩然合称“王孟”。

寓目岂殊昔，抒怀方至今。
行歌曳杖归，歌我还山吟。

[附记] 选自贵州省文史研究馆编：《续黔南丛书（第8辑）·下·黄彭年诗文集》，贵州人民出版社，2014，第1126–1127页。黎恂，字迪九，一字雪楼，晚号拙叟，贵州遵义人，知县安理子。嘉庆甲戌（1814）科进士，曾任云南巧家厅同知。

禹门禅院 黎正馨

秋气飒以至，天风却残暑。言访古招提，兴至了无阻。
幽崖一径通，苍壁万木古。下有清溪流，水光自吞吐。
缅怀丈雪师，飞锡卓兹土。与众谈寂灭，高下列梵宇。
贝叶满经楼，律论分四部。至今百余年，遗迹尚堪睹。
潭潭选佛场，香樨散花雨。默坐忽移时，暮烟生粥鼓[①]。

[附记] 选自（民国）《续遵义府志（卷34）·艺文（三）·诗》。黎正馨，字兰友，号紫溪，国士子，乾隆戊子（1768）科举人。

危济桥[②]碑铭 李敬德

长江设险，逝水洚洚。
病涉者众，孰济不通。
嗟彼善士，德合天工。
造桥鞭石，鳌背横空。
代彼舟楫，恩惠无穷。
载驰载步，一任西东。
上建寺宇，永祈镇崇。
镌诸碑碣，告厥成功。

---

① 粥鼓（gǔ）：谓僧寺集众食粥时击鼓。皷，古同“鼓”。

② 危济桥：位于遵义城北，1488年由杨爱捐资修建。

[附记] 选自黄太刚主编，景海燕、唐燕飞、谢启义副主编：《大美汇川·诗歌卷》，北京：光明日报出版社，2015，第 272 页。李敬德，明弘治间，任冠带官。

水口寺 唐炯

大好水口寺，颇据山水胜。
昔我于其间，读书一年竟。
草木多古颜，鱼鸟共真性。
磅礴万里心，淡然入于定。
揭来戎马场，霜雪渐照镜。
不如石龙船，了无物与竞。

[附记] 选自黄太刚主编，景海燕、唐燕飞、谢启义副主编：《大美汇川·诗歌卷》，北京：光明日报出版社，2015，第 272 页。唐炯（1839–1909），清贵州遵义人，字鄂生。道光二十九年（1849）举人。官至云南巡抚。中法战争中，以山西、北宁失守，坐夺职。寻督办云南矿务，以岁解京铜仅百万斤，为时论所讥。

仁怀杂诗六首（之三） 杨树

地有龙居祠，深藏在翠微。
蛛牵佛面网，蛇挂檐牙衣。
盏饭僧俱出，闖①门客到稀。
幽禽无意思，常绕故山飞。

[附记] 选自龙先绪采编：《仁怀诗征》，仁怀县志办公室，1992，第 58 页。杨树，（1841–1909），字珍林，安顺人，同治六年（1867）举人，历任内阁中书、侍读，以道府用，简放山西蒲州知府，补太原府，代行山西按察使，

---

① 闖（wěi）：打开。

代理山西提学使，宣统元年（1909）升甘凉道，卒于任。有《澡雪堂诗文集》等。

怀阳洞小憩，漫成长句（有序） 司炳奎

洞在仁怀县境。戊子春，余赴仁怀主讲书院。行时，黎教授耦耕来送别，笑谓余曰：君过怀阳洞，定当以奇句张之，方为不负。兹成此章，却寄黎君，然庸庸语耳。我才不逮，愧赧良深，君其奈之何。

仁山峥，仁水清，仁石巠，仁路纷，我来跋山涉水攀石下危径。眼中忽睹嶙峋一洞矗立数仞之石门，洞深卅丈宽廿丈，彩虹横亘层霄上，能容结驷连骑并辔行，能架杰阁重楼（洞中修有楼阁）下席丹崖上青嶂，洞中何所有？石笋耸如栋，石乳垂如斗；或者狮象蹲，或者蛟鼍走。仙佛欹斜杂怒嬉，黄公箕踞见客昂其首。红日洞外入，白云洞内出，有时天风浪浪穿罅透曲窦，恍闻鹤唳长空虎啸峪。奇哉！造化乃生此灵壑，奥窔宏深更高阔。假令其间昏墨不见天与日，纵有千奇万瑰不过魑魅魍魉处黑狱。否则，毒虺蝮蛇蟠结蛰伏暗中时摸索。安能如是之正正堂堂，又复磊磊落落。阴阳何时初判割？混沌何人始削凿？大冶辟翕开灵钥，终古弥纶撑莲幕。看他千形万象杂沓来，令我万转千回难忖度。吁嗟乎！仁邑僻在黔西边，从古才人几着鞭。不遇奇才不能传，可怜辜负造物贤。脱使此洞幸生南北中原孔道旁，吾知天下久已布遍大文章，崖花谷鸟皆辉光。胡为乎？使我长歌题罢不觉太息怆恻摧肝肠，一声长啸震青苍！

[附记] 选自龙先绪采编：《仁怀诗征》，仁怀县志办公室，1992，第60–61页。司炳奎，字煜兹，别号戆斋老人，贵州贵阳人，光绪乙酉（1885）科举人，以大挑二等选授桐梓县教谕。旋调仁怀，仍任教谕。甲辰（1904）以盐大使分发云南，历任楚雄等处厘务，辛亥（1911）归里。善诗古文辞。有《宁拙堂诗抄》12卷，《楹联汇集》。

游大觉寺 周际华

欲觉谁能觉，苍凉入梵宫。
闲云当绕座，老树半拏空。
采药僧何处？呼名鸟不同。
一声清磬晚，归去月明中。

[附记] 选自贵州省文史研究馆编：《续黔南丛书（第8辑）·下·黄彭年诗文集》，贵州人民出版社，2014，第1053页。周际华，字石藩，贵阳人。嘉庆六年（1801）考取进士，授内阁中书，因需养家，改为教授之职，先后在播州（今遵义）、都匀任教授。后又任河南辉县知县、陕州知州等职。有《省心录》《家荫堂诗钞》等。

沙冈寺塔前石牛 金以钦

老犦[①]何年至此来，应从初辟脱娘胎。
牧童屡叱鞭无用，野草虽丰口不开。
听法他时依白塔，化身终古卧苍苔。
分明露地西来意，云在长空月满台。

[附记] 选自贵州省文史研究馆编：《续黔南丛书（第3辑）·上·播雅》，贵州人民出版社，2012，第361–362页。金以钦，字金园，贵州遵义人。乾隆朝贡生。

紫气山房赠天右上人 卢造

山迎紫气往还频，羡汝缁衣不染尘。
入座无能同说法，当前空现宰官身。

[附记] 选自（清）乾隆《玉屏县志（卷10）·艺文志（下）·诗》。雍正五年（1727）玉屏由卫改县，卢造于雍正六年（1728）任玉屏知县。

---

① 犦（bào）：本意为犎牛，一种颈背部隆起的野牛。

数度游紫气山，与住持和尚天右友善，作诗赠之。卢造，浙江鄞县人，康熙戊子科（1708）举人。

团岩寺 夏之骥

何年凿碣石，云垒叠千重。
楚北无双境，黔南第一峰。
松音清梵语，竹响杂晨钟。
不尽流连意，高人应注胸。

[附记] 选自（清）乾隆《玉屏县志（卷10）·艺文志（下）·诗》。夏之骥（生卒不详。活动于雍正至乾隆初），字德庵。平溪卫（治今贵州玉屏）人。庠生。天性孝友，性尤乐善，节俭自奉。己稍有余，辄以周急。勤奋读书，博涉经史，著述甚富。

登紫气山和友人茶话之作 洪用昌

上方旧擅清虚境，不向攀登几岁年。
今日多情情缱绻，乘时遣兴兴陶然。
幽篁翠柏迎朝气，佳果鲜蔬罗素筵。
莫笑尘心吾未化，暂时潇洒亦前缘。

[附记] 选自（清）乾隆《玉屏县志（卷10）·艺文志（下）·诗》。洪用昌，明平溪卫（治今贵州玉屏）人，雍正恩贡，考授县丞。

过正平山① 洪湜

清溪一曲抱禅关，秀锁平江是此间。
楚岫远衔云外树，黔峰近绕镜中山。
孤猿每学僧初定，驯鹤应如鹭更闲。
解带清言修竹里，暝鸦飞尽不知还。

---

① 正平山，又名“镇屏山”“镜屏山”。在玉屏县城北㵲阳河北岸。与玉屏山相连。

[附记] 选自（清）乾隆《玉屏县志（卷 10）·艺文志（下）·诗》。洪湜，明平溪卫（治今贵州玉屏）人，字若澜，号静谷。清康熙丁酉（1717）科举人。任广东盐吏。

春日同洪太史，柴、杨两广文游正平山值雨小饮[①] 冒泰

不识招提境，垂鞭过野艭。
烧畬[②]明细雨，春色满平江。
心向三千界，钟飞数百撞。
祇园风景好，俗念一齐降。

祇园何所有？一树冷梅花。
檐接晴光湿，窗交疏影斜。
穿篱临水次，傍竹过邻家。
心境两俱寂，凭消佛火茶[③]。

[附记] 选自（清）乾隆《玉屏县志（卷 10）·艺文志（下）·诗》。冒泰，江南如皋（治今江苏省如皋县）人。清乾隆十八年（1753），任玉屏典史（掌管缉捕和狱囚，所以典史也称作县尉）。

春日游玄天观访壁成上人 王建中

春草油油绿几层，在家僧访出家僧。
翻残梵策无深义，读就儒书总上乘。
古佛低头嗤我懒，楼兰斩首数谁能。
可怜多少英雄泪，洒向唐花恸不胜。

---

① 洪太史，即洪其哲，乾隆十三年（1748）进士。翰林院庶吉士。柴：即柴华。贵州贵阳府人。清乾隆二十二年（1757）任玉屏教谕。杨：即杨运沛，贵州南笼府（治今安龙）人，乾隆二十三年（1758）任玉屏训导。广文：明清时泛指儒学教官。

② 畬（yú）：开垦了两三年的熟田。

③ 原注：雨后红梅花正盛开。

[附记] 选自（民国）《沿河县志（卷16）·艺文·律诗》。王建中，字立山，沿河县人，道光己酉（1849）科拔贡。玄天观，位于沿河县城（已毁）。虽为道观，明清时多为僧人住持。

众香山 田菜

约略缘溪一径微，茑萝罥壁袅层扉。
鹤巢松顶有时下，云宿岩端不肯飞。
野外风光常在眼，山中岁月且忘机。
却因暂饱香厨饭，笑共林猿负子归。

[附记] 选自（清）乾隆《玉屏县志（卷10）·艺文志（下）·诗》。田菜，平溪人。清乾隆八年（1743）贡生。

游紫气山 程步衢

小桥横傍古山门，肃肃岩扉自不喧。
坐觉清风生石壁，行穷修竹见云根。
依依烟郭江光绕，点点林鸦雾气昏。
却握金乌西去急，游人难锁是心猿。

[附记] 选自（清）乾隆《玉屏县志（卷10）·艺文志（下）·诗》。程步衢（生卒不详），陕西山阳人，时任玉屏县文学（县学的教官）。

紫气山题放生池 许翙

劳生当静地，偏觉会心微。
闲倚菩提树，游鳞总息机。

[附记] 选自（清）乾隆《玉屏县志（卷10）·艺文志（下）·诗》。许翙（huì），贵州玉屏人。清乾隆九年（1744）举人，曾官开州（治今贵州开阳）学正。

重九紫气山登高值雨和韵 郑椿秀

重九登高紫气中，凄凄苦雨又兼风。
黄花欲摘犹未放，白雁争飞已在空。
会异龙山情共远，台输戏马兴还同。
佩萸莫侈长房术，文宴何妨倚梵宫。

[附记] 选自（清）乾隆《玉屏县志（卷10）·艺文志（下）·诗》。郑椿秀，清乾隆年间玉屏县学生员。

游白云山同友人作 郑伯恭

白云缥渺接穹窿，策杖攀登兴转浓。
密树阴从喧鸟雀，峻岩势欲据虬龙。
钝根敢问三乘法，小坐偏催一杵钟。
吟眺不辞好路晚，月华已上最高峰。

[附记] 选自（清）乾隆《玉屏县志（卷10）·艺文志（下）·诗》。郑伯恭，清乾隆年间玉屏县学生员。

前题和韵 田均豫

巍然一刹起城中，九日登高引兴同。
衔管雁方来塞北，含苞菊未吐篱东。
题糕不信偏宜雨，落帽何妨更有风。
最喜老人看健在，茱萸把映酒杯红。

[附记] 选自（清）乾隆《玉屏县志（卷10）·艺文志（下）·诗》。田均豫，明平溪卫（治今贵州玉屏）人，康熙辛卯（1711）举人田榕之孙，乾隆辛巳科（1761）进士，官翰林院检讨。

南山访厂上人兰若 赵本敭

出郭连峰长，磴道石子碎。
垂萝侧先扪，崩沙滑反退。
委蛇入岩腹，登顿穷鳌背。
萧条云林幽，惨淡精庐在。
吾师江海人，有道支许辈。
敛迹来荒陬，清心遗世爱。
愧我名利趋，久遭风尘废。
夙婴文字污，多营心迹秽。
自陪锡杖游，幸与禅龛对。
妙谛闻真如，宿蔽开蒙昧。
金蓖刮眼膜，惠水灌肝肺。
倘回心地初，来往无生内。

[附记] 选自贵州省文史研究馆编：《续黔南丛书（第8辑）·下·黄彭年诗文集》，贵州人民出版社，2014，第1087页。赵本敭（yì），字直夫，一字靖庵，贵州瓮安人，嘉庆举人。道光丙戌，以举人就官江南，历任甘泉、赣榆、通州、沛县、江宁诸州县，判决若流，豪猾屏迹，所去民思，所在民留，为总督蒋公砺堂所引重。有《学道堂诗》。

古寺 杨琼

古寺鲜人迹，空岩养竹斑。
孤花荒圃艳，秋雨病僧闲。
草浅鹿无尝，松高鹤自还。
几多萧瑟意，黄叶满空山。

[附记] 选自贵州省文史研究馆编：《续黔南丛书（第8辑）·下·黄彭年诗文集》，贵州人民出版社，2014，第1509页。杨琼，贵州遵义人，贡生。

游石佛洞[①] 李萃

探奇恍惚见西来，混沌何年始凿开。

云锁洞天春昼永，为贪佛日不知回。

[附记] 选自贵州省文史研究馆编:《续黔南丛书(第3辑)·上·播雅》，贵州人民出版社，2012，第328页。李萃，贵州遵义人，乾隆辛巳(1761)科进士。

和张鹏作 史胜书

营盘寻古寺，高咏坐禅房。

雨过松阴暗，风生竹影凉。

诗争山骨秀，茶沁齿根香。

老衲谈遗事，前明旧战场。

[附记] 选自贵州省文史研究馆编：《续黔南丛书（第8辑）·下·黄彭年诗文集》，贵州人民出版社，2014，第1399页。史胜书，字荻洲，黔西州人，道光己未（1835）举人。

避暑 杨文照

连天云木卷苍苍，日午穿林石晕凉。

小坐偶当峰转处，一声疏磬落僧房。

[附记] 选自贵州省文史研究馆编：《续黔南丛书（第8辑）·下·黄彭年诗文集》，贵州人民出版社，2014，第1376页。杨文照，字剑县，贵州贵筑（今贵阳市）人。道光甲辰（1844）举人，官麻哈教谕。入赀（纳钱财以取得官爵功名）改内阁中书，以通判分发广西。有《芋香馆集》。

---

① 原注: 石佛洞，在郡东十里，深广五六丈，明敞奇幻，去通衢数十武。旧时俨饰诡丽，为游宴之所，今荒废矣。

破寺次杨大韵 傅寿彤

始信禅关步步宽，荒凉尚郁路千盘。
堂留积藓绿黏屐，门让奇峰青护阑。
绕榻云归邀月住，摩崖诗老拂尘看。
低眉我岂僧入定，壁上龙蛇到地蟠。

[附记] 选自贵州省文史研究馆编：《续黔南丛书（第8辑）·下·黄彭年诗文集》，贵州人民出版社，2014，第1378页。傅寿彤，原名昶，字青余，贵州贵筑（今贵阳市）人。举道光癸丑（1853）进士，改庶吉士，未散馆请从军，以军功补归德知府，改南阳、开封，擢南汝光道，进河南按察使。有《古音类表》《澹勤室诗》。

游清虚洞 刘宇昌

道光十七年（1837）丁酉夏，余治湄数阅月，簿书稍暇，觅清虚洞者游焉。洞中灵异及建刹颠末，均载志史，兹不赘。惟石岩玲珑，水源清远，巧有夺神工者，因僻在偏隅，少题咏，以是人罕知奇辟也。时偕游张君辅臣，穆生小村，季弟雪樵，均各执所见，或抒情于景，或寓志于时，或壮岩石之奇谲，实能道其窾要，兹洞中之灵异益显且著。余拈韵得二首，特镌洞壁以志不虚此游，非欲为山增色也已。

东接渝城指顾间，潆洄二水护烟鬟①。
人皆仰望因流泽②，境有奇观只在山③。
鹤泪清声栖老树④，龙蟠灵气镇禅关。
隔溪农圃争相迓，喜我来游得暂闲。
坐久浑忘溽暑侵，四时宜夏此山深。

---

① 原注：昔张三丰咏湄，有“二水颠倒流”句。

② 原注：相传天旱必祈雨于此。

③ 原注：志载邑胜景此山为最。

④ 原注：昔邑尹杨石臣署曰“清虚”。

云施甘雨生前岫[1]，日照丹梯暎晚林；
莫辨花香来远近，全凭水气课晴阴[2]。
遍游五岳曾题石，胜境而今乐再寻。

[附记]选自（清）光绪《湄潭县志（卷8）·下》。刘宇昌，四川壁山人，翰林院书庶吉士。丁酉（1837）任湄潭县知县。

禹门寺怀黎尊斋先生 赵怡

自昔儒巾集，何年兵炮飞。
江山悠今古，泉壑自音晖。
万佛花间笑，千秋海外归。
风流与谁识，高望倚云扉。

[附记]选自王现璋主编：《文涌西坪》，西南交通大学出版社，2018，第359页。赵怡（1851–1914），字幼渔，号汉鳖生，遵义团溪西坪人，郑珍外孙。光绪光绪二十年（1894）进士。官四川新津知县。善诗古文，工书法。有《汉鳖生诗集》《文字述闻》等。

登金桶山留题 赵忻（懿）

路悬禠縆上灵宫，七十峰高与汉通。
云雨接连巫峡暗，山川盘锁夜郎雄。
涅槃金桶千年在，闪烁神灯半夜红。
异境恍疑游化宇，振衣频自御天风。

[附记]选自王现璋主编：《文涌西坪》，西南交通大学出版社，2018，第363页。金桶山，即金鼎山，位于遵义市红花岗区金鼎山镇。赵忻（懿），字悔予，一字渊叔，贵州遵义人。赵怡弟。光绪二年（1876）

① 原注：时殷望雨，次日应期而得。

② 原注：志载洞水有花随流，又水气生蒸则雨。

举人。四川名山知县。书仿北魏，画工人物，均极秀雅。尤长于诗，著延江生诗集。《益州书画录续编》。

映月 欧阳曙

有色即有空，无空不是色。
潭月两无心，相映只默默。

[附记] 选自（清）光绪《湄潭县志（卷8）·下》。欧阳曙生卒事迹不详。

观音殿摩崖 佚名

尖峰如笋复如犀，卓立郊原回不低。
直射九霄星可摘，遥联前笏笋难奇。
攀来日近天撑住，登去云高步有梯。
况是山巅增佛阁，应逝鸾鹊上方栖。

[附记] 选自赖福怀:《五峰岭览胜》，载绥阳县旅游产业发展委员会编:《绥阳旅游》，贵州人民出版社，2007，第118–119页。摩崖位于绥阳县青杠塘镇五峰岭观音殿崖壁。约刻于清朝末年。

桐梓三座寺诗碑 成合甫

万仞孤峰拂晓烟，层楼还许问青天，
晨钟暮鼓君知否，唤醒迷途在此间。

[附记] 选自杨隆昌、胡大宇编:《桐梓风光》，贵阳: 贵州人民出版社，1992，第98页。碑立于桐梓县元田镇文笔山三座寺东皇殿。

晓钟吟 冯世爵

蒲牢一吼震城东，声震城东古寺中。
不叩自鸣清夜晓，醒迷觉世有神功。

[附记]选自曹前军主编：《湄潭风景名胜诗词·中国名茶之乡·贵州湄潭旅游指南》，贵州人民出版社，2009，第50页。“释慈晓钟”为湄潭老八景之一。释慈寺位于湄潭县县城北隅许罗家湾。冯世爵，字叔达。明末贡生，任正安州知州，清初归隐于湄潭官兴寨。

（三）民国时期

营盘寺与附设保校均倾圮，偕士绅葺之，赋此 刘莘园

玉溪环曲一桥横，有塔巍然镇水滨。
幽径斜上营盘寺，万柏森森碧寺门。
门边依树古藤卧，风暖三春吐花萼。
攀枝附干凌九霄，绿龙夭矫天为破。
亭前两桂一株丹，冷露无声湿画栏。
春夏秋冬张锦彩，珍惜乡人月季看。
丰碑欹侧尘埃中，碎瓦斜楹正殿空。
雨雪点斑留佛顶，破楼僧打夕阳钟。
东西厢原建庠序，邑南名流半砚席。
蜗牛缘室壁罩蛛，谁使为之徒叹息！
三百年前陈太守，朱明鼎复遐荒走。
招提创业寄丹心，白发青灯长不朽。
逊清咸同付炬焚，中兴我舅昌贤僧。
种竹栽花禅坐外，时牵黄犬叩柴阍。
唐任诸师此绛帐，生徒大小楼下上。
每因鹅鸭恼毗邻，同学少年竞跳荡。
瞬息沧桑蝶梦思，泯棼近事更离奇。
羊头狗肉儿童识，漫云注彼方挹兹[①]。
激怒乡人秋社集，佥云攘取究何意？

① 原注：其时有以办学为名者，强取寺谷二年矣。

幼孩失学老僧啼，卫校护僧誓棉力。
任君掩饰口甘言，魔术从来总拆穿。
是非善恶盖棺定，自信光明磊落、不虞不诈，扪心午夜质旻天。

[附记] 选自龙先绪采编:《仁怀诗征》,仁怀县志办公室,1992,第93页。刘莘园（1891–1977），字端裳，又名树苑，别号白云山樵，仁怀鲁班乡人。曾参加武昌辛亥举义。抗日期间任川军22集团军中将高参。1940年回乡，襄办昆山中学任董事长。新中国成立后，任贵州文史馆馆员，贵阳市政协委员、民革成员。诗作甚富。

尧龙山 犹海龙

一轮红日当头上，尧龙之高穷所望。
山顶上接九重天，四面群山难比量。
山于江津称祖山，山于桐梓集仙班。
蓬莱弱水飞难渡，囊加台竟克虹关。
上有石笋参天立，囊氏以还于戈辑。
梭米岩下莲花池，食德饮和久安集。
戊午己未①乱如麻，十室人民空九家。
起视山容忽愁惨，岩谷花柳少光华。
甲子②而后山发笑，山若预知天玄妙。
试问山灵笑为谁？妖星扫去福星照。
一愁一笑山无心，一治一乱关系深。
全县之山斯为大，山之神奇令人钦。
吁嗟！
层峦鼻孔狼烟起，铧尖山更相终始。
欲为群山一洗之，倾倒松江难能矣。

---

① 戊午己未：1918年和1919年。
② 甲子：1924年。

松江之水水环流，尧龙一山在上头。
将于山半开马路，且问山灵凿那处？

[附记]选自（民国）《桐梓县志·文征志（卷20）》。犹海龙，名学湖，字镜涵，犹官坝人（原属桐梓兴隆镇，现为重庆市綦江区万盛经开区关坝镇），光绪癸巳（1893）举人。戊戌变法（1898），在京参与“公车上书”。民国五年（1916）当选国民代表大会议员，曾任湖南芷江县长。民国十八年（1929）任桐梓志书局总纂。

东泉[①]晓钟 冉谦

山环水绕梵王家，静听晨钟日未华。
万里人惊催马去，一声梦破早栖鸦。
殿空响激峰前树，僧懒惟盈寺外花。
待得茶烟初起时，连连瑞霭映朝霞。

[附记]选自王明析编：《务川历史古籍文献资料辑录》，内部刊印，2010，第391页。

云台寺字库石刻 佚名

天府施妙语，南海阐玄机。
一字参天地，群仙冠古今。
万民朝佛宝，众姓荷天恩。
诸仙扶教化，庶类沐恩膏。
舍财扶宝地，立德感苍天。
四方善士集，三界鬼神钦。
文仙传密典，武相显威权。

① 东泉：东泉寺，建于明嘉靖十六年（1537），因庙侧有清泉而名，在今务川县城东门。东泉晓钟，古都濡后八景之一。

善气冲霄汉，祥光贯斗牛。
功圆遗胜迹，德绩启文明。
恩光来北虎，灵气降西龙。
勋名昭百代，美举著千秋。
功著流芳远，名存沛泽长。

［附记］云台寺位于播州区（原遵义县）山盆镇雨台村严教组佛宝山，始建于清朝中叶。字库在山门后，高约7米，为宝塔形建筑、五层六棱结构，有十八通石碑镶嵌在镌刻石柱内，顶层刻浮雕花瓶，底层用细钻砂石巧妙构制，六面匀称，其中两面有对穿的牒状拱隙，用以焚烧文书。从第二层起的石柱，均两两相对刻对联，字迹刻工精细。

宝华山回龙寺赞 杨怀轩

我有一语问青天，宝华功务何多缘？
领袖首民非耐苦，至艰至大谁周全。
崎岖地作荡平地，鸠江□必几万千。
巍巍峻阁两回建，许多盘费许多钱。
廊腰漫回重重造，檐牙高啄并鲜妍。
三曹神圣普供奉，居然桃源会神仙。
前朝创始及后汉，经营直到数十年。
前后披肝任其事，既须忠直又须贤。
凭神拣选总首善，万马两□活神仙。
上承天恩肩大任，下度缘人分坤乾。
播州大里传胜境，到此功界已圆满。
勒石铭碑居第一，事事无当亦无偏。
不知人民何信服，近欲远来共周旋。
善财何其多凑积，功高山岳深于渊。
此事宜人真莫测，善德感人仁与先。
休善哉，休美哉，善德感人仁与先，不别［必］再问青天。

[附记]碑存播州区(原遵义县)山盆镇宝华山寺中殿山门右侧。碑额“同结善缘”,碑题《宝华山回龙寺赞》。清末候补儒学杨怀轩撰,民国三年(1914)立。碑高 1.4 米,宽 0.77 米,厚 0.15 米,阴刻楷书,字迹较为清晰完整。

四、安顺市佛教诗选

（一）明代

1. 谢三秀诗选

普定圆通寺登飞翠阁

振衣历翠微，缥缈得飞阁。
松风众壑响，花雨诸天落。
渐暝鹤归林，乍晴钟彻郭。
愿言释尘纷，于焉永栖托。

[附记] 选自（明）谢三秀著：《雪鸿堂诗搜逸》，载顾久主编：《黔南丛书（点校本）》（第4辑），贵州人民出版社，2009，第15-16页。

2. 程剑诗选

平坝天台山摩崖诗

云铺飘渺最高峰，石蹬通天更几重。
曾约同游孤顶寺，今来独听一楼钟。
僧归绝壁蓬莱上，人过秋山画谱中。
读罢诸公题碣在，寒鸦声里夕阳红。

[附记] 选自政协贵州省平坝县委员地文史资料研究委员会：《平坝文史资料选辑》（第1辑），1984，第69页。诗刻于平坝区天龙镇天台山天

街石壁。天街石壁为历代游人题咏之处，有历代题诗。但多被风雨剥蚀。仅存两首。

3. 金瓯卜诗选

游西山亲云禅院[①]，赠休休老人

擅绝西山胜，端应属道流。
懒云供坐卧，高树作春秋。
马祖孙无敌，牛车语莫酬。
劳劳[②]惭我相，出世竟虚谋。

[附记] 选自贵州省文史研究馆编：《续黔南丛书（第3辑）·上·播雅》，贵州人民出版社，2012，第3页。金瓯卜，贵州绥阳人，官仁怀教谕。善属文，尤长风雅。晚岁隐居，守道甘贫。

4. 江盈科诗选

咏华严洞[③]

一壑藏幽境，群山绕梵宫。
鸟窥僧灶饭，猿挂洞门松。
石溜晴疑雨，炉烟午飏风。
尘踪怜碌碌，小憩且从容。

[附记] 选自（民国）《续修安顺府志辑稿（卷之2）·古迹志》。江盈科（1553–1605），字进之，号绿萝山人。湖南桃源人。万历二十年（1592）进士。万历二十六年（1598）官大理寺正时奉命恤刑滇黔。后任四川提学副使。

---

① 西山，位于绥阳县城西北。山左有万管崖，积石千仞。山半云气，终年不绝，晴则如白丝数缕萦崖上，将雨则如播幢接霄汉间。上人题画诗“西山未许画，天半出云根”。

② 劳劳：怅惘若失；惆怅忧伤。

③ 原注：乾隆《贵州通志》。

在文学上，江盈科参与创立公安派。

5. 彭而述诗选

游天台山

道旁山胁出危峰，马首寒云一望中。
何必阮刘能到此，层霄开遍万芙蓉。

黔中也自有天台，石磴棱增平坝隈。
鸡犬直从云里下，飞梁绝壁老僧来。

[**附记**]选自（清）道光《安平县志（卷之10）·艺文志·诗》。

（二）清代

1. 郭之翰诗选

登普照寺

偶向南天泛酒杯，万帆如叶逗杯开。
螺峰漠漠晴云出，昆海茫茫落照来。
醉后不堪重蹑级，诗成何事更闻雷。
若教纵步银河去，俯视沧溟真快哉！

[**附记**]选自贵州省文史研究馆编:《续黔南丛书(第3辑)·上·播雅》，贵州人民出版社，2012，第2页。郭之翰，字羽生，四川富顺人，迁居遵义。永历称号，授贵州独山州知州。后弃官归隐。工诗画，善草隶，所存片纸尺幅，得者珍之。

南无开士精舍[①]

古寺偶逢支道林[②]，闲云无意各为深。
饮酣八极诗人眼，悟入三生佛子心。
棒喝休时虚梵呗，推敲尽处碎胡琴。
二豪不著蒲团相，流水高山自古今。

[附记] 选自（清）唐树义审例，黎兆勋采诗，莫友芝传证，关贤柱点校：《黔诗纪略》，贵州人民出版社，1993，第1047页。

2. 谈亮诗选

和掌山老人咏莲元韵

根同太华莲，节节藕如船。
但得花常笑，何妨地屡迁？
掌山无异土，平水共流泉。
不数濂溪胜，渔歌棹晚烟。

游大觉兰若[③]

仲秋十九日，社友傅乃占招游大觉兰若[④]，次韵兼呈郡守县尹二首。

为爱郊行曳瘦藜，招提日暖草新萋。
风摇石笋撑高阁，花带天桥度小蹊。
奏曲喜观鱼听水，化城谁见鹿横輗[⑤]？
茶烟酒碗判清卧，不待辟尘休问犀。

---

① 原注：此诗见《平越志》。

② 支道林：本名支遁（314–366），以字行，俗姓关氏，陈留（今河南开封）人。东晋佛教学者、高僧。著作有《释即色本无义》等。

③ 标题为选录者加。

④ 大觉寺在遵义旧城北郊栗溪上。清初资中人闵相此置别业，因建寺。寺前临溪处建有观鱼庵、映月台等。

⑤ 輗（ní）：古代大车车辕和横木衔接的活销。

跨桥穿洞拂蓬黍，春日寻芳踏碧萋。
莲社何人能载酒？桃花入寺亦成蹊。
即看杯渡超三岛，端望褰帷式一貌。
却笑头颅僧已像，难同马客贯文犀。

失足吟（并引）

苔石坠，足几折，伏枕赋此，志悔也。

山居合受住山名，竹杖芒鞋了此生。
已判形骸如土木，不妨负痛作嘘声。

无名无姓莫相呼，雨过前村听鹧鸪。
慰我声声行不得，焚香且学小跏趺。

深山采药未全贫，况复田衣称称身？
立地但须双足在，蒲团默坐证前因①。

[附记]选自贵州省文史研究馆编：《续黔南丛书（第3辑）·上·播雅》，贵州人民出版社，2012，第24–27页。谈亮，字晋若，四川富顺人。明亡，避张献忠难来遵义，家平水里，间馆于永宁、贵筑间。永历中授义宁县知县，任三月调贵州麻哈州知州。陈枚庵妻以女。永明王亡，亮随枚庵隐掌台寺。康熙癸亥（1683），六十一岁剃发出家。著述颇多，惜存留少。

3. 黄晊诗选

梵刹崖诗②

蔚然奇峭自天开，佛寺凭虚占碧嵬。
夏腊一随花放落，钟鱼长伴鸟徘徊。

---

① 原注：四月八日，掌山老人为予摩顶授僧帽矣！

② 原注：平原八咏之一首（旧志，寺在梵刹崖下）。

孤城暮霭联苍峤，四面飞霞拥翠台。
今古游人同极目，劫尘阅尽几多来。

[附记] 选自（清）唐树义审例，黎兆勋采诗，莫友芝传证，关贤柱点校：《黔诗纪略》，贵州人民出版社，1993，第951页。黄暟，字赤城，平坝卫人，崇祯初选贡。官黔阳知县。明亡不仕。常为乡里调解纷争。清康熙初，卫守备卢大济（湖北沔阳人）撰《卫志》时，邀其参与采访遗事。碑文记述韩宪忠、韩㶊父子创建、修葺紫竹庵，延请僧住持事。

珍珠涌池

谁驱丹井住龙湫，粒粒珠光向客投。
龙姥①散花辉合浦，鲛②人夜泣动高秋。
翻空色相从何着，度尽声闻应自求。
尘梦由来如泡影，相看莫作等闲游。

[附记] 选自安顺地区诗词楹联学会编：《安顺名胜诗词楹联选》，贵州人民出版社，1996，第128页。

4. 李先立诗选

笔峰寺③

山头余古寺，移住断崖中。
有恃僧长懒，无名佛始空。
鸦巢盘谷月，龙护土囊风。
几杵钟声出，诸峰界画通。

① 龙姥：亦称龙母娘娘、昌山圣母。山西、陕西、广西等地均有龙母娘娘传说。

② 鲛（jiāo）人：又名泉客。是中国古代神话传说中鱼尾人身的神秘生物。

③ 原注：在笔峰下，清幽越俗。

次韵酬达旨禅师

不耽孤寂缚禅纲，山霭溪烟引兴长。
酒熟便邀攒额亮，诗成钞对解颐匡。
孤咸有子兄何憾①，败盎无粮道自光。
一片空明浑是佛，铁鞋休更觅灵章。

[附记] 选自贵州省文史研究馆编：《续黔南丛书（第3辑）·上·播雅》，贵州人民出版社，2012，第103页、第115页。李先立，字卓庵，学者称北山先生，贵州遵义人。康熙甲戌（1694）科进士。曾任曲阳知县、文选司主事。

5. 洪亮吉诗选

三十日游金钟山诗②

百盘升作岭，一石削成台。
山笋高逾屋，天风响若雷。
淡红双径幂，新绿一窗开。
正好容危坐，斋钟莫屡催。

[附记] 选自（民国）《续修安顺府志辑稿（卷之2）·古迹志》。

初一日出南门至华严洞持烛入三里许③

百折山已深，遵岩复千转。
山扃深万仞，欲往怯途远。
洞门蜡炬掷两头，直下无底光难留。

① 原注：师归与孤侄完婚，举一子，而侄殁。
② 原注：《卷施阁诗集》。
③ 原注：《卷施阁诗集》。

奋身一掷若飞鸟，回视偏惊洞门小。
土花蒙蒙绿满衣，巨石碍路如双扉。
牵衣屈曲人扉罅，飞瀑偏从两肩下。
危崖覆釜下转空，大声如钟疑蛰龙。
孤筇欲拄不得拄，地底陡复冲天风。
崖穷路断天愁晚，半寸烛中人复返。
高低三里路蜿蜒，出履平地同登天。
当时谁把《华严》说，已觉丰于太饶舌。
我欲磨崖易旧名，读书山畔藏书穴。

读书山①

城南十里路回环，百折烟岚水一湾。
却喜青衫②迎马首，华严洞口读书山。③

[附记] 选自（民国）《续修安顺府志辑稿（卷之 13）· 祠祀志》。洪亮吉（1746–1809），字君直，号北江，江苏阳湖（今常州市）人，乾隆五十五年（1790）进士出身，授编修，五十七至六十年（1792–1795）任贵州学政。嘉庆元年（1796）回京供职。著有《洪北江全集》。

观音洞④

仄径西来日欲曛，洞门流水绿沄沄⑤。
抬头忽觉峰奇峭，错认天空数朵云。
半崖音响若闻钟，石罅才开藓复封。
谁识洞中仍有洞，小桥流水一株松。

---

① 原注：《卷施阁诗集》。

② 青衫：青色的衣衫；黑色的衣服。古代指书生。

③ 原注：是日值诸生释菜回。释菜：即行释菜礼，学生入学时以芹藻之属礼先师。

④ 原注：案，《图经》云：明平坝卫有观音寺，在卫城西一十五里。

⑤ 沄沄：形容水流动。

[附记]选自（民国）《续修安顺府志辑稿（第13卷）·祠祀志》。

6. 邹宗孟诗选

自题真二首

生无慈母并严父，未辟乾坤早有家。
恁地纷纭常自在，为贪碧落玩烟霞。

人生天地井生蛙，井底何能见外奢？
跃出井儿睁著眼，一天一地一人家。

醒语

世事忙非闲是好，朦朦长夜何时杲[①]？
往还日月尽多情，一笑掉头天地老。

见月闲吟六首

天上一朝一日月，人间一刻一古今。
桑田变海时经眼，犹见秦城万里心。

黄粱炊醒乾坤梦，蝴蝶飞回幻泡身。
只有青山常不改，登临日日且相亲。

青山郁郁似堪嗟，逝水悠悠两岸花。
欲问山翁何所事？白云酿酒醉烟霞。

山自高高水自流，高山流水日悠悠。
等闲听到无声处，弹破人间万古愁。

石林曲曲岩嶙嶙，疑无烟火疑无人。
杖头忽有一花堕，知是小桃今又春。

---

① 杲（gǎo）：日出明亮。

山静泉鸣别是家，一杯一笑一长嗟。
老夫此意无人解，满眼云烟四季花。

[附记]选自贵州省文史研究馆编：《续黔南丛书（第3辑）·上·播雅》，贵州人民出版社，2012，第29–30页。邹宗孟，字直方，四川富顺人。南明永历时任河西知县。永历亡，隐于遵义南面水，晚号餐霞老人。

7. 李晋诗选

宿龙泉寺

闻说龙泉寺，今朝偶一过。
群山分队仗，两水合笙歌。
松竹含烟古，藤萝挂月多。
上方人静后，移榻对天河。

浴佛日立夏喜雨

田畴方望泽，节序入朱明。
何幸天浇佛，因成雨助耕。
轻烟连断岸，小鸟咽尖声。
风送池塘水，荷钱亦向荣。

登毗卢阁

杰阁登临兴自奢，望中无处不清华。
西山挺拔云根坼，浑水微茫柳岸遮。
天紫层楼遥映日，风黄大漠遍飞沙。
苍然元气凌霄汉，我欲凭空一泛槎。

[附记]选自贵州省文史研究馆编：《续黔南丛书（第3辑）·上·播雅》，贵州人民出版社，2012，第48–49页、第55页。李晋，字冀一，桐梓人，康熙甲子（1684）科举人，官广东灵山县知县。博学多通，创撰《桐梓县志》。

8. 李专诗选

春夜同朱湄云宿山寺

红杏花开又欲残，春风犹与腊同寒。
青州从事苦无力，造化小儿偏有权。
莫为行藏悲断梗，且将灯火伴旃檀①。
离群便在鸡声里，晤对休轻此夜阑。

三月杪有约游山寺赏牡丹者，逾期不至，作诗遣闷

何曾蜡屐敢辞遥，拟借军持②贮阿娇。
东道主人殊寂寂，南风庭院渐萧萧。
纵然酒盏犹相待，毕竟花魂不可招。
莫怪尾生痴太甚，前溪一夜水平桥。

[附记] 选自贵州省文史研究馆编：《续黔南丛书（第 8 辑）·下·黔诗纪略后编》，贵州人民出版社，2014，第 695 页、第 1669 页。李专，字知山，号白云居士，贵州遵义人。康熙丙寅（1686）拔贡。《贵州通志》选举失之。后选授教官，不就。遍历滇、黔、楚、蜀、吴、越、燕、赵等地。

春夜同朱湄云宿山寺

红杏花开又欲残，春风犹与腊同寒。
青州从事苦无力，造化小儿偏有权。
莫为行藏悲断梗，且将灯火伴旃檀。
离群便在鸡声里，晤对休轻此夜阑。

[附记] 选自贵州省文史研究馆编：《续黔南丛书（第 3 辑）·上·播雅》，

① 旃（zhān）檀：又名檀香、白檀。

② 军持：一种瓶装盛水器，又名军墀、君迟、净瓶等。军持约在隋唐时期传入我国，唐代最盛。

贵州人民出版社，2012，第 127 页、第 135 页、第 163–165 页、第 172 页、第 181 页。

9. 李相元诗选

宿丁旗堡西峰寺题壁（五首）

时巡揽善到城边，万壑奇峰立马前。
夹道送迎挥不去，宵来引住翠微巅。

朝廷正赋久悬虚，只道催科拙使然。
今日西来三十里，民间都是未耕田。

偶投萧寺谒如来，莲座惟余石作台。
悟得禅空真妙诀，不留色相落尘埃。

春色桃花逐水流，寻源闲放武陵舟。
相逢记得初三夜，新月低垂露一钩。

乔木萧疏映比邻，遥知其处有遗民。
蓬蒿铲尽饶新绿，高下坡田种小春。

[附记] 选自（民国）《续修安顺府志辑稿（第 18 卷）·艺文志·镇宁县》。

10. 张仲怡诗选

题老青山

名山峻极镇遐方，山麓之玄水更长。
活动岩高凌绝顶，清凉井小涤回肠。
夏来古木千章荫，冬至梅花几树香。
大地门前平若砥，山僧嗜酒种黄粱。

摘寻梅子可调羹，带得诗来要酒烹。
入道无人求远大，藏经有阁颇高闲。

贤流随喜麈无吠，俗子翘瞻鸟亦惊。
我是天台乐药客，尘缘抛去学长生。

闲携拄杖乐遨游，不到名山几度秋。
木铎悬空无客振，金钟扑地有谁修。
山径难行临恃马，高轩厂卧看牵牛。
迩来未了伤心事，禾黍离离念两周。

有酒追欢且发歌，前明已逝可如何。
空留赑屃斯文负，未受虫沙浩劫磨。
梦梦苍天谁作主，滔滔下土敌为倭。
山头凭吊江河旧，安得蛮夷若赵陀。

[附记] 选自（民国）《续修安顺府志辑稿（第13卷）·祠祀志·安顺县》。作者生卒事迹不详。

题万仙洞（七律四首）

一窍开从万古前，能知此窍即成仙①。
丛林久隐洞中洞，密箐难寻天外天。
日影参差时若此，泉声滴沥韵悠然。
中藏道友无思虑，梵语喃喃课诵坚。

西方有路路迢迢，取得真经一担挑。
不谓篇中无半字，何如洞里乐箪瓢。
秋来月出尘心静，冬至风吹木叶凋。
我是俗人人不俗，常思到此听鸣蜩。

到此年来五十秋，而今华发已盈头。
安从解脱人间事，也效弥陀几度修。
闭目垂帘即蓬岛，潜心入定是瀛洲。

---

① 原注：老子云：常有欲以观其窍。

调和四象阴阳合，定必庖丁善解牛。

闲来携杖访三之，孝意通神达帝知。
前世仙猿归府洞，于今画虎忆唐师。
禅心寂寂风同静，诗思沉沉月早窥。
我是云来云去客，无庸作雾把山迷。

浪淘沙·华严晚钟

华严洞城北二里许。洞外有寺，两山环抱，洞与寺俱在山阿中，形似盘谷，到处乃见。远闻钟声，应指曰：只在此山中，云深不知处。

梵宇忽声传，响彻三千。匆匆飘荡白云边。四顾晚山愁默对，暮霭苍然。

欲断又相连，徐疾缠绵。频惊客梦到江船。催得少年成白发，感慨难宣。

[附记] 选自（民国）《续修安顺府志辑稿（第18卷）·艺文志·散篇》。

11. 王恩诰诗选

辛巳（1881）游峨山归作十首

此行踏破万重山，竹杖芒鞋自往还。
记得峨峰高处立，天风吹向白云间。

雨后岚光翠欲流，湿云暗锁乱峰头。
何人伸出披云手，新样蛾眉画一钩。

山拥危峰侵碧汉，我从平地上青天。
烟云足底知多少，竟是飞仙出世年。

云气扑人衣欲湿，尖风吹我骨□清。
红尘到此应删净，正好长空挥臂行。

天门高峙彩云间，青锁何年启不关。
疑是巨灵亲手辟，好通□座晋仙班。

雪山万里人青冥，西映峨眉列素屏。
月黑舍身岸畔望，佛灯点点似流星。

诸山罗列总尘埃，海底云生荡不开。
红日一轮当午未，有缘人睹佛光来。

青山乱叠碧重重，上有灵泉间气钟。
恰是云开刚我到，一泓秋水看游龙。

遍地云如大海涛，万山低伏一山高。
我行绝顶罡风里，几化长虹下九皋。

风生腕底墨光腾，散作烟云纸上熏。
大众求书兼作画，何曾有个解诗僧？

中崖寺访古三十韵[①]

生平有奇嗜，爱作名山游。
况闻中崖胜，前贤迹尚留。
好古乃素心，短棹放中流。
舟行至山口，阴翳草木稠。
登岸望东皋，仿佛丈人沟。
杂花生满树，蝉鸣响未休。
寻碑剔苔藓，沿溪树鹭鸥。
奇哉唤鱼池，命名何取由？
胡为陆放翁，遗像置山湫？
旁有打儿窝[②]，相传子可求。
古刻半剥蚀，隐约蟠螭虬。

① 原注：山在青神虎渡溪下。

② 打儿窝：民间自然崇拜求子习俗。以石子击具有象征意义的洞穴或山石。

山僧弄狡狯，顽石穷雕锼①。
突如来双虎，卧在山之陬。
不啸于生风，耽耽骇双眸。
流杯池上池，读之苦难周。
壁间龙蛇影，珍奇过琳球②。
剥落如败堵，应为山灵筹。
对此发长叹，望古生烦忧。
缓步度石梁，林壑转清幽。
凉风飒然来，万木鸣萧飕。
危崖撑半壁，隐隐墨光浮。
元明差可辨，唐宋杳难搜。
况乎秦汉前，古意空绸缪。
矫首望三峰，天际碧油油。
山有翠微字，铁画兼银钩。
传云山石垢，袅袅看炉烟。
知君有深意，相应得大年。

[附记] 选自（民国）续修安顺府志辑稿（第18卷）·艺文志·王恩诰诗文钞》。王恩诰（1834–1905），字云轴，号云何山人，贵州安顺人。曾任职于四川简州井矿盐局。有《云何山人诗钞》《云何山人文钞》。

12. 郭石农诗选

习安八景·笔峰挺秀③

何来大笔势摩天，塔建圆通望俨然。
濡向九霄沾雨露，挥从万象走云烟。

① 雕锼（sōu）：雕刻。

② 琳球：亦作“琳璆”。指美玉。

③ 原注：圆通寺塔也，在城西南。

钟王[①]隶楷当头见，燕许[②]词章信手传。
秀启人文归间气，霓裳高咏会群仙。

习安八景·华严书声[③]

华严古洞本仙寰，励以读书更号山。
修士但教泉比洁，聚徒何患石同顽。
烟霞润壑尘氛远，鸡犬桑麻乐意关。
再访桃园无觅处，此中幽隐不须还。

地藏寺黄杨树歌及跋

地藏寺里黄杨树，顶圆于笠根如柱。
出土环生分六桠，婆娑满院浓阴护。
黄杨厄闰古来言，历年不知几何数。
古时兹物见已稀，实为匠石所惊顾。
相传寺建崇祯时[④]，自明迄清代又移。
二百七十有余岁，星霜阅久雨露滋。
饱吸清英蠢亦灵，忽闻院树成妖精。
紫荆花与梨杨伙[⑤]，遁入人家幻人形。
东邻有婢年十九，喜见花开扳在手。
归家一病睡沉迷，为男子言假诸口。
谓侬今者辱卿爱，因缘合了前生债。
红娘子与紫秀才，况乃容华真绝代。
自是而后暮复朝，谓居两友相招邀。
问友者谁黎杨是，唯黎视杨度更高[⑥]。

---

① 钟王：三国时期钟繇与东晋羲之均为著名书法家，并称为“钟王”。
② 燕许：唐玄宗时名臣燕国公张说、许国公苏颋的并称。两人皆以文章显世，时号“燕许大手笔”。
③ 原注：山洞幽深，本释子静修处。嘉庆初，学使洪亮吉易之曰“读书山”，去城五里。
④ 原注：庚辰十三年（1640）。
⑤ 原注：紫荆曰金子安，曰黎，曰杨，假古姓名。
⑥ 原注：自言三百余度，金近百，黎仅四十余。若然，则在崇祯前矣。

来往不时恣淫嬲[1]，理遣情喻浑不晓。
何物鬼子忒狂颠，至是翻动邻僧恼。
邻翁矫矫性刚烈，强再容之容不得。
赫然一怒动雷霆，斫以斧斤怪乃绝。
斯时黄杨宜并祸，治以株连不为过。
赖有山僧善护持，一言存古免伊坐。
嗟嗟！造物生才本最难，锄同萧艾奚有兰。
黄杨黄杨今可宝，愿与孔明庙前柏同老。

跋云：树在城为最古，近以怪闻，将砍去。虚轩时主是寺，谓："数百年黄杨，得非易易。"乃以古存。予闻而异之曰："嘻！得无所谓历劫而仙者乎？"因歌以志如此。时戊午（1918）惊蛰后五日。

题潮音寺壁

南关东头潮音寺，水绕平田山作峙。
一弯曲屈路通幽，隔绝尘嚣迹罕至。
烟村四面见人家，怡然鸡犬与桑麻。
武陵不知何处洞，孰从远水问桃花？
绿柳作覆石门启，磬声遥出浓阴里。
此处由来别有天，境入无遮任随喜。
阿罗坦腹向我笑，旨证拈花参微妙。
老僧一见话因缘，打破虚空口头禅。
荡涤尘襟随处足，名山群谓可医俗。
哪知别构出奇思，清幽更豁看山目。
方塘半亩开如鉴，周以石栏围四面。
种得芙渠叶田田，六月花开看不厌。
看花宜上水心亭，亭建当中亦珑玲。
此是米家书画舫，菱歌时向醉中听。

① 恣淫嬲：恣意淫乐。嬲（niǎo）：戏弄；纠缠。

愠解或借琴三叠，昼长亦消局一枰[①]。
知他游侣同携者，披襟坐爱晓峰青。
屋小于舟唯所住，只在风波绝少处。
偷得浮生便是闲，独以忘机伴鸥鹭。
吁嗟乎！蛮触争变几沧桑，神仙世界总清凉。
愿向此间分半席，翩跹蝶梦效蒙庄。

光绪庚子仲春，池亭既成，出游有作，遂书诸壁。

观音山摩崖题句

层峦叠翠走弯环，隔绝尘氛是此山。
酷暑炎蒸浑忘去，御风列子亦仙顽。
七十余年见此身，更从石上话前因。
我今来此非无意，为访栖霞得道人。

跋云：厂石老衲，山之得道者也。康熙间，李将军芳述平校场，延主双柏寺（在校场演武厅内），曾有诗句云："夜围寒炉拨死灰。"李当下大悟。民国丙辰（1916），其法孙心如邀余至山，得备观全稿。

偶兴[②]

城头古寺接郊墟，静处无邻好读书。
排闼青来山过雨，当轩绿满圃环蔬。
嚣尘隔绝同逃世，车马不闻似隐居。
最好闲从高阜望，垂杨界断万家闾。

苦雨

骤雨连绵昼接宵，山居野寺静无聊。
四围山色横秋气，万里江声送晚潮。

---

① 枰（píng）：棋盘。

② 原注：此读书静乐庵作，是为学吟之始。

屋漏滴时频梦警，墙颓坏处几魂消。
勃然亦有田中稻，独此差堪慰寂寥。

静乐山寺醉归

壮往诗情健，朦腾酒思颠。
门开山路窄，石对小桥偏。
树色藏昏鸟，钟声隐暮蝉。
得闲须一醉，何必慕神仙。

山居杂咏（八首）

山居无个事，竟日掩柴扉。
小院无人至，苍苔点地肥。

闲中常觅句，静里每探书。
自得天然趣，休休乐有余。

醉卧床头酒，狂歌座上琴。
赏心随所遇，世事不须侵。

园中曾种树，庭畔亦栽花。
野处无经济，因之度岁华。

笙簧晨听鸟，鼓吹夜鸣蛙。
自笑山人宅，都如宰相家。

佛性虽常寂，仙心只自清。
白云深处卧，即此学长生。

绿绕门前水，青排户后山。
家居城市外，人在画图间。

远爱东山志，高希北海踪。
烟霞供啸傲，天地豁心胸。

静坐二首

静坐心同静，纷纷不系情。
朋从疏扰攘，世故绝经营。
任运资行乐，游虚学养生。
萧然无所与，俯仰虑皆清。

真吾吾自见，此外孰知之？
分定无加损，居安不屈移。
浮云看富贵，骤雨视颠危。
天籁时闻处，忘形到子綦①。

[附记] 选自（民国）《续修安顺府志辑稿（第18卷）·艺文志·郭石农》。郭石农（1838–1919），贵州安顺人。本名郭临江，字春帆，别号石农等。曾在清泰庵、崇真寺等设帐教学，其弟子何威凤最为出名。

古风·云鹫山题壁

一啸临风起，烟云生足底。
回首看下方，苍苍亦如此。

[附记] 选自安顺市西秀区人民政府、安顺市诗词学会编：《屯堡风韵》，贵州人民出版社，2008，第126页。

---

① 此句典出《庄子·齐物论》："南郭子綦隐机而坐，仰天而嘘，荅焉似丧其耦。颜成子游立侍乎前，曰：'何居乎？形固可使如槁木，而心固可使如死灰乎？今之隐机者，非昔之隐机者也。'"后以南郭子綦为物我两忘、清高淡泊的典型。

13. 何威风诗选

清泰庵即景①

弯弯曲径倒颠行，清泰庵前品物亨。
一树石榴垂紫菌，满院苞谷带红缨。
门前黄犬能招客，河里青蛙乱打更。
偶然瞧见月初上，斋粑豆腐不胜情。

[附记]选自（民国）《续修安顺府志辑稿（第13卷）·祠祀志》。何威风（1853–1918），字翰伯，号东阁、藻篁，贵州清镇人，后移居安顺。光绪十一年（1885）举人。曾于甘肃布政使岑春煊（后任四川总督）府上做幕僚。不久，告辞还乡，寓居贵阳。主讲贵阳正本书院（俗称北书院）。何威风精书画、工诗文，与北方的李犹龙齐名，享有“南风北龙”之誉。清泰庵位于今西秀区虹山湖畔。诗载《清泰庵即景竹枝词》。

金钟山寺四首②

千里蜿蜒气势雄，南阡北陌遍西东。
环山竹露横青霭，夹道松涛响碧空。
云影远沉披襟快，霞光近接挂笏崇。
遥看挹爽楼高处，疑有星辰落掌中。

岩岫参差拥寺门，崔嵬石鼓接天根。
当头古洞云舒卷，半腹灵泉气吐吞③。
鹫岭遥分烟有态，鳌维低映月无痕。
连宵会得西来意，手爇旃檀礼世尊④。

---

① 原注：庵在城内东北隅。

② 原注：壬寅新秋，予主讲凤仪书院，集同人登金钟山礼佛，兼览诸名胜，作七律四首。

③ 原注：山半有化龙泉。

④ 世尊：佛陀十号之一，《四十二章经》：“尔时世尊既成道已，作是思维。”

欲登绝顶游鸿蒙，樵路穿云一线通。
九曲水流归眼底，千重岛屿点波中。
听残黄叶疑犹湿，敲罢白云辨不穷。
两腋风生秋飒飒，晴晖夕照影朝东。

层峦叠嶂锁重重，采药迷离雾气浓。
近郭遥村云影外，晨烟暮雨水光中。
飘蓬处处留鸿爪，压线年年怅客踪。
满目苍凉归寺晚，回头犹听上方钟。

[附记] 选自（民国）《续修安顺府志辑稿（第18卷）·艺文志·何威凤》。

14. 其他诗选

观音山绝顶[①] 黄堂

荒城耸碧岑，久坐净禅心。
不雨苔常湿，无云洞自阴。
僧闲祇树[②]冷，鸟语落花深。
高阳有元度，支遁[③]定相寻。

[附记] 选自（民国）《续修安顺府志辑稿（卷之2）·古迹志》。黄堂，平坝卫（治今平坝区）人，举嘉靖壬子（1552）举人，选浙江常山教谕，官至太平府知府，以仁厚廉明称。

---

① 原注：乾隆《贵州通志》。观音山，位于安平县（今平坝区）治西南，绝顶有洞，夏月亦凉。见《清一统志》。

② 祇树，祇园之树。祇园，也称祇树林。古印度乔萨罗国祇陀太子的园林，为祇洹精舍所在地。后以祇园泛称寺院。

③ 支遁（314–366），晋朝名僧，号道林，俗姓关，陈留人（亦说河东林虑人）。

梵刹奇岩 黄恩培

城南水木湛清华，曲径横桥小寺遮。
山压女墙流翠黛，云铺危石露嵯岈。
平畴自足三时雨，野圃能开四季花。
最是幽人栖隐地，何妨城市饱烟霞。

和彭禹峰先生游天台韵有引 卢大济①

天台，夙传越中最胜，而黔之名天台者，奇峰怪石，不灭于越，奈无名人品题，几成荒石。南阳禹峰彭夫子，海内名宿，于庚子春宦滇，过此题诗，天台之名，从此与在越者并传不朽。名人之为山水开生面，竟若此也。大济忝为属吏，快此山以名人传，为之和韵二首云：

棱棱石骨突成峰，环看群山指顾中。
数本烟云花一束，秋江何事种芙蓉？

天涯何地不天台，天造奇峰天一隈。
记取碧虚庵下路，白云闲傍老僧来。

和天台彭禹峰先生韵（有引） 张纯熙②

禹峰先生殁，墓草宿矣。予思先生，不得见，偶访天台山，睹先生遗韵，怆然感怀，走笔为和，如见先生焉。

先生题句勒孤峰，瘴雨凄其感慨中。
读罢残碑回首望，碧天遥接翠芙蓉。

突然此地有天台，古洞飞云傍水隈。

---

① 卢大济，湖广沔阳（今属湖北）人，顺治十七年（1660）任安平卫守备，勤政爱民，民众称颂。康熙初年创修《安平县志》。

② 张纯熙，字晦光，直隶真定府真定县（今河北正定）人，清顺治三年（1646）进士。康熙五年（1666）授贵州学政。

南畔三株何处是，晚霞幻出赤城来。

[附记] 选自（清）道光《安平县志（卷之10）·艺文志·诗》。

夜坐僧堂 罗兆甡[1]

村犬吠无度，阑花梦有路。
惟余古月光，我与佛留住。

[附记] 选自贵州省文史研究馆编：《续黔南丛书（第3辑）·上·播雅》，贵州人民出版社，2012，第48–49页、第55页。

水月庵[2]**访友 谭瑞**

自昔繙[3]经处，重来伴客吟。
编篱花满径，傍水竹成林。
钟静僧初定，情空境自深。
流连溪上月，探取涤尘襟。

[附记] 选自（咸丰）《安顺府志（卷之53）·艺文志（十）·诗（上）》。

水月庵 唐肇健

兹庵饶野趣，四面俯涟漪。
客少苔痕嫩，僧慵佛火迟。
茶厨依水结，莲座凿山支。
静极晨昏候，梵声云外吹。

[附记] 选自[咸丰]《安顺府志（卷之53）·艺文志（十）·诗（上）》。

---

① 罗兆甡（1641–1702），字鹿游，贵州遵义人，祖籍湖广黄州府黄冈县（今湖北省黄冈市）。清代康熙年间岁贡。善诗文，郑珍《播雅》中录存其诗100首。

② 水月庵，位于安平县（今平坝区）车头堡溪流中洲上，四面皆水。明时建。

③ 繙（fān）：同“翻”。

环翠山题壁 黄阁

高岑叠叠草菲菲，中有幽亭绕翠微。
烟火万家青嶂合，枫林几处白云飞。
探奇穿径侵苔藓，酌月吟风曳石衣。
试与老僧分榻坐，城头芳景自依依。

环翠山 萧伯辰

幽亭危构北城隈，面面奇峰入望来。
翡翠千重含雨润，芙蓉万朵倚天开。
岚光曙拥青油幕，黛色晴浮白玉杯。
恰与环滁同胜概，元戎览秀获趋陪。

[附记]选自（明）郭子章《黔记（卷8）·山水志（上）·安庄卫诸山》。原注：城北有环翠山，林木苍翠，旧有列峰寺，景云“峰亭环翠”。黄阁、萧伯辰生卒、籍贯不详。从诗的内容看，两人应为明代安庄卫（治今镇宁自治县安庄）人。

书永福寺壁 枫潭

鸟啼柝满城，钟静漏初更。
岁去青春灭，愁来白发生。
宦途千折坂，乡思一寒檠。
奔走空皮骨，何人识古情？

[附记]选自（清）咸丰《安顺府志（卷之53）·艺文志（十）·诗（上）》。

游飞虹山 朱右贤

苍虹昂首破空起，孤立不仗群峰倚。
幽邈瘦削自天成，未许俗人收眼底。
十载风尘肉食谋，蜡屐来作东山游。

开颜乍对故人面，凌风直欲追浮丘。
谷发幽兰流香远，径凿石罅劳斧修。
长峰障天不敢出，疏钟穿云半欲浮。
到此凡襟消涤尽，狂啸高吟傲王侯。
老僧扶杖笑对客，请君更上一层楼。
崇楼如螺出云根，窗外峰转犀兕奔[①]。
万顷岚光一帘泻，九天星斗只手扪。
隔溪村落瞥隐现，暮霭逼树欲黄昏。
优昙现身衣冠古，甲子谁从唐宋数。
菩萨心肠金刚面，午夜定闻天鸡舞。
且让柱石千古名，犹占蛮荒一掬土。
吁嗟乎，虎头燕颔飞食肉，名山那容金钱鬻？
富贵功名吾自有，一林一壑差自足。

[附记]选自（清）咸丰《安顺府志（卷之54）·艺文志（十一）·诗（下）》。

冬日游粮仓洞 魏承祝

昔日凭陵处，今无雀鼠争。
白云穿洞出，绿树倒岩生。
丞相天威远，蛮方战全平。
凭栏一眺望，阡陌正纵横。

[附记]选自[咸丰]《安顺府志（卷之54）·艺文志（十一）·诗（下）》。

① 兕（sì）：古书上指雌的犀牛。

过双明洞① 张瑞图

谁于叠嶂中，辟此虚明境。
山回石壁时，俨若列九鼎。
四门森开张，万象无遁影。
碧潭凝于源，澄泓开绝顶。
遥闻睡龙鼾，兼愁佛骨冷。
六月若清秋，炎触□□柄。
玲珑若凤穴，轮转无停顷。
此意非偶然，惆怅过夜永。

[附记] 选自（民国）《续修安顺府志辑稿（卷之2）·古迹志》。

双明洞留别金刺史沄② 李宗昉

几幅灰堆当画图，阴岚万叠总模糊。
嵌空只有双明洞，一似芳兰挺绿芜。
乳窦清泉碧玉如，出山可似在山初。
潭深莫笑中何有，且看竿头二尺鱼③。

[附记] 选自（民国）《续修安顺府志辑稿（卷之2）·古迹志》。

游天台寺④ 犹以榧

剡溪数十里，岔入天台路。
嶮岈翠壑开，窈窕烟霞护。
彳亍跻其巅，曲折时侧步。
珠帘卷苍苔，贝阙隐深雾。

---

① 原注：乾隆《贵州通志》。

② 原注：《闻妙香室诗》。

③ 原注：刺史侯余于此钓潭中得二尺鲤。

④ 原注：《黔风演》。天台寺，寺在城南20里饭笼铺天台山上。

廿载梦难成，一朝惬情素。
俯视尘寰中，青霭隔云树。

[附记] 选自（民国）《续修安顺府志辑稿（卷之2）·古迹志》。犹以榧（fěi），生卒及事迹不详。

清凉洞怀古① 张小燕

别一洞天在黔阳，俗传孟获此屯粮。
孤高挺峙深藏谷，前后通明内隐仓。
山岌岌，水洋洋，万仙接近，云鹫起旁。
王氏绘图所，牟公书鼓房。
有客薄言戾止，清凉兮复清凉。

[附记] 选自（民国）《续修安顺府志辑稿（卷之13）·祠祀志》。

游小飞云洞② 张宗彦

相传古洞有仙踪，今日登临着屐从。
樵径久荒微露石，僧楼虚掩不闻钟。
茶煎新水供嘉客，叶落疏林见远峰。
寄语山灵休拒我，重来莫遣白云封。

[附记]（民国）《续修安顺府志辑稿（卷之13）·祠祀志》（载《永宁州续志》）。

飞云题壁 杨棫林

彳亍城东路，人烟四五家。
晓风战寒叶，宿雾迷昏鸦。

---

① 原注：此官课冠军之作。

② 关岭县有小飞云洞，有寺，即朝阳洞。

仙去留云洞，樵归隔水涯。
钟声林外出，小住避尘哗。

[附记] 选自（民国）《续修安顺府志辑稿（卷之13）·祠祀志》。

游小飞云洞 周铭先

飞云题字记当时，劫火犹存桂一枝。
徙倚危楼增眼界，摩掌片石订心知。
满阶黄叶仙人宅，半壁苍苔刺史碑。
得句髫年成往事，吟朋分韵强征诗。

[附记] 选自（民国）《续修安顺府志辑稿（卷之13）·祠祀志》。

同黄赤城访高峰山 谭先召

峰高遥望思茫茫，结伴登临倍感怆。
实相难空身未度，浮生虚掷鬓俱苍。
山峰醉客浓于酒，树色薰衣别有香。
见说庞公专好佛，当来一念是慈航。

[附记] 选自咸丰《安顺府志（卷之53）·艺文志（十）·诗（上）》。谭先召，字宾纶，贵州平坝卫人。崇祯十五年（1642）举人。南明永历年间，官至叙州知府，见事不可为，拂夜归隐，聚徒授书。有《平坝志》若干卷。高峰山位于贵安新区马场镇。寺院建于明代。

圆通寺 沈衡

宝刹宏开第一禅，佛香僧饭已多年。
光腾舍利辉晴日，翠长旂檀霭瑞烟。
百尺楼中云衲聚，三空室里慧灯燃。

我来登览挥毫处，自愧才非贾浪（阆）仙[①]。

[附记]选自（民国）《续修安顺府志辑稿（卷之13）·祠祀志》。沈衡，钱塘（今属浙江杭州）人，明正统年间任贵州巡按御史。

圆通寺 胡拱辰

圆通禅寺景偏幽，万里洵宜数日留。
云断客经林下路，月明人倚塔边楼。
一帘花气分长昼，半榻松阴占早秋。
最是碧潭清彻底，往来无碍泛虚舟。

[附记]选自（民国）《续修安顺府志辑稿（卷之13）·祠祀志》。胡拱辰，浙江淳安人，明景泰年间任贵州左参政。

习安八景·笔峰挺秀 龚学思

宝塔支青云，去天无尺五。
天上星与辰，历历皆可数。

华严洞

道场清净永庄严，菩提花开见慈尊。
弘化度众超生死，自利利他了初心。

和芝龄学使双明洞诗 李腾华

原序：芝龄侍讲出镇宁州城，游双明洞。权牧金明府侯送于潭，得二尺鲤。侍讲留赠以诗。时华前行，差过之，未获同游也。步原韵四绝。

迤逦岗峦列画图，旧曾游处记模糊。
双明比似桃源远，洞口渔人怅碧芜。

---

① 贾浪（阆）仙：贾岛（779-843），字阆仙，自号碣石山人，中唐著名诗人。

佳山佳水系古情，况逢名胜傍官程。
幸他石窦临风雅，新句冰雕雪镂莹。

于时景物竟何如，刺史垂竿送客初。
不是五云天使到，严潭那得化龙鱼。
趺坐天然自在身①，云根奇幻滞行人。
心期终下元章拜，还及遨头结绮春。

[附记]选自（民国）《续修安顺府志辑稿（卷之2）·古迹志》。

飞云题壁 侯树勋

名山有显晦，犹人有通塞。
当其沉抑时，草木俱无色。
一朝经品题，岩岫遂奇绝。
胜地以人传，千古同一辙。
永邑朝阳洞，旧为仙佛宅。
频年蚀苔藓，不在幽赏列。
司牧下车始，疏凿惊独得。
芜秽与草莱，芟除无遗檗。
精光忽焕发，阴晴都秀杰。
题曰“小飞云”，壁间留妙墨。
只谓永朝夕，寻幽常步屟②。
何期成赏人，远与山灵别。
翘首望行旌，临歧心恻恻。
聊题一片石，持赠相怡悦。

[附记]选自（民国）《续修安顺府志辑稿（卷之13）·祠祀志》。关

① 原注：洞层人邃远，石肖形各奇。前洞大士像如塑，俗名观音洞。

② 屟（xiè）：行走。

岭自治县有小飞云洞，有寺，即朝阳洞。

游小飞云洞 张宗彦

相传古洞有仙踪，今日登临着屐从。
樵径久荒微露石，僧楼虚掩不闻钟。
茶煎新水供佳客，叶落疏林见远峰。
寄语山灵休拒我，重来莫遣白云封。

[附记] 选自（民国）《续修安顺府志辑稿（卷之2）·古迹志》。原载咸丰《永宁州续志》。

题大佛洞① 姚琳章

大佛旧居中和寺，栋宇不灭琅嬛地。
四时供献山庄输，檀那本是长官施。
租多反为禅林累，俗务纷拏清规坠。
疏林久歇梵王钟，残碑半蚀维摩字。
晓村刺史建维风，膏火经营苦不充。
欲得广厦庇寒士，径学当年狄梁公②。
访得此寺久寂寞，香租岁饱奸豪橐。
裁拨永为试卷资，宝像权移培风阁。
我佛法力广无边，小劫临头也茫然。
俯首屈寄人庑下，韬晦于今二十年。
从来天道如转毂，寒腊未尽一阳伏。
贝叶潜回万家春，来造苍生无量佛。
镜湖先生始下车，细询民舍为底虚。

---

① 原注：大佛洞（有寺）在永宁州。

② 狄梁公：狄仁杰。他去世后追封梁国公，故称。（清）顾炎武《乾陵》诗："至今寻史传，犹想狄梁公。"狄仁杰不信佛教，曾多次进谏武则天，反对建大佛像。但与当时许多反佛的官员一样，他也支持过一些寺院的修葺。

父老面陈悲往事，祝融不靖患难除。
先生俯听心怛恻，如何此灾消不得。
青鸟家言炎帝宫，不利东南利西北。
特捐鹤俸首倡修，度地鸠工无倦色。
神来天马欢声动，环栽松竹栖鸾凤。
积忱惟安百堵居，举头忽见七星洞。
洞门常觉紫云护，传闻古有神仙住。
惹得渔郎来问津，桃叶不隔红尘路。
崖花磴藓无人扫，一带夕阳暖绿草。
中开莲座净纤尘，天然胜迹归三宝。
犹是河口如来身，星斗几移佛不老。
古石屹立狮象见，伐毛洗髓大雄殿。
昙花法雨万斯年，蔓草寒烟今一变。

[附记] 选自（民国）《续修安顺府志辑稿（卷之2）·古迹志》。原载咸丰《永宁州续志》。

中和寺 林华皖

山意诸天雨，溪痕[①]独木桥。
逆流知菜叶，开径折芦条。
觅接香泉道，茶城礼树遥。
太平如不隔，钟鼓自昏朝。

[附记] 选自（清）咸丰《永宁州续志（卷12）·艺文志（下）》。林华皖，福建莆田人。康熙八年（1669）任永宁州知州。

---

① 痕：影子。

千峰山①留题 吴寿朋

今夕投禅榻，肩舆昨日过。
路昏兼雨阻，山峻受风多。
忙里寻僧话，毫端现刹那。
莫谈空色相，辛苦整农蓑。

[附记] 选自（民国）《续修安顺府志辑稿（卷之2）·古迹志》。

复游金钟山 程圻川

复到三摩地，来参一指禅。
凭虚观众妙，习定了诸缘。
道念闲方长，尘情静可捐。
悠游人境外，坐久竟忘还。

[附记] 选自咸丰《安顺府志（卷之54）·艺文志（十一）·诗（下）》。

登天龙山 刘起春

藤箩尽处藓为梯，上到青霄望转迷。
问讯老僧无甲子，依稀犹记夜郎西。

[附记] 选自咸丰《安顺府志（卷之54）·艺文志（十一）·诗（下）》。

登玉冠山绝顶放歌 邓福谦

我闻玉冠名已久，今日来游二月天。
老僧见我如相识，斯游始信有奇缘。
平生事事肯居后，唯有登临独占先。
东眺金筑百余里，西瞻比喇俨目前。
南北极目同一望，诸山罗列起苍烟。

---

① 原注：千峰山寺在安顺府城北吊磴场千峰山上。

缥缈五城十二楼，一一尽态更骋妍。
有如拱立相迎迓，又如执笏来朝参。
或如狮象更趋从，或如旗鼓仪仗鲜。
又如龙蛇体盘屈，亦如鸾凤势高骞。
我想鸿濛以前山川人物陶铸一炉内，
至今上为日星下为河岳，奇嶷瑰异蟠际在人间。
兹山实为八屯祖，往往毓秀产高贤。
游人到此空归去，谁为山灵表壮观？
昂首放歌天地阔，回看足下薜萝苔藓尽云烟。

[附记] 选自咸丰《安顺府志（卷之54）·艺文志（十一）·诗（下）》。

游云来山 刘庆谷

云来万山白，云去山一色。
山深不见人，峰峰自奇特。
振袖来清风，山远行难极。
但闻樵子音，天机各自得。
始来发曙光，徘徊忽日仄。
而我任天和，不随群动息。
举头白云里，啸歌清溪侧。
松柏干青霄，无心自贞直。

[附记] 选自安顺地区诗词楹联学会编：《安顺名胜诗词楹联选》，贵州人民出版社，1996，第107页。云来山，即云鹫山，位于西秀区七眼桥镇。

题屏山庵 周渔璜

龙场佛寺伴诸生，夜倚松杉各问名。
我为看山来此地，传经还有旧阳明。

[附记] 选自安顺地区诗词楹联学会编：《安顺名胜诗词楹联选》，贵

州人民出版社，1996，第139页。

七绝·梦天台 陈法

千层石蹬诸峰上，路入烟雷古殿开。
此境分明何处是，昨宵清梦到天台。

[附记] 选自安顺市西秀区人民政府、安顺市诗词学会编:《屯堡风韵》，贵州人民出版社，2008，第126页。

天台山 程钊

云铺飘渺最高峰，石壁通天更几重。
曾约同游孤顶寺，今来独听一楼钟。
僧归绝壁蓬莱上，人过秋山画谱中。
读罢诸公题碣在，寒鸦声里夕阳红。

[附记] 选自安顺地区诗词楹联学会编：《安顺名胜诗词楹联选》，贵州人民出版社，1996，第128页。

游金钟山 洪应奎

昔间金钟山，雄甲习安境①。
今日造其巅，果然绝凡岭。
曲径如羊肠，梵宇上云影。
松林皆参天，泉眼极清冷。
僧雏三五人，破衲不完领。
见客颇欢欣，汲甘煮新茗。
西日苦不贷，催去意耿耿。
回望但苍苍，本末见塔顶。

① 习安州，治今西秀区旧州镇。

[附记] 选自咸丰《安顺府志（卷之 54）·艺文志（十一）·诗（下）》。洪应奎，字霞坡，遵义人。道光乙酉（1825）科举人。

游老青山 刘庆臻

九溪河畔偶登临，步上青山不计寻。
山势磅礴雄且杰，浪说天宇堪闻音。
千树万树乔柯矗，中藏古刹最萧森。
刹后神米连蹊长，建文去后传于今。
攀萝缘磴升绝顶，果然可摘辰与参。
下视城邑逾千里，闾阎匝地倚桑阴。
上有灵石岐嶷立，妙能点头识人心。
推之辙动摇不扑，神仙巧置如悬针。
将军著屐昔寻乐，拱璧特加珍南金。
归来细与山僧话，不觉鸾鹤已满林。

[附记] 选自咸丰《安顺府志（卷之 54）·艺文志（十一）·诗（下）》。老青山乃天龙山俗名，在安顺城东九溪河边。相传山上有明建文帝神米遗迹。咸丰《安顺府志》将其列为合那八景之一，名为“米遗青山”。

浪淘沙·华严晚钟 佚名

华严洞城北二里许。洞外有寺，两山环抱，洞与寺俱在山阿中，形似盘谷，到处乃见。远闻钟声，应指曰：只在此山中，云深不知处。

梵宇忽声传，响彻三千。匆匆飘荡白云边。四顾晚山愁默对，暮霭苍然。
欲断又相连，徐疾缠绵。频惊客梦到江船。催得少年成白发，感慨难宣。

[附记] 选自安顺市西秀区人民政府、安顺市诗词学会编:《屯堡风韵》，贵州人民出版社，2008，第 122 页。

题双明洞① 李官桃

面面玲珑景异常，骚人到此乐翱翔。
峭壁悬岩真个少，奇形怪石镇中央。
观音殿上天蓬朗，罗汉飞共昂座芳。
笑谓桃深仙路远，请看此洞实辉煌。

[附记] 选自（民国）《续修安顺府志辑稿（第18卷）·艺文志·镇宁县》。

龙井② 舒位③

珍珠一斛买倾城，未抵卢仝七碗情。
禅榻茶烟何处飏，在山泉水本来清。
碧波桥下春如泻，药玉船来酒共倾。
抛得杭州未能去，枯肠怅触井眉名。

[附记] 选自（民国）《续修安顺府志辑稿（第18卷）·艺文志·舒位》。

普定山寺 沈庠

禅关寂寂隐山腰，坐听松声海上潮。
中破晓烟常见鹤，噪残秋色不闻蜩。
游山诗客闲登塔，禁足幽僧不过桥。
风景依稀犹在目，烟光云影路迢迢。

[附记] 选自（嘉靖）《贵州通志（卷之11）·艺文志》。原诗无题。标题为选录者加。沈庠，字尚伦，六都（今属江苏省吴江市）人。成化辛丑科（1481）进士。弘治九年（1496）二月由刑部郎中任贵州副使。诗名

① 原注：龚家庄人，路过双明洞题七律一首。

② 原注：在安顺郡塔山下。

③ 舒位（1765–1816），清代诗人、戏曲家。字立人，号铁云，自号铁云山人。直隶大兴（今属北京市）人，生长于吴县（今江苏苏州）。乾隆五十三年（1788）举人。其诗多羁旅、行役、赠答及咏史之作；也有些篇章讽刺时政或抨击现实。

“普定山寺”中“普定”指普定卫（治今西秀区），“山寺”指圆通寺（位于安顺市西秀区中华南路与宋官巷交汇处西南）。

诗碑 郑元卿

天地生成第一峰，层峦耸翠出千重。
台前早植三株树，殿后夜闻九耳钟。
山水苍茫瑶圃外，风云聚会玉楼中。
寺深采药人何在？桃实犹存数颗红。

咸丰元年（1851）馆寓天台见程君七律一首，因步韵以和之。

次候郑元卿题

住持慈云为之刻石

[附记] 选自政协贵州省平坝县委员文史资料研究委员会：《平坝文史资料选辑》（第1辑），1984，第69页。原碑拓片见安顺市文联编撰：《黔中墨韵文丛》，天津人民美术出版社，2005，第292页。诗碑嵌于平坝天台山天街石壁。天街石壁为历代游人题咏之处，可惜大多被风雨剥蚀。仅存两首。

题莲花洞 刘克明

纵步莲花洞，举目又一天。
龙蛇走玉壁，鱼鳖戏银川。
树挂终年绿，岩流不断涎。
乾坤多妙理，静悟有真诠。
造化叹离奇，山珍独具斯。
仙禽岩作骨，石佛玉立肌。
云开数过雁，浆滴作甘饴。
愁听潺湲水，长鸣去后思。

[附记] 选自《普定古诗词楹联摘录》，《中国书法》，2017年第3期。

环翠吞霞　白玉珍

到眼霞光是晚晴，层峦直耸翠环生。
群峰罗列金城抱，一水潆洄玉带清。
雉堞周坦排左右，鱼鳞比屋认分明。
山僧不识门瞻阙，寺对迎恩小桥横。

[附记] 白玉珍，镇宁州（治今镇宁自治县）人，清道光辛卯科（1831）举人，官贵州独山州学正。

（三）民国时期

雅集吟①

民国元年，提督苏霭亭军门宴郡绅于华严洞赋诗，在座者皆有题，嗣经军（门）刊之壁间。其中不免瑕瑜互见，兹一律录入以备其选。

重阳节近多风雨，有客登高聚俦侣。
华严古寺隔尘嚣，少长偕来纷可数。
……
朝开十里面平田，山色周遭画图古。
盆菊移置玉栏杆，凌风故作翩跹舞。
乐事赏心及良辰，击钵催诗兼茗煮。
眉山坡颖旧渊源，投壶雅歌异才武。
林壑指点恣嬉游，形骸放浪忘宾主。
嗟予邛水赋归来，自分甘与渔樵伍。
烟霞啸嗷托消闲，任人嗤顽并笑腐。
何图军门重揖客，布衣乃许侪簪组②。

① 原注：题为整理者所加。作者多人但均未留名。

② 簪（zān）组：冠簪和冠带。借指官宦。

茱萸香中斗酒兵，狂呼辄与战喧拇。
笋舆肩回带余醒，城头已报初更鼓。

樽开北海集群才，饮食都兼教诲来。
廿首诗成惊四座，声声钵韵胜租催。

毕竟秋耶抑是冬，关心时序意憧憧。
山僧不计重阳到，惟问菊花淡也浓？

国建共和竞舞台，潇湘游子故乡来①。
荫浓细柳南天障，萃荟耆英北海开。
大胆题诗崔灏状，秋声作赋欧阳才。
生情即景多仙句，妙谛华严亦悟哉②。

将军威望迈同班，郭李勋名指顾间。
醉后题诗留古刹，公余散步访禅关。
欲探月户知何处，发轫云程记此山。
再咏霓裳群彦集，菊花插帽带香还③。

红尘到此隔山僚，清磬一声响碧霄。
百道峦藤横挂树，满山风竹自鸣韶。
豪吟独有将军擅，胜境如无古洞饶。
闲倚危栏舒远眺，新来雁影极天寥④。

一带峰峦玉笋班，胜游犹记昔年间。
洞中原判仙凡境，方外应锁名利关。
好似桃源寻得路，何须藜杖强登山。
此行却负将军约，留待他时再往还⑤。

---

① 原注：时由湘卸篆归。
② 原注：黄原（元）操甫草。
③ 原注：郡人玉笙王琪琳甫草。
④ 原注：郡人鸣岐陈凤仪甫稿。
⑤ 原注：郡人海帆王学渊未定草。

群峦耸秀列仙班，洞在华严殿阁间。
亘古功名原不朽，同怀忧乐总相关。
漫言铜柱名留石，好抚瑶琴志在山。
我亦偕游诸伴侣，醉歌宝剑据鞍还[①]。

华严胜境喜联班，万象包罗指顾间。
借酒吟诗追李杜，张琴奏曲唱江关。
依稀城郭隔□□，突兀崖疆稳泰山。
洞敞林峦皆入画，兴娱未竟众邀还[②]。

[附记] 选自（民国）《续修安顺府志辑稿（第18卷）·艺文志·散篇》。

宿海子山僧舍[③] 龙昭灵

薰风吹几阵，送我到蓬莱。
绿树长堤柳，黄花曲径槐。
到门闻犬吠，隔岸见僧回。
佛殿敲钟罢，山窗对水开。
禅心秋月满，鹤影夜云堆。
放论忘更尽，眠时露满阶。

[附记] 选自林顺先主编，政协锦屏县委员会编：《龙昭灵诗文集》，2005，第19–20页。龙昭灵（1876–1952），字拙园，号杰卿，别号黄哨山樵，贵州锦屏人。参与辛亥革命和护国战争。创作过大量的诗词楹联。

天台山五龙寺诗碑 李大光

丙子（1936）中秋后二日，道出平坝，偕杨君仪育、李君珊冒雨登天台山，宿五龙寺。吏道缚人，吟事久废，偶成一律，聊纪一时游兴而已。

---

① 原注：郡人质臣易镜寰未定草。

② 原注：蒙山霭庭氏未定草。

③ 原注：在安顺旧州20里，海宽3里，山立海中，筑小堤以通庵院，水涨须舟方可往来。

停骖且作天台客，为入寒山第几重。
绝顶摩挲千仞石，危梁回首一楼钟。
丹枫黄树秋客老，疏雨微云画意浓。
胜欲乘风寻玉宇，潇潇落木杳仙踪。

岭南李大光

[附记] 碑嵌于平坝区天台山五龙寺石壁。青石质，0.60米见方（从碑的外表看，此碑为今人重刻）。李大光（1904–1990），广东始兴人。1936–1942年，先后任贵州省清镇县、贵筑县、兴义县县长，贵阳市政府主任秘书。1951年参加平坝县土地改革。1952年后在省交通厅公路局工作。曾任贵州省地方志编纂委员会顾问等职。1980年，被聘为贵州省文史研究馆馆员。

平坝天台山五龙寺黄杨木盆刻诗 陈肇前

最爱天台景，眼前一望中，
山后黄杨树，早晚映绿红，
千百余年久，周围五尺空，
制成盆一个，存于天台峰。

[附记] 此黄杨树生于后山竹林头，得山中之元气，一千百余年枝叶常新，道光二十八年被风刮倒，住持上源下满，将此树制成盆一个，取米撮瓢一盖，说法如意一柄。民国三十四年，僧本安恐年久破坏，殊为可惜，复用洋2000余元，重新箍起，以作永久纪念。黄杨木盆存于平坝区天龙镇天台山五龙寺。参见唐正忠主编:《东溪情韵·平坝文史资料选辑》（第14辑），2006，第33页。

民国三十四年（1945）季夏题

观音阁[①] 张益溥

绿阴深处小桥东，画廊水中面面空。
山色晴岚供眺眼，书场梵语趁晨钟。
远山近庙云峰渺，□妇农人浪影通。
老树撑台真快我，滑溪渔迂古今同。

[附记] 选自杨元芳主编，政协贵州省委员会文史资料委员会《贵州旅游文史系列丛书》编委会编：《“穿洞”沧桑》，贵州人民出版社，2003，第288页。张益溥，普定县天王旗士绅。

① 观音阁，位于普定县城郊天王旗村，系该村名绅张益溥作。

五、毕节市佛教诗词

（一）明代

1. 杨文骢诗选

过连霞障望废净名寺①

森森迭巘耸嵯峨，寸石皆从镂刻过。
山削向天争白日，水奔入地搅银河。
寺随雁去峰峰静，鸟见人来树树多。
我已皈依寻净土，几思卜筑借岩阿。

长干里②

山灵走络绎，势结下层冈。
白日昼苦短，清溪路自长。
寒影摇僧舍，澄光擄女墙。
客中来复往，不信是他乡。

夜游虎丘③

冬至后二日，侍家大人暨薛千仞、盛伯含、李季寅、邱梦鹤夜游虎丘。

---

① 连霞障和废净名寺：均在浙江雁荡山。

② 长干里：位于今江苏南京。里：街坊。古代五家为邻，五邻为里。

③ 标题为选录者拟。

不尽看山兴，冲寒秉烛行。
孤烟存佛性，野鸟报山更。
涧水澄寒碧，僧房冷梵声。
醉来频点首，唯与石头盟。

白云庵坐月同耳观上人

冷光洗众壑，清影悟诸峰。
万籁凛无犯，相与鸿濛同。
独立饱寒烟，如鸟翔太空。
转步追深林，浑茫见无穷。
静极顾疏影，寒辉丰渺躬。
光明皆可倚，到手扶孤筇。
一叶堕深涧，始悟来天风。
不知展齿边，紫翠横千重。

山居诗和陶韵四首

俗累纠相缚，驱我入名山。
山静不可规，别有日月间。

性适坐荒翠，思幽访深渊。
尘网忽得此，如耕获良田。

园史散满案，招提①空数间。
远峰媚平户，细草通鸣泉。

山足引径微，听风过松颠。
有时还自醇，真趣独怡然。

---

① 招提：梵语。音译为“拓斗提奢”，省作“拓提”，后误为“招提”。其义为“四方”。四方之僧称招提僧，四方僧之住处称为招提僧坊。

寄僧

落红深浅处，曾有一朝俱。
井爨相为力，声情过友于①。
忽牵秋影别，得使暮亭孤。
每念风尘下，君能启我愚。

九日忆僧

昨年重九日，开士②从我游。
向后伐孤径，于兹君一丘。
荷锄中欲老，种药外无求。
今岁重看菊，篱边私惠休。

散步卧佛寺水边

纵步踏危桥，钟鸣寺尚遥。
石根堪下拜，花岭若相招。
漱齿寻清韵，冥心听暮潮。
一泓难别去，迁坐思微超。

山寺

听钟仍在壑，取径忽依村。
松翠偏宜淡，梅花不厌繁。
冰箱生慧识，香茗洽清言。
数日恣闲坐，此中幽意存。

访佛石师行十八涧中看红叶

乱接前林翠，回溪抱小寒。

---

① 友于：《尚书·君陈》：“惟孝友于兄弟。”后根据用典，以“友于”代“兄弟”。
② 开士：菩萨的异名。以能自开觉，又可开他人生信心，故称。后用作对僧人的敬称。

虫鸣山色暗，风劲叶声千。
望刹思灵鹫①，逢僧说懒残②。
愿从修竹底，终日借云看。

借舟

荒寒竟残柳，客思满空江（龙友）。
借艇分山伴，看渔立社庞（耳观）。
鸥眠浮子悟，龙起定僧降（龙友）。
又得双浮叶，斜晖各半窗（耳观）。

忆天台

万壑烟岚性，重来一话中（耳观）。
洗肠殊愧我，饶舌又因公（龙友）。
鹤侣声相念，人寰梦不同（耳观）。
适来岩下树，秋老几株红（龙友）。

访石佛用家大人韵

津梁深处杳难穷，不尽云烟笑画工。
行径每思逃物外，寻师久拟在山中。
鸥忘池影波光洁，虎卧篱根佛性同。
碧眼桃花有深悟，可拈消息报苏公③。

梅诗

品题万卉此先称，占断西溪④得未曾。
影落波痕潜抱月，香分异国独宜僧。

---

① 灵鹫：即灵鹫峰。在浙江杭州下天竺寺后。

② 懒残：唐代高僧释明瓒的别称。

③ 苏公：指苏轼。元祐元年（1086）任杭州知州时，对西湖进行大规模的疏浚。

④ 西溪：位于浙江杭州灵隐山西北。

神清拟托峰千尺，意冷何妨雪一塍。
自幸青蝇飞不到，此心敢与岁寒矜。

住山六首（选三）

其二

一盏禅灯入夜龛，消磨痴爱与嗔贪。
忘言有指随孤月，嘘气无心学野岚。
胡马婉知风向北①，故人宁不梦归南。
松梢一夜寒涛急，多少娱情总不堪。

其五

踏着僧鞋借杖筇，蓬头屡上最高峰。
石奇入夜疑成虎，松老干霄半化龙。
赢得远公②时一送，输他元亮③酒千钟。
狂来欲吸长江水，洗尽红尘不到胸。

其六

雄心几向匣中看，风雨床头彻夜寒。
射斗欲飞常自按，报恩无地且相安。
光分古佛岩前影，气压山魈穴里奸。
伴我住山真足壮，苏锥④江笔总无干。

礼三峰和尚塔

去住任卷舒，天地不能位。
历历拜吾师，死生讵云二！

---

① 胡马句：出自《古诗十九首·行行重行行》，（汉）佚名（汉）“……胡马依北风，越鸟巢南枝……”。胡马来自北方，故依恋北风；越鸟来自于南方，故巢宿于南枝。比喻不忘根本。

② 远公：对东晋名僧慧远（334–416）的尊称。

③ 元亮：陶渊明（约 365–427），字元亮，晚年更名为陶潜。

④ 苏锥：指战国苏秦引锥刺股苦读。江笔：南朝江淹，晚年才思退，诗文无佳句，时人谓之“江郎才尽”。

昔日见闻人，谁能弃一字。
大哉慈悲心，掉臂静相示。
见与不见中，何者悬赵帜。
我生寄洪涛，中年百忧萃。
习性苦纠缠，辗转悉诸累。
亦欲空此心，心静复生意。
纵使意识忘，冥顽无一事。
茫然进退艰，三叹自生愧。
灵光愍愚氓，照耀及深寐。
梅花袅孤香，万竹静生翠。
庭前柏子参，岂必非此义？
即此名佛恩，吞声涤肠胃。

宿包山寺[①]空翠阁

青霜冷翠沉孤阁，百年尽被寒云攫。
绿发曾吹丹火红，暮依松巅放玄鹤。
我从华亭驾鹤来，西山岩岫开荒台。
一枝老隐槐安国[②]，孤梦思遑桔社台。
薜荔衣钟蜗篆鼓，烟起僧厨门石煮。
败叶崎岖走竹鸡，高枝历乱飞松鼠。
道人衲寂孤灯明，佛光千尺鬼火惊。
空明内外百虑死，清香鼻观归霜橙。
橙香静入墨花香，撚断枯髯笑老狂。
忽忽半生不得意，闲来明月争空床。
月明共照吴玉醉，琉璃夜半珊瑚碎。
吁嗟乎！狡兔走狗竟安归？不如小阁眠空翠。

---

① 包山寺：位于今江苏吴县太湖洞庭西山（又名包山）上。

② 槐安国：即“南柯一梦”故事。

斋宿永嘉天宁禅院①

夏夜斋宿永嘉天宁禅院②，从乡人之傩也。僧人出纸索画半笠庵，因戏图其意，并题以歌。

瓯江③自古尊乐郊，麒麟修趾凤凰毛。
如何一车近载鬼，东西啄人啼饥枭。
因以驱除借神力，撞钟伐鼓黄冠敕。
上下俱持一寸丹，救死遑遑如不及。
饿鬼痛哭天帝笑，何必鹭舞神尸道。
阴阳之理本人心，问吉问凶还自造。
我因黑风堕苦海，坐观变相随朝霭。
各有怀中一瓣香，起来勿向长街买。
清凉半日就僧闲，拨墨灯前写好山。
仰天掷却牛皮带，半笠庵中共闭关。

饮弘济僧舍④

石骨支江影，涛声犯曲阿。
客游新破藓，佛古易生萝。
梵宇藏龙树，禅心定鸟窠。
相忘清静里，檐外自笙歌。

从莫厘峰下入法海寺⑤，适与琴客会二首

间道开危径，寻幽入梵林。

---

① 标题为选录者加。

② 天宁禅院：位于浙江省温州市温州鹿城区永宁巷。原名“报恩光孝禅寺”，北宋政和间（1111–1118）改今名，有华亚、妙峰二阁及贝叶生香阁。

③ 瓯江：位于浙江南部，曾名永宁江、永嘉江、温江、慎江等。

④ 弘济寺：位于今江苏南京燕子矶附近。

⑤ 法海寺：位于江苏省苏州市洞庭东山。

共操银不律①，来听玉徽音。
霜染苍黄叶，泉分清白心。
夕阳看鸟背，人影落孤岑。

龙象前朝占，高深不可攀。
笔能描白法，偈即喻青山。
鸟饭②分僧供，虬松浣客颜。
前溪流断续，碧玉或潺潺。

登天岩寺（有序）③

崇祯壬午（1642）五月，同友人杨无补、沈白溪登天岩，景物如故，而智师已寂矣。诗以怀之。嗟乎！潘岳河阳，陶公彭泽，千古而后，优劣判然。予之汩汩牛马，亦何为者！

周原仍膴膴④，云物自弥弥。
塔骨留僧偈，山容著佛慈。
频年登北阁，终日负东篱。
石壁撕新雨，休云岘首碑⑤。

福胜寺⑥题壁，时迎养老母，已达虎林

雨歇凉初定，荧荧共一灯。
城荒官似客，夜永梦依僧。
壁带前朝翠，棠连古寺藤。

① 银不律：银色笔。不律，《尔雅·释器》：“不律谓之笔。郭璞注蜀人呼笔为不律也，语之变转。”

② 鸟饭：即麻鸟饭（"麻鸟"即麻雀）。浙江嵊州民俗。相传农历二月十九日麻鸟送谷种到人间。是日，在郊外举行“麻鸟饭”活动。由念佛堂推选的老太婆领头祭祀，念《麻鸟经》，以米饭喂百鸟。

③ 天岩寺：位于江苏南京栖霞山。

④ 语出《诗经·大雅·绵》：“周原膴膴，堇荼如饴。”膴膴：肥美的样子。

⑤ 岘首碑：晋朝有羊祜，累官尚书右仆射，后入朝面陈伐吴之计，举杜预自代。祜在襄阳时，常登岘山，卒后，人立碑纪念，望碑者莫不流涕，杜预因名为堕泪碑。

⑥ 福胜寺：位于浙江杭州市。虎林：杭州古称虎林。

潘舆[①]忆何处，兹夕望偏凝。

宿僧舍

饮啄亦何定，避喧栖一楼。
看风苏草怒，听雨洗花羞。
鸟语岚初破，烟围翠欲流。
浮沉怜宦海，今日自丹丘。

高峰寺[②]观卧佛

古佛何年卧？危楼万绿支。
宁关生死事，可识去来师。
废井流丹叶，荒苔隐白槌。
古今谁独醒？高枕笑鸱皮。

石公庵[③]赠关中僧三云

面壁孤峰顶，禅关秋月寒。
死心齐雪窦，饶舌笑丰干。
石姥听楞咒，波臣入水观。
借眠光影里，冰玉漫孤肝。

别东皋大师，师以诗留赠，依韵和之

佩法应如佩韦弦[④]，钝根直欲等偏全。
青莲[⑤]舌上除狂惑，白法光中见妙妍。

---

① （西晋）潘岳：《闲居赋》：“太夫人乃御版舆，升轻轩，远览王畿，近周家园。体以行和，药以劳宣，常膳载加，旧痾有痊。”后因以“潘舆”为养亲之典。

② 高峰寺：位于江苏吴县高峰山。

③ 石公庵：位于浙江苏州洞庭西山石公山。

④ 韦弦：《韩非子.观行》：“西门豹之性急，故佩韦以自缓；董安于之性缓，故佩弦以自急。故以有余补不足，以长续短之谓明主。”后因以“韦弦”比喻外界的启迪和教益。

⑤ 青莲：唐李白自称青莲居士。

寂乐非关聊遣俗，无生便可自安禅。
再来船子①前因得，何必闾丘拜灶边。

重阳前一日阻风弘济寺，因寻僧舍，纵观奇石

孤舟且系惬幽寻，赖有秋声醉客心。
天际紫烟开复合，江边黄叶浅还深。
僧依古佛闲巢树，石挟寒云静作林。
明日茱萸杯可把，一飒②轻度忆登临。

翠峰寺③

箐径阴森转翠微，空青一抹晚烟飞。
紫苔半蚀高僧塔，黄叶平分古德扉。
松顶有涛思雪窦④，湖光无缝悟天衣。
珊珊绿玉尘劳洗，手扪残碑未忍归。

游天岩寺

一卷玉立峙东郊，载酒凭阑对素交。
霞度好溪栖木末，春从鹫岭染花梢。
僧寮但拾松为饭，古殿惟依石作巢。
塔影中流霄汉近，澄渊应见起潜蛟。

游崇胜寺⑤和壁间韵

桃红飞雨诱渔郎，嫩绿层层映水光。
半榻闲栖松树冷，千畦径度菜花香。

---

① 船子：即船子和尚

② 飒（fan）：同“帆”，借指船帆。

③ 翠峰寺：位于今江苏吴县太湖中洞庭东山莫厘峰。

④ 雪窦：山名。位于浙江省奉化市西，为四明山别峰，有雪窦寺。

⑤ 崇胜寺：位于浙江省青田县南。

齐梁古寺留残碣，瓯括[1]疆分画野塘。
才放蒲团尘事息，又惊乌背上斜阳。

[附记] 选自关贤柱校注：《杨文骢诗文三种校注》，贵州人民出版社，1990，第94页、第123页、第134页、第187页、第237页、第245页、第252页、第255页、第257页、第262页、第266–267页、第318页、第345页、第348页、第355页、第359–360页、第364页、第374页、第379页、第384页、第386页、第393页、第416页、第441页、第461页。

老僧崖[2]共用芊字

飞锡何年至，孤清自立禅。
乾坤留壁面，日月寄薪传。
肝胆坚金石，衣裳借水田。
花开与花落，独伴草芊芊。

宿燃灯寺

欲乘清夜渡，烟际已悬舟。
择响投疏磬，开扉汲浅流。
于时山月色，分照竹松幽。
静者渊相对，无言一问酬。

循寺下江

石径松阴壑，沿源属去长。
晓分晴竹宇，虚听接江光。
钟梵云开合，心情水激昂。
欲停舟子揖，看月下梧岗。

---

① 瓯括：即瓯江和括苍。

② 老僧崖：均在浙江雁荡山。

[附记]选自(清)唐树义审例,黎兆勋采诗,莫友芝传证,关贤柱点校:《黔诗纪略》,贵州人民出版社,1993,第772页、第822页、第848–849页。杨文骢(1596–1646),字龙友,贵州贵阳人,明代画家。流寓金陵(今南京)。万历四十七年(1619)举人,六次会试不中,崇祯七年(1634)选为华亭县(今上海松江)教谕,后迁青田、江宁、永嘉等知县。为御史詹兆恒参劾被夺官。南明时官至浙闽总督。清顺治三年(1646),与清军交战被执,遇害。博学好古,善画山水。

2. 其他诗选

灵峰仙境 方万策

幽郁灵峰古洞天,薜萝锁尽翠微巅。
江干隐见晶光出,石窍参差滴乳悬。
带雨苍松龙欲起,笼烟丹灶鹤初旋。
三山何处凝眸望,曾似樵人得见年。

[附记]选自(明)郭子章《黔记(卷8)·山水志(上)·毕节卫诸山》。方万策,福建莆田人,进士。明万历十四年(1586),任分巡毕节兵备道佥事。灵峰寺位于今毕节市七星关区三板桥办事处灵峰村。

灵峰仙境① 林晟

灵峰秀异即蓬莱,苍翠玲珑似剪裁。
红树白云围药灶,琪花瑶草锁苍苔。
采芝人向松边去,骑鹤仙从海上来。
际此悠悠忘世虑,绝胜刘阮到天台②。

[附记]选自(明)郭子章《黔记(卷8)·山水志(上)·毕节卫诸山》。

① 灵峰:位于七星关区三板桥办事处灵峰村。

② 刘阮到天台:用汉明帝时剡县刘晨、阮肇遇仙事。

林晟，号墨庄道人，明朝毕节卫人。毕节卫指挥林秀之胄也。明于军政，读书下士，有儒将之目。曾为掌印指挥，寻守备贵阳，后以子有罪罢官家居。既罢，不复关情政事，唯以诗酒自娱。有《墨庄集》。

灵峰仙境 孙隐

风传松杪鸣仙鹤，雨霁坛前卧老龙。

径路无踪碧草合，石盘有字翠苔封。

[附记] 选自中共毕节市七星关区委史研究室编：《毕节县志（乾隆·同治·光绪校注本）》，方志出版社，2017，第122页。孙隐，浙江永嘉人。明正统年间官毕节卫教授，以敦品树诸生之范，人咸贤之。受军民爱戴。后迁江苏邳州学正。

（二）清代

1. 郑珍诗选

安贵荣铁钟行并序

钟在黔西州东门外观音阁，口径六尺。上款“贵州等处承宣布政使司土官右参政安责荣，正德庚午冬长至节后三日造。”又勒：“宣慰使安万钟、国子生易绍、把事二、气脉三、白么一、裸所三，董督者老一、头目四。”时责荣已老，以子万钟袭，钟盖其所铸。把事等皆首衔，气脉、白么、裸所，即夷态之器脉、貊拔、备所，为安氏九扯之三。九扯者，安氏官级也。《明史·土官传》：有卜麻，当即白么。《宋史·蛮奏传》有都老，当即者老，彝语无专字，盖皆随声书之。易绍，或书人也。置阁中首尾不可知。州拔贡张琚始访得言于人，人乃重为古制。余以安氏守土千里，历两千余年，宜不鲜蛮故。以无文，一切味曶，似兹亦可观也，故为赋之。

郭张郭东大士居，有巨铁钟悬屋隔。

旋虫啮朽篆带缺，空腹黯黮巢蜘蛛。

舞修鼓广各意创，尺度不中冬官凫。
入门粗睹遽舍去，黄木古荫眠团蒲。
故人呼起视款识，落尘着手先咄吁。
正德庚午贵荣造，布政参政华酋渠。
卢鹿雄部越千载，汉官可假地可除。
同时播斌亦按察，二豪螺赢宁非愚。
此家王会自佩露，西南跂蹻资暖姝。
保大决非偶然事，将军龙虎三珠符。
闉州女儿更智武，隆准笑为杀妾奴。
绣衣归来报天子，羊场九驿通犍朱。
耳孙不念香霭意，毡衫迭塞思狂图。
亟馈虽勤地主礼，攻心已愧阳明书。
骂衣夜所坐睢恣，红边煽衅连陈湖。
坏人家国内亦烂，香炉西堡徒区区。
后日三方烬八道，谁实祸本兹荄孚。
铸此暮气亦应悔，欲假佛力醒昏衢。
岂知钟鸣漏已尽，阿子顷坠红骷髅。
煎金当年正不苟，拣选董督烦精夫。
杨家铜钟此其俪，彼铭可读兹则无。
潜溪秀水表南雅，英昂以外同阙如。
固知罗鬼世任昧，但视此字何其粗。
细观名称等从主，虽陋亦足补史疏。
裸所岂即麻叶类，气脉或似宗亲徒。
卜麻白么定□近，者老都老宁形诬。
搜奇剔异本我素，抚物感事增欷歔。
蛮夷大长古侯服，何异周代观彭吾。
遗迹扫尽此钟在，鼎之崇贯载密须。
三百余年亦已寿，或有鬼物持栾于。
客游为尔启荒阙，借示后至偿诗逋。

[附记]（清）郑珍：《巢经巢诗集》。载杨元桢注释，贵州大学古典文学教研室校订：《郑珍巢经巢诗集校注》，贵州人民出版社，1992，第353–355页。郑珍（1806–1864），字子尹，晚号柴翁。贵州遵义人。道光十七年（1837）举人，选荔波县训导，咸丰间告归。同治初补江苏知县，未行而卒。著有《仪礼私笺》《说文新附考》《巢经巢集经说》《巢经巢诗》等。

2. 刘明儒诗选

游灵峰寺

竹院逢僧话①，尘心顿已消。
谈空花雨乱，观世浪风飘。
俗愿无时毕，浮生苦自焦。
暂依清净地，懒步出溪桥。

灵峰梵刹

隐隐云连山麓齐，四时烟雨草萋萋。
当年似挂远公②锡，一水潺潺下虎溪③。

[附记]选自中共毕节市七星关区委史研究室编：《毕节县志（乾隆·同治·光绪校注本）》，方志出版社，2017，第119页、第125页。刘明儒，字入需，毕节七星关区人，清岁贡。著有《铁山集》。

3. 章永康诗选

夏日游龙树寺

苍凉无限思，风雨一登楼。

---

① “竹院”句：借用唐李涉《题鹤林寺僧舍》“因过竹院逢借话，偷得浮生半日闲”句。

② 远公：原注：虎溪寺高僧。对东晋名僧慧远（334–416）的尊称。

③ 溪名。在江西省九江市南庐山东林寺前。相传晋慧远居此，送客不过溪。过此，虎辄号鸣，故名虎溪。唐李白《庐山东林寺夜怀》诗：“霜清东林鐘，水白虎溪月。”

入寺枣花落，满庭松竹秋。
身闲忘散漫，官冷易沉浮。
极目遥天外，西山出树头。

乘兴偶然出，轻沙趁马蹄。
啸歌双白眼，潦倒一乌衣。
野鸟看人丑，新蒲著雨肥。
何时归买屋，江上傍渔矶？

村晚

一笛迎风起，荒原向晚天。
秋声两岸树，暝色一溪烟。
病骨寒逾瘦，诗情淡欲禅。
苦吟未归去，凉月已娟娟。

秋日排闷杂咏（八首之四）

愁魔病债送华年，瘦怯西风亦自怜。
但解有情能做俗，何妨入世更参禅。
文韦销骨闲中泪，福慧伤心死后缘。
欲向汨罗呼屈子，恨人不独是江淹。

赤松雨

甘雨自依旬，允慰苍生望。
遐哉炎帝臣，神仙亦将相。

达摩露

雪深膝已没，刀利臂忽断。①
欲开甘露门，仗此知慧剑。

---

① 此两句缘于自慧可（487–593）向达摩（?–536）求法，而有“立雪断臂”传说。

须达园

庄严选佛场，照眼金银气。
说法因布施，不识西来意。

慧远社

攒眉向莲社①，慧远非无偶。
羲皇世已遥，何可饮无酒？

生公石②

鸟衔天花飞，讲罢空山寂。
人反不点头，毋乃顽于石？

慧能雨③

香界妙鬘云，六时散花雨。
愿此功德水，一滴遍寰宇！

临江仙六首（之五）

记得早秋凉似水，禅关零掩疏寮。簪花妙格倩同描。灵心舒腕力，慧语逗眉梢。

翠管红丝耽结习，翩翩巾角风标。昔年艳福记曾消。一弯螺子砚，泪点晕如潮。

[附记] 选自（清）章永康著，章正远选编：《瑟庐诗词选》，贵州人民出版社，2008，第71页、第85–86页、第111–112页、第233页、第

---

① 莲社：以念佛为主旨之团体名。东晋慧远大师居庐山，与刘遗民等同修净土，寺中有白莲池，因号莲社，又称白莲社。

② 生公石：相传东晋竺道生（355–434）讲经处。位于今苏州虎丘山下，可坐千人。

③ 语出《华严经》：“六雨宝庄严道场神。主慧波罗蜜。慧能雨法宝故。”

241–243 页。章永康（1831–1864），字子和，别号瑟庐，贵州大定（今大方）人，清咸丰壬子（1852）科进士，次年选为翰林院庶吉士，后改授内阁中书，继为太子侍读。十年（1860），告假南下省兄（兄永孚任江西弋阳知县），继回原籍闲居。后得清廷调作候补知府谕示，正准备启行时，恰遇□□军突然攻城在混乱中被杀。精通经、史、子、集，擅长诗词。有《瑟庐文集》等。

甲子重九日登饮回龙阁即席二首

戍楼寒日淡孤城，同叩禅扉按酒兵。
路窄莓苔经雨滑，山高木叶挟风鸣。
谈诗客接浣花里，说剑人来细柳营。
快向当筵抽彩笔，晚霞如绮映帘旌。

地亦龙山称孟嘉，斯游应作画图夸。
谁怜薄袖依寒竹，欲借清樽酬晚花。
劫后池亭伤楚炬，筵前筝笛忆京华。
松杉滴翠钟楼静，坐看长空雁字斜。

[附记]选自（民国）《大定县志（卷 21）·艺文志·诗（上）》。

4. 刘玉泉诗选

游西山观音阁

梵宇苍台古，曾游记昔年。
地偏尘自远，僧老口无禅。
高阁吞寒舞，荒林绕暮烟。
抚兹衰盛迹，自在让金仙。

东山寺

昔爱东山好，今来莽棘榛。
绿苔生壁旧，青草掩阶新。

寺寂僧无事，炉寒佛有尘。
萧萧香积地，冷落几经春。

登南山玉皇阁

偶来登杰阁，望古意茫然。
罗甸昔时国，群舸何处川。
居高能远俗，地僻可逃禅。
徙倚忘归去，林中清磬传。

[附记]选自（民国）《大定县志（卷21）·艺文志·诗（上）》。刘玉泉，字源公，大定举人。

5. 谌焕模诗选

渔山[①]

古道萦纡石磴排，行行步入云白隈。
阁高凌汉云常驻，门静无人风自开。
几阵竹声喧小苑，一场蕉梦醒闲阶。
准家望里渠渠屋，却被癯禅棒喝来。

禅房

雪覆琳宫半掩门，老僧兀坐月黄昏。
繁华过早花无着，正果园时树有根。
近市知君不择地，乘槎[②]到此易寻源。
风蒋自悔归舟晚，苦海茫茫碧波浑。

失马亡羊数先定，恩仇遇合亦前缘。
木从病后文章见，玉到磨成宝气鲜。

① 原注：作于壬戌（1862）年。

② 槎（chá）：木筏。

恶我安知非药石，积书何必计金钱。
德成君子求诸己，何事尤人与怨天。

[附记] 选自谌焕模：《古柏轩诗集》，载孙敬：《织金文史资料选编》（第2辑），1989，第176页、第185页。谌焕模，平远州（治今织金）人。光绪《黔西州续志》主纂。另有《黔西州续志诗余》。《古柏轩诗集》成书于清光绪丁酉（1897），20世纪30年代曾经谌湛溪校点、作序，铅印出版。

6. 周婉如诗选

夫子以游斗姥阁诗见示依韵和之

挈伴招提境，相将乐事俱。
白云栖殿角，疏磬散松株。
石暗泉声冷，苔深草色腴。
境幽清兴永，顿遣俗尘无。

登文龙浮图绝顶

磴道梯天阙，苍茫一望中。
乱峰横夕照，绝顶抚清穹。
槛落松潭影，窗开竹径风。
俯虚心自远，回首万缘空。

[附记] 选自（民国）《大定县志（卷22）·艺文志·诗（下）》。周婉如，字纫缃，广东藩库厅丞黄育德之配，四川绵州知州周凤冈之女。

7. 其他诗选

永宁卫 陈时雨

千树梧桐一径长，秋声夜雨似潇湘。

僧房滴处消残烛，客枕闻来忆故乡。
鸟宿枝头多冷落，量吟叶低倍凄凉。
好披云雾开天眼，直上高冈睹凤凰。

[附记] 选自（清）嘉靖《贵州通志（卷之 11）· 艺文志》。原诗无题。标题为选录者加。永宁卫，治今四川省叙永县城，辖地含今毕节市一带。

投宿灵峰寺 路斯京

落日衔山鸟倦飞，投林几阵送鸦归。
人行断壁穿云缓，寺背深松露角微。
惊客犬鸣岩栈树，荷樵僧叩夕阳扉。
禅房好借留清梦，息得红尘半日机。

[附记] 选自中共毕节市七星关区委史研究室编：《毕节县志（乾隆 · 同治 · 光绪校注本）》，方志出版社，2017，第 121 页。路斯京（1758–1794），字翰宗，号玉山，邵子，贵州毕节人。敕赠文林郎邑附贡生，官山西榆次县知事，诰授中宪大夫、户部主事，河南特用知府、朝议大夫。性爱山水，闲暇以赋诗为乐，有《玉山吟稿》。

董明府陶然①修葺灵峰告成纪胜 洪楷

灵峰高插白云中，此日栽培回不同。
三沼迭飞泉滚滚，千峦环抱霭濛濛。
栏干处处飘金柳，坊表层层引玉骢。
遗泽当轩穿嶂翠，垂虹跨院映莲红。
鹤亭下绕希夷草，鹿苑高攀罗汉松。
卷石法华朝古寺，长堤慈竹护深宫。

① 董明府陶然：董朱英，字陶然，直隶顺天府人（原籍江南太仓州嘉定县）。乾隆四年（1739）己未科进士。乾隆十九年至二十二年（1754–1757）任毕节县知县。重视地方建设，重修《毕节县志》，并捐俸禄刻版刊印。明府：唐以后多用以称县令。

终朝鸟语催仙梵，半夜钟声动谷风。
冈伏幽蹊疑虎过，崖悬绝顶似鹏翀。
煮茗慧井双行满，玩月崇台四野空。
白塔干霄霞灭色，青畴附壑水常融。
发源浑与蟠龙接，凭眺相忘东壁隆。
关外七星难嗣美，毕阳八景独称雄。
漫言仙境非凡境，须识人工即化工。
伫看地灵钟杰士，遭逢共仰董明公。

[附记]选自中共毕节市七星关区委史研究室编：《毕节县志（乾隆·同治·光绪校注本）》，方志出版社，2017，第134–135页。洪楷（1708–1768），字士表，雍正十年（1732）壬子科乡试副榜。官云南大理宾州知州。

题蟠龙山盲僧禅房 吴纪

高冈绕郭外，形势似龙蟠。
树密鸦堪宿，僧盲意自安。
禅房如斗大，天籁发云端。
莫谓凄凉甚，无求是达观。

[附记]选自中共毕节市七星关区委史研究室编：《毕节县志（乾隆·同治·光绪校注本）》，方志出版社，2017，第135页。吴纪（生卒不详），安顺人，拔贡，乾隆年间任毕节教谕。

灵峰寺 阮文燮

潆洄水多情，秀折山带韵。
钟之于人发于文，花生笔管际昌运。
吾邑水少山多灵，二百年来流芳馨。
登临见山不见水，兰若浮图摩空青。
低徊留之不能去，茫茫莫识灵钟处。

[附记]选自中共毕节市七星关区委史研究室编:《毕节县志(乾隆·同治·光绪校注本)》，方志出版社，2017，第709页。阮文燮:阮文焘之弟。嘉庆戊午(1798)举人，在北京任东城兵马司时，曾应召道光皇帝御前执鞭，后任浙江严州府佐，归田后在毕节兴利除弊，邑人赖之。

东山寺 徐旬龙等

东山寺僧苍遥新构禅房落成，予以相屏其额，兼赋二律，以记胜迹。

徐旬龙题

自笑探奇孰与俦，闲寻古寺柏偏幽。
参天直干苔痕老，近露繁枝日影稠。
钟鼓歇时声寂寂，烟云幻处景悠悠。
山僧亦是饶清兴，新起禅房为客留。

禅室清幽幽境多，柏树屏列翠交柯。
河边绰约风翻蓼，亭外潆洄水浸荷。
拟植松楸增黛色，频栽桃李待春和。
从今处处堪图画，好与诗人妙笔摩。

袁绍孙和题

胜境寻芳喜结俦，东山古刹柏青幽。
绿荫环绕苍烟秀，翠霭氤氲玉露稠。
爱护筠操情自切，栽培黛色兴何悠。
天然屏嶂无穷趣，僧构祥房好景留。

山阿古柏历平多，雨露生成连理柯。
劲节漫夸三径竹，青枝偏称半庭荷。
当前点缀增春色，到此逍遥养太和。
客里恰逢名胜地，篇章歌冰入神摩。

任绍墀恭和

千年古柏出群俦，玉架新堂境倍幽。
翠嶂参差青琐密，绿屏林列黛烟稠。
禅居花木情无限，福界清虚性自悠。
野趣不同尘世俗，山云雾霭望中留。

揽胜东皋爽气多，山房恰称碧枝柯。
繁阴低荫庭前竹，密叶斜遮水面荷。
最爱秋来寒色净，更看春至暖风和。
徘徊佳处题难尽，也学诗人着意摩。

乾隆乙酉（1765）仲秋浙西袁洛利书于黔西官署
寺僧苍遥立石
周士乾镌刻

[附记]选自碑原立于黔西县城东山寺（建于清康熙年代，原名开元寺）。青石质，高0.68米，宽1.31米，厚0.14米，无碑题、碑额。碑文楷书竖书阴刻。20世纪50年代寺毁，诗碑移至水西公园残钟亭小院（嵌于墙壁上）。

道光丙午二月八日登玉文山高阁 黄宅中

周庄王九年四月八日，悉达太子生，即释迦佛。以夏正考之，实今之二月八日，《辽史·礼志》所载甚明。梁茝邻中丞诗所云“佛诞自应归夏正，花朝恰已近春分”是也。城南玉文山，林木蔚然，为禅居胜地。是日春晴暄朗，登阁远眺：

佛日天开朗，仙楼客纵观。
轩窗松外敞，城郭画中看。
晴野添新绿，春耕破晓寒。
社公前夜雨，叱犊出烟峦。

[附记] 选自（民国）《大定县志（卷 21）· 艺文志 · 诗（上）》。黄宅中（1796–1863），字惺斋，山西河曲人。道光二十四年（1844），任贵州大定府知府。主修《大定府志》。

织金东山寺 申云根

峭壁天插阁，山腰破寺存。
冷云填洞口，滴溜泻松根。
钟古苔浸字，祠荒佛卧门，
当年名将帅，遗墨剩题痕。

[附记] 选自贵州省文管会编：《贵州文物志稿》（第 1 集），1982，第 48 页。申云根纂光绪《平远州续志》。

毕节摩崖诗 黄绍先

王生家铭，世居丘侧，合族振科，丙申（1896）诣序题曰：

在地成形，昔传虎寝。
上有大观，文蔚文炳。

知州事黄绍先

感怀沙棠树

当年掩映护吾庐，紫竹南楼纵目初。
下与虎丘争尚在，空从龙驿忆曾余。
柳荫路曲遥怜汝，槐长庭高隐痛诸。
伐自吴君痴上将，斜阳留爱动踌躇。

退思主人

司铎平阳几叩庐，民岳顾畏问生初。
险楼半露雄都建，古树全遮庆有余。
培养百年空得所，高飞三匝望乞诸。

西方彼美龙旋运，挺秀从来简待躇。

州学正黄作霖

栋梁材早隐蓬庐，久聚经纶抱负初。
但见寻碑鹦偈谛，独传拜石虎留余。
盘根徒慨承天养，错节何劳问月诸。
借想当年浓似盖，犹如人杰任心躇。

居士王文鹤

[附记]选自贵州省织金县文化局编印：《织金文物》（第1集），1984，第73–75页。摩崖位于织金县城南门外虎丘山紫竹庵崖壁。紫竹庵始建于清康熙四十六年（1707），道光十九年（1839）重修。紫竹庵有观音殿、三官殿，并供奉文昌、张三丰、魁星、土地、龙神等。黄绍先，号越生，浙江绍兴府会稽县（今属绍兴县）人，监生，光绪十三年（1887）十月任平远知州，他设义学、修葺寺院、灭轻粮赋、主持编纂《平远州续志》等。摩崖中除黄绍先题刻外，均无镌刻日期。从排列看三首唱和诗镌刻时间，应在黄绍先之后。

林间梵呗 王玠

踏阁扳林兴不禁，忽闻仙籁出幽岑。
依稀风雨鸣秋籁，仿佛成韶奏雅音。
觉路恐迷花色相，遏云惟见树萧森。
寻声渐入招提境，涤尽尘凡一片心。

[附记]选自中共毕节市七星关区委史研究室编：《毕节县志（乾隆·同治·光绪校注本）》，方志出版社，2017，第131页。王玠（生卒不详），贵州贵阳人，举人，毕节县教谕。

灵峰斋 李云霑

小筑幽楼傍鹿群，风光细与绿萝分。
穿林客至肩红雨，采药人归袖白云。
好句每从天外得，妙香时至性中闻。
醍醐日泛长松下，半醉烟岚看夕曛。

[附记]选自中共毕节市七星关区委史研究室编：《毕节县志（乾隆·同治·光绪校注本）》，方志出版社，2017，第703页。李云霑，字既足，顾炎武门生。

灵峰道中 高仕征

欲览灵峰胜，遥窥一片云。
崇峦皆叠叠，群木若欣欣。
曲径高兼下，流泉合复分。
小蓬莱处近，花鸟自纷纷。

福泉 程万夏

双井泉堪掬，因而以福名。
寻踪虽近佛，学圣得其清。
动每惊流俗，居还避市尘。
爽然常有觉，晨夜听钟声。

东壁轩 左诗

为爱招提境，新成东壁轩。
烟霞凝远岫，花草满平原。
地僻钟声静，林疏鸟影翻。
时来星岳下，趺坐每忘言。

[附记]选自中共毕节市七星关区委史研究室编：《毕节县志（乾隆·同

治·光绪校注本）》，方志出版社，2017，第382页、第385页、第704页。

织金县奇缘寺摩崖诗① 佚名

怪石谁为闭凿开，洞门虚掩绝尘埃，
吞吐日月羊肠曲，过往风云鸟道回。
流水无心穿禹穴，仙源有路达天台，
陈抟处士今何在？结伴登临我辈来。

登玉文阁浮图 赵若水

寻幽选胜一登临，塔势摩空绝丈寻。
北望龙山苍霭合，东连凤岭翠云生。
钟声缥渺如天上，梵宇参差接地阴。
向晚欲归还小住，纷纷倦鸟已投林。

[附记] 选自选自（民国）《大定县志（卷22）·艺文志·诗（下）》。赵若水，字泉生，大定廪生。

云洞天开 易凤庭

输与僧家结静缘，青峰围住白云穿。
空中色相三生石，顶上圆光一洞天。
偶为看山来见佛，几忘作吏想逃禅。
宰官说法腰乃斩，下拜何妨学济颠。

[附记] 选自朱邦才主编：《织金文物》（第1集），贵州省织金县文化局,1984，第30页。保安寺建于道光二十四年（1844），数度重修。易凤庭，字梧冈，广西灵川县人。嘉庆壬戌（1802）进士，任平远州。学养深醇，清廉素著，培植人才，振兴书院，薄赋轻徭。

---

① 清同治年间，有一化名“平阳道人”的游人，题诗一首于悬崖的壁额之上，赞美“奇缘洞”的风光。

扶风塔 王其琭

落日欲没空山碧，塔影层层峻将折。
旷然野外江梅低，远趁夕阳坠羽翮。

塔前萧瑟拂衣寒，朝来爽气我欲仙。
手持洞箫倚天半，身披鹤氅下云间。

似闻习习松声寒，涓涓空谷激鸣湍。
倏若神鬼皆膜拜，竺天说法证涅槃。

郁金扇子摇烟絮，清风徐来几朝暮。
芳草迷离任披拂，明月瑶琴滴烟露。

浮屠高接百尺楼，四禅天已惊早秋。
朱弦解愠经三弄，穆如天际吹兰洲。

鸣商叩角音复清，吹入村墟冻馁情。
尔佛慈悲济群生，高高忍听饥寒声。

[附记] 选自（民国）《大定县志（卷22）·艺文志·诗（下）》。王其琭，字蕴渠，大定举人。扶风塔位于大定县（今大方县）城西隅。

东寺晚钟 佚名

瑰丽山前昼日开，云蜂翠掩涤尘埃。
发人猛省端无价，古寺钟声夜半来。

日照东山古树丛，烟茏宝刹梵王宫。
慈悲未醒痴人梦，夜夜佛门放晚钟。

云洞天开 佚名

古洞云深顶上开，寻僧曾向此中来。
水流山峙僧何在，洞外闲云任徘徊。

[附记]选自朱邦才主编：《织金文物》（第1集），贵州省织金县文化局,1984，第129页。

（三）民国时期

1. 方人风诗选

无著亭题咏

僧正传一营浮图。观音洞就山为固，倚石为亭。他日请题，命之曰："无著亭"。

蒲团飞下向天亲，我在佛车第几轮？
梦到月中无色相，笑看珠里有胎身。
大千菩萨同悲路，终古英雄竟恼人。
满地种莲开未得，结跏草石莫嗔恚。

大悲大难来天国，谈苦谈空数海沙。
蝴蝶飞飞恋冢草，杜鹃急急唤山花。
陀罗不被君王骨，荤韭犹沾儿女牙。
想觉冥虫齐度尽，人生得毋是摩耶。

袛裟天子度生还，九驿重开济火关。
佛坐荒岩成小苑，僧营弃地便名山。
得抛舍利辉三界，愿听华严跪一班。
莫到昆仑寻极乐，诸方罗汉有悲颜。

金山[1]如风势飞翔，三百年来此避荒。
篆竹白云开旧甸，黄沙赤水抱新场。
樵苏久辨峨眉路，斋供不须鹫岭香。
若与释迦论富贵，玉屏风景胜西方。

---

① 原注：今校地旧名金山。

打包流落问乡都，净饭山川卧狻狐。
千叶莲花千叶露，一沙金粟一沙珠。
经残无字教鹦鹉，道阻如来唤鹧鸪。
化苇化舟著那去？只凭合眼共模糊。

此僧得地当乘莲，此是西南一胜天。
早露平河千亩绿，夕阳双塔万家烟。
紫山如与青山笑，仙馆遥同佛馆连。
最爱风光采好树，虹岩十里翠联娟。

洞雨犹沾盘古声，苍寒凝落似天惊。
洪荒人远春流转，山幕月高宇灭明。
世再百年知几变，客来相晤说三生。
日间赚得谈埃及，小鸟衔沙石卧晴。

中原到此已天涯，流寓儿孙恋望奢。
循良凡几通京筑，词翰莫多数洛沙。
父老年年夸子弟，衣冠岁岁过僧家，
忽忆我乡先辈事，人才如笋散如花。①

寒山拾得本常僧，破念能参最上乘。
布露无遮甘露果，终年合掌辟支灯。
心中芥子三千世，足底浮图几百层。
想与净公俱入壁②，问师问我不须应。

群祖家风好缔存，君当智慧瞿昙孙。
问诗得解东坡笑，捧露同参南海尊。
会彻六通无碍石，难云八戒不留根。
花飞洞水逆流日，随定随空莫问门。

---

① 原注：平坝为西洛河域，新场为沙滨河域，乾嘉数代科名甚盅，皆江、楚、蜀各省徙入之子孙也。吾师仙樵先生与风言先辈事，文献沦没，鲜有存也。

② 原注：谓净普浮图。

附改第八首

天徙长江入此游，衣冠门籍载中州。
累朝佳士出沙洛，一带名山进鼓楼。
子弟如林皆笋立，英才易世几风流。
想寻雁塔书报国，选佛无声月在秋。[①]

民国六年阴历丁巳（1917）夏四月
黔西新镇平洛伯鸾、方人凤赋律并书石

[附记] 选自贵州省毕节地区地方志编纂委员会编：《毕节地区志·文物名胜志》，贵州人民出版社，1994，第138–139页。无著亭题咏碑，方伯鸾（号人凤）撰。位于金沙县鼓场街道观音洞旁，碑高2.17米，宽1.02米，厚0.17米，民国六年（1917）农历四月立。青石质，楷书。碑面上下两截载文。上为《无著亭题咏》律诗10首，题名篆书，正文行书，均阴刻；款末置“伯鸾”“方人凤”阴阳篆刻方章各1枚；下系《黔西新场观音洞浮图园记》散文，皆竖书楷书阴刻；款末为“匈珠”“方人凤”阴阳篆刻方章各1枚。两碑文均竖行，正文以8个字转折排列200行，间有小字注释，共2000余字，字径约2.7厘米。碑尚好，字迹清晰。现存金沙县文物管理所。方伯鸾（1879–1947），字孝恪，号人凤，笔名匈珠，贵州黔西州新民里（今属金沙县）人。宣统己酉（1909）科进士，授云南大理府通判。民国时期曾任黔军第五师秘书长、金沙县参议会参议长等职。晚年在家乡从事教育。擅诗文、书法。

2. 王宝珩诗选

咏怀古迹五首（选二）

楼阁临池起，清幽让紫微。
来过思避地，坐久欲添衣。

① 原注：由沙、洛至乌江流为鼓楼河流域。鼓楼以涛声得名。

老树高何极，仙人去不归。
庆云书太守，瑞应是耶非。

径转疑无路，冈回却有峰。
前明遗窣堵，古院号文龙。
绕郭朝晖静，层阶落叶封。
夜来云气合，数里远闻钟。

[附记] 选自（民国）《大定县志（卷22）·艺文志·诗（下）》。王宝珩，字楚珍，贵州大定人，清宣统己酉（1909）科拔贡。

3. 刘从忠词选

浪淘沙·黔西八景（选二）

东山夕照

一片远山青，气概峥嵘，一方雄峙卫黔城，锦绣晨曦才过去，夕照鲜明。
此景最宜晴，貌更婷婷，禅林犹有晚归僧，暮霭天边消失后，又见禅灯。

源水三涨

寂静似禅堂，浩渺苍茫，悬岩深洞藏清凉，蔡氏龙潭州志载，源远流长。
不是太平洋，不是钱塘，为何潮水日三扬，未必江河沦陷后，同类悲伤？

[附记] 选自黔西县政协文史组县志编委办公室：《水西文史资料（第二辑）·诗歌专辑》，1983，第91页。刘从忠，号继清，笔名琉璃。贵州黔西人，民国初年诗人，公正恶邪，追求真理。任教于黔西县养正小学（现为第三小学）。

六、铜仁市佛教诗选

（一）明代

1. 李渭诗选

中和山

霜洲木落意踟蹰，兰纫秋风满客裾。
共道吴门如白练，可能赤水拾元珠。
袖中明月人何似，曲里青山调自殊。
寒暑空悲双鬓去，乾坤还借一身扶。

[附记] 选自（清）道光《思南府续志（卷12）·艺文门·诗》。中和山位于思南县城。李渭，字湜之，号同野，明贵州思南府水德司（今属思南县）人，著名理学家，曾在四川、安徽、广东任知县、知府、同知、副使等职。为官清廉。潜心研究儒学，著作颇丰。

德江晚度

山影江半阴，渡口喧人语。
东林精舍近，挥麈自来去。
渔父歌放逸，悠然寡尘虑，
为爱乘槎行，直到水穷处。

普济亭①

高阁峰阴人独立，碧桐秋色满江城。
松峦月落猿啼冷，云路风凄雁字惊。
紫塞未传销甲信，玉楼犹听持衣声。
年年对菊谁无赋，此日尊前意未平。

[附记] 选自（清）唐树义审例，黎兆勋采诗，莫友芝传证，关贤柱点校：《黔诗纪略》，贵州人民出版社，1993，第137页、第139页。

2. 赵之屏诗选

东山同石南溪观鱼长篇

霜中绿练横江天，丹树挂壁吹峦烟。
鹧鸪数声黄草木，小艇野泊独囊悬。
浪花不动沉山谷，石痕欲堕压回漩。
未许轻帆商贾乱，别有沼室蛟龙眠。
晓风半卷晴孤旍。老禅惊破疏钟起。
将军铁骑拥戈旄，豸绣瑶章鸣剑履。
净扫荒萝开绮筵，遥呼玉斗称玄醴②。
入手长吞九曲光，褰裳远坐飞虹砥。
鲛人未解网罗空，须臾呈上双鲤红。
无奈风波看咫尺，可怜鳞甲忽牢笼。
兰桡莫犯鸳鸯侣，好织文衾赠交与。
共将勋业画麒麟，留却芳音勒丘渚。
对此豪饮复高吟，海岳当年万里心。
沙青絃管飘千圣，日暮狂鼙响四营。
夜夜愁鬼哭黑瘴，□□苍云冻榛竹。

---

① 原注：亭在思南中和山上，为同野讲学处，后增，改称中和书院。

② 玄醴（lǐ）：醴泉，甘美的泉水；酒。

力士皤眉夸舞铤，自数从征三十六。
君不见去冬转捷元功，尚滞封书达九重。

[附记] 选自（明）万士英修纂，黄尚文点校：《万历铜仁府志》，岳麓书社，2014，第236–237页。赵之屏，明洪武间副使。

月山寺

石透长溪雨，人穿半壁烟。
蛮村没瘴草，古寺断荒田。
世事愁为病，浮生拙是贤。
孤忠能自许，弹铗动高天。

[附记] 选自贵州省文史研究馆古籍整理委员会编：《万历贵州通志》，贵州大学出版社，2010，第481页。月山寺位于今福泉市城厢镇。

无题

欲买僧家种福田，挂冠高卧早归禅。
悔从鹤背来沧海，喜傍龙津到洞天。
山日移云松石下，行人堕泪鹧鸪前。
看花对酒不复饮，片片愁心逐水烟。

[附记] 选自（明）郭子章《黔记（卷55）·方外列传二·寺观·兴隆卫》。原诗无题。

3. 徐穆诗选

五律·偕喻漳澜同年登东山

登眺知何处？东山第一楼。
万峰窗外列，全郡眼中收。
诗酒君疏放，关河我倦游。

此间成小集，重话海天秋。

七绝·梵净山

迢迢路入白云间，第一奇峰孰早攀。
密箐深林寻不尽，苍然九十有三山。

[附记] 选自铜仁地区诗词楹联学会编:《梵净山诗词选》,1998,第7页。徐穆，字钟汝，贵州铜仁人。万历辛丑（1601）科进士。知浙江崇德县，礼部主客司主事，迁员外郎，知福建兴化府。

4. 田秋诗选

岩门三首

云霄风清玉宇空，平看鸟飞俯琳宫，
偶然小憩登高足，前面长途正不穷。

登高纵目尽清秋，万里云山在两眸。
地脉不因黔水断，风光似与达人留。

鸟鸣木落空林响，竹暝烟生石洞幽。
兴报马蹄随处到，恍疑自己在沧州。

游椅子山

中天积翠郡城东，棨戟森严已学宫①。
绝顶浮屠谁与建，人文从此更蒙雄。

[附记] 选自德江县政协文史资料委员会编:《德江文史资料》(第5辑)，1990，第234页。田秋，字汝力，号西麓，土家族，贵州思南府水德江司人。明正德九年（1514）进士。官至广东布政使。关心家乡文化教育。

① 棨戟（qǐ jǐ），一种有套的或油漆的木戟。古代官吏出行时用作仪仗。

5. 其他诗选

送铜仁[①]僧 李元阳

百钱一丈[②]自悠悠，一啸相逢碧海头。
飞锡几时还挂锡，五铜都在定中游。

[附记] 选自（明）李元阳著：《李元阳集·诗词卷》，云南大学出版社，2008，第41页。李元阳（1497–1580），字仁甫，号中溪，别号逸民，明代大理府太和县人，白族。明嘉靖丙戌科（1526）进士，选翰林院庶吉士。曾任江苏江阴知县、荆州任知府等职。勤于著述，有《艳雪台诗》《中溪漫稿》等。

邓道鸣元戎招集青莲界共赋 刘观光[③]

铜郡西山故有石洞，杂在荆榛中，人迹罕到。都督邓公莅铜之明年，寇不为害，乃诛茅扫石，像大士于其中，以招求福者。左方一隙，倚石而狭，其址可亭，遂亭之，翼以朱栏，凭栏纵观，双江如练，层城如霞，俱在睫中。邓公扁之曰“青莲界”，为其近大士居也。会余以备兵驻节至，邓公觞余于此，谓胜地胜游，不可无记，因志洞所自辟而各系以诗，诗镌石刻之洞中，时万历壬子仲冬长至日也。公讳钟，闽之晋江人，贵州按察司佥事，南海刘观光记。

崇崖表刹石为屏，休暇何妨使节停；
路指金绳开佛日，人从真气识贤星。
平临百雉烟初螟，坐对群峰雨后青；
漫向燕然谈纪绩，且将诗赋答山灵。

---

① 铜仁：铜仁府，治今铜仁市碧江区。

② 丈：通“杖”。

③ 刘观光，字觐国。顺德人，一作南海人。明万历三十二年（1604）进士。官历山东左布政使。“平播”时任监军，深入前敌，战功为多。晋贵州按察司副使。

净土庄严大士莲，偶来览胜一参禅；
开林宝树低枝日，劈石神工启洞年。
刁斗不鸣经梵响，烽烟长寝佛灯悬；
周旋鞭弭还嘉会，莫惜沉盃负胜缘。

南海刘观光

文笔洞成邀刘觐国观察集青莲界同韵

夜郎禅室接云屏，使节漫劳驻野亭；
雨后泉飞千涧白，霜前木落数峰青。
论文应合延津剑，借箸先瞻益部星；
海内交欢能有几，坐看渔火散流萤。
宝刹玲珑佛日悬，使君白雪映青莲；
天工削就临池笔，地脉翻成洗砚泉①。
万壑风霞凭槛外，千家烟火举杯前；
他年片石还堪忆，何事岘山空自怜。

万历四十年岁在壬子长至之吉温陵邓钟书②

[附记]诗刻于铜仁城西隅文笔峰(文笔洞内)。明万历三十八年(1610)，邓钟(贵州总兵)奉命驻军铜仁，四十二年(1614)迎奉观音大士像于文笔洞中，并在洞口建亭栏，命名“名青莲界”。刘观光(时任贵州按察司佥事)作《青莲界序》及《邓道鸣元戎召集青莲界共赋》诗二首。邓钟作《文笔洞成邀刘观光观察集青莲界同韵》和诗。

晚登东山 陈珊

向晚东山寺，徘徊着意看；
雨余城郭净，月上浦烟寒；

① 原注：昔无水，今始有。

② 邓道鸣：邓子龙，名钟，字道鸣。福建晋江人，明万历五年(1577)武进士，万历三十八年(1610)任贵州总兵，有儒者风，所到处喜题字，镌刻石壁间。

胜友期相会，高谈兴未阑；
一声清夜磬，身在碧云端。

[附记]选自（清）道光《铜仁府志（卷12）·艺文·诗》。陈珊（1510–1577），字鸣伸，铜仁府人。嘉靖癸丑科（1553）进士。曾任山东兖州府同知等职。东山寺，位于今铜仁市碧江区市中办事处东山。

五古·梵净山 徐鹤年

洞天二十四，福地三十六。
大名在寰瀛[①]，兹山何隐伏。
层云封其巅，狂澜鸣其麓。
壁立千仞间，烟云都在目。
所苦蹊径无，攀援百计蹙。
恐是神仙居，可见不可掬。
怪绝无得名，得名竟未卜。
真知世所稀，虚声世所逐。
多少名胜区，游人恣尘黩[②]。
寂寞黔天南，我谓山之福。

[附记]选自铜仁地区诗词楹联学会编：《梵净山诗词选》，1998，第6页。徐鹤年，字丹崖，号思楼。贵州铜仁人。明隆庆年间（1567–1572），庠生，晋嘉义大夫。笃行好学。著有《北山杂咏》。

金仙寺 王藩

绀殿清虚绝世喧，琅琅梵语诵朝昏。
香飘翠篆昙花现，灯闪寒光贝叶翻。
侧耳老龙应自悟，点头顽石亦忘言。

---

① 寰瀛（huán yíng）：天下，全世界；指疆域；犹尘世。
② 尘黩（dú）：犹玷污。

居人闻此成深省，欲问三生到法门。

[附记]选自(清)唐树义审例，黎兆勋采诗，莫友芝传证，关贤柱点校:《黔诗纪略》，贵州人民出版社，1993，第401页。王藩(生卒不详。活动于嘉靖、隆庆年间)，自号一瓢道人。沿河县人。读书不求仕进，安贫守正，工篆、隶，善画梅，为诗清逸，著有《一瓢斋集》。金仙寺，在沿河自治县城西岸(今已不存)。《黔诗纪略》作“金山寺”(摘自道光《思南府志》)。

登梵净山 喻政

回溯昆仑是本根，辟支复起小昆仑。
但看上界三垣近，肯信中华五岳尊。
古殿灯燃长白昼，危楼钟动欲黄昏。
到来却悟无生旨，贝叶何须细讨论。

[附记]选自(清)道光《铜仁府志(卷12)·艺文·诗》。喻政(1558–1654)，字潼澜，铜仁府人。万历己未(1595)科进士。曾任福州知府等职。

宿六转山寺 徐宰六

灵窟仙栖六转山，诸真罗列玉寂班。
阶前老树铜为干，落下群峰黛作囊。
枕上梦皆相与适，林梢鸟亦欲忘还。
若教早岁诛茅卜，两鬓何由似此斑。

[附记]选自(清)道光《铜仁府志(卷12)·艺文·诗》。徐宰六，秦代徐福后裔第56世孙。嘉靖初，由江西临川迁居铜仁府。万历辛丑(1601)科进士，以吏部主事出为福州知府，官至云南按察使。六转山寺，位于铜仁市碧江区西15公里。

圆通寺 王驿

侨栖来梵宇，不与俗尘干。
隐几听流水，开扉见好山。
钟声临枕近，谯漏隔关漫。
宦辙奔波处，逢僧一话难。

[附记] 选自印江土家族苗族自治县志编纂委员会：《印江土家族苗族自治县志·梵净山志》，贵州人民出版社，1992，第1042页。王驿，曾任贵州思州府推官。

一线天 徐昌支

葶援尤未足，仄经滞归鞭。
山锁千盘水，崖分一线天。
人从猿穴落，马向蚁封旋。
应以武陵客，艰难蜀道年。

[附记] 选自印江土家族苗族自治县志编纂委员会：《印江土家族苗族自治县志·梵净山志》，贵州人民出版社，1992，第1042页。徐昌支，自称武陵侠客。

东山① 万士英

东山百仞枕江濆，石磴参差接五云。
宝刹拟从天上建，梵音如在斗间开。
雨梳石发春苔静，霞绣龙鳞古树纹。
欲赋愧无惊俗句，挥毫徒忆鲍参军。

[附记] 万士英，铜仁人，为万历二十六年（1598）进士。二十八年（1600）任河南开封府祥符县（治今开封市祥符区）知县。主编万历《铜仁府志》。

---

① 标题为选录者加。

题梵净山灵应梵净山 护国寺和尚俗尘子

山岳巍峨涌法台，云回锦幛自天开。
君须德厚方祈子，尔自心诚即免灾。

题梵净山风光 轶名

柱石峥嵘镇碧空，龙吟虎啸各西东。
方才烈日红如火，顷刻慈云白似鬃。
风过岩前摇铁练，虹飞峡外挂金弓。
一朝晴雨千般景，回与人间大不同。

红云金顶玉桥通，作造堪称鬼斧工。
僧醉酒归丹炼熟，客吟诗罢药烹浓。
鸿飞寒顶枫林晚，凤舞山岗瑞草丰。
巧匠多才神助力，蒿高砌石叠玲珑。

[附记] 选自印江土家族苗族自治县志编纂委员会：《印江土家族苗族自治县志·梵净山志》，贵州人民出版社，1992，第1042页。

(二)清代

1. 田起图诗选

春日紫气山[①]看梅同僧云石作

山城气候苦春寒，探得梅花带雪看。
老衲信多物外赏，衰策反觉眼中宽。
十分颜色原只淡，一味清香也带酸。

① 紫气山，位于玉屏县城西隅，山高80余米，东瞰县城全景。明代大司马熊明遇贬谪平溪时，曾在此建“鸿雪草堂”，以培育人才。今为县城一景。

隐隐枝头珠玉冷，方知劲节未摧残。

看尽繁华又一年，今朝又结岁寒缘。
花飞蝴蝶能来梦，枝作虬龙欲上天。
破衲看松残雪后，幽人倚竹晚风前。
世间最美酣羔酒，胡独空山抱影眠。

雪霜数度满山居，细数花香尚自如。
寒去空催王氏腊，春来欲寄子真书。
江山有待偏先汝，子女多情尚累余。
忙杀望中桃李树，连朝催发恐徐徐。

一旦花边自啸歌，几枝清影尚嫌多。
肯衣藤荔催山鬼，自剪冰绡拥素娥。
共守饥寒骨应瘦，为愁今古发先皤。
静中识得乾坤意，惟有炎凉不奈何。

[附记] 选自（清）乾隆《玉屏县志（卷10）·艺文志（下）·诗》。田起图，字义生，玉屏县人，崇祯中选贡，曾官云南保山县，云州知州。著有《滇南景物草》《屏山草堂》。

2. 徐以暹诗选

粤中初游大悲阁有感

忽忽如随倦鸟还，老来乞得此身闲。
一龛恍惚生前我，四壁分明梦里山。
风散钟声清午榻，云迷松影锁禅关。
故乡景物依然是，借对花枝作笑颜。

咏东山琼阁

东山东望霭苍苍，琼阁崚嶒接渺茫。

乍听钟声浮下界，忽堪日影挂扶桑。
高吟索和松皆友，趺坐求安石是床。
乞向此间容我老，便应倚老兴发狂。

文笔凌云

文笔峰高尺五天，长枪大戟笑徒然。
秋凝白雪添和墨，春剪青云借作笺。
重叠鸾章三锡①下，分明雁字数行连。
怀中自有生花笔，漫向山灵乞秋传。

西岭归樵

结伴登山薄暮回，束薪又见夕阳催。
一肩压处云添重，复岭归时月正来。
遥数寒鸦投寺塔，横吹短笛落江梅。
羡他释负全无事，戏看群儿笑口开。

再登金鼇山

俱指禅关说避秦，相逢俱是离乱人。
山中不少千年树，爨下才供数日薪。
未信白云犹恋客，可怜孤月只随身。
重来景物浑如梦，追忆当时益怆神。

结砦鼇山

南徼焚烧未即平，祇园偷活梦魂惊。
当年胜迹传灯地，此际中宵击柝②声。
每踞鼇头思往事，幸从虎口脱余生。

① 三锡：古代帝王尊礼大臣所给的三种器物。

② 柝（tuò）：旧时巡夜打更用的梆子。

何时一扫天氛尽，重现庄严妙德城①。

[附记] 选自（清）道光《铜仁府志（卷12）·艺文·诗》。徐以暹（1606–1699），字赤海，贵州铜仁人，秦徐福第59世孙，明崇祯丙子（1636）科举人，曾任广西按察使司副使。

文笔洞避暑次韵

何处堪消夏，兹山景最清。
玲珑开一穴，虚静悟三生。
径竹留云影，江涛和梵声。
此间尘不到，我辈迹常并。

重阳后十日补登高游北山寺

重阳过十日，蜡屐敢辞劳。
木落山容瘦，天空雁影高。
黄花如有待，白首只徒搔。
不负前期约，惟应借酒豪。

[附记] 选自（清）唐树义审例，黎兆勋采诗，莫友芝传证，关贤柱点校：《黔诗纪略》，贵州人民出版社，1993，第977页。

3. 徐訚诗选

夏日游莲池与琴川上人夜话

予性嗜山水，胜游思再续。
二三素心人②，邀我陟山麓。

---

① 妙德城：迦毗罗卫国的意译。迦毗罗卫国是印度次大陆佛陀时代国家，国名为梵文音译，位置大约在大雪山南麓，尼泊尔与印度的交界处，为古代释迦族的国都，是释迦牟尼佛的故国。

② 素心人：心地纯洁、世情淡泊的人。

石磴何盘纡，里许径千曲。
谡谡松风来，飞涛倾万斛。
纵身立天门，凭高寄遥嘱。
名岩绕四隅，云物媚旸谷①。
扪萝历层霄，断崖翻雪瀑。
怒劈走长虹，天风吹霡霂②。
坐看飞鸟还，静对池生绿。
沾袂袭芳香，饮泉过麋鹿。
仲夏景清和，况乃山气肃。
佳境淡客心，倦卧思坦腹。
枕簟生微凉，寒吹清暑溽。
梦与山水俱，情旷谢纷逐。
睡起行长廊，晚钟动天竺。
日入林壑暝，闭阁省幽独。
移时虚生白，山月前峰出。
一洗天宇晶，清辉灭明烛。
露台酌香茗，论心话畴夙。
惠远各有诗，清冷如石屋。
兴豪不能寐，燃炬待天旭。
晓风递泉响，夜露滴寒竹。
纸窗漏晨光，鸟语惊檐宿。
劳生如过驹，昏且竟迫蹙。
自分江海人，知非宁抱朴③。

---

① 本句描写太阳初升处，云的色彩非常美丽。云物：云的色彩；媚：美好，喜爱；旸（yáng）谷：古称日出之处。

② 霡霂（mài mù）：小雨。

③ 宁抱朴：数穷不如守中。

梵净山杂诗

红云顶二首

红云极顶九重天，高起崇台敞法筵①。
劈破玉峰开净土，返荒万古慧灯悬。
梵岳崔嵬天上开，乱峰飞翠拥蓬莱。
两间淑气②钟灵异，万古慈风动九垓③。

说法台

双峰屹立白云隈，二佛何年说法台。
咒语洒空龙驯服，慧光普照鹤飞来。

金刀峡

玉柱双峰出梵宫，法台谁复别雌雄。
金刀劈处飞桥渡，饶舌溪声吾道东。

佛影光二首

紫雾光中现法王，五云缥缈焕天章。
牟尼幻影人争讶，谁识本来声息忘。

何年鬼斧劈崇巅，三度金桥近日边。
放眼佛光摩顶上，纵身天际挟飞仙。

藏经台

黔南名胜纵奇观，石室灵台叠锦函。
亿万瑶篇翻贝叶，三千香满裛旃檀④。

---

① 法筵：佛教语，指讲经说法者的座席。引申指讲说佛法的集会。

② 两间：谓天地之间。淑气：指天地间神灵之气。

③ 九垓（gāi）：中央至八极之地。

④ 裛（yì）：用香熏。旃檀：檀香、白檀。

钟鼓岩

灵岩僻处在遐荒，钟鼓天成古道场。
夜半鸿音惊万里，皇家福禄浩无疆。

游天台寺

挺然孤秀吐奇峰，知是蓬瀛第几重；
云海拓开千里目，天风吹下数声钟。
涧泉澄澈白莲涌，碑碣模糊碧藓封；
谁谓遐荒无胜地，青鞋踏遍快游踪。

莲池[①]僧招慈延、邃庵与余续成其师《山志》坐阁午倦，余即景成诗二首。

余性耽烟霞，丘壑恣所控。
灵境得莲池，奇诡诧天纵。
万峰矗空冥，琼液出深洞。
石厂结丹楼，青壁垂玉蝀。
避暑每来游，雨气凝寒雾。
著书厂云居，花鸟作清供。
我亦爱松涛，尽涴尘胄壅。
流泉杂风蝉，幽响叶弦诵。
倦客如残僧，迂拙违世用。
词赋留名山，只应山灵重。

避俗寻溪山，杖策莲池憩。
石厂惊鬼斧，嵌窦出灵濑。
暑到深峡消，日出寒雾迟。
连朝风雨多，雪瀑纵莫制。
延望远近峰，历历在眉际。

---

① 莲池：即莲池洞，位于今碧江区灯塔街道办事处寨桂村。

因兹更穷高，直造飞鸟外。
纵横肆一览，几欲罗大块。
迂寻樵径归，凉飔动晚吹。
饮罢山月明，岩鸟聒美睡。

[附记] 选自（清）道光《铜仁府志（卷12）·艺文·诗》。徐訚（yín），字小骞，号澹园，贵州铜仁人，康熙年间贡生，屡试不遇，寄情山水，所至皆有游记。与郡文人墨士、方外释子游，踪所历，歌咏间作，逸情胜具，溢于毫楮。著有《香雪斋稿》《澹园纪诗钞》（4卷）等。

4. 张素诗选

游莲池

群峭摩天壁，盘旋入上方。
龙降嘘洞月，僧卧老禅房。
儿戏犹堪忆，晨钟未肯忘。
无边窗外地，强半付沧桑。

[附记] 选自（清）道光《铜仁府志（卷12）·艺文·诗》。

游东山和壁间韵

极目望平楚，云山下界重。
双江环绕处，村郭爨烟浓。
薄暮前山月，凌晨古寺钟。
清贫逢岁稔，欣喜过三农。

昔登武担[①]曲，沃野见天府。

① 武担：山名。在四川省成都市城内西北隅。（汉）扬雄《蜀王本纪》："武都丈夫化为女子，颜色美好，盖山之精也。蜀王娶以为妻，不习水土，疾病欲归。蜀王留之，无几物故。蜀王发卒之武都担土，于成都郭中葬之。盖地三亩，高七丈，号曰'武担'……"

徒步归田园，佳节屡风雨。
餐菊扫落英，采芝慕元圃。
形容日瘦生，饭颗山前杜①。

问天觅好句，搔首怯秋风。
老去情无极，江流何处通。
文章秋后叶，身世爨余桐②。
收拾凭谁在，含情对晚虹。

[附记] 选自（清）道光《贵阳府志·余编（卷之17）·文征（卷之17）》。张素，字丹书，清贵州铜仁人，乾隆甲子举人，辛未进士。选万县知县，调华阳。任繁剧，以经史断狱，案无留牍。工书画，能诗。

5. 杨芳诗选

七律·游梵净山

一峰高插翠云间，胜地名山万古传。
武伟文经光宇宙，掀天揭地耀山川。
皇都得意惊人梦，玉玺随心遂我缘。
少壮男儿当自警，为何犹豫不争先。

[附记] 选自铜仁地区诗词楹联学会编:《梵净山诗词选》,1998,第19页。杨芳（1770–1846），字通逵，号诚村（寨），贵州松桃厅（治今松桃苗族自治县）人，晚清名将。

登回澜阁

高阁临江触太空，禅光匹练系长虹。
寸心散淡云霄外，二水盘桓造化工。

---

① 杜（dù）：落叶乔木，果实圆而小，味涩可食，俗称“杜梨”，亦称“甘棠”“棠梨”。

② 爨余桐：谓灶下烧残的桐木，比喻幸免于毁的余材。

浪里频堆千个月，波中微动一楼风。
芦苇深处浓烟锁，漫驾扁舟学钓翁。

[附记] 选自粟永华、吴浩主编：《侗族诗选》，广西民族出版社，2006，第6页。

6. 田慎修诗选

七律·登梵净山顶岭韵四首

其一

万壑群山竞拱朝，昂然中立自高超。
金刀劈处霞千片，铁索牵来路一条。
捧日喜逢霄汉近，披风陡觉俗尘消。
天生桥上频翘首，看破滇黔万里遥。

其二

振衣千仞见灵根，迭嶂层峦一气吞。
兽吼九溪归大海，龙来万里伏昆仑。
佛台有客频飞锡，仙洞何人得入门。
顷刻出山孚众望，慈云法雨遍沾恩。

其三

红云隔断脱烟蒸，濯濯灵山佛式凭。
本为擎天生玉柱，都缘度世引金绳。
凤鸣岗上声千里，龙跃池中浪几层。
四方天台怎似此，仙风缥缈五云①腾。

其四

走险宁辞跋涉劳，攀藤附葛学猿猱。

① 五云：青、白、赤、黑、黄五种云色。

丹池冷落仙常在，翠盖孤擎佛占高。
俯瞰思铜罗剑戟，遥瞻湘泽幻波涛。
葱葱郁郁多佳境，助我清吟兴倍豪。

七律·万卷书

迭迭重重万卷书，风云拥护卷还舒。
劫经秦火终无恙，藏在名山合付余。
蚪字不关仓颉①早，牙签总是邺侯储②。
黔南幸有图书府，好古何须问石渠③。

七律·天生桥

炼石拼将缺陷培，凌云结构亦奇哉。
分明银雀填银汉，仿佛彩虹绕彩台。
游月唐皇从此去，传灯活佛自西来。
登临放胆题桥柱，鸿爪留痕得意回。

七律·即景分题十三首（选八首）

狮子岩

犀象潜踪虎豹愁，毛金额铁爪如钩。
双双拱伏缘何事？佛法通灵暗点头。

舍身岩

好把人天界认真，翻然跳出此红尘。
舍身毕竟身还在，冉冉腾空别有神。

---

① 仓颉：史皇氏，姓侯冈，俗称仓颉先师，南乐县吴村人，是道教中文字之神。被尊奉为“文祖仓颉”“造字圣人”。

② 本句意为：邺侯家藏书达三万卷，一一悬挂牙签（用象牙做的书签），崭新如没被手碰过。

③ 石渠：即石渠阁，在长安未央宫大殿的北面，是汉朝皇宫内藏书之处。是汉初丞相萧何提议建造的，收藏入关后所得秦朝的各类珍贵图书典籍。后以“石渠”为典，用以指秘书省、集贤殿书院等藏书之处。

九皇洞

争来玉扃访仙踪，洞府深居第几重。
就里真身原不朽，迷离无奈白云封。

敕赐碑

华岳曾输陈睡仙①，卓山钦赐李青莲②。
龙音凤诏今安在？断碣模糊洞口边。

金刀峡

绝顶平分两梵宫，巨灵妙手颇相同。
倘非峡里金刀利，谁劈双峰对峙雄！

朝山客

为名为利为长生，愿许香烟结队行。
一步一声山谷应，南无声杂木鱼声。

由铁锁上天门

慈云高照翠微巅，界隔仙凡望俨然。
底事穷途人不哭？金绳牵引上青天。

观音岩

飞来南海几千层，甘露杨枝到处生。
香火一龛高处好，人间苦难易知情。

[附记] 选自铜仁地区诗词楹联学会编：《梵净山诗词选》，1998，第25–28页。田慎修，名宗润，字梅生，贵州印江朗溪人。清同治壬戌科（1862）举人，特授遵义府大挑二等训导。

---

① 陈睡仙：北宋高道陈抟。相传他在少华山石洞中修炼，有时一睡觉能睡100多天不醒。

② 李青莲：李白，字太白，号青莲居士。

7. 敬文诗选

松桃道中望梵净山

我闻梵净山，峭比诸峰最。
常思一往游，簿书劳散会。
于役赴松桃，春晴反行旆[1]。
既登尖岩巅，千里无烟霭。
遥望苍漭中，一柱矗天外。
日色曜巉屼，精光灿若贝。
华表立亭亭，仿佛青芝盖。
云气或往来，秋水横长带。
冈峦势起伏，灵根此蔚荟。
伟哉真巨观，奇景莫能绘。
凌虚豁远眸，极目愁矇昧。
凭眺独徘徊，朝参心未艾。

游莲池庵并序

有莲池庵者，旧称铜江名胜。余披阅郡志，久殷着屐之思。兹逢春日融和，约徐春帆、郑霭林二先生偕游。乃因事皆不果来，赋此寄之。

莺花二月半，春光等闲度。
晓起发双江，一棹云深处。
沿村翠竹林，夹岸桃花树。
行抵蓼笥桥，舍舟纵轻步。
缘山将万转，迤逦寻前路。
石磴绝攀跻，宿鸟皆惊怖。
独立缥缈间，凌虚怯回顾。

① 旆（pèi）：古时末端像燕尾形状的旗子；旗帜的总称。

既登莲池庵，高阁浓云护。
古洞蓄方潭，碧水澄寒素。
中有白猿精，礼佛勤朝暮。
绝壁耸浮屠，三昧西来悟。
啸月平台上，恍惚仙凤御。
天雨散晴空，颗颗滴珠露。
澎湃响空崖，千尺垂飞布。
幽邃息尘嚣，到此不能去。
更欲造其巅，苦无济胜具。
客有同心人，斯游胡弗与。
归路晚江晴，夕阳明野渡。

[附记] 选自（清）道光《铜仁府志（卷之 11）·艺文·诗》。敬文，号廉阶，满洲镶白旗人，道光三年（1823）署铜仁知府，曾主修《铜仁府志》。莲池庵，位于铜仁六龙山寨桂村。

8. 俞汝本诗选

天半寺①

青山万仞削芙蓉，栈道盘空又几重。
石柱擎天星可扪，松龛栖壑露常封。
到门人已同疲马，入寺潭疑隐蛰龙。
草草僧房谋一宿，斋鱼又听五更钟。

灵秀山

凌空草木肃秋毫，削出巉岩万仞高。
天外峰峦攒剑戟，脚边云海幻波涛。
蚕丛自古称巴蜀，鸟道从今溯斗杓。

① 原注：在灵秀山。

于役此行踰绝险，陂陀蹀躞[①]马蹄骄。

[附记] 选自（清）道光《思南府续志（卷 12）·艺文门·诗》。俞汝本（1791–1848），字秋农，浙江新昌人。清道光丙申（1836）科进士，以知县分发贵州，授镇远县。历任贵定、婺川、天柱知县。工诗，有《听秋声馆诗钞》《退思堂杂著》《烬余存稿》等。

9. 田宗顼诗选

朗溪八景（选二）

万卷堆波

轻舟载酒泛烟波，访古居然到洛河。
万卷图书龙马负，千秋浩劫鬼神河。
春风杨柳牙签绿，明月浮屠秘阁播。
除却浪翻翻不得，年年讽涌付蛟鼍[②]。

古刹回龙

大江东下浪砰磅，万里龙回独挽狂，
宝刹当头开妙境，渔舟遥指是仙乡。
风培朗水菁华萃，地接蓬瀛气脉长。
最好夕阳遮碧径，禅门增色佛增光。

[附记] 选自肖忠民编注：《印江前史拾遗》，中国炎黄文化出版社，2012，第 853 页。田宗顼（xū），贵州印江朗溪沟边人，岁贡。清咸丰光绪间人。

---

① 蹀躞（dié xiè）：小步走路；往来徘徊。

② 蛟鼍（tuó）：海中凶猛的鳄类动物。

10. 廖云鹏诗选

观音阁

飞来仙阁拜飞仙，幸续前身未了缘。
寂寞空山幽更雅，苍茫古洞静弥坚。
闲阶半向残岩削，险地多凭乱石添。
别有一重天与地，个中消息以灵传。

一楼云影叠成堆，尚有飞仙去复回。
水赤通灵垂带出，花都好静送香来。
头头是道头头悟，面面皆山面面开。
不必仙源重问路，世间应唤小蓬莱。

梵净山

两峰高插翠微巅，鬼国名山自古传。
舞凤昂头翔蔽日，游龙仰首啸吞烟。
金刀劈破佛分地，铁索牵扶人上天。
转眼风云相会处，平空移步作神仙。

乾坤莽莽豁双眸，万壑千峰一览收。
山向昆仑寻发脉，水从湘泽溯源头。
慈云法雨天无暑，翠竹黄花地不秋。
九十九溪相断续，几般物色擅风流。

危峦峭壁气森森，古迹名垂到处寻。
拜石不妨呼太子，摩岩何幸晤观音。
鸡鱼路转坡高下，龙马河分浪浅深。
絮岭芗坪开画本，一层山水一层林。

清净原来不染尘，飞潜动植亦前因。
松多马尾偏宜夏，竹产龙头别有春。

肥鹿瘦猿颠傍佛，山蝗草虱怪通神。
鸟啼花笑尤多趣，佳木葱茏一色新。

遥指菩提石上栽，更从何处觅蓬莱。
不生不灭精神爽，是色是空眼界开。
采药客从云外入，瓣香人自日边来。
几回欲向灵山问，仙佛如何酿祸胎。

挥军深入梵王宫，片石荒凉四壁空。
断佛一龛同腐朽，残碑几字认朦胧。
神明自古能诛恶，烟火于今竟受穷。
闻道声灵原赫濯，金刀何不早平戎。

遍地蓬蒿满目青，连乡民舍半凋零。
艰难不怪山为祟，果报还疑事不经。
洞恨九皇无活佛，庄嫌三角误生灵。
绿林今日犹流毒，天道何时灭慧星。

再登梵净山叠前韵

拾级重登玉笋巅，翻将消息向人传。
莲花有座瓶生露，梵净无尘峡放烟。
对面三星同伴月，当头五岳共朝天。
九河环绕寻源出，一顶分居两位仙。

红云盖上展高眸，四大丛林望里收。
二水平分狮子尾，三山连接凤凰头。
书垂万卷宜终古，门辟一天不老秋。
指点长滩怜义士，空遗碧血葬河流。

古木纵横气象森，无边光景任追寻。
临波对照人添影，隔岸相呼石有音。
冷露沾衣园转活，晴岚染柏浅还深。

黄精采得成仙药，指日飞腾人上林。

烟霞隔断软红尘，蠢物无知未了因。
倒挂松枝猿啸月，深藏林叶鸟鸣春。
龙池九曲常多怪，羊道双分旧有神。
灵气远钟人字岭，燹①余荒草亦翻新。

断香残烛旧仙宫，乱后来窥色相空。
敕赐有碑犹隐约，晒金遗石尚蒙眬。
最怜宝刹烟销尽，几怪金刚法力穷。
忠愤不甘投笔起，披坚执锐事从戎。

何云楼军门召商团务，三登梵净山再叠前韵

披云更上翠屏岭，几度风光尚可传。
听似管弦山下水，望如丝缕洞中烟。
岩高万丈疑无地，路转三叉别有天。
好景许多难尽述，报恩人拜石为仙。

天门高望怕开眸，万念俱从此日收。
放胆重临金佛顶，皈心再拜石龙头。
层层仙窟销完暑，郁郁禅林纳尽秋。
川泽湘江环左右，出山泉水有源流。

意自萧疏气自森，攀藤附葛任搜寻。
花都好净添奇艳，鸟亦通灵弄巧音。
到眼方知来路险，回头始觉入山深。
灵光五色平空起，误认长虹系短林。

仰止高山步后尘，遥从绝顶问原因。
观音竹老竿竿翠，罗汉松多处处春。

① 燹（xiǎn）：火；野火。此处指兵燹。

谷口藏金饶有色，山腰积雪远传神。
活人黄蕨真仙品，只为医贫岁岁新。

香菰仙蒜果谁栽，古洞无人半是莱。
腐藓已将荒经补，残花犹傍败墙开。
思量国舅今何在，恼恨山僧去不来。
到此方知空即色，炼丹池畔脱凡胎。

铁瓦铜铃两佛宫，轻清一气运空空。
星将拱北天犹曙，日未偏西月又胧。
忽悟王遵驰路险，羞称阮籍哭途穷。
为仙为佛都遭劫，大半慈悲酿起戎。

瓶中杨柳日翻新，尚有垂珠宿露零。
何日众仙同唱曲，几时千佛共名经。
旌旗电闪山增色，棨戟[①]云屯地亦灵。
独惜将军为腹负，箸筹[②]无计灭凶星。

数载难将发众防，鹳鹅簇簇压山梁。
群魁几见如虎豹，大队频惊似犬狼。
边将私囊皆国帑，使君公服亦民粮。
书生自愧称戎马，徒向空山一瓣香。

奉抚宪岑彦卿官保札，经修营汛，四登梵净山。三叠前韵

仍寻旧路历山巅，为卓为名次第传。
欣共岑楼高日月，不甘泉石老尘烟。
孤峰屹立三边地，一柱撑持半壁天。
差信扶摇搏九万，更从何处学飞仙。

---

① 棨戟（qǐ jǐ）：一种有套的或油漆的木戟。古代官吏出行时用作仪仗。

② 箸（zhù）筹：出谋划策。箸，筷子。

几次来游喜展眸，芒鞋草屐记曾收。
无双岔路防虚脚，有一重天在上头。
只道风高能御暑，谁知气老欲横秋。
明珠入洞穿云出，清浊泉分各自流。

经霜品物气萧森，紫朴红莲任意寻。
不料风尘邀物色，那期流水遇知音。
名山养望襟怀远，仙境闲游阅历深。
稳坐蒲团便是佛，烽烟迫我出泉林。

挥戈渐次靖烟尘，未了前因续后因。
顶上月圆三五叠，林间树老万千春。
奇花带露机如活，异草经风动若神。
边地自多灵秀气，一回游览一回新。

遥看石柱倚云栽，荡尽荒烟辟草莱①。
得近天颜眉始展，登高地步眼初开。
因缘十二凭谁续，大界三千任我来。
记取前程寻路出，一腔尘俗化仙胎。

置身千仞近天宫，万籁无声两目空。
仙露如珠添润泽，飞霞似锦益葱茏。
山林可乐终须出，草木多名恨未穷。
料是奇峰彰显濯，筹边十次易元戎。

英华发越气青青，历尽蛮烟六载零。
运转《河图》参易数，名传《山海》补遗经。
同思降后天垂诏，始信封侯地有灵。
一代人文征蔚起，昴星藏了灿奎星。

---

① 草莱：犹草莽。杂生的草。

[附记]选自印江土家族苗族自治县诗词楹联学会编：《印江遗韵》，2003，第214–217页、第219–224页、第238页。廖云鹏，又名廖凌霄。清道光光绪年间贡生，印江三花山人。

11. 其他诗词选

秋日山中访三憨上人 郑逢元

寻僧觅路野田荒，遥忆深山古寺藏；
几许迂回才得见，无言对坐木樨香。

[附记]选自（清）唐树义审例，黎兆勋采诗，莫友芝传证，关贤柱点校：《黔诗纪略》，贵州人民出版社，1993，第932页。郑逢元（1613–1689），字天虞，又字天瑜，法名天问，平溪卫（治今贵州玉屏）人。幼聪颖，明崇祯六年（1633）举人。官至南明永历礼部尚书，兼兵部，参与机务。南明亡后，祝发于滇之宝台山为僧。晚年归隐玉屏县平溪茂龙塘，以缁衣尽孝道。主纂《平溪卫志》，所著诗文多散失，仅见《黔诗纪略》录其诗十八首。（摘自《黔诗纪略》）

与郡守登中和山① 谢国楩

岂有师臣力，逢时得晏然。
习池堪絷马，陶径许依禅。
草长渔蓑重，花垂锡帽偏。
□分余竟病，可以景宗传。

[附记]选自（清）道光《思南府续志（卷12）·艺文门·诗》。谢国楩（pián）（生卒不详。生活于明末清初）。字笃产，邦荐子。自号天台逸人。原籍浙江天台县。崇祯间拔贡，贵州石阡推官，升知思南府。后移居印江定居。诗文书法均精，县内及邻县学子多从其学。

---

① 原注：分韵得禅字题载五古中。

与郡守登中和山① 熊虎

天堑攒山堞，何年有路通。
丹砂开妙径，紫仡入华风。
同仕如仙客，偕招似八公。
青螺《黔记》在，欲借作车攻。

[附记] 选自（清）道光《思南府续志（卷12）·艺文门·诗》。熊虎，（生卒不详）。曾人参将。

叶太守招登中和山分韵得幽字 阴旭

观音阁踞郡城头，矗聚崇华宝相浮。
槛俯江走澄碧动，岭围天小蔚蓝幽。
花香偏护五千卷，暑气潜回十二楼。
人坐忘言浑止观，起予端赖有汤休②。

[附记] 选自（清）唐树义审例，黎兆勋采诗，莫友芝传证，关贤柱点校:《黔诗纪略》，贵州人民出版社，1993，第1023页。阴旭，安化（原址在思南，光绪八年迁治德江县城）人，崇祯末选贡。官永明王国子监助教。入清不仕。精于《易》，有《续易应蒙》。萧泽，思南人，明末诸生。南明乙酉（1645）举人。官叙州知府。入清不仕。

叶太守招饮中和山分韵得深字 萧泽

官闲地僻正堪寻，把臂相招便入林。
六七十年皆健步，寻常一会亦经心。
德江驾浪通吴楚，圣岭犁云自古今。
不道山川分胜概，多情延伫倍高深。

---

① 原注：分韵得通字。

② 汤休：代称诗僧。唐杜甫《大云寺赞公房》诗之一："汤休起我病，微笑索题诗。"

[附记] 选自（清）唐树义审例，黎兆勋采诗，莫友芝传证，关贤柱点校：《黔诗纪略》，贵州人民出版社，1993，第1023页。萧泽，思南人，明末诸生。南明乙酉科（1645）举人。官叙州知府。入清不仕。

叶太守招登中和山分韵得径字 敖鸣雷

寄酒目为狂，事佛或曰佞。
絷我尺绳间，曾不开一径。
穷途且勿哭，当险须济胜[1]。
齐及清妙场，众颜发新兴。
香台宜近窥，石栏收远凭。
请看列坐间，居然与名称。
既醉礼佛还，明月引归径。

[附记] 选自（清）唐树义审例，黎兆勋采诗，莫友芝传证，关贤柱点校：《黔诗纪略》，贵州人民出版社，1993，第999页。敖鸣雷，字白雨，号天声，思南人，崇祯十二年（1639）副贡。官永明王兵部主事。入本朝不仕。

东山 吴国伦

九日不登高，烟霜澹林麓。
十日秋气清，东山倚天矗。
复道舒新蓁，琳官隐扶木。
振衣蹑其巅，一纵千里目。
荒城大如斗，众山渺焉伏。
扫石坐层云，鸣钟发幽谷。
僧至焚妙香，居然在天竺。
息开西域莲，掩彼南阳菊。
何言非土良，游此筑堪卜。

---

① 济胜：犹取胜；攀登胜境。

羲驭[①]难可停，且倒樽中绿[②]。

[附记] 选自（清）乾隆《贵州通志（卷44）·艺文·诗》。吴国伦，贵州铜仁人，曾任提学。

梵净山[③] 何仕廷

翠壑丹梯路几重，苍藤古木挂双龙。
空中楼阁鸣仙籁，郭里重台度梵钟。
五夜星辰疑手摘，诸天洞壑有云封。
月明正肃狼烟净，选胜牂牁第一峰。

登尖岩望梵净山 张简臣

梵净实为郡祖龙，平地突起凌苍穹。
自恨缘悭不一到，夜梦每与山灵通。
却登尖岩日正午，烟霭散尽天微风。
二百余里青难了，一峰秀插白云中。
有似丈夫拔剑起，卑卑左右莫能从。
群峰培塿分罗列，俯视一一如儿童。
浮生浪迹半天下，宇宙壮观无此雄。
何时攀跻临绝顶，藐尔嵩华泰岱万千重！

[附记]（清）道光《铜仁府志（卷12）·艺文·诗》。

冬日游莲池洞 孙绍武

风雪连朝喜放晴，闲乘款暇出荒城。
浮名恐负支公约，胜日重寻莲社盟。

---

① 羲驭：太阳的代称。羲和是驾驭太阳的女神，故名。

② 绿：指绿蚁。浮在新酿的没有过滤的米酒上的绿色泡沫。

③ 标题为选录者加。

石壁烟凝堪入画，沙溪水落不闻声。
未知梵宇何方是，惟傍云中犬吠行。

[附记]选自（清）道光《铜仁府志（卷12）·艺文·诗》。

七律·登梵净山　岑毓英

拾级遥临万仞山，挥毫到处起云烟。
晨星几点点连点，明月一圈圈半圈。
曲直梯登程九万，纵横界破阵三千。
班超已遂封侯愿，安用毛锥插戍边。

[附记]选自铜仁地区诗词楹联学会编:《梵净山诗词选》,1998,第20页。岑毓英（1829–1889），广西桂林人，壮族。他响应曾国藩，参与平息滇、黔之乱，得清政府委任云贵总督，成为在任20余年的封疆大吏。

东山寺　王永年

避暑寻山寺，松山路几盘。
日斜楼影转，云坠磬声残。
江阁秋生早，林栖月到难。
良宵清景寂，有客寄凭栏。

[附记]选自（清）道光《铜仁府志（卷12）·艺文·诗》。王永年，贵州铜仁人，康熙戊子（1708）科举人，曾任知州。东山寺，在今铜仁市碧江区城区。

同徐西樵游天台莲华庵　唐兰

一夜春霖满野田，朝来旭日荡林烟。
兰亭修楔虽违约，莲社寻僧且放颠。
泼黛松间添晚翠，支筇竹外听流泉。
喜看阡陌催耕急，预卜秋成庆有年。

[附记] 选自（清）道光《铜仁府志（卷12）·艺文·诗》。

题梵净山 李连璧

名山崛起净无尘，立地参天亘古今。
说法台前红日霭，讲经石上白云横。
清江雨露千秋润，金顶光明万象新。
人道黔南名胜景，谁知即此是蓬瀛。

[附记] 选自（民国）《沿河县志（卷16）·艺文志》。李连璧，沿河县人，雍正己酉科（1729）举人。官都匀县教谕。

游金山寺 周恩寿

金仙古刹宇，中有铜佛二。
趺坐塑如来，左右立如侍。
或云两尊者，法相觉不类。
又谓二菩萨，象狻去坐次。
努目而掀眉，金刚差足比。
不知铸造谁，何年于此置。
传说甚荒唐，飞自播州至。
浮旋江岸边，呼救惊司吏。
长官诧神奇，舁供此山寺。
西去五十里，佛堂名大寺。
亦有佛二尊，形包无稍异。
同日播州来，四佛分两地。
事虽涉于虚，言则确有自。
我本好奇者，搜考无载记。
寺钟刻留题，文字鲜深义。
况亦去古远，同一耳食意。
安得谪仙才，天花飞藻思。

与佛同不朽，唯唯孰敢议。
世道忒多变，谁知后来事。
不见他兰若，神像竟遭弃。
独此昂然存，若幸有先智。
可知金刚身，要亦贵择地。
嗟彼淡金人，祸及不知避。
会在荆棘中，潸然空下泪。

[附记] 选自（民国）《沿河县志（卷 17）· 古迹志 · 寺院附》。周恩寿（荫棠），清代贵州沿河人。光绪丁酉科（1897）优贡。金仙寺位于县北。明嘉靖三十年（1551）建。《思南志》载：播州铜佛寺有铜佛七，一夜皆失去，司人网得其四，立寺奉之。

莲花寺 田茂颖

香炉山下一瑶宫，胜地偏宜曲径通。
日暖樵歌来万树，月高梵语落孤桐。
篆烟袅袅随云住，修竹亭亭带露浓。
应是尘埃无着处，凡夫犹自觅崆峒。

[附记] 选自（民国）《沿河县志（卷 16）· 艺文志》。田茂颖，沿河县人，顺治庚子科（1660）举人，官龙安通判。莲花寺，在德江县石马香炉山下。

观音阁 洪亮吉

到来已觉上青天，尚有人耕屋上田。
老树绿零前夜雨，夕阳黄破半城烟。
江声似恨山重叠，乡梦都迷路七千。
且倚石阑闲啜茗，半空灵果落僧肩。

[附记] 选自（清）道光《思南府续志（卷 12）· 艺文门 · 诗》。洪亮吉（1746–1809），字君直，号北江，江苏阳湖（今常州市）人，乾隆

五十五年（1790）进士出身，授编修，五十七至六十年（1792–1795）任贵州学政。嘉庆元年（1796）回京供职。著有《洪北江全集》。观音阁，在思南县城中和山。

题书鱼泉古刹壁间 戴锡之

凄风寒雨冻栖鸦，有客来停古寺车。
醉欲寻鱼鱼不出，满山寒雪嚼梅花。

[附记] 选自肖忠民编注：《印江前史拾遗》，中国炎黄文化出版社，2012，第853–854页。戴锡之，贵州印江城郊新寨清光绪进士，翰林院庶吉士。

心题记游诗 佚名

梵净嵯峨□□天，崇尊五岳其巍然；
古今世相生成佛，来往谁为□此山。
一凤山头开玉阙，九龙池畔拥金莲；
楚南迢递肯相谒，也是前身有此缘。

[附记] 录于政协铜仁地区工作委员会编著：《中国梵净山佛教文化文物研究》，贵州人民出版社，2011，第173页。诗刻在梵净山新金顶金刀峡壁。作者不详。从诗句“楚南迢递肯相谒”看，作者应为是湖南人氏。

中山寺古柏 谭昌槐

鹿场古柏郁窗开，昔日黄眼支公栽。
一经诵罢种一树，一枝一叶一如来。
秦汉铜磨石色碧，蛟虬枝上鹤翎白。
贞心不肯负檀那，奇峻坚瘦三千尺。
丞相祠堂高呼风，翰林馆宇靡苍穹。
大木从来多世用，不然空老深山中。
直干为留大地色，春华难敌冰霜质。
沐日浴月二百年，有尘不到清净域。

我来三月桃花时，桃花柏叶相参差。
青州从事对佛饮，翠斝绿駚争欢嬉。[1]
苍龙白虎攫杯去，下山专送来时路。
千寻峨岭树连云，十里桶溪波抢树。
棱棱不敢寻樵斤，劫火终古无雷焚。
苍官自是长皈佛，历尽沧桑供白云。

[附记] 选自印江土家族苗族自治县诗词楹联学会编：《印江遗韵》，2003，第30页。谭昌槐（生卒不详），江西人。

梵净山 佚名

梵净嵯峨净南天，学尊王岳共巍然。
古今世相生成佛，来往行人游此山。
一凤山头开玉阁，九龙池畔拥金莲。
楚南退敌肯相识，是前身有同心缘。

书于乾隆四十年（1782） 梵净山金顶摩岩

[附记] 选自印江土家族苗族自治县志编纂委员会：《印江土家族苗族自治县志·梵净山志》，贵州人民出版社，1992，第1042页。

夏杪避暑金鳞寺 徐世坦

深林禅院得新凉，载酒临流一举觞。
茂竹欣逢今日赏，残荷犹忆昔时香。
鱼游雪润情偏适，人坐冰壶暑不妨。
清冷已教尘梦涤，况聆高论快诗肠。

[附记] 选自（清）道光《铜仁府志（卷之11）·艺文·诗》。金鳞寺，

① 斝（jiǎ）：古代用于温酒的酒器，也被用作礼器，多用青铜铸造，三足，一鋬（耳），两柱，圆口呈喇叭形。駚（yǎng）：跳跃前扑。

铜仁城西。徐世坦，号治庵，铜仁人，乾隆年间府庠生。

游南屏山 崑保

屏山烟雨望中浓，知是蓬莱第几峰。
瑞绕岚飞霄汉近，云蒸霞起秀华钟。
能为僻地边城障，合驻慈航大士踪。
泽被斯民通感应，灵岩宜受玉书封。

[附记] 选自（清）道光《松桃厅志（卷31）·诗》。崑保，松桃人。南屏山，又名飞灵山，位于松桃蓼皋镇。

水月庵为雨所阻 刘光宗

风雨漫天殢笋舆[①]，丛林小住意萧疏。
重寻旧日留题处，正值高僧出定初。
野鹤窥人崖竹动，涧松摇影水窗虚。
凭栏我已尘机静，笑结清缘悟六如[②]。

[附记] 选自（清）道光《松桃厅志（卷31）·诗》。刘光宗，号若山，松桃县城麻阳街人，道光辛巳科（1821）举人。水月庵，位于松桃县孟溪镇安山村。

游伴云寺 张钰

伴云雄刹冠诸天，俯瞰群峰小视川。
岩壑参差幽象外，岚光淡远浑无边。
环村叶灿千林锦，夹岸晴蒸万户烟。
荡我胸怀多旷逸，飘若恍然挟飞仙。

---

① 殢（tì）：滞留。笋舆：即竹舆（竹轿子）。

② 六如：也称六喻。佛教以梦、幻、泡、影、露、电，喻世事之空幻无常。

[附记]选自（民国）《石阡县志（卷之16）·艺文志》。张钰，石阡府学教授。伴云寺，位于石阡县城东五老山麓。

游伴云寺 郭国辅

有客梯云去，高登古寺前。
僧迎芳径里，人语翠微巅。
柳嫩生春早，茶清扫雪煎。
餐霞桌上坐，相望乐陶然。

[附记]选自（民国）《石阡县志（卷之16）·艺文志》。郭国辅，清石阡府学庠生。

重九紫气山登高值雨和韵 郑椿秀

重九登高紫气中，凄凄苦雨又兼风。
黄花欲摘犹未放，白雁争飞已在空。
会异龙山情共远，台输戏马兴还同。
佩萸莫侈长房术，文宴何妨倚梵宫。

浪淘沙·中和夏绿 张德徽

山静日初长，水木清苍。绿荫如幄拥岚光。最是晓来新雨过，幽涧云凉。
禅榻对空王，尘虑都忘。人间火□任高张。一缕茶烟松翠里，浓扑衣裳。

[附记]选自政协思南县委员会文史资料研究委员会编：《思南文史资料选辑》（第8辑），1985，第115页。张德徽，思南青杠坡老根茶人，土家族，生于清朝咸丰年间，后迁印江县城定居。光绪二十年（1894）左右，曾任贵州思州知州、湖北施南府知府。

（三）民国时期

1. 杨希程诗选

咏梵净山诗五首

上拜佛台

一径盘旋上佛台，崭新一幅画图开。
奇峰天外云横远，绝壑山前水绕回。
放眼果然观自在，低眉敢说见如来。
室知佛在西天里，前途迷茫险也哉。

过金刀峡

绝顶横生一石门，门前万丈瞰迷津。
到来便作飞凫侣，过此方为出世人。
极目前山浓紫气，回头下界满红尘。
诸生既得青云路，稳步高腾七尺身。

观九皇洞

传说朱明国舅亲，曾来此地学修真。
洞中广仅容方丈，眼底宽难限八垠①。
雾重云深玄化大，春去日永物华新。
难将故事为文献，莫学桃花洞问津。

登老山顶

叠石层岩万仞雄，连峰宿势欲排空。
放怀指点沧溟远，作气吹嘘沆济通。

---

① 八垠（yín）：犹八垓（八方的界限）。

急雨尽从环麓起，浓云直把万山蒙。
当年足迹周游遍，少与兹山大雅同。
无依我偏气象殊，苍然四顾小寰区。
抬头可把星辰摘，伸手能将日月扶。
铁索攀援登上界，石梁横跨锁中枢。
群山指望皆行列，一幅天然八阵图。

谒护国寺

百里途程卅里山，相携童冠叩禅关。
荒陬竟有庄严刹，遗垒曾居将校班。
剑戟幸能销佛海，弦歌欣已满人寰。
此行欲到蓬莱顶，来此尘心顿觉删。

[附记] 选自肖忠民编注：《印江前史拾遗》，中国炎黄文化出版社，2012，第85–855页。杨希程，清末民初贵州印江缠溪人，曾任校长之职。

2. 吴长安诗选

初游天庆寺

喜逢晴日访仙踪，杖履行吟到上宫。
一岭白云栖老衲，四山红雨住仙翁。
自观未识谁为我，妙相原来色是空。
久坐莫嫌荒僻甚，真机悟彻与禅通。

霏霏香雨洒轻尘，节杖迎扶拾有临。
三宝瞻依窥妙相，上方随喜拜金身。
通灵原本存灵性，证佛都原是佛根。
一树菩提留我住，不成仙也胜凡人。

毕竟名山景不穷，题诗难以尽形容。
上乘人悟拈花旨，午夜谁敲咏月钟。

几树长松留老鹤，半溪流水听吟龙。
闾阎此日生涯好，都在慈云播护中。

再游天庆寺

丛林几度任栖迟，仙范长流永不遗。
始信西湖称道济，那知天庆有深持。
谈禅也许鱼龙听，说法宁教木石知。
卓锡已归尘已了，浮屠一任白云迷。

天开妙景一层层，老眼朦胧望不真。
白象青狮横水口，盘龙舞凤兆升平。
泉飞古寺观鱼化，柳绕江村听燕鸣。
小立回廊遥指点，玉屏耸翠七星明。

三游天庆寺

慈云霭霭隔红尘，胜地何防几度临。
玉笛一声来晚寺，梅花数点落前村。
人居福地豺狼远，稼满深山雨露新。
回首故乡原咫尺，仙凡差别已千寻。

登凌霄阁

凌霄直上兴悠悠，目极遥天宿雾收。
山远只容红日坠，窗虚唯恁白云浮。
樽开风月成古今，翰晒星辰润斗牛。
纵酒狂歌寻好句，笑谈斯地有高楼。

再登凌霄阁

凌霄独坐意徘徊，风月随缘到酒杯。
揽胜提襟多少客，几人能否摘星回。

[附记]选自肖忠民编注:《印江前史拾遗》,北京:中国炎黄文化出版社,2012,第855–857页。吴长安,民国时期贵州印江新业乡人,曾任小学校长。

3. 其他诗选

紫云山偶作 周国华

天佑斯民灭众凶,凯歌唱到梵王宫;
山经野火初生草,竹长新枝渐引风。
出地春雷声壮烈,及时霖雨泽流通。
佛前稽首无多祝,四境初平稼穑丰。

[附记]选自(民国)《石阡县志(卷之16)·艺文志》。周国华,附生,湖南新化人,民国七年(1918)任石阡县知事(民国改知县为县知事)。民国八年(1919)率兵平定地方变乱后,曾赴紫云山福寿寺进香,并赋此诗。

题赠隘门寺有道禅师学诚 杨化育

蔓草荒烟久未温,红花鸡口有啼痕。
苍天似解生灵苦,一朵慈云降隘门。

[附记]选自(民国)《沿河县志(卷之18)·杂记》,杨化育(?–1951),四川秀山人,民国时期曾担任沿河、芷江、松桃县长,铜仁专员公署专员等职,有《祐溪行吟集》。

西岩寺摩崖 杨名胜

民国十一年壬戌(1922),吾以省议员改组印江土司并县,小歇西崖,喜景趣幽。邃又荫明异问,与柳雨先生唱和,次韵即酬之:

灵崖谁手劈,佳句我心倾;
韵事推仙吏,词场忝后生。
未逢乘鹤客,徒有羡鱼情;

醉宿西崖下，渔歌听分明。

施秉杨名胜显臣题

[附记] 选自政协铜仁地区工作委员会编著：《中国梵净山佛教文化文物研究》，贵州人民出版社，2011，第 190 页。摩崖位于印江土家族苗族自治县鹅岭镇甲山村西岩寺前石壁，下侧离地表 2.8 米，长 1.44 米，宽 0.64–1 米，刻于民国十一年（1922）。

七、黔西南自治州佛教诗选

（一）明代

谢士章诗选

赠楚僧引南[①]

引南楚僧也，与予表叔蒋象岩太守公为方外交。象岩文墨妙一世，引南禅解冠淄流，宜相得之深如此。不佞缠缚尘鞅，渺希彼岸，然禅悦似有宿根，使在虎邱坛下，尚能学顽石点头，觌兹名释，不望枣儿杖击我背上耶？赠之诗。

教祖天之西，南来无绝行。
髡发尽曰僧，谁者解清净。
幻鹿不成车，毒龙侈骄性。
引南一上人，早已宗释圣。
不作蔬笋谭，独照优昙镜。
莲社不设醴，结侣招陶令。
佛印自空明，坡翁以禅诇[②]。
吾世蒋元卿，高踪古今并。
泰岳讨灵诠，衡湘发名咏[③]。
适与上人亲，形契加崇敬。

① 标题为选录者加。

② 诇（xiòng）：明悟了知。

③ 原注：象岩游自齐莘，登泰山，归次荆州。

卓锡坐山隈，深言绝哗竞。
美彼方外交，立禅敻[①]辉映。
我无衹园施，愿作曹溪泳。
虎溪有三人，津梁远相迎。
何当谢头簪，从之理真命。

赠我静上人[②]

削墨成名久，浮杯意若何。
伴云眠野寺，随鹤度烟萝。
座下飞花雨，禅中带酒魔。
诗穷怜我癖，得句每相过。

善果寺病起

湘簟[③]平铺石枕横，梦回槐国最分明。
招来莲社愁无酒，老去文园空有名。
拾火松间茶渐熟，敲诗竹外句初成。
懒残习就山僧味，冷眼南冠笑楚生。

夏夜坐珠海寺同上人夜话

伊蒲小馔绝尘埃，松尘莲华共法台。
河朔几人醒复醒，沧浪一曲去还来。
宦情悟后肠俱冷，诗景当前眼顿开。
廊庙江湖风调别，聊将散拙养庸材。

天界寺半峰亭玉兰花

白到梅花雪已羞，此花风韵倍清幽。
昭阳昨夜春寒重，赐得杨妃白凤裘。

---

① 敻（xiòng）：远。

② 原注：上人擅诗名，不除酒。

③ 簟（diàn）：竹席。

[附记] 选自贵州省文史研究馆编:《续黔南丛书(第8辑)·下·黄彭年诗文集》,贵州人民出版社,2014,第1600页、第1605页、第1607页。谢士章,字含之,一字石渠,普安卫人,先世籍隶宁都。万历丙辰科(1616)进士,任广东增城知县,有善政。官至云南参政。

(二)清代

1. 田雯诗选

鹦鹉寺

去地数千尺,御风天际行。
空中鹦鹉寺,何处鹧鸪声。
岚涨群峰失,霞铺远水明,
前山云不断,片片马蹄生。

[附记] 选自载(清)田雯著:《古欢堂集·五言律诗》(卷2)。田雯(1634–1704),字纶霞,山东德州人,清康熙甲辰科(1664)进士,二十六年(1687)授贵州巡抚。居官廉正,体察民情,且学识渊博,生活俭朴。对政治、学术多有建树。鹦鹉寺,位于盘县东部英武乡距盘县老城城关镇25公里。据《普安直隶厅志》载:"鹦鹉寺在城北五十里,建自前明。"

2. 张桐诗选

玉泉寺怀古①

古寺苍凉唤鹧鸪,永明行殿剩荒芜。

① 原注:《通志》云:"玉泉寺在东门外。"按:玉泉寺,今俗呼为大佛寺,明初建。寺中有明末永明王赐月幢禅师之袈裟、鹤顶珠。月幢禅师,详《方外传》。康熙五十年(1711),通判杨某为定寺租。五十七年(1718),通判张士佳修。嘉庆二年(1797)知府曹廷奎重修。

佛心不管兴亡事，空赐袈裟鹤顶珠[①]。

玉虚疏钟[②]

烟树迷离碧四围，苍凉古寺闭斜晖。
夜深月上禅心静，风送钟声出翠微。

[附记] 选自（清·咸丰）《兴义府志》卷三十三《祠祀志·寺观》。

3. 其他诗选

崧岿寺 夏成业

崧岿古名胜，深翠锁招提。
楼阁飞云峻，乾坤落日低。
戛牛俯峭壁，石象卧荒溪。
鹧鸪前村路，多情逐客啼。

[附记] 选自（清）光绪《普安厅志（卷22）·艺文》。参见罗再麟主编，六盘水市地方志编纂委员会编：《六盘水旧志点校》，贵州人民出版社，2006，第432页。夏成业，湖北江夏人，拔贡，在普安厅为官多年。

穿云洞 钱邦芑

来去穿云五尺藤，好峰精刹我频登。
碧天万里圆明月，文室千年宿一灯。
头白尚容还故国，眼枯不敢望诸陵。
缁衣莫制人间泪，犹是前朝剃枭僧。

[附记] 选自政协贵州省委员会文史资料委员会《贵州旅游文史系列丛

① 据载，寺中原有明末永明王赐月幢禅师之袈裟、鹤顶珠。
② 玉虚宫，在兴义府（治今安龙县城）北门外万寿山麓。

书》编委会编:《峰林大观》,贵州人民出版社,1997,第126页。穿云洞(又称大佛洞),位于兴义市城区,始建于明代,后毁于兵燹。清光绪二十一年(1895)邑绅刘显潜倡议培修,依洞建攒尖顶木结构阁楼五层。

兴义水晶观(寺) 佚名

独来观庙步晴晖,欲寄荒寒入翠微。
红雨落残莺梦暖,绿阴初长柳丝肥。
桥横三石连三度,郭负山田绕四围。
自笑襟尘犹未浣,又登北固览芳菲。

兴义水晶观(寺) 蒋叔雨①

连云北固拥奇峰,蓬岛青阴路几重。
万象空潆归眼底,水晶残照夕阳中。
北帝探幽访古深,劫余山水有清音。
蚕丛收拾征文献,遗老凋零费苦心。

[附记] 选自政协贵州省委员会文史资料委员会《贵州旅游文史系列丛书》编委会编:《峰林大观》,贵州人民出版社,1997,第139页。水晶观位于兴义老城北固山上,始建于明代。称白帝祠。后数度修葺。

游水晶观即景 蒋芷泽

壬午(1942)秋日,与张君宜庵游水晶观,即景七绝五首。

城隅携手上翠微,古木参天漏夕晖。
曲径丹枫秋色满,仙霞风景认依稀。

耸峙巍巍纪念标,众擎易举不崇朝。
云山草树偏增色,五一莫忘纽约潮。

① 蒋叔雨,贵州兴义人。民国时期兴义文人。

白发新慊岁月侵，洗心齐罢耐重寻。
云公借访云何处，欲问硎山支遁林。

险夷齐趋一道同，南北不问马牛风；
此行只为精神爽，自爱名山入画中。

训农惠工政喜平，冰心一片宰官清？
灵台经始称偕乐，不问绅商问庶民。

[附记]选自兴义市文化体育旅游和广播电影电视局编：《兴义风物之文物古迹》，贵州科技出版社，2014，第93页。蒋芷泽，民国兴义县志编委会主任、省立中学文史地教员。

松岿寺 高其倬

溪色澄无滓，岚光翠欲流。
几盘松外径，一牖竹间楼。
钟放依崖殿，云停为客留。
髯僧同一笑，踪迹愧藏舟。

[附记]选自（清·咸丰）《兴义府志》卷三十三《祠祀志·寺观》。高其倬（1676–1738），字章之，号美沼、种筠，辽宁铁岭人，隶汉军镶黄旗。康熙甲戌科（1694）进士。曾任历云贵总督。松岿寺位于普安县罐子窑镇谭家湾，寺处深山，松阴藏寺，梵呗钟声与谡谡松涛相和答，雅有诗情画意。

松岿寺 蒋攸铦

飘渺烟霞里，修篁隐上方。
双崖裁藓壁，一径绕筠廊。
岭树侵衣翠，溪花染屐香。
鹧鸪啼不住，振策及斜阳。

[附记]选自（清）蒋攸铦撰：《蒋攸铦文学家族诗集》，上海古籍出版社，

2019，第 352 页。蒋攸铦（1766–1830），字颖芳，号砺堂，辽东襄平人，隶汉军镶红旗。乾隆四十九年（1784）进士，曾任四川总督、刑部尚书、直隶总督、两江总督，后任太子太傅。有《绳枻斋集》《黔轺纪行集》等。铦（音 xiān）。

松岿寺 谷大坤

路隔滇黔一径逼，松岿独立翠微中。
山环水绕禅心静，寺古僧稀殿影空。
小院全遮春草碧，回廊返照夕阳红。
游人准疑刹尘外，古寺寒鸦听不穷。

恍是庐山第一峰，何人手植数株松？
新巢掩映为栖鹘，老干扶疏欲化龙。
古寺千寻临绝壑，清音一曲度梦钟。
崇朝绝爽飘然去，挂锡归来着屐从。

[附记] 选自中国人民政治协商会议黔西南州委员会编：《黔西南》，贵州人民出版社，2005，第 195 页。

白云寺① 张国华

四面云遮不碍山，梵王宫在渺茫间。
钟声度去松声远，僧梦酣余鹤梦闲。
风扫红尘开觉路，月临琼宇悟禅关。
氤氲岂是无心出，仰望为霖沛九寰②。

[附记] 选自（清 · 咸丰）《兴义府志（卷 33）· 祠祀志 · 寺观》。张国华，兴义府人，副贡生。

---

① 原注：白云寺在兴义府（治今安龙县城）北门外，羊场前 15 里。

② 九寰（huán）：九州大地。

朝阳洞石刻 佚名

岩前花发春正浓，柳如黄金弄春风。
柔丝拦路挽不断，怕有俗子交相通。
当年老叟围棋处，犹有穷猿挂高树。
花发花谢春又春，几载避春不归去。
紫芝瑶草恋苍苔，碧桃红榴成蒿莱。
市朝迁转居人易，兴亡两字俱哀哉。
我向洞中访陈迹，神仙遗石莹如璧。
持得归来售世人，遍售世人俱不识。

[附记] 洞在晴隆县莲城镇东隅。洞中石隙有泉。诗镌洞壁，无年月和撰者。徐霞客于崇祯十一年四月二十五日，到安南，并游朝阳洞，他在《黔游日记》中记道："洞在顶崖之下……中有佛龛僧塌，遗饭尚存而僧不知何往。两旁有氤氲之龛，其后直透而西，门乃渐狭而低，亦尖如合掌……而洞后石缕缤纷，不深而幻，置佛座其中，而前建虚堂，已圮不能存……"说明洞曾为佛教场所。但未记摩崖，不知何故。选自清唐树义等编，关贤柱点校：《黔诗纪略》（卷之33，贵州人民出版社，1993，第1304页）。《黔诗纪略》刊刻于同治十二年（1873），摩崖诗刻收录于该书，故摩崖约题于清同治初年（1862）。

六言绝句二首 佚名

临道使者

骧首清虚而上，琼宇瑶台无量。
峦巅矗立香台，俯仰乾坤一望。

绝妙清幽道观，瑶草琪花开遍。
不如紫府真人，手执黄庭一卷。

[附记] 选自咸丰《兴义府志（卷33）·祠祀志·寺观》。

八、黔东南自治州佛教诗选

（一）明代

1. 孙应鳌诗选

香炉峰①

日照香炉生紫烟，匡庐巅亦太和巅。
目前尽是金银气，象外谁为兜率天。

题南精舍②

潇洒郊垧向秀园，水云千顷映柴门。
披荆独鼓南薰调，爱容时开北海尊。
烟浦疏风闲鹤侣，石苔新雨长龙孙。
种桃他日尘寰隔，鸡犬林深自一村。

[附记] 孙应鳌（1527–1586），字山甫，号淮海，谥文恭。贵州清平卫（今凯里）人。嘉靖癸丑科（1553）进士，官至工部尚书。著有《学孔精舍诗钞》《学孔精舍汇稿》《淮海易读》《春秋节要》《左粹题评》《四书近语》《论学会编》《教秦总录》等。

---

① 香炉峰：即香炉山，位于凯里城西 12 公里。四面石崖斩绝似炉。

② 南精舍：明隆庆三年（1569），孙应鳌托病归里，于伟拔山下建书院，为讲学及待客处所。南精舍即指此。

圣寿寺访宋五山

空城存古寺，寂寞已无僧。
独有横经客，时分供佛灯。
淡云盘老桂，寒日隐荒藤。
斟酌谈时事，相看百感增。

[附记] 选自贵州省凯里市地方志编纂委员会：《凯里市志》（下），方志出版社，1998，第1189页。

2. 郭子章诗选

飞云岩

万丈辟岩扃，浮云去复停。
幻装螺髻碧，巧缀石痕青。
老树清堪掬，飞泉静可听。
凭栏纾远望，蹔①博客怀醒。

怀江长信

飞云岩上云相待，座俯栟榈②暑气清。
望海恍延三岛入，伐山那藉五丁③成。
林搴日月壶中回，泉挟雷霆涧底轰。
公去恩威留徼外，青天万里鸟频嘤。

[附记] 选自（明）郭子章《黔记（卷8）·山水志（中）·兴隆卫诸山》。郭子章（1543–1618），字相奎，号熙圃，又号青螺，江西泰和人。隆庆五

① 蹔（zàn）：同暂。

② 栟榈（bīng lǘ）：古书上指棕榈。

③ 五丁：神话传说中的五个力士。

年（1571）进士。万历十年（1582）迁广东潮州府知府。万历二十六年（1598）任贵州巡抚。

七律

山绕牂牁水满溪，德江深处穴鲸鲵[①]。
二田一夕成亡虏[②]，五郡百年忆旧题。
文物依稀荆楚北，风华馥郁夜郎西。
中和岭上人如有，洁比河东学会嵇。

思南追怀李同野先生 秦和 郭子章

万历癸卯春，青螺郭先生登中和山，有怀先大夫，作七律寄康戎州，明年作《黔记·理学传》，亦先大夫传于世。兹会培儿勒石阁中，辅传以传，谦因记其岁月，以见先生怀人如在之高雅。

郡人李廷谦识

[附记] 碑嵌于思南县城中和山华严寺观音堂左墙壁，青石质，高0.44米，宽0.95米。明万历三十一年（1603），郭子章（时任贵州巡抚）到思南，登中和山，游中和书院，因著名理学家李渭曾在此讲学，郭子章敬仰李渭，因作此诗。据李廷谦撰《重修观音阁记》[明万历四十二年（1614）]碑文分析，将郭子章《七律》刻于碑，应在明万历四十二年（1614）。

极乐庵钟、炉铭

钟铭

此去极乐国，十万亿佛土。
胡为乎兹庵，乃在平越府？

---

① 鲸鲵（jīng ní）：即鲸。雄曰鲸，雌曰鲵。

② 明永乐九年（1411），为争夺朱砂矿井，田宗鼎与思南宣慰司田琛发生争斗，朝廷知晓后屡禁不止并引发社会不稳。永乐十一年（1413）二月，朝廷废思州宣慰司、思南宣慰司，以思州之地置思州、黎平、新化、石阡四府，以思南之地置思南、镇远、铜仁、乌罗四府，设贵州布政司总辖，设流官。

如来现行处，慈云作忏主。
无在无不在，无所无不所。
援人生诸乐，捄[①]人脱众苦。
此是如来心，方名众父父[②]。
我为筑此庵，咫尺江之浒。
岩上回道人，相顾笑咠咠[③]。

朝撞钟，夕击鼓，如来祖师共一处，万年保障吾黔圉。

炉铭

香熟黔圉[④]，烟透净土。保我行侣，壮我军旅。
脱海之苦，祼佛之祖。炉烟缕缕，极乐千古。

[附记] 选自（明）郭子章著：《黔记（卷 55）·方外列传（二）》。钟原存平越府（治在今福泉市）西三里武胜营右极乐庵（今已不存）。极乐庵始建于万历三十一年（1603），为郭子章指派把总马武卿、经历陈江定建。郭子章（1543–1618），字相奎，号青螺，又自号蠙衣生，江西泰和人。万历二十七年（1599）任贵州巡抚。

黄平梅子洞如是庵

皮林甫罢兵，振旅入黄平。
山绕猿声近，江回雉堞清。
连空岩洞响，向晚暮烟生。
徙倚禅坛下，凭栏寄野情。

三君辟草莱，五洞对山开。

① 捄（jiù）：同“救”。
② 众父父：指天子。
③ 咠（xǔ）：殷之冕。
④ 圉（yǔ）：边陲。

乱后人烟少，春来暖气回。
经台非旧垒，琪树半新栽。
清梵逢僧话，浮生付酒杯。

[附记] 选自（明）郭子章：《黔记（卷8）·山水志（中）·平越卫诸山·黄平诸山》。原注：城东有梅子洞。东五里有七里谷，俗名七里冲。两山峻拔壁立，中通一路。杨酋屯兵二十四营以窥黄平，为此谷系贵州咽喉也。冲腰有野猫诸洞，谷口静黎洞，敞爽可游。昔有高僧结社山顶，遗址犹存。万历二十九年，予讨皮林，凯旋，入黄平经理，因改洞名“静黎”。参政尤锡类、宪副刘冠南、副总陈寅建院，曰“如是庵”，僧如惠居之，复于洞右草莱中开二小洞，跻攀颇难。大洞侧有石床，圣水洞左肩一窍，圆小透阳光，暎壁如镜。诗无题，标题为选录者加。

题玉虚洞

玉虚古洞寂无邻，洞口阴阴紫翠匀。
八百余年狼穴净，三千世界佛堂春。
凌空野鹤来巢阁，解语山魁畏近人。
更说琼浆流道左，灌缨漱齿一停轮。

[附记] 选自（明）郭子章：《黔记（卷8）·山水志（中）·平越卫诸山·余庆县诸山》。原注：（余庆县）东四十里有紫霄山，巍然凌于霄汉。北五里有玉虚洞，洞在山椒，悬于翠微。予巡历余庆始辟之，山色如紫玉，故名。路左有一泉，予名曰“琼浆”，左山有二小洞。

3. 谢三秀诗选

飞云洞

乱后招提喜独存，上方钟磬静黄昏。

松穿怪石仙人掌，月覆空潭玉女盆[1]。
僧惯煮茶寻雪乳，客偏携酒对云根。
重来莫遣迷归路，记取桃花是洞门。

飞云岩

螺甲忘扃混沌残，谁能过此不停鞍？
何年幻迹初留住，满壁幽痕尚未干。
使我冥游生寂悟，从今逢石作云看。
休夸好句因奇得，欲敌奇姿句反难。

再过飞云洞

拄丈来寻物外机，月潭半岭挂松枝。
空山月出僧归早，古洞云深月到迟。
小市且沽新酿酒，短墙犹忆旧题诗。
禅灯木榻栖迟夜，此意惟应静者知。

[附记] 选自（明）谢三秀著：《雪鸿堂诗搜逸》，载顾久主编：《黔南丛书（点校本）》（第4辑），贵州人民出版社，2009，第47–48页、第212–213页。谢三秀（约1550–1624），字君采，又字元端，晚年自号萍隐丈人，明朝贵州前卫（今贵州贵阳）人。自幼天姿聪明，勤奋好学。著有《雪鸿堂诗集》《远条草堂》。

4. 江盈科诗选

飞云岩

昨夜饱看华岩洞，今朝重玩飞云峰。
愈出愈奇真突兀，转看转恋故从容。

---

① 玉女盆：即玉女洗头盆。在陕西省华阴市华山中峰玉女祠南的崖石上，本为几个大小不一的天然石，传说是弄玉（相传为春秋秦穆公之女）洗发的地方，故而得名。

岩头水溅春衣湿，石上藤牵客鬓鬆。
老神泣谈兵火后，寺门惟剩两杉松。

再憩飞云岩

邮亭依梵刹，古壑傍人烟。
泉滴浑疑雨，崖浮不碍天。
藓深埋旧刻，藤老长新颠。
车马重来日，登临记往年。

[附记] 选自（明）郭子章：《黔记（卷 55）· 方外列传二 · 寺观 · 兴隆卫》。江盈科（1553–1605），字进之，号绿萝山人。湖南桃源人。万历二十年（1592）进士。万历二十六年（1598）官大理寺正时奉命恤刑滇黔。后任四川提学副使。在文学上，江盈科参与创立公安派。

5. 其他诗选

铜鼓①八景（选一）　徐勖

白云南寺②

山势嵯峨倚碧空，依稀常见白云封。
寒浸碧落三千丈，影压雕栏十二重。
白云楼台迷老鹤，水晶宫阙影苍松。
也知云乃非凡物，还掖风雷起卧龙。

[附记] 选自政协黔东南州委员会、中共黔东南州委统战部编，单洪根主编：《黔东南历代旅游诗词选》，贵州人民出版社，1999，第 187 页。徐勖，字峰阳，锦屏铜鼓人。明嘉靖恩贡，万历年间任四川达州知州等职。

---

① 铜鼓：今锦屏县铜鼓乡铜鼓村。

② 白云南寺：即白云寺。位于锦屏县铜鼓乡。

飞云岩 张镜心

不惮跻攀苦，高临大士台。
巨灵驱怪石，东海失蓬莱。
色相空中现，昙云天上来。
晴岩飞法雨，风寒响轰雷。
倒岸坡前插，长坡涧底回。
泉心嘘玉液，石肺涌珠胎。
钟乳垂垂下，金茎朵朵开。
尘襟聊此濯，把酒共徘徊。

[附记] 选自政协黔东南州委员会、中共黔东南州委统战部编，单洪根主编：《黔东南历代旅游诗词选》，贵州人民出版社，1999，第81页。张镜心，明末清初河北磁州（今磁县）人，号湛虚，明末大臣，天启进士，官至兵部尚书。著有《易经增注》等。

飞云洞 刘瑄

未到东坡塘，先问飞云洞。
洞石何玲珑，云光欲飞动。

[附记] 选自贵州省文史研究馆编：《续黔南丛书（第8辑）·下·黄彭年诗文集》，贵州人民出版社，2014，第1225页。刘瑄，普安卫人，明宣德己酉（1429）科举人，附云南乡试定额，贵州取中五名。官教谕。原载《黔诗萃》。

飞云岩 熊祥

争疑云化石，不辨石留云。
势欲开凝聚，形方幻郁纷。
延溪迷暮霭，出岫弄斜曛。
更爱飞泉落，宵中静响闻。

[附记]选自(清)唐树义审例,黎兆勋采诗,莫友芝传证,关贤柱点校:《黔诗纪略》,贵州人民出版社,1993,第82页。熊祥,祖籍江西丰城,生于贵州施秉。成化二十三年(1487)进士。累官广西按察司佥事,廉明有声。

飞云岩 顾言

巑岏[①]绝壁俯千松,直蹑飞云寄远踪。
一窍空明涵碧落,三峰环向吐芙蓉。
山僧卓锡栖能定,野老扶藜话正浓。
乘兴探奇忘日暮,忽闻林薄又鸣钟。

[附记]选自(明)郭子章:《黔记(卷8)·山水志(中)·兴隆卫诸山》。顾言(1558–1627),字尚实,号中瑜,南直隶江阴(今属江苏)人。万历壬辰(1592)进士。曾任兵部郎中、浙江按察司副使等职。

飞云岩 邓廷瓒

偶从古刹寻遗踪,乱峰削立摩苍穹。
幻出南海释迦景,移来西竺兜率宫。
过客题诗刻湘竹,老僧入定巢云松。
门前流水更清澈,仙源似与银河通。

[附记]选自(明)郭子章:《黔记(卷8)·山水志(中)·兴隆卫诸山》。邓廷瓒(1429–1500),字宗器,河南安阳人。明景泰五年(1454)进士。弘治二年(1489)任贵州巡抚。

雪中同友圣寿寺[②]小集 孙世祯

十年裘马倦风尘,此日惊看故里春。

---

① 巑岏(cuán wán):山高锐貌。

② 圣寿寺,位于凯里市炉山镇。

漫忆旧游从载酒，祇园飞雪亦亲人。

[附记] 选自（清）唐树义审例，黎兆勋采诗，莫友芝传证，关贤柱点校：《黔诗纪略》，贵州人民出版社，1993，第403页。孙世祯，字兴甫，贵州清平卫（今凯里炉山镇）人。明万历六年（1578）进士。曾任云南按察副使等。著有《就正诗稿》二卷，已佚。选自龙连荣、杨再将主编：《原生态黔东南诗词选》，贵州人民出版社，2008，第28页。

飞云岩月潭寺 御史王鉴之①

每约春晴祠里游，来时风雨满征裘。
半空宝刹云中见，一脉方泉石罅流。
竹色满窗侵酒斝②，梅花几点落花瓯。
只因方外无尘鞅，消尽胸中万斛愁。

飞云岩月潭寺 副使沈庠③

半空苍翠结楼台，石磴盘迂接上台。
景象只疑非世有，画图真信是天开。
却怜好处无僧占，何幸常时有客来。
我欲细看留数日，试将清气洗尘埃。

飞云岩月潭寺 佥事罗昕④

晦雨经旬负胜游，喜逢晴日拂衣裘。
偶寻僧寺扪萝入，更过陀岩看雪流。
一点禅心如宝月，百年尘梦息金瓯。

---

① 王鉴之，浙江山阴（今绍兴）人，字明仲，成化二年（1466）进士，成化十九年（1483）巡按贵州，官至刑部尚书。

② 斝（jiǎ）：古代青铜制的酒器，圆口，三足。

③ 沈庠，字尚伦，六都（今属江苏省吴江市）人。成化辛丑科（1481）进士。弘治九年（1496）二月由刑部郎中任贵州副使。

④ 罗昕，广东番禺人，弘治五年（1492）任贵州提学佥事。工诗，所历山川皆有吟咏。

松门静掩棕榈影，不入前山画角愁。

飞云岩月潭寺 提学蒋信

我为君吟君试歌，冥鸿归借海风多。
青天老大凭谁柱，一笑浮烟满藤萝。

飞云岩月潭寺 御史王杏

林端百尺影孤楼，微翠妆成景象幽。
三岛烟霞缘石结，两间星月傍檐浮。
涧流续续来飞练，谷响闲闲送过驺。
却笑定僧深处住，不知尘世有悲愁。

飞云岩月潭寺 行人夏言①

月向潭中静，泉从云外流。
寺门通径窅，楼阁傍崖幽。
扫石还留偈，凭轩一散愁。
偶来得奇赏，忘却入遐陬。

飞云岩月潭寺 御史沈教

书院东坡麓，空堂翠欲流。
林移云盖回，潭印月华幽。
远岫迎还送，闲禽乐不愁。
何当恣奇赏，及此岩之陬。

飞云岩月潭寺 按察使郑纲

一宿东陵寺上楼，雷声终夜斗溪流。
岩排古树青常合，云拥危峦瘴自浮。

① 夏言（1482–1548），江西贵溪人，字公谨，明代大臣、文学家，正德十二年（1517）进士，授行人，使滇，往来贵州。著有《桂洲集》等。

往事有怀徒抚剑，十年此地几鸣骀？
人间儿女怜今夕，说尽牵牛万古愁。

飞云岩月潭寺 司勋皇甫访

瘴岭郁风烟，迢遥路八千。
罗施称鬼国，兜率见人天。
幽洞穿云际，危楼架水边。
澄鲜因悟寂，照朗自通圆。
有客嗟行役，逢僧叩业缘。
皈心无别旨，委顺即安禅。

读岩下吴中丞维岳碑感赋 水部黄龙光

何处闲云傍石飞，飞来化石却忘归。
藤梢带雨秋光冷，涧道回风暑气微。
乱后山川颜不改，愁来丘壑意多违。
浮生过眼俱陈迹，空向人间说是非。

[附记] 选自（明）郭子章：《黔记（卷55）·方外列传二·寺观·兴隆卫》。

月潭寺二首 何景明

玲珑金刹白云边，踏阁攀林一径穿。
龙出洞门常作雨，鹤巢松树不知年。
僧来殿上鸣钟板，客到山中借榻眠。
怪底夜来难得寐，秋风窗下绕流泉。

绿萝荫下到蒲团，茗叶松针进晚餐。
近水云霞晴亦雨，傍岩楼阁昼长寒。
旅怀寥落逢秋半，僧话淹留坐夜阑。
惆怅尘踪又南去，朝来钟磬隔烟峦。

[附记] 选自政协黔东南州委员会、中共黔东南州委统战部编，单洪根主编：《黔东南历代旅游诗词选》，贵州人民出版社，1999，第96–97页。何景明（1483–1521），字仲默，号大复山人，河南信阳人。弘治进士。官至陕西提学副使。与李梦阳等致力文学复古运动，为明“前七子”之一。著有《大复集》《大复论》《雍大记》。

华严洞　史旌贤

古洞谁初辟，脩然无住心。
偶缘丹灶人，因识白云深。
风铎传空谷，松铙落梵音。
贤愚如许辈，吾意正萧森。

[附记] 选自政协黔东南州委员会、中共黔东南州委统战部编，单洪根主编：《黔东南历代旅游诗词选》，贵州人民出版社，1999，第113页。

华严洞　赵士麟

凌晨燃炬人，僮仆笑斯游。
洞挟孤云宿，泉随隙石流。
人烟生白板，山寺隐红楼。
徙倚将停午，钟声林外幽。

[附记] 选自镇远县政协文史资料研究室编：《镇远府志》（第4册），贵州人民出版社，2014，第796页。赵士麟，云南人。曾任吏部侍郎。

飞云岩　江东之

炎荒久住困烟尘，一到灵岩眼乍清。
借问升平何以报，空怀忠赤竟无成。
洞前怪石三珠树，崖上飞涛万壑轰。

无数蛮家沾法雨①，棠阴②遍地鸟嘤嘤。

[附记] 选自（明）郭子章《黔记（卷8）·山水志（中）·兴隆卫诸山》。江东之（？–1599），字长信，安徽歙县人。万历五年（1577）进士。万历二十四（1596）任贵州巡抚。在黔期间购置官田，积资济贫，助学；创建贵阳甲秀楼。

华严洞摩崖诗 山樵

记得华严几次过，雪泥鸿爪寺前多。
云山悉何风情爰，鬓发迎来霜雪何。
万事艰难清岁月，一溪坵壑付嵯跎。
我陈佛面无颂词，露撒苍生少病魔。

甲午（1594）山樵

[附记] 摩崖刻于施秉县甘溪乡凉风坳华严洞（为直接题于岩石）。参见施秉县文物管理所编《施秉县文物志》（内部刊印，1990，第82页）；政协贵州省施秉县委员会编，戴世光主编：《云舞神韵》（内部刊印，2004，第73页）。

飞云岩 钟惺

吾闻山出云，云则岩之室。
兹岩云所为，云与山为一。
山云老亦坚，浮者化而实。
初至怯空游，梯磴乃历历。
上下子其间，步步可游息。

---

① 法雨：佛教语。喻佛法。佛法普度众生，如雨之润泽万物。

② 棠阴：意思是棠树树荫。喻惠政或良吏的惠行。典出《史记·燕召公世家》：“召公巡行乡邑，有棠树，决狱政事其下，自侯伯至庶人各得其所，无失职者。召公卒，而民人思召公之政，怀棠树不敢伐，哥咏之，作《甘棠》之诗。”

石以云为神，云以石为质。
石飞云或住，动定理难诘。
草树过泉声，寻之莫可觌[①]。

[附记]选自政协黔东南州委员会、中共黔东南州委统战部编，单洪根主编：《黔东南历代旅游诗词选》，贵州人民出版社，1999，第79页。钟惺（1547–1625），湖北竟陵（今天门）人。字伯敬，号退谷。明代文学家。万历三十八年（1610）进士。官至福建提学佥事。晚年削发为僧。有《隐秀轩集》《名缓诗归》等传世。

（二）清代

1. 陈天策诗选

游祠山宫诗

奇岩耸迭出尘埃，广厦增修紫气来。
坐久不知身是客，当年疑藉五丁开。

奉和五开卫守陈公游祠山宫[②]

祠山落木满飞埃，同向林端策杖来。
藉使创修非佛力，灵局载酒为谁开。

[附记]摩崖刻于五开卫中潮所（今黎平县中潮镇）祠山宫后岩石壁（今存）。明天启六年1626）九月，五开卫参将陈天策与里人孟道善、许步云等同游祠山宫，陈于岩上题“飞岩”“石门”“龙井”，并题诗石壁，孟道善、

① 觌（dí）：相见。

② 另有录孟道善和诗云:“祠山好景任徘徊，俯向林前采菊来。藉使大创非公祖，白衣送酒为谁开。”许步云有和诗云：“不依形势不沾埃，孕秀含灵待价来。幸遇仁侯剪荆棘，掀眉伫看太平开”。两诗均见《黎平文史资料选辑》（第3辑），内部刊印，1987，第134页。

许步云有和诗，字诗均秀拔。摩崖选自光绪《黎平府志（卷8）·艺文志·金石》。陈天策，浙江括苍人，明天启四年（1624）任黎靖参将，后任五开卫守备。孟道善，五开卫中潮所人，万历四十六年（1618）岁贡。官湖南宝庆府训导。

2. 周际华诗选

飞云岩

日日看云飞，不知飞何处。
问云云不言，都向东坡赴。
我赋东坡行，飞云截我路。
邀我云昙昙[①]，与云聊小住。
饮我云根泉，清凉堪挹注。
梯我养云阁，摩天得依附。
坐我飞云端，龙虎相盘踞。
忽闻云有声，当头落瀑布。
忽见云欲落，嵌空摇古树。
千重复万重，飞来不飞去。
亘古飞云岩，鬼神日呵护。
目炫且心惊，清泠生悸怖。
去去与云辞，望云日已暮。

清远县飞来寺

我亦飞来飞去身，飞来寺里证前因。
问他何故不飞去，日向江边笑客人。

观音岩

慈云法雨势崔嵬，石室嵌空一线开。
放眼江干舟似蚁，不知度过几人来。

---

① 昙昙（tán tán）：密集貌；指像乌云密布的黑影。

[附记] 选自贵州省文史研究馆编：《续黔南丛书（第8辑）·上·家荫堂集》，贵州人民出版社，2014，第334页、第338页。周际华，字石藩，贵州贵阳人。嘉庆六年（1801）进士，授内阁中书，因需养家，改为教授之职，先后在播州（今遵义）、都匀任教授。后又任河南辉县知县、陕州知州等职。有《省心录》《家荫堂诗钞》等。

3. 佟凤彩诗选

华严洞

晓日云崖翠，孤台月照幽。
钟声连万籁，鸟语散余愁。
嫩竹随风起，炉烟带水流。
归鞭从此北，鹫岭思悠悠。

华严洞

古洞阴寒法界清，天花坠处似云生。
传灯进步窥空色，扪壁携筇看注砰。
屹屼山岩高万丈，沦连溪水莹千泓。
始知蜀道同黔道，剑阁牂牁果并名。

华严洞

岩石螺蜂瘫翠台，啼猿攀木乱声催。
常看马自云中出，似有人从天上来。
老树虬枝三宝护，洞檀洞宇五丁开。
停车归路题名氏，万里能经几往回。

[附记] 选自镇远县政协文史资料研究室编：《镇远府志》（第4册），贵州人民出版社，2014，第796页。佟凤彩（1622–1677），字高冈，汉军正蓝旗人。康熙六年（1667），任贵州巡抚。多善政。

4. 查慎行诗选

题中河寺

一片青山展石屏，天光西豁潕阳城。
岂知跃马横戈地，犹有晨钟暮鼓声。

赠中山寺紫桥长老

水色山光净眼前，下临无地有苍烟。
长虹目亘西来路，峭壁刚支北面天。

[附记] 选自政协贵州省委员会文史资料委员会《贵州旅游文史系列丛书》编委会编：《潕阳仙都》，贵州人民出版社，1999，第 283–284 页。查慎行，号初白，浙江海宁人，康熙时以举人特赐进士，官翰林院编修。查为清初著名诗人。康熙十九年（1680），他应友人杨雍建（杨时任贵州副宪）之邀至贵阳，入其幕府。当他途经镇远时，曾游览中河寺。《题中河洞诗》题于中河洞。两年后，因家中变故，他重返故里。当他再次经过镇远时又游青龙洞。写了此诗。

飞云岩

白云本在天，变幻随所到。
无端忽堕此，穴地启洞窍。
石髓久渐凝，灵姿特神妙。
轩轩势欲举，外秀中骘骜。
坐劳佛力镇，刻画姿凌暴。
山灵怒不受，企脚首频掉。
犹虞从风扬，出山不可叫。
呈形寓百怪，意想得奇肖。
昂昂舞狮象，狼狼蹲虎豹。

蛟龙护鳞甲，鸾风披羽翿①。
或如人单立，又似波倾倒。
形容口莫悉，览胜难领要。
造物太雕刓②，将毋元气耗。
林泉为映带，旁引转深奥。
清阴矗古柏，远响落幽瀑。
遂令过客心，出入殊静躁。
惜哉灵胜境，乃落西南郊。
好事遇一逢，高情复谁较。
独留阳明碑，千古表蛮僚。

[附记]选自黄万机著：《客籍文人与贵州文化》，贵州人民出版社，1992，第308页。

5. 曹申吉诗选

立秋日游华严洞，用少陵白水崔少府高斋韵

我行穷南纪，落落难自适。
西风今日至，已过朱炎赫③。
道旁郁奇胜，古洞盘幽阒。
下临万刃④谷，高峙千寻壁。
入门石乳垂，嵌空逾数尺。
始信荒徼外，天留破拘寂。
兴来列炬探，湿云生滴沥。
蹑屐难自料，猿挂愁危石。

---

① 翿（dào）：古代羽舞或葬礼所用的旌旗，即羽葆幢。

② 刓（wán）：挖；刻。

③ 朱炎赫：形容烈日当空。朱炎：太阳，烈日。赫：火赤貌。

④ 刃：通“仞”。古长度单位。

岩峭谁削成，疑是巨灵擘。
安得九日曜，不烦后羿射。
龙迹类刻画，深窈信窟宅。
端妙礼大士，森穆列仙伯。
古来贤达人，未经此路僻。
传闻止蛮夷，奇迹艰良觌[①]。
不获列图经，寂寞空山碧。
巉岏参鬼际，千古山川坼。
誓将投阴崖，因之穷地脉。
恐探秘笈书，致使山灵戚。
仿佛桃源棹，终与秦人隔。
兹邦历丧乱，流血日夜赤。
迨今深草畔，凝埋旧锋镝[②]。
奥区悲独存，终古苍烟积。
庶或扬胜概[③]，远与灵威敌。
元气铲不尽，遐荒安衽席。
孤客理回驾，永谢筇竹策。
卧游追阅历，油然怀抱释。
此志难遽遂，翻为行役迫。
寄谢后游人，亦犹今视昔。

[附记]选自镇远县政协文史资料研究室编：《镇远府志》（第4册），贵州人民出版社，2014，第795–796页。曹申吉（1635–1680），别号澹余，山东安丘县城东关人，顺治十二年（1655）进士。康熙十年（1671），任贵州巡抚。

① 良觌（dí）：良晤（欢聚）。觌：相见。

② 锋镝（dí）：刀箭。泛指兵器。

③ 扬胜概：赞扬美好风景。扬：称赞。胜概：非常好的风景或环境。

6. 李专诗选

飞云岩

飞来一片云，云痴不复去。
化为小洞天，租与烟霞住。
至今数千年，变态还如故。
莫认作云根，根字蠹鱼蛀。

访南泉语峰禅师

极顶南泉寺，关心已阅旬。
如何穿鸟道，才见斩猫人①。
风雨留行久，云山发兴新。
果能分曲录，投憩敢辞频！

[附记]选自贵州省文史研究馆编:《续黔南丛书（第3辑）·上·播雅》，贵州人民出版社，2012，第127页、第165页。李专，字知山，号白云居士，遵义人，康熙丙寅（1686）拔贡。《贵州通志》选举失之。后选授教官，不就。

7. 郑瑄诗选

携家游飞云岩，遂宿月潭寺二首

旧闻飞云胜，始踏秀溪路。
何时一片云，堕在溪上树？
年深不改白，遂有仙佛住。
濯手明月潭，散我洞天步。

① 斩猫人：典出“南泉斩猫”（禅宗的一桩公案）。载《景德传灯录（卷8）·池州南泉普愿禅师》。“师因东西两堂争猫儿，师遇之，白众曰：‘大众道得即救取猫儿，道不得即斩却也。’众无对，师便斩之。赵州自外归，师举前语示之。州乃脱履安头上而出。师曰：‘子若在，即救得猫儿也。’”

仰听酣笙钟，俯视洒瀑布。
坐疑风吹云，倏忽散为雨。
兹岩信奇绝，吾游亦特趣。
居然似樊刘，相携上云去。
笑谢尘中人，知余在何处？

朝从月潭游，暮即潭上宿。
我本有发僧，周妻与何肉[①]？
世情强分别，究未辨谁俗。
隔林闻夜禅，清梵响岩谷。
明月上东坡，忽已映潭渌。
手取潭中水，煮茗复烹粥。
痴童唤不醒，吹火妇当仆。
自有兹岩来，几似此游躅？
拟从云中君，借我一茅屋。
摆落广文毡，夜夜卧云足。

[附记]选自贵州省文史研究馆编：《续黔南丛书（第3辑）·上·播雅》，贵州人民出版社，2012，第390页。

8. 陈法诗选

飞云岩

如云似盖势峥嵘，两度寻幽屋外情。
应恋深山飞不去，何年霖雨到苍生。

---

① 周妻与何肉：周，指南齐的周颙；何，指梁代的何胤。周颙有妻子，何胤吃肉，二人学佛修行，各有带累。比喻饮食男女影响修行。

飞云岩

五过飞云岩，览奇叹观止。
爱此云为峰，婵娟空中起。
倒影映澄潭，空翠落石髓。
潭水照我容，须发已非矣。
仰首望苍岩，年年只如此。

我本餐霞人，忘机狎鸥鹭。
一朝捧鹤书，迷途从此误。
君看飞云岩，云飞何曾去。
猿鹤岂无知，低头向官路。

[附记] 选自政协平坝县委员会编，谢发忠主编：《〈陈法诗文集续〉点校本》，贵州人民出版社，2011，第34页、第57页。陈法（1692–1766），字世垂，一字圣泉，晚号定斋，贵州安平（今平坝区）人。清代乾隆年间著名学者、治水专家。康熙癸巳（1713）进士，改庶吉士，授检讨。曾任顺德知府等职。有《易笺》《明辨录》《河干问答》等。

9. 张维坚诗选

中河洞对月

月到招提静，清光隔岸看。
峰高轮影障，水阔露华漙。
暝色通幽径，春流响急湍。
坐听钟漏尽，返照佛楼寒。

中河洞晓钟

白云缥缈敞诸天，漏尽钟传下界先。
半壁藤萝初落月，千家砧杵乍生烟。
霜空远度孤城外，日上晴浮大壑边。

莫道洞中人未识，声闻何处不悠然。

[**附记**] 选自政协贵州省委员会文史资料委员会《贵州旅游文史系列丛书》编委会编：《㵲阳仙都》，贵州人民出版社，1999，第291页。张维坚，浙江山阴人，恩贡，康熙中叶任镇远知府。

10. 蒋攸铦诗选

飞云岩和韦约轩前辈韵四首

昔闻飞来峰，兹岩更奇古。
聚为芝盖罳，散作法华雨。

根虚影倒悬，突兀不可状。
石但作云观，真相归无相。

当其出岫时，本与在山等。
一月印千潭，寺名良中肯。

惟山神则灵，非供玩好具。
有客怀云斤，仇池拟小住。

原倡

谁将泰山云，幻作石洞古。
夜深应更飞，去为天下雨。

本以石为身，翻若云之状。
云耶与石耶，孰是真实相。

顽石与慈云，佛性本相等。
就法逢生公，石亦当首肯。

巨石何玲珑，岩壑中毕具。
乞与米襄阳，此间作常住。

重游飞云洞

珠江亲到飞来寺，桂岭欣看独秀峰。
十五年前曾奉节，八千里外又扶筇。
山桃随意开红萼，岩石依然蘸绿蓉。
何日尘心清似洗，听泉闲倚最高松。

过飞云岩

暂抛簿领客心闲，又到千岩万壑间。
古柏经年重结盖，飞云何日复归山。
坡头雨急秧苗短，桥下风多涧水潺。
腾笑山灵惭碌碌，名区三至不须攀。

华严洞

崖石中分福地恢，天然门壁接崔嵬。
碑经仙客成圆照，洞忆居民避劫灰。
秉烛未遑三宿恋，布金不假五丁开。
欲知达摩安心竟，谡谡松风洒面来。

牟珠洞

老树合崔嵬，青天一发阔。
洞虚岩寺古，路蟠石磴缺。
暗风偃积雪，森然动毛骨。
亭午障白日，天籁不时发。
初疑鬼神宅，岁久就泯灭。
意是蛟龙窟，时清不敢出。
天涯得奇观，俯仰重骚屑。
随境恣冥搜，富贵徒觊豁。
默思身世事，未敢即轻缺。
长揖谢山谷，前路晚云没。

飞云岩

飞云岩，一号飞云洞，洞中题泳如林，其上铲石大书，丹碧交映，几满岩矣。我来亦匆匆，于行邂□中探得纸砚，倩跛波弥滴岩泉，濉墨走笔成此。

云体无常飞无方，偶于斯岩缱绻而回翔。
顾惟攘攘游观者，苦欲与云致颂扬。
不知云固至虚至，灵物世情毁誉庸何伤。
呜呼！造化之奇安所极，谁能举意穷八荒。
君不见海上老人说沧桑，又不见铜狄铜驼蔓草长。
朝蕣[①]隙驹暂有此，虚岩属空彷徨。
一丘一壑吾自求多福，莫向蓬瀛探混茫。
吟罢长风天际来，山灵得失于我何有哉？

华严洞

清秋踰险绝，古洞得华严。
积雨欹颓壁，层云鏁[②]断檐。
溯流穷树杪，蟠磴出峰尖。
万里伤摇落，凭高泪一沾。

[附记] 选自（清）蒋攸铦撰：《蒋攸铦文学家族诗集》，上海古籍出版社，2019，第45页、第92页、第96页、第174页。蒋攸铦（1766–1830），字颖芳，号砺堂，谥文勤。汉军镶蓝旗。乾隆四十九年（1784）进士，授翰林院庶吉士。道光间官至文渊阁大学士、两江总督。有《绳枻斋诗集》《黔轺纪行集》。

---

① 朝蕣（shùn）：喻时间的短暂。

② 鏁（suǒ）：古同“锁”。

11. 李台诗选

飞云岩喜添候馆

云崖海内悉知名，冠盖从容惯驻旌。
新向峰前添候馆，山灵殊不苦逢迎。

月潭寺浴佛日即景

四月兰汤浴佛辰，月潭斋鼓闹诜诜。
红颜霜鬓纷膜拜，风雨轻凫也苦辛。

[附记] 选自龙连荣、杨再将主编：《原生态黔东南诗词选》，贵州人民出版社，2008，第36–37页。李台（生卒不详），黄平州（今黄平县）人。清乾隆庚辰科（1760）进士。曾任翰林院检讨。为嘉庆《黄平州志》总裁。

12. 董汉贵诗选

白云寺①八景诗碑

古树穿云

层层白石宛云联，古树弯弯曲与穿。
自昔蟠根几错节，于今拔地更倚天。
纵横老干神龙似，苍古青萌翠盖然。
此间巍巍殊可仰，未知初植是何年。

石巷生风

寻胜偶过小巷中，不禁爽气逼心胸。
两旁排拥夹巉石，一径悠扬扇惠风。

---

① 白云寺，位于铜鼓卫城南，明永乐八年（1410）建，规模宏大，有寺田数百亩，时是靖州（时铜鼓卫属靖州）最大的寺院之一。铜鼓卫清雍正五年（1727）改锦屏县。

岂是故人柔善人，因而曲峡婉能通。
从兹嘘拂阳和转，满眼看来万象融。

龙潭漾月

隐隐深潭暗伏龙，月娥适与巧相逢。
清辉濯水偏增色，素质临波倍显荣。
影静碧沉纹细细，光浮金耀锦重重。
寻幽至此风情好，益信白云秀气钟。

绿竹扫尘

寻芳时际上元春，绿竹猗猗渐可亲。
月笼清影萌铺地，风摆柔条叶扫尘。
释氏明心方见性，禅堂除旧自生新。
筼筜①但得周围茂，梵宇何须奉扫人。

远岫堆岚

白云楼上画屏开，四面林峦座里来。
迈览翠微阶下列，远观岚气望中堆。
若烟漠漠风烟起，似雾茫茫岫顶催。
叠叠层层看不厌，山南山北任徘徊。

澄江净练

一道碧泉曲折行，登高远望水光清。
鸥浮波外波中见，鳞跃浪中浪外明。
满幅绿萝川织出，金端素锦泽裁成。
纤尘不染真澄澈，还见江心皎月横。

---

① 筼筜（yún dāng）：生长在水边的大竹子。

璞壁隐雾

寻春徐向白云游，璞壁霏霏雾未收。
岂是奇珍中里蕴，因而弥漫外难求。
曲阿非火烟常起，幽径元风雨不休。
漠漠冥冥频散彩，结成佳气绕岩头。

空中楼阁

龙阁巍巍起寺东，傍岩依石架遥空。
危楼高耸堪凌汉，幽洞清虚可纳风。
不喜坦平基址同，惟求险峻角牙雄。
地灵自见神庥应，霖雨苍生五谷丰。

嘉庆九年岁在甲子（1804）正月中瀚吉旦
邑令滇南董汉贸题

［附记］选自王宗勋选编：《锦屏历代诗词选》，2012，第 73–75 页。董汉贵，云南人，举人。清嘉庆五年（1800）任锦屏县知县。

13. 郑珍诗选

飞云岩

扶舆灵秀各有分，贵州得此一朵云。
蛮风万古吹不化，中有元气常氤氲。
造化之手信幻极，四海不作雷同文。
兹岩岂复涉世想，云将授削天磨斤。
成时莫自赞其妙，俗间巧颂徒云云。
经巢居士鸾鹤群，一丝不净落世氛。
纡行五日为看此，所见乃过前所闻。
十里泉声接幽壑，苍苍万木烟缤纷。
买宅径息傍云住，下视扰攘同飞蚊。

仡童獠妇不雕琢，岁时鸡豆情殷殷。
那能龌龊走尘状，过而识悔神当欣。
儿女催人待粗了，挥手一谢云中君①。

游南泉山

黎平罕游观，南泉据其胜。
万古不受赭，穷荒纵灵孕。
松杉皆百围，兀立高且正。
仰梢摩空冥，俯柢绝究竟。
石气一何厚，翘楚尚余劲。
到来始知深，历久愈觉静。
云里闻遥舂，风边度疏磬。
屡上若无路，斗转忽见径。
攀缘著精庐，清极不可更。
沉沉绿无际，白日澹幽映。
门生与儿子，恍似伴陶令。
默坐如有云，窅然见吾定。

[附记]（清）郑珍：《巢经巢诗集》，载杨元桢注释，贵州大学古典文学教研室校订：《郑珍巢经巢诗集校注》，贵州人民出版社，1992，第252–253页、第281页。郑珍（1806–1864），字子尹，晚号柴翁。贵州遵义人。道光十七年（1837）举人，选荔波县训导，咸丰间告归。同治初补江苏知县，未行而卒。著有《仪礼私笺》《说文新附考》《巢经巢集经说》《巢经巢诗》等。

两洞诗·南洞

南洞更奇极，壁立千丈崖。
谁将顾陆画，挂向苍江隈。

---

① 云中君：先秦时神话中的一位神明，和东君是相对的二元神。一般认为其为云神。

崭崭[①]丹翠间，错落金银台。
石扇敞云顶，画檐飞嵬嵬[②]。
路缘屋脊上，僧出蜂孔陪。
高空来鬼神，中天风雨回。
凭栏望晴宵，天门如可阶。
安知已巉绝，异境中岩开。
五步一小峰，峰峰瘦皱排。
石林夹幽径，绿蓊掌大苔。
沉沉静白日，花深无鸟喈。
浑忘在壁上，竹影摇尊罍[③]。
坐疑西南徼，兹胜何由胎。
帝应怜黔山，鬟花而髻魋[④]。
为割海上奇，一令耳目恢。
有力夜负至，左股失蓬莱。
孰云过者过，观者反自涯。
长啸语山灵，孤诣自古来。

[附记]选自政协贵州省委员会文史资料委员会《贵州旅游文史系列丛书》编委会编：《㵲阳仙都》，贵州人民出版社，1999，第286–287页。《两洞诗》是郑珍于道光三十年（1850）任代理镇远训导时所作。“两洞”即镇远青龙洞的北洞和南洞。诗中提到的云谷翁指明朝嘉靖年间郡守黄希英祀朱熹于青龙洞中。

青精饭诗

四月八日门生馈黑饭，谓俗遇是节，家家食此，莫识所自。余曰：此

① 崭崭：亦作“巉巉”。高峻。

② 嵬嵬（wéi wéi）：高大的样子。

③ 尊罍（léi）：泛指酒器。

④ 髻魋（jì tuí）：亦作“魋结”。结成椎形的髻。

青精饭也，作诗示之。

昔闻南极仙，创制乾石迅。
华阳登真诀，乃传青精饭。
药汁取南烛，术意密莫问。
后来浸桐柿，榕柏亦不新。
初原服食法，铅汞藉滋润。
何年浴佛供，亦与伊蒲①献。
佞馅贵新奇，此固不足讯。
吾袭识其名，未见未知倍。
不谓蕞尔②中，乌饭佳节趁。
贫富当饔飧③，日幸免疾疢④。
例与寒食同，意亦延年近。
相持巽先生，一饱感霜鬓。
奚从好颜色，令与孺子馂。
题诗记风俗，亦以诏后进。

[附记] 选自政协黔东南州委员会、中共黔东南州委统战部编，单洪根主编：《黔东南历代旅游诗词选》，贵州人民出版社，1999，第222页。

14. 黎兆勋诗选

黎平县德凤镇摩崖

洞烟隐祗霧，洞之卷铅汞。
□龙云中湖，霖雨沛郊陇。
苍天石虬壁，霭二佛香拥。

---

① 伊蒲：即伊蒲馔（又称伊蒲馔供）：素食供品。

② 蕞（zuì）尔：形容小（多指地区小）。

③ 饔飧（yōng sūn）：亦作“饔飱”。指馈食及宴饮之礼。

④ 疾疢（chèn）：泛指疾病。

璎珞穷布施，铁甲森暗拱。

人言空洞天，咫尺波涛涌。
中有赤鲩公，光射阴严孔。
远朝南海神，归兵龙震耸。
一跃倏一坠，岂必无神勇。

我从南海来，云母碧飞动。
为歌枯鱼泣，恍听秋潮汹。
洞天窥洪蒙，劫火老魑恐。
□由观其源，往觅神龙种。

咸丰甲寅（1854）仲秋日，偕徐明经为桂明学正长薪廖茂才、秉奎昆仲游此，率书十二韵于壁，胡君嘱廖生勒石盖欲不忘，鸿□印也开泰县，儒学训导□□□义黎兆勋题，候选府经□廖如金刊壁。

[附记] 选自贵州省黎平县地方编纂委员会编：《黎平县志》（上册），贵州人民出版社，2009，第76页。摩崖位于黎平县德凤镇西崖壁，离地2.1米，高0.62米，宽1.1米，每字0.04米见方，楷书，阴刻。诗名为辑录者拟。题者黎兆勋（1804–1864），字伯庸，号檬村，晚号涧门居士。清道光八年（1828）戊子科秀才。曾代理石阡府学教授，补开泰（今黎平）县教谕，升湖北鹤峰州州判、随州州判。著有《侍雪堂诗抄》《烟亭词》《黎平诗系》等，与莫友芝共同纂辑《黔诗纪略》。

月上望南泉山因念子尹（七律）

旧时月色岭云边，戍火妖星照夜禅。
坐念吟仙今老矣，回思游迹意茫然。
丽谯角语更将尽，夕嶂灯明客未眠。
一赋遂初归更早，故乡谁共好林泉。

南泉山（五律）

石磴赋寒绿，风高湿雾消。
披香丹桂阁，挂杖碧云宵；
日下群山伏，钟鸣一月邀。
崇高归帝阙，想象百灵朝。

[附记]选自赵志椿：《南泉山诗作选录》，贵州省黎平县政协文史委员会：《黎平文史资料》（第6辑），1990，第61页。

南泉山

翠壁缘岩转，长林上碧空。
泉飞龙硐雪，人坐鹤巢风。
佛火诸天回，香云大壑通。
非非真想处，还拟问灵宫。

[附记]选自贵州省文史研究馆编：《续黔南丛书（第8辑）·下·黄彭年诗文集》，贵州人民出版社，2014，第1309页。

15. 颜嗣徽诗选

牟珠洞

早行瓮城桥，四山如坐井。
窗然绝运途，何处汲修绠。
石壁一罅开，陡转招提境。
岩危洞幽邃，溪深水穆静。
古苔最齿滑，晴翠衣裳冷。
青莲拥大士，层巅留小影。
去此不数武，便判仙凡景。

帘搴[①]头屡回，舆过目犹骋。
题诗期后约，山僧烦煮茗。

飞云岩

昔读云岩志，缅想久咨嗟。
前岁值计偕，亲擘洞口霞。
东坡今旦来，翠柏夹鬖髿[②]。
踏苔寻旧迹，堂奥深啥呀。
英英覆瑶草，万朵垂花葩。
鸾鹤夰翔舞，龙蛇森攫拏[③]。
鼎彝形斑驳，篆籀体横斜。
娲后炼五色，石耶亦云耶？
海上题飞来，擘窠[④]书不差。
山灵夙嗜洁，喷瀑洗瘢痂。
彷徨独怀古，韵语凑尖叉。
题岩景前哲，幸勿洗涤加。

[附记] 选自（清）颜嗣徽：《望眉草堂诗集》（卷 3），载贵州省文史研究馆编：《续黔南丛书（第 4 辑）·上·望眉草堂文集》，贵州人民出版社，2012，第 65–67 页。颜嗣徽，字义宣，别号望眉，贵筑人。同治庚午（1870）解元，以知县分发广西，补迁江知县，擢归顺直隶州知州。有《望眉草堂诗集》等。

---

① 搴（qiān）：拔取。
② 鬖髿（sān shā）：比喻草木枝叶下垂貌。
③ 攫拏（jué ná）：张牙舞爪，以爪相持。
④ 擘窠（bò kē）：写字、篆刻时，为求字体大小匀整，以横直界线分格。

16. 李銮宣诗选

智珠洞（又名古佛洞）

新安驿外白云遮，岭路千盘曲似蛇。
佛土清凉虚洞壑，劳人情性癖烟霞。
鬟云结处尼珠[①]现，石厂穿来乳宝斜。
觅得圆蒲安稳坐，洒空天雨遍最花。

牟珠洞

云阴叆叇山□□，呀然虚牝开堂宦。
老僧导我秉炬入，幻想欲学愚公移。
纷纷石髓滴成乳，蓬花吐蕚蕤倒披。
七及窣堵大士现，千层琼馆群真□。
髻鬟婀娜神女下，幡盖飘忽灵游随。
玲珑突兀不可以思议，周回六角仿佛蟠龙彨。
石钟在右鼓在左，考之伐之元音希。
或如髑髅僵敛壁，或如追蠡悬尊彝。
犀象虎豹雕鹗隼，狻猊赑屃熊貔罴。
狰狞鸷悍骨硌硌，宛转驯伏毛耏耏[②]。
一齐都在阿堵见，千变万化嗟神奇。
老僧向我说：“此洞艇穷期。”
我方鼓余勇，深入险且巇[③]。
匍匐人坎复出坎，忽而洞达崇轩墀。
石床可容廿人坐，旁列石几堆盘□。
下辟千畛田，幅幅僧伽衣。

---

① 尼珠：摩尼宝珠。梵语意为宝珠，故称宝珠为“尼珠”。
② 耏（ér）：古同“而”，胡须。
③ 险且巇（xī）：形容山路危险，泛指道路艰难。

又有落地梅，点点残霞霏。
洑流[1]涓涓泻琴筑，清籁瑟瑟生罘罳[2]。
乃知天巧本不测，岂假雕镂烦工倕[3]。
或者龙汉[4]以前旧人物，劫火未化留于兹。
形形色色备诸有，空剩石骨滋然疑。
滇山黔山半嵌宝，揽胜孰与牟珠俪。
牟尼之珠定慧具，象罔未静潜相窥。
我生穷达原有命，得从游跖天公胎。
画所不到意无尽，意所不到神为追。
神追意想观止矣，头上恍惚昙云飞。

飞云岩

石骨不可摇，云起挟之去；云气不可停，石又遏之住。挟之遏之盘而旋，将飞不飞迁以延。巃巃嵸嵸[5]象万千，石欲化云飞上天。云欲挟石投诸渊，忽从龙汉劫中逾。洪荒橐籥[6]一气相熬煎。风轮荡处魄不死，云耶石耶相聚一族无分焉。耽耽视犹虎，昂昂龙象舞。翔或如凤鸾，卧或如羱羖[7]。浴狶豕渡河，濯绵鱼待雨。华盖悬琼楼，芝蕤茁瑶圃。为轮亦为囷，如翁亦如姆，肖形形莫穷。咋舌舌还吐。中飞一朵华鬘云，非烟非雾凝祥雯。莲台大士云际立，漫空花雨飘缤纷。杰阁凌圆穹，对面香炉峰。激湍带其左，银河倒落青芙蓉；云根裂其右，细泉漍漍[8]吟长松。岩下嵌宝隘莫容，丹砂石乳相撞舂。月潭寺在岩以外，梵音静答蒲牢钟。文成之碑

① 洑（fú）流：水在地面下流。

② 罘罳（fú sī）：古代的一种屏风设在门外。

③ 倕（chuí）：古代一个巧匠的名字。

④ 龙汉：道教谓元始天尊年号之一。又为五劫之始劫（龙汉、赤明、开皇、上皇、延康）。

⑤ 巃巃嵸嵸（lóng lóng zōng zōng）：山势高峻貌。

⑥ 橐籥（tuó yuè）：古代鼓风吹火用的器具。

⑦ 羱羖（lì gǔ）：山羊。羖：公羊。

⑧ 漍漍（guó guó）：水声。

圣果偈[①]，至今屹立如金墉。我不知乾坤何为闢礴世界，奇山划中原外；又不知大造何为恣神妙，镌刻毋虞元气耗。拟而议之终不知，云飞不飞无已时。手持片云出山去，但觉亭亭卓盖傍我篮舆驰。

华严洞

此中真可结跏趺，证得华严妙谛无。
百斛天浆垂石乳，一房地肺割云腴。
飞来黑蝶大于掌，漏出青雯小似盂。
手掬寒泉浸牙齿，沁人清味胜醍醐。

[附记] 选自（清）李銮宣撰，刘泽点校：《坚白石斋诗集》，山西人民出版社，1991，第225–229页。李銮宣（1758–1817），字伯宣，号石农。山西静乐人五家庄人。乾隆五十五年（1790）进士。曾任任云南按察使、四川布政使等职。勤政爱民，兴利废敝，造福当地。

17. 宋湘诗选

贵州飞云洞题壁

我与青山是旧游，青山能识旧人不？
一般九月秋红叶，两个三年客白头[②]。
天上紫霞原幻相，路边泉水亦清流。
无心出岫凭谁语，僧自撞钟风满楼。

过牟珠洞

九月清霜木叶飞，半山钟磬冷斜晖。
马蹄得得客何去？鸟道冥冥僧独归。

---

① 原注：王文成公《月潭寺碑记》《圣果亭偈》俱在。

② 原注：戊辰秋典黔试游此。

洞里石头聊说法，路边人影尽征衣。
谁能一串牟珠挂，坐烂蒲团不启扉。

憩飞云洞

此行第一是飞云，石色泉声绕不分。
正好禅林证清净，破人凉睡马蹄闻。

[附记] 选自（清）宋湘撰，黄国声校辑：《红杏山房集》，中山大学出版社，1988，第222–223页。宋湘（1757–1826），字焕襄，号芷湾，嘉应州（今广东梅县）人。清代中叶著名的诗人、书法家。嘉庆四年（1799）进士。嘉庆十三年（1808）任戊辰贵州乡试正考官；后任云南省曲靖、广南、大理等府知府，政声廉明。

18. 邓潜词选

百字令·万佛造像

汉时伊阙，有佛家摹样，镂琼镌玉。一叶一花参妙相，万亿化身西蜀。璎珞分明，毡椎细腻，塌碎苔斑绿。访碑人到，惜无铭赞堪读。

回忆寺枕江滨，塔留铁像，黔志曾编录。护法沙门缘底事，笑倒如来金粟。古锦盛囊，妙香凝纸，翠墨光盈目。王孙辇去，郁林载石同不①。

如此江山·避兵东山坪僧寺

宛然杜子彭衙道，名山且随僧占。丛竹编寮，团蒲代榻，容我打包时暂。全消万感，任蜗角②争雄，蚁封行险。便唱樵歌，晚来红叶一肩担。

① 原注：碑为王莲生取去。

② 蜗角：蜗牛的触角。比喻微小之地。

秋清人外半夜，有良宵素月，来照肝胆。上寿金萱，缘阶玉树，幸脱惊风摇撼。移家岭广，笑东食西眠。听残清梵。闲课儿书，佛龛灯焰闪。

三姝媚·僧鞋菊

花含禅意静，向东篱间寻，几双秋影。坏色垣衣，衬那方行脚，脱来三径。影落苔畦，浑印入、蒲团清静。占定西风，除却陶家，踏歌谁称。

重九还余游兴。指挂屩枫边，叶痕丹映。化到金钱，笑寺楼深处，买香留证。待拗霜枝，招赤足、仙人相赠。佛手携将成伴，黄柑露冷。

[**附记**]选自（清）邓潜：《牟珠词补遗》，载顾久主编：《黔南丛书（点校本）》（第15辑），贵州人民出版社，2010，第188页、第196页、第220页。邓潜（1855–1928），原名维琪，字花溪（华溪），贵州贵筑（今贵阳）人。清光绪十五年（1889）进士。选翰林院庶吉士，散馆出为四川富顺知县，迁邛州知州，过班道员。清亡后，易名潜，流寓成都。工诗，晚岁才填词，著作有《牟珠词》。

19. 吴泮芹诗选

苕峣圣德山

小序：余与生徒登圣德山，见仕女云集，有赶山谣。问其所以然，则答曰："苕峣圣境，曾留上古遗风，峻岌仙区，犹似天宫桂府。"感慨之余，聊成三律，以纪之。

一

师生散步到斯巅，气象宜人几万千。
静雅慎知方丈地，清幽惟有大罗天。
声灵赫翟推群圣，院宇嵩高悦众仙。

云水沧茫归妙手，名山盛世两相传。

二

圣德感人无量边，群贤毕至赋诗联。
崇山叠绕如金磊，流水盘旋似玉园。
暮鼓晨钟警世界，经声佛语格苍天。
年年夷到中元节，仕女相逢□□传。

三

茗晓圣德冠群峰，此地名山第一重。
秀插云霄如玉笔，烧残栋宇剩金钟。
两轮日月当头近，万里江河举目逢。
地步高来宽眼界，前兹陆阜总无容。

[附记] 选自杨胜林、李光厚主编：《三穗诗词选》，贵州人民出版社，2014，第23–24页。吴泮芹，又名焕群，湖南晃州人。清光绪年间受聘赴后山洞绞强、竹林、坦洞等村寨设馆授徒，有诗作流传。

20. 胡启坤诗选

台烈八景（选四）

白云山寺

白云冉冉锁禅关，占断黔东第一山。
峡岸耸笼风飒飒，四围屏嶂水潺潺。
梵音彻遍三千界，笛韵偕和百二蛮。
清水邛陵常仰望，天威咫尺任循环。

鸣凤飞天

朱冠彩羽舞翩翩，飞遍三山及大千。

翙翙[①]来仪舒化日，雍雍呈瑞乐光天。
腾集清水人文备，罗列台山名利全。
金凤九苞乐盛世，人安物阜享长年。

青龙梵刹

梵音嘹亮上天京，忽听钟声又鼓声。
法相威灵人我喜，金容赫濯[②]鬼神惊。
献瑞昙花含金匝，具叶成文叶玉垮。
庙貌辉煌光宇宙，华封三祝庆升平。

罗汉披裟

朝山拱向衣袈裟，出自先年将相家。
身入玄门心已静，名登仙府性无奢。
世称智慧阿罗汉，法号仁慈佛菩萨。
赤足长眉扶道左，地灵人杰乐荣华。

[附记] 选自杨胜林、李光厚主编：《三穗诗词选》，贵州人民出版社，2014，第 51–52 页。胡启坤（1862–1929），号贯三，苗族，三穗县台烈镇人，六品衔同知，晚年在桑梓设馆办学。

21. 吴慕尧诗选

客中闲游步云寺[③]抒怀

寺谓步云难上天，清幽林木实陶然。
何朝水退汹涛去，千里清江好驾船。

---

① 翙（huì）：鸟飞声。

② 赫濯（zhuó）：威严显赫貌。

③ 步云寺，亦称回龙庵，在锦屏县城东北，1966 年被毁。

[附记] 选自王宗勋选编：《锦屏历代诗词选》，2012，第165页。吴慕尧(1877–1915)，原名尚隆，苗族，贵州锦屏钟灵乡人。清光绪十年(1884)，慕尧随父寓居贵阳，后成为府学廪生。民国元年（1912），加入同盟会和“南社”，任《国风日报》主笔。民国四年（1915），参与反对袁世凯斗争遇害。

游黎平南泉山

万里归来上南泉，情思无限涌心田。
山光水色凭君赏，敢效何公挽倒悬。

[附记] 选自龙连荣、杨再将主编：《原生态黔东南诗词选》，贵州人民出版社，2008，第50页。

22. 夏同龢诗选

游金顶寺

回出沧桑界，东岩借一枝。
婆心劝说法，慧业解藏诗。
石室究趺坐，舍经吉受持。
佗年溯室迹，应继大类诗。①

黔阳夏同龢。光绪己亥夏，游金顶寺赠

惟心净土无高下，自性弥陀不去来。
红日初非天外浸，白莲只在意根栽。
聚生障重须存想，想极情忘眼豁开。
金作层楼玉作台，琉璃田地绝纤埃。②

壬戌夏为作民仁弟雅正　夏同龢

---

① 此诗刻于广东潮阳金顶寺山崖之上。

② 此诗为1922年夏同龢任江西省实业厅厅长时，为周作民（民国政府财政部库藏司司长、国民党政府财政委员会委员，新中国成立后任第二届全国政协委员）所题写之中堂诗。

[附记] 选自（清末民国初）夏同龢编著，梁光华、饶文谊、张红辑校：《夏同龢文辑》，凤凰出版社，2013，第261–262页。夏同龢（1874–1925），字季平，号用清，又号狮山山人，贵州麻哈州（今麻江县）人。清光绪戊戌科（1898）状元。1904年，东渡日本留学，入法政大学法政速成科第一班学习法政。1913年，任国会众议院议员，1917年9月8日，任江西省实业厅厅长。

23. 陈夔龙诗选

青龙洞佛楼即席奉酬

余子存大令兼示秀山郡守先在中元洞小憩并登高顶，阅学堂故诗，中及之用少陵赠卫十八处士韵。

严城无鼓角，山水白宫商。
邑侯喜见招，征旆生辉光。
缅象桥东迈，一色苔藓苍。
中元洞景幽，壁绝纡羊肠。
更上青龙顶，来阅读书堂。
循循资善诱，狂狷进中行。
佛楼肆筵席，德星聚一方。
炼师求舟决，蛮女进壶浆。
嗟余谢鞅掌，不能艺稻粱。
纵陪东山屐，愧此曲水觞。
须臾日脚下，寺钟和漏长。
秉烛尽今夕，烟月付苍茫。

丁未嘉平光绪三十三年（1907）

飞云岩题壁

奇境辟鸿濛，此岩何时有。

白云自无心，我来迷洞口。

游飞云岩得句，用杜工部《绝代有佳人》韵

天不缺西南，辟此幽灵谷。
上有万重云，下有百围木。
神工心独运，鬼斧力堪戮。
立马恣遐观，髀尽英雄肉①。
我来日方午，纵游未秉烛。
石乳千芙蓉，朵朵碧于玉。
礼瞻大士像，桑下恋三宿。
瀑布走空潭，疑似蛟龙哭。
片时蒲团坐，皈心洗尘浊。
游迹半天下，归家少茅屋。
盍与白云居，日日清泉掬。
即此是东山，中年感丝竹。

贵定早行过牟珠洞，未暇登览，作此解嘲

平生佞佛②耻何充，一笑翻乘避面骢。
未许皈心称法护，也如交臂失英雄。
门前字漫题凡鸟，洞口泥难印客鸿。
灵境由来关眼福，几回都付与春风③。

游牟珠洞

平生游脚兴，都付与东风。
西南诸洞天，伟哉此称雄。

---

① 髀尽英雄肉：因为长久骑马，大腿上的肉越来越少。髀肉，指的是大腿内侧靠近大腿根的地方的肉。因以“髀肉不生”借喻常年打仗骑马的人。

② 佞佛（nìng fó）：谄媚佛；讨好于佛。

③ 原注：五过洞口，均未曾入回。

扶舆磅礴气，胎孕非人功。
何时破天荒，胜地开鸿濛。
前洞已奇绝，日色石罅烘。
一柱镇坤维，具体衡华嵩。
仙佛现宝相，龙象斗神通。
雕镌愁斧凿，攀壮绝猿狨。
造物不一物，欲赞词先穷。
后洞深以墨，环堵皆閟宫。
为燃十丈炬，火光澹不红。
山僧旁引导，棱棱神鬼工。
或危若奔马，或亘若长虹。
或拱若童子，或偻若老翁。
或珠璎珞绎，或宝塔玲珑。
或磬音戛玉，或鼓声摩铜。
银海炫生花，豁然发我蒙。
我来日卓午，撰杖儿辈同。
灵隐藐飞来，洞庭笑石公。
飞云差比肩，尚逊凌虚空。
洞口读残碣，扪剔苔花丛。
小憩印心堂，蒲团坐当中。
再到知何日，斯游乃泥鸿。
长啸出门去，白云瓮城东。

[附记] 选自贵州省文史研究馆编：《续黔南丛书（第6辑）·下·陈夔龙诗文集》，贵州人民出版社，2014，第928–929页、第932页、第936页、第941页、第949页、第951页、第1001页。陈夔龙（1857–1948），字筱石，贵州贵筑（今贵阳）人。光绪十二年（1886）进士。曾任河南巡抚、江苏巡抚、四川总督、直隶总督。宣统元年（1909）任直隶总督北洋大臣。著有《松寿堂诗钞》。

24. 龙绍讷诗选

厦村①八景（选二）

梵寺蟠螺

凝秀山腰锁碧烟，青螺一点自盘旋。
此间好听生公法，来伴孤云白鹤眠。

牟珠一串

不与骊龙颔下珠，却非乱米掷麻姑。
牟尼已证如来果，留下当年一串珠。

偕朱莲池、徐涤斋北极观纳凉

结伴寻幽去，中途极目望。
枯苗偎陇畔，野草匝溪旁。
可许窥师相，翻思拜法王。
上阶寻古砌，转步入回廊。
壁画谈因果，盆花喷戒香。
此中多好景，何处觅仙乡。
树老遮天密，风雄入座狂。
寒生秋欲到，爽极夏俱忘。
栏曲疏三面，台高故四方。
只因无烈日，可爱是斜阳。
地僻多游侣，僧闲有热肠②。
双弓餐白粥，一枕熟黄粱。

---

① 厦村：即今天柱县石洞镇之皮厦。原诗题下有序：“柱邑所辖凡十一里，厦村其循理里之一也。乙巳年（1845），余馆于此，乐其地之幽与其风之厚也，诗以纪之。此地旧有八景，景缀以诗，得八首焉。”

② 原注：观中无道士，主持者为僧家。

角胜开赢局，筹分博笑场①。
诗成营壁垒，茗战斗旗枪。
客洗凡心俗，人称上世皇。
翻嫌终日欲，不灭小年长。
烟霭痕初淡，霞明色带黄。
归情催小队，佳境贮奚囊。
山拥千家郭，园营半亩塘。
一时都览尽，余兴尚难偿。

次韵和朱莲池、徐涤斋北极观纳凉四首

坐久浑忘夏午天，云山四望净无烟。
若教此地真堪卖，论价还须十万钱。

病瘴丹鼎药煎浓，信识君家最怯风。
底事今朝钟爱甚，归来犹系梦魂中。

再到元都象转新，风来为我涤烦尘。
可知风便为人主，何藉山僧作主人。

马帐谈经敞绛堂，终朝握笔为诗忙。
屡将佳句催酬和，愧我才疏久未偿。

南泉山

古木阴中绝点尘，源头活水证前因②。
更无热客能知味，只有清官许问津。
对此心肝都觉冷，现余面目本来真。
果然廉让中间好，那惜千金买四邻③。

---

① 原注：时有博戏者。

② 原注：泉在山腰，松杉掩映，景最幽遐。

③ 千金买邻：典出《南史·吕僧珍传》。谓好邻居难得。

[附记] 选自政协黔东南州委员会、中共黔东南州委统战部编，单洪根主编：《黔东南历代旅游诗词选》，贵州人民出版社，1999，第183–185页、第200页。龙绍讷（1792–1873），字廷飏，号木斋，晚号竹溪，贵州锦屏人。苗族作家和学者。道光七年（1827）举人。又三次赴闱复不利，乃回梓课徒，致力于学，撰写诗文和龙氏家谱。著有《亮川集》《迪光录》。

25. 许贺来诗选

华严洞

古洞当山麓，探幽矩火然。
涧泉穿峡冷，石乳倚空悬。
阴壑疑蛟伏，颓崖宛凤骞。
松风斜日里，我欲抱云眠。

飞云岩

踏遍崎岖日又曛，悬崖乍见涤尘氛。
幽光潭底生明月①，灵气山头酿白云。
玉峡乳珠飞杏霭，瑶台花雨坠缤纷。
此间林壑堪娱老，那得幽栖伴鹤群？

鹦鹉寺

万初层峦一径穿，御风今到万峰巅。
层层清影垂云幄，谡谡寒涛韵野弦。
林外鸟声和梵呗，树梢鹤梦破茶烟。
征人镇日劳车马，输却山僧抱石眠。

[附记] 选自（清）许贺来著，杨颖、余俞点校：《赐砚堂诗稿》，云南教育出版社，2018，第84页、第86页。许贺来（1656–1725），字燕公，

① 原注：旁即月潭寺。

号秀山，云南石屏人。清康熙己丑科（1685）进士。授翰林院庶吉士，后改编修。康熙四十四年（1705）七月，诏试许贺来。许贺来文章生辉，讲解确切，众人赞诵不已，因此获上恩，擢升侍讲。著有《赐砚堂诗集》《纪恩集》等。

26. 其他诗选

凤岭[①] 余兴贤

凤岭岧峣[②]接绛霄，琳宫深处彩霞飘。
十洲不羡神仙地，一径频来士女朝。
林霭经风青不断，石岚过雨翠难消。
老来结得同心侣，共同山中采药苗。

[附记]选自（清）唐树义审例，黎兆勋采诗，莫友芝传证，关贤柱点校：《黔诗纪略》，贵州人民出版社，1993，第466页。余兴贤，字存素，兴隆卫（治今黄平县城）人，万历二十八年（1600）举人。官至知府。

奉和五开卫守陈公游祠山宫[③] 孟道善

祠山落木满飞埃，同向林端策杖来。
藉使创修非佛力，灵扁载酒为谁开。

[附记]选自（清）唐树义审例，黎兆勋采诗，莫友芝传证，关贤柱点校：《黔诗纪略》，贵州人民出版社，1993，第705页。孟道善，五开卫中潮所人，万历四十六年（1618）岁贡。官湖南宝庆府训导。

---

① 凤岭：即金凤山。位于黄平重安江。

② 岧峣（tiáo yáo）：山高峻貌。

③ 原注：是诗与陈天策并刻开泰中潮所祠山宫后若壁间。

宿镇远有赋 任国玺

天堑深溪偃巨虹，岩蛲对峙郁青葱。
道傍暂息川黎碣，石上嗣题汉使功。
风静鸟喧屏嶂里，月明人渡镜函中。
呼槎直欲口牛斗，为问灵源几曲通。

永历丙申十（1656）之秋　台使任国玺偕邑令陈然得韵泐石

［附记］选自刘祥斌主编：《镇远名胜古迹》，内部刊印，2012，第10页。任国玺（？ –1661），福建人。明永历时任行人（朝廷使者），永历帝入缅甸后，迁云南道御史。

飞云岩 田雯

飞云岩立翠千重，草草登临日下春。
莫信人间唯五岳，须知天末有三峰。
秦灰汉垒群仙宅，云阵花幢古佛踪。
如此奇山谁领略，曾无七十二家封①。

黏天拔地勇晴霞，虎豹司阍瀑布遮。
鬼斧神工峰口石，红酣白糁寺门花。
客儿游屐何尝到，支遁禅栖便是家。
跬步从前应自笑，真同井底一寒蛙。

［附记］选自载（清）田雯著：《古欢堂集·五言律诗》（卷2）。田雯（1634–1704），字纶霞，山东德州人，清康熙甲辰科（1664）进士，二十六年（1687）授贵州巡抚，三十年（1691）因丁母忧去职。后出任刑部、户部侍郎等职。一生居官廉正，体察民情，且学识渊博，生活俭朴。对政治、学术多有建树。

① 《史记·封禅书》：“管仲曰：古者封泰山禅梁父者七十二家，而夷吾所记者十有二焉……”

华严洞 鄂尔泰

其一

药竈[①]茶铛伴老禅，狸奴[②]白牯记当年。
而今碧海黄尘里，小住何缘憩洞天。

其二

真向华严法界来，青崖白石印莓苔。
如鹅蝙蝠谁相碍，燃炬敲门一窍开。

[附记]选自（清）鄂尔泰等撰，多洛肯点校：《鄂尔泰文学家族诗集》，上海古籍出版社，2018，第188页。鄂尔泰（1677–1745），西林觉罗氏，字毅庵，满洲镶蓝旗人。康熙三十八年举人。雍正四年（1726）任云贵总督，六年任云贵、广西总督。

飞云岩 邹一桂

黔中跬步皆巑岏，笼烟接雾如星攒。
连晨陟降疲征鞍，苦对童阜无奇峦。
兹岩复豁谁所剜，流膏垂乳出肺肝，淋淋漓漓状千般。
虎豹蹲立蛟龙蟠，青狮玉猊逐野犴。
莲花倒放零露漙，旌幢华盖何靡曼。
一峰参礼对面看，槛外珠玉飞来湍。
月潭清磬应谷寒，松杉百道穿回澜。
我游心旷足力酸，怪此山破精神完。
山僧常住无惊欢，具相非相随人观。

[附记]选自（清）邹一桂著，余平点校：《邹一桂集（上）·卷5·筑籁》，

---

① 竈（zào）：古同“灶”。

② 貍（lí）奴：猫的别称。

浙江人民美术出版社，2019，第 71 页。邹一桂（1688–1772）：字原褒，号小山，江苏无锡人。雍正丁未（1727）进士。曾任贵州学政。能诗善画。有《春华秋实图》《楚黔山水画册》等。

宿月潭寺[①] 朱定元

月落人方归，入寺月仍见。
始知飞云高，直遮天之半。
云澹月光寒，影与泉声乱。
古松矗千寻，石花香一院。
游赏兴未阑，禅室静堪恋。
解衣投匡床，梦入三山畔。

[附记] 选自政协黔东南州委员会、中共黔东南州委统战部编，单洪根主编：《黔东南历代旅游诗词选》，贵州人民出版社，1999，第 9 页。朱定元（1686–1758），字象乾，号奎山，兴隆卫（今黄平县）人，清康熙五十二年（1713）癸巳举人。雍正、乾隆年间于江、浙、豫、鲁等地历任州判、同知、道员、布政使、巡抚等职，至内阁学士领礼部右侍郎、都察院户部御使。著述甚多。

八景诗（选三） 王复宗

龙泉喷玉

亭泓曲沼乱霏霏，望里峥嵘隐翠微。
不有神虬惊蛰起，谁数雪浪溅珠飞。
人来漉翰凌波立，僧待乘云洗钵归。
匪直满城苏渴饮，灵湫一倍灌畦肥。

金凤晓钟

缥缈疏钟到处通，依稀清越应梧桐。

① 月潭寺：位于黄平飞云崖西侧。明正统八年（1443）始建，后多次修葺。

为开尘世千年梦，直破遥天五夜风。
僧也无多萧寺寂，凤兮不见晓山空。
安能振响排阊阖[①]，掷作金声奏帝宫。

茨岭连云

峻嶒叠峰势如奔，路辟荆榛怪石蹲。
信是洪蒙天不断，却疑苍莽树无根。
晴开拓落通朝气，雾起青山没雨痕。
试问结茅僧在否，半间云住膝堪扪。

[附记] 选自政协黔东南州委员会、中共黔东南州委统战部编，单洪根主编：《黔东南历代旅游诗词选》，贵州人民出版社，1999，第157页。王复宗，字元一，贵州安顺府普安州人，清康熙八年（1669）举人，康熙二十一年（1682）任天柱知县，在任九载，革除四股差徭，自甘恬素，捐资助学，主修《天柱县志》，颇有政声。

飞云岩 吴中蕃

螺甲忘扃混沌残，谁能过此不停鞍？
何年幻迹初留住，满壁幽痕尚未干。
使我冥游生寂悟，从今逢石作云看。
休夸好句因奇得，欲敌奇姿句反难。

[附记] 选自（清）吴中蕃著《敝帚集》。顾久主编：《黔南丛书（点校本）》（第4辑），贵州人民出版社，2009，第197页。

飞云崖 曹石

山岳开灵秀，造物结奇胎。
闻道炼石天可补，是石是云心疑猜。

① 阊阖（chāng hé）：传说天宫的南门。也指皇宫的正门。

桃源犹隔一溪风，而此绝与红尘通。
知有神龙护此宅，故教云气常磨砻。
苍苍古柏龙鳞斑，幽幽竹径水潺湲。
田父山僧尽不凡，在在疑是庚桑班。
我来孤踞发清啸，泠然音韵凤凰叫。
秋山萩萩白云寒，幽磬一声心窈窕。
变石为羊鞭可咤，化竹为龙袖堪舍。
是云是石都无论，只疑天际青云迓。
天风下御人未归，天光四晒侵入衣。
直待龙驭封金泥，我将来探洞中微。

[附记]选自（清）曹石：《秋烟草堂诗稿》（第一卷、第二卷），载顾久主编：《黔南丛书（点校本）》（第5辑），贵州人民出版社，2009，第165页。曹石（曹维城子），雍正二年甲辰科（1724）武进士，雍正御前带刀侍卫，官至副将，著有《秋烟草堂诗稿》。

飞云岩 林则徐

老云出山蹑山魄，飞入九天化为石。
天惊石破云倒垂，数起悬岩一千尺。
岩头古柏森青青，岩底清溜鸣泠泠①。
行天日月不到此，重阴欲雨无时晴。
云耶石耶谁得名？但见万窍开珑玲。
夜半仙风倘吹散，仍恐变化归青冥。
中有古佛立亭亭，苾刍②合十朝讽经。
催落山泉作钟磬，秋色满岩云有声。

① 泠泠（líng líng）：清凉。

② 苾刍（bì chú）：亦作“苾蒭”。即比丘。本西域草名，梵语以喻出家的佛弟子。为受具足戒者之通称。

[附记] 选自政协黔东南州委员会、中共黔东南州委统战部编，单洪根主编：《黔东南历代旅游诗词选》，贵州人民出版社，1999，第82页。林则徐（1785–1850），字元抚，又字少穆，晚号俟村老人等，福建省侯官（今福州市区）人，清代政治家、思想家、诗人。官至一品，曾任云贵总督等职。嘉庆二十四年（1819），林则徐奉旨充云南正考官，前往云南，七月初四游览飞云崖，赋此诗以纪胜。

飞云岩 何绍基

垂天①之云向空布，来为人间沛甘澍②。
功成气猛不自收，太古阴风莽吹冱③。
云欲上天天谓顽，太虚缥缈无由还。
云欲回山断根络，壑秘岩扃无住着。
忙云失势化闲云，云自无心不悔错。
幻为百千亿万云，云云一气相合分。
一云乍起一云落，一云向前一云却。
一云奋舞一云懒，一云喜欢一云愕。
火云睢盱④母覆子，小云孴戢⑤鱼吹水。
丑云恧⑥缩妍云笑，痴云疑立灵云诡。
睡云颓散欲着床，淡云散涣偏成绮。
三云四云相颉颃，十云百云不乱行。
如神如鬼如将相，如屋如塔如桥梁。
如龟蛇蛰虎兕⑦吼，鸾凤翂翐⑧虬龙纠。

---

① 垂天：天边。垂，同陲。
② 甘澍（shù）：甘霖。
③ 冱（hù）：冻结。
④ 睢盱（huī xū）：喜悦貌。
⑤ 孴戢（nǐ jí）：又作“戢孴”。众多貌。
⑥ 恧（nǜ）：自愧。
⑦ 兕（sì）：古代指犀牛（一说雌性犀牛）。
⑧ 翂翐（fēn zhì）：群飞貌。

世间人我与众生，云无不无无不有。
云来东北乾坎门①，性不耐寒思就温。
轩轩②欲向东南奔，乘巽③煦离翕以坤。
一云来翔众云萃，上不就天下无地。
若离若狎若觊觎④，不疾不徐偏不坠。
百千万亿空中悬，饥饱病健相牵连。
健云扶携病云走，饱云汗出饥流涎。
涎垂汗注霏珠玉，人来云下人云触。
横奔疾走云尚在，仰自摩天俯扪足。
人共云行两不知，千百人戴云半腹。
丛丛万松插云巅，如鳌赑屃负戴坚。
天风来时松乱飐，云凝不动松影圆。
白龙同云自天下，云不飞回龙亦罢。
瀑泉直飞龙所化，电激虹伸越云跨。
龙则有智云无情，云自寂然龙怒鸣。
云虽大拙乃胜巧，龙亦无术升天行。
云缚孤亭嵌齾齾⑤，危叶在树风可脱。
亭中呼酒人看云，酒劝人停云并话。
老僧逢人说慈悲，谓千万亿云即佛。
云不见佛佛爱云，云佛佛云有伸屈。
我蹑云趾坐立眠，登巅看松胁听泉。
泉下灌田松照天，云闲无事几千年。
不嫌碍笠又妨屐，试与摩挲出润泽。
扣之有声出自魂，非木非金色苍白。

---

① 乾坎门：天与水之门。乾、坎，八卦名。乾，八卦之首，代表天。坎象征水。

② 轩轩：舞动貌。

③ 乘巽（xùn）：乘风。巽八卦名，代表风。煦离：为阳光所照耀。离：八卦名，代表火。翕（xì）以坤：聚合于大地。坤：八卦名，代表地。翕：聚合。

④ 觊觎（jì yú）：非分之想。

⑤ 齾齾（yà yà）：参差起伏貌。

我行十里方出云，且兰[1]早秋天正碧。
寄语看诗读记人，我所道云都是石。

[附记] 选自政协黔东南州委员会、中共黔东南州委统战部编，单洪根主编：《黔东南历代旅游诗词选》，贵州人民出版社，1999，第82页。何绍基（1799–1873），字子贞，号东洲。湖南道州（今道县）人。清代诗人、书法家。道光十六年（1836）进士，曾任翰林院编修、国史馆总纂，福建、贵州、广东乡试正副考官。咸丰二年（1852）任四川学政。著有《东洲草堂金石跋》《东洲草堂诗钞》。

飞云岩 贝青乔

流云枞簦鸣，滞云翳崖暗。
云液所自凝，垂天蔽危厂。
涧古矫若龙，騢[2]蛟怒张颔。
嘘气上霄峥，朵朵青菡苕。
我过月潭寺，云阵快披览。
恍临佛祖场，莲座大且俨。
璎珞纷四垂，幡幢惊一闪。
惜哉造物功，人巧为之掩。
缁流饰新象，吟辈竞深錾。
譬若兜罗锦，墨沉洒成□。
夙闻此山灵，好洁恶尘染。
安得倾天河，一洗云容玷。
他日出岫飞，莹情庶无忝。

[附记] 选自政协黔东南州委员会、中共黔东南州委统战部编，单洪根主编：《黔东南历代旅游诗词选》，贵州人民出版社，1999，第94–95页。

---

① 且兰：汉代县名，属牂牁郡（辖地包括贵州都匀、福泉、黄平、贵定一带）。此指飞云岩所在地。
② 騢（xiá）：古同“霞”，彩霞。

贝青乔（1810–1863）字子木，号无咎，又自署木居士。江吴县人。道光二十一年（1841），投效奕经军幕，参加浙抗英军的斗争。道光末，曾游幕黔西。

华严洞 杨一鹤

华严洞大士像前一石如案，为置炉其上有感赋。

来至华严洞，望中结元赏。
兹山芥子大，兹洞何深朗。
山溜巧为凿，宛肖空中像。
慈悲感众生，化工不疏莽。
狮象吼云烟，钟声奏声响。
我思悲王愿，法力被天壤。
五行六道中，灵气常来往。
洗复清净界，太古绝尘坱。
廿载划然开，光明破幽敞。
涓滴蛰龙蛇，荒裔走魍魉。
色身非有住，慧性非有想。
镌此石鈩铭，华彝动瞻仰。

[附记] 选自（民国）《续遵义府志（卷34）·艺文（三）·诗》。

游华严洞 甘雨

宝刹临官道，仙凡回自分。
鹤翻松坞露，龙卧石床云。
树影空濛画，崖姿赑屃[①]文。
从渠山路滑，未惜马蹄勤。

① 赑屃（bì bì）：（明）杨慎《龙生九子》：“一曰赑屃，形似龟，好负重，今石碑下龟趺是也。”

[附记] 选自镇远县政协文史资料研究室编：《镇远府志》（第4册），贵州人民出版社，2014，第795页。甘雨，曾任提学。

游华严洞 旌贤

古洞谁初辟，翛然无仕心。
偶然丹灶入，因识白云深。
风铎传空谷，松铙落梵音。
贤愚如许辈，吾意正萧森。

[附记] 选自镇远县政协文史资料研究室编：《镇远府志》（第4册），贵州人民出版社，2014，第795页。旌贤，曾任参政史。

游华严洞 朱化孚

寺前车马日纷纭，山野闲僧总不闻。
洞裹奇文涵幻想，岩间真气自氤氲。
凭空石涌千江浪，何处暗飞五岳云？
可是如来舌木（本）动，好将花雨绣山纹。

[附记] 选自镇远县政协文史资料研究室编：《镇远府志》（第4册），贵州人民出版社，2014，第795–796页。朱化孚，曾任湖广按察使。

华严洞和曹中丞韵 李良年

黔山不知名，曲折随所适。
历险已云无，到此秋阳赫。
路转境忽殊，两腋落萧阒。
孔道启珠宫，中有青铁壁。
松杉挺云外，难可计寻尺。
禽语共钟声，峰峰异喧寂。
俄然荫岩边，花雨洒淅沥。
未知何鬼工，下凿千仞石。

巨灵古不到，元气暗相擘。
冥收以求之，转愁鬼火射。
往者蛟龙腾，其神尚窟宅。
吾欲诉其宰，徙此付河北。
窈冥失白画，命屐穷深僻。
瞻仰得大士，色相了可觌。
狮座绕庄严，璎珞垂一碧。
始知混沌初，象教已先坼。
坤维本东陷，百险走西脉。
负固繁溪苗，曾劳舞干戚①。
胜地空长湮，中土今不隔。
回攀磴草绿，侧染檐溜赤。
容与及良辰，兼喜后锋镝。
池荇鱼唼溅，坛花鹿衔积。
幽讨非一玩，森爽雨崖滴。
苍狗变斯须，却顾湿几席。
惟余清妙香，冉冉送筇策。
凭虚一御风，如坐弥天释。
此中应可求，奈何尘网迫。
即事感苍茫，喟焉念今昔。

[附记]选自镇远县政协文史资料研究室编：《镇远府志》（第4册），贵州人民出版社，2014，第796页。

华严洞 叶日芳

振衣挥汗陟崇冈，静里幽楼笑客忙。
鹤梦未回禅径寂，松风欲透雨花香。
乾坤不解藏灵异，萝薜偏能藉倚傍。

---

① 舞干戚：挥舞斧、盾。干戚：干，盾；戚，斧。

一壑一邱谁领略，烟霞五岳共苍苍。

[附记] 选自镇远县政协文史资料研究室编：《镇远府志》（第4册），贵州人民出版社，2014，第796页。叶日芳，曾任副戍。

华严洞行 杨懋德

六春作宰食无盐，鬼国山多看不厌。
欲觉其间奇特处，飞云之外有华严。
深深古洞灵而幻，寂寂山门别有天。
洞前名利日相逐，忙里偷闲那个贤。
我今驱车又北上，万斛京尘自古称。
几时得遂田园乐，笑杀当年严子陵。

[附记] 选自镇远县政协文史资料研究室编：《镇远府志》（第4册），贵州人民出版社，2014，第797页。杨懋德，广东金溪人，举人，清康熙二十年至二十八年（1681–1689）任施秉知县。

华严洞行 许子獬

兰若云深处，层峦秀气钟。
悬岩凝宝篆，滴乳肖金容。
铎响传幽谷，铙声和古松。
祇园多胜迹，放览洽心悰。

[附记] 选自镇远县政协文史资料研究室编：《镇远府志》（第4册），贵州人民出版社，2014，第797页。许子獬（xiè），曾任教授。

华严洞行 姚夔

青峦万叠挂云程，长夏驱车傍午行。
屐为探奇曾早蜡，山因好客故留名。
幽岩曲折天生就，宝相慈悲乳结成。

秉炬移时寒沁髓，不须修炼已身轻。

[附记]选自镇远县政协文史资料研究室编：《镇远府志》（第4册），贵州人民出版社，2014，第797页。

华严洞 詹彬

鬼斧何年凿，宏开法界宽。
万云倚宝座，诸品肃岩端。
未雨空青湿，无风六月寒。
幽深人迹罕，燃火一探看。

[附记]选自镇远县政协文史资料研究室编：《镇远府志》（第4册），贵州人民出版社，2014，第797页。詹彬（1686–1771），字舜辑，号玉亭。雍正五年（1727），诏举孝友端方。雍正八年（1730）授贵州镇远知县，署印江县事。乾隆六年（1741）升任大定府（今贵州大方县）通判。后署黎平府（今贵州黎平）知府，湖北归州（今湖北归州）知州，山东武定府（今山东惠民县）同知等职，所到之处，一郡肃然。詹彬能诗善文，有《黔中吟》《归田诗稿》等。

华严洞 严峻

虚窦通山谷，玲珑拟洞天。
凿空藏巨壑，穿石滴鸣泉。
风拂云常冷，灯明路自悬。
征鞍何日息，高枕阅流年。

[附记]选自镇远县政协文史资料研究室编：《镇远府志》（第4册），贵州人民出版社，2014，第797页。

偏桥早发 孙襄[1]

偏桥西上更千寻，晓雾霏霏黯客襟。
生愧华严僧稳睡，洞门不启白云深。

平宁古寺[2] 陈珣

千年兰若久荒芜，一旦从新见古初。
释子漫劳夸佛力，圣明天子巩皇图。

[附记] 选自政协黔东南州委员会、中共黔东南州委统战部编，单洪根主编：《黔东南历代旅游诗词选》，贵州人民出版社，1999，第117–118页。陈珣（1677–1721），字自东，号特庵，施秉人，进士，官至大理寺少卿。著有《百尺楼家稿》《五经文集》。

钟鼓洞 许承岳

寻岩访壑破苍烟，劫到云封小洞天。
入径渐深千佛冷，当门无碍一钟悬。
叩声乱去抛闲石，消渴纷来汲暗泉。
寄语世人休浪掷，空山几听足音传。

蓬莱山[3] 宋之鹏

蓬莱楼阁对三山，万壑清阴回市寰。
老树盘空长啸谷，泾云遮路早封关。
地行仙去朝星阙，天遣僧来点石顽。
安得杳然乘兴往，不知身已在烟鬟。

---

① 孙襄，清代人士，从事教育。其余不详。

② 原注：平宁古寺，为施秉县古八大景之一，位于县城西平宁坝。始建年代不详，清光绪二十五年（1899）重建。1987年迁往云台山。

③ 蓬莱山：在天柱县兰田镇三合村境内，三山列峙如蓬莱三岛，故名。

题江东岩 王复宗

大江东纳自西来，又注江东大士崖。
洞口崄岈阴石壁，云间薜荔①挂香台。
玉屏金粟堪飞锡②，白鹭青溪欲渡杯。
风雨登楼一凭望，烟岚冉冉万峰开。

白云山③ 姚瑛

云来山自白，云去山还青。
云本何能尔，山名亦可听。
隔溪花寂寂，归树鸟冥冥。
向晚眺灯火，人家半落星。

[附记] 选自政协黔东南州委员会、中共黔东南州委统战部编，单洪根主编：《黔东南历代旅游诗词选》，贵州人民出版社，1999，第165页、第167页、第169页。

九日锦屏白云寺登高 王达

泬寥④天气日光微，共向禅关款石扉。
头白寒侵愁落帽，体瘽冷副喜添衣。
题诗古寺吟秋霭，把酒疏林醉夕晖。
初地流连情未足，东山月出好言归。

[附记] 选自锦屏县地方县志编纂委员会编：《锦屏县志（1991–2009）》（下），方志出版社，2011，第1578页。王达，汉军举人，清乾隆二十三年（1758）任锦屏知县。

---

① 薜荔（bì lì）：常绿藤本植物，茎蔓生，叶子卵形。果实球形，可做凉粉，茎叶可入药。

② 金粟：金粟如来。过去佛之名，指维摩居士之前身。飞锡：指游方僧。

③ 白云山：又名和尚坡，位于天柱县白市镇。山上旧有梵刹，四周环以村落，晨昏炊烟如云生其麓。

④ 泬寥（jué liáo）：空旷清朗。

镇远之景 张雨

使节当年客华山，曾于仙掌一跻攀。
应知选胜烟霞外，那得凭虚尘市间。
此处诸天三界近，何人双写五云还。
请看铜柱东南际，未许边烽入汉关。

[附记] 选自（嘉靖）《贵州通志（卷之11）·艺文志》。原诗无题。标题为选录者加。

诗碑 贺绪蕃①

乙卯五年，□坚从绪文弟招同□照□寿□进士黄伯尘、□□李平陛怀清口堂俊之明经夔集青龙洞上。□□后大雷雨。凭高下盼，极景状之奇，即□作歌。

精兰播箬□□从，□般讯滥争拍浮。
斜日千峰送雷雨，应□□觉生□秋。
此时奇观□景来，无边□空历声鼓。
开往高下视万银，□森□□地成霏。
烟迷离竟作□□，□雾□□□辨山。
清风□忽起空谷，扫□阴霾收雨步。
城郭楼馆故依然，千里蛮江换新绿。

因之悟：

世事妄灭须臾间，荣枯得失何足道，翻手□手原等闲。
老禅赞叹坐客□，谓我所言有多少。
理净白且复磊□，雯激歌声警老龙。

黄平贺绪蕃幼承甫光绪壬午（1882）五月　邵阳李皋刻

---

① 贺绪蕃，贵州施秉人，号幼承，曾任安徽省直隶州知州等职。有《饮梦词》。

[附记] 选自刘祥斌著:《镇远名胜古迹》,内部刊印,2012,第14–15页。贺绪蕃(1830–1911),字幼臣,晚号息庐,黄平县坪寨村(今属施秉县)人。咸丰诸生,同治二年(1863)起,历任安徽蒙城知县、泗州知州,后因忤上官罢官归。晚年为镇远秀山书院、八寨龙泉书院、平越墨香书院主讲,创办平越高等小学,主纂《平越州志》,著《不波舫诗抄》等。工书法,擅篆、隶等。

秋登青龙洞 岑有富

凿开混沌自何年?应是庄严别有天。
山气郁吞飞阁影,钟声摇破隔江烟。
日烘叠嶂晴光绕,浪逐轻帆峭壁旋。
静坐忘机空色相,此心常傍月明边。

[附记] 选自政协贵州省委员会文史资料委员会《贵州旅游文史系列丛书》编委会编:《㵲阳仙都》,贵州人民出版社,1999,第291页。岑有富,广西人,行伍,光绪二十六年(1900)任镇远镇总兵。

观音洞① 蒋正莳

望中楼阁起城阴,水抱山环大士林。
紫竹何年开径古,白衣②容我入云深。
棱棱蹲踞风雷气,片片玲珑洞壑音。
自是胜名尊者地,不随灰劫到而今。

[附记] 选自龙连荣、杨再将主编:《原生态黔东南诗词选》,贵州人民出版社,2008,第3页。蒋正莳(shì),天柱人,康熙二十年(1681)贡生。

① 观音洞:又名观音岩,在天柱县城北鉴江之畔。

② 白衣:指白衣观音。

登南泉山 蔡时豫

城南选胜坐熏风，三代炎蒸一扫空。
古寺藏于深树里，清泉流出半山中。
栏凭野色莲畦绿，路指残阳隔岭红。
欲乞灵泉飞澍雨，欢声好与万家同。

[附记] 选自龙连荣、杨再将主编：《原生态黔东南诗词选》，贵州人民出版社，2008，第33–36页。蔡时豫（1695–1746），清四川崇宁人，字立斋，又字笠斋。举人。雍正间官贵州镇远知县，乾隆七年（1742）任古州（治今榕江县）同知。南泉山，在黎平县城南郊。

辛丑（1901）任镇㵲阳秋登青龙洞偶成 岑有富

凿开浑沌自何年？应是庄严别有天。
山气郁吞飞阁影，钟声遥破隔江烟。
日烘叠嶂晴光绕，浪逐轻帆峭壁旋。
静坐忘机空色相，此心常傍月明边。

[附记] 选自政协黔东南州委员会、中共黔东南州委统战部编，单洪根主编：《黔东南历代旅游诗词选》，贵州人民出版社，1999，第46页。摩崖位于镇远青龙洞紫阳书院（摩崖已毁，文物管理部门据拓片重新刻石嵌于石壁）。长1.10米，宽0.67米，距地2.14米。岑有富，广西人，行伍出身，清光绪二十六年（1900）任镇远镇总兵官。

丁酉（1897）夏初宿飞云岩 李承栋

飞云岩上淡云浮，云散云飞云故留。
宿鸟投来天欲暮，长虹挂处雨初收。
瀑悬玉练冲天落，月涌清溪裂地流。
入夜无须天姥梦，此身直已至瀛洲。

[附记] 选自龙连荣、杨再将主编：《原生态黔东南诗词选》，贵州人

民出版社，2008，第 41 页。李承栋（1871–1903），字良材，号云浦，黄平县人。曾署理马平（属广西柳州）知县。

游飞云岩 阎兴邦

知是黔中第一奇，解鞍登眺暂忘疲。
龙腾渤海鳞皆动，鹏运高天翼若垂。
变态不随风雨蚀，灵根定有鬼神司。
行来已值春将半，野草山花满路歧。

[附记] 选自龙连荣、杨再将主编：《原生态黔东南诗词选》，贵州人民出版社，2008，第 41 页。阎兴邦，字梅公，直求（今河北）宣化人。清康熙五年（1666）举人，三十一年（1692）任贵州巡抚。

飞云岩 宋至

飞云有穹岩，奇绝倚山腹。
玲珑经鬼斧，窈窕留仙躅。
想见太古前，源气分陵谷。
岩回云未散，结作悬空屋。
我来秋雨歇，松风乱嵒瀑①。
步过月潭桥，瞀然骇心目。
连尊缀层层，密牌重簇簇。
磥砢万石乳，势欲当头覆。
毛发增凛冽，衣染龙湫绿。
缥渺岩际云，去向华严宿。

[附记] 选自黄万机著：《客籍文人与贵州文化》，贵州人民出版社，1992，第 309 页。宋至，字三言，以翰林院编修的身份入黔充乡试副主考。为周起渭好友。

---

① 嵒（yán）：古同“岩”。

游南泉山寺 朱凤翔

一山倚郭峥嵘起，双屐穿林诘屈经。
铃语远闻未北阙，秋光浓点护南屏。
巢危鹳羽随风堕，日螟樵歌隔涧听。
偶至漫谈煨芋事，寥寥先纵两眸青。

[附记]选自龙连荣，杨再将主编：《原生态黔东南诗词选》，贵州人民出版社，2008，第38页。朱凤翔，字振采，一字集庭，开泰（今黎平县）人。嘉庆年间拔贡，分发甘肃，补滑源知县。著有《审安堂诗钞》，今佚，《黔诗纪略后编》录诗55首。

飞云岩 傅玉书

君不见，天半云峰翠作堆，垂天扶日光徘徊。隆楼杰阁变千状，疑自海上时飞来。又不见，山谷之气为云雾，肤寸触石浮崔嵬。云出于山复山似，造化之故良可推。或云山则成形云成象，象无方物形有涯。噫嘻！天地之大何所不有，云容石势俱天才。仰溯鸿荒但一气，混混安得穷胚胎。太极老人启橐龠，划然宇宙从中开。上者为云下为石，轻清重浊如纤埃。偶然恣意弄华诡，欲遣巉岩属云委。便诏屏翳司工倕，炼刚化柔飞旖旎。叆叇俄闻春雨流，飘扬不向秋风靡。松竹阴阴碧霭重，苔痕叶叶斑斓紫。浮图宫观郁盘纡，参差点缀岚光里。夜半凭栏神徙倚，月淡天空净尘滓。月潭艳艳漾金波，动摇刹影空中起。祥更从山外驾虹桥，仙路虚无遥可指，云盖童童下仙史。跮踱[①]云车曳云履。员峤方壶不虚尔，芒鞋竹杖从兹始。

[附记]选自（清）傅玉书著：《竹庄诗草》，贵州人民出版社，2013，第31页。傅玉书（1746–1812），字素余，号竹庄，贵州瓮安草塘下司人。乾隆乙酉科（1765）科举人。曾任江西安福知县，署瑞州府铜鼓同知。贵州著名诗人。有著作数种。

① 跮踱（dié duó）：走路时忽进忽退。

锦屏山 张应诏

边徼最多山，巉硕而鄙俚。
小者既莫名，大者未足齿。
黎城之东南，有山矗然起。
其形如屏障，培嵝视余子。
春深翠欲滴，雨过峰如洗。
烟霞自吐吞，松柏苍然矣。
屏内涌清泉，汩汩声如语，
岩壑隐僧庐，古貌忘年纪。
眉宇带烟霞，足不履城市。
应笑尘中人，往来如旋蚁。
大地磨为墨，太虚用为纸。
欲绘此屏图，千里复万里。
安得愚公力，移我斋堂里。
隔断马头尘，读书玩山水。

[附记] 选自王宗勋选编：《锦屏历代诗词选》，2012，第 42 页。张应诏（1654–1730），字采臣，一字图园，贵州开泰（治今黎平县城）隆里人。清康熙辛酉（1681）举人。曾任肃宁县知县、江南道监察御史，擢升鸿胪寺少卿等。有《楚辞评注》《淮南子注》等。

登南泉山 吴征

约月邀云到碧空，携筇踏遍最高峰。
树从飞鸟行边绿，花向琼枝顶上红。
雷雨初归千里外，笑言都在五云中。
殷勤寄语尘寰客，帝座于兹有路通。

[附记] 选自王宗勋选编：《锦屏历代诗词选》，2012，第 47 页。吴征，亦作吴澂，云南人，举人，雍正九年（1731）锦屏县知县。

游南泉山寺 朱凤翔

一山倚郭峥嵘起，双屐穿林诘屈经。
铃语远闻来北墖①，秋光浓点护南屏。
巢危鹳羽随风堕，日暝樵歌隔礀②听。
偶至谩谈煨芋事，寥寥先纵两眸青。

[附记]选自贵州省文史研究馆编：《续黔南丛书（第8辑）·下·黄彭年诗文集》，贵州人民出版社，2014，第1166页。朱凤翔，字振采，一字集庭，贵州开泰（治今锦屏县城）人。嘉庆中拔贡，以知县分发甘肃，补渭源知县，调敦煌。有《审安堂诗钞》等。

浪淘沙·游南泉山 赵烜

散步到山头，薄雾频浮，闲游解却销眉愁。坐对禅门芳草绿，遥看飞鸥。
花鹊两悠悠，烟断云收。风光此日更绸缪。助我诗狂乘兴起，寄在危楼。

[附记]选自贵州省黎平县地方编纂委员会编：《黎平县志》（下），贵州人民出版社，2009，第1346页。赵烜（xuǎn），生卒事迹不详。

登南泉山 毛振翧

雨过城南翠色开，政闲携酒一登台。
山前古木冲云出，阔外清泉迸石来。
舞态欲随飞燕去，歌声遥散暮猿哀。
不妨公事兼幽事，太守同游始此回。

[附记]选自贵州省黎平县地方编纂委员会编：《黎平县志》（下），贵州人民出版社，2009，第1347页。毛振翧（1686-？），字翥苍，四川

---

① 墖（tǎ）：古同“塔”。

② 礀（jiàn）：山间的水沟。

华阳人，康熙戊子（1708）举人，曾任贵州古州同知。著有《半野居士诗集》。

游香云山寺闻二僧趋诵书 朱凤翔

古木围寺森杈枒，绿阴迷境行迂斜。
群蜂引香清扑鼻，吹落簌簌沙棠花。
沙棠花细洒晴雪，堆向禅房倍幽洁。
不闻梵呗闻书声，就中谁悟广长舌。

[附记] 选自贵州省黎平县地方编纂委员会编：《黎平县志》（下），贵州人民出版社，2009，第1348页。朱凤翔，黎平府城人，原籍开泰县长春堡。清嘉庆辛酉科（1801）拔贡生，历任甘肃徽县和安定县抚彝厅通判、渭源县知县、敦煌县知县。香云山寺，又称“广圆寺字”，在长春堡，为黎平府十景之一。

暮春游北极观寺① 吕赓雅

郭外寻幽曲径通，尘凡暂却与僧同。
楼依密树禅关寂，云度疏钟法界空。
春尽共看芳草绿，花残只见杜鹃红。
炉烟香袅晴飞鹤，人坐崆峒翠霭中。

[附记] 选自王宗勋选编：《锦屏历代诗词选》，2012，第48–49页。吕赓雅，云南人，雍正庚戌（1730）科进士，雍正十二年（1734）任锦屏知县。

咏思州②八景（选一） 陆世楷

龙寺晓钟③

山城清夜卧云松，霜后遥传隔岸钟。

---

① 北极观寺，位于铜鼓卫（治今贵州锦屏东南旧锦屏）城北，明代所建，为旧铜鼓名胜之一。

② 思州：思州宣慰司，治今岑巩县城。

③ 原注：“龙寺晓钟”为一古建筑群。龙寺即回龙寺的简称。位于岑巩县城东隅龙江岸边，遗址尚存。

树暗纸窗迷客梦，月明茅店趣行踪。
庭前乍见朝光吐，岭上旋看宿雾封。
官阁僧寮同寂寞，晨衙无事且从容。

[附记] 选自政协黔东南州委员会、中共黔东南州委统战部编，单洪根主编：《黔东南历代旅游诗词选》，贵州人民出版社，1999，第 127 页。陆世楷，江南省平湖县人，名宦，清康熙二十三至二十七年（1684–1688）任思州知府。明代江南省辖今江苏省、上海市、安徽省全境以及今浙江省嵊泗县、江西省婺源县、湖北省英山县。

圭壁峰寺避暑题壁 *石凝极*

匝径苔痕暑气消，到来禅界遵清超。
迎人竹向风前揖，蔽日松翻海上潮。
空翠满庭凉影荡，丹青隔树夕阳摇。
何当继取莲花社，世外时时一见招。

[附记] 选自贵州省黎平县地方编纂委员会编：《黎平县志》（下），贵州人民出版社，2009，第 1350 页。石凝极，黎平津溪人。清道光年间例贡。曾参与编某道光《黎平府志》。圭壁峰，在津溪司东隅，林木阴翳，清雅娱人。上有圭壁峰寺，乾隆二十六年（1761）建。道光年间重修对寺牌坊，开秦县知县李亨谦题“曲径通幽”。

游五龙山 *石凝极*

崭然宫殿逼苍穹，佛在空虚世界中。
放眼平临小米画①，披襟不让大王风②。
山连势讶潮争涨，天近身疑路可通。

---

① 原书注：小米画，北宋书画家米芾画山水“多以云烟掩映树石”，其子友仁继承父法，世称其画为小米画。

② 大王风：指汉高祖刘邦所作的《大风歌》。

安得豪吟惊帝座，高攀碧落问元功。

[附记] 选自政协黔东南州委员会、中共黔东南州委统战部编，单洪根主编：《黔东南历代旅游诗词选》，贵州人民出版社，1999，第208–209页。

游太平山寺观[1] 胡万育

太平山奇峰叠翠，距郡东南六十里，寺观凡十二，内有庵名“三星伴月”，居山之半，岁久倾圮。先曾祖含章公捐资重修，并置田以供香火，庵僧奉木主事之。余于嘉庆壬戌、癸亥往游。今思遗迹，感而赋诗。

太平绵百里，东南览名胜。
密树千万重，周环多曲径。
梵刹列十二，回风送钟磬。
二庵跨林麓，形势与名应。
一月自团圞[2]，三星相掩映。
佛堂香火深，全真时炼性。
缅怀吾先人，檀施动清兴。
丹臒[3]耀金碧，迹已百年剩。
少壮昔登临，兹游岂能更。
仰止溯前徽，慨然发幽咏。

[附记] 选自贵州省文史研究馆编：《续黔南丛书（第8辑）·下·黄彭年诗文集》，贵州人民出版社，2014，第1389页。胡万育，字仁山，黎平人。道光中贡生。黎伯庸为开泰校官，自仁山与之倡和。有《容膝山房诗集》。

步王达九日锦屏白云寺登高原韵 陈善

九日携樽上翠微，闲云山岫绕禅扉。

---

① 标题为选录者加。

② 圞（luán）：形容圆；团聚；团圆。

③ 丹臒（dān huò）：可供涂饰的红色颜料。

龙山宛尔吹乌帽，彭泽依然醉白衣。
秋水净时消宿雾，枫林染处挂斜晖。
游人对此情怀畅，好听钟声送客归。

[附记] 选自王宗勋选编：《锦屏历代诗词选》，2012，第62页。陈善，铜鼓卫（治今贵州锦屏东南旧锦屏）人，清乾隆时岁贡，曾任镇远府训导。

南泉山 张文谟

郊原选胜向南行，赢得山光雨后晴。
鸟带湿云飞忽破，蝉因霁雾响逾清。
三庵漂渺仙缘迈，万木虬盘古气横。
步行流泉浓荫里，灵机一片陡然生。

[附记] 选自贵州省黎平县志编委会编：《黎平县志》，巴蜀书社，1989，第661页。

锦屏山 王应模

锦屏山秀列，作镇势峥嵘。
应有精灵聚，时闻鸾鹤声。

[附记] 选自王宗勋选编：《锦屏历代诗词选》，2012，第85页。王应模，江苏吴江人。道光十二年（1832）任黎平知府。

黔阳第一山 徐作霖

黔省之山多矣，如金筑之南岳、黔灵、螺蛳、照壁等山，诚为名胜，非不蔚然深秀，以壮会城之观瞻。然要其峭壁端方、烟云缭绕、倏忽变化不可捉摸，荟萃泉山之景者，莫若靖邑之香炉山。

岁在癸未，予守是邦，因公会昆山管都间小住于此，浏览胜概，实属天造地设，集黔山之大成，爰颂嘉名为黔阳第一山，不禁之歌曰：

气象峥嵘兮，蓬台起舞。
峰峦环绕兮，磅礴安堵。
空阔天地兮，民属万户。
岩壑盘曲兮，有豹有虎。
高不及□兮，去天尺五。
大而难比兮，昆仑为伍。
石壁巩固兮，安设营武。
庙堂辉煌兮，四里可睹。
万山拱象兮，右弼左辅。
神仙往来兮，蓬莱洞府。
登临远眺兮，眉扬气吐。
夺峰第一兮，昭垂千古！

知清平县事　古滇徐作霖题
光绪甲申（1884）年暮春　吉日立

[附记] 碑位于凯里市万潮镇香炉山村香炉山二屯崖城门下102米石级路右侧。青石质，高1.59米，宽0.82米，厚0.15米。碑题《黔阳第一山》（居中，楷书竖书阴刻）。碑文楷书竖书阴刻。徐作霖时任贵州清平县（治今凯里炉山镇）知县。

平越卫　杨仁

月山高枕梵王宫，慨古徘徊思未穷。
松顶久无留语鹤，竹间时有故人风。
禅关尝倩闲云锁，石顶从教瑞气笼。
试问老僧当讲习，昙花几度昼飘红。

步入招提访阙宫，眼前景象览无穷。
北山武曲真仙迹，东壁文昌小阆风。
处士尘无红袖拂，茅公诗有碧纱笼。

瞿昙解脱浮生梦，雪冷秋塘蓼正红。

[附记] 选自（明）嘉靖《贵州通志（卷之11）·艺文志》。原诗无题。标题为选录者加。平越卫，治今贵定。

游南泉山次洪北江先生原韵 余芝

久慕山泽游，官拘了不喜。
南泉近咫尺，灵鐍始今启。
风停闻妙香，寂坐得静理。
林影何沉沉，幽情澹如洗。
缅怀文烈公，大节照乡里。
旧时学天民，絃诵此山里。
至今求志处，樵牧不敢履。
岂惟抚遗躅，闻者亦应起。
鼎鼎叹霜鬓，终年在井底①。

[附记] 选自贵州省文史研究馆编：《续黔南丛书（第8辑）·下·黄彭年诗文集》，贵州人民出版社，2014，第1144页。余芝，字伯兰，遵义人。嘉庆丙子举人，选海康知县，改开泰训导。

秋杪同姚明府卿如游光相寺 潘珍

出郭向云间，山山秋色好。
茅屋傍重冈，溪流通曲道。
路转一峰迎，林深适幽讨。
因想箕颖流，高隐地天老。
归路下夕阳，隔林哀蝉噪。

[附记] 选自贵州省文史研究馆编：《续黔南丛书（第8辑）·下·黄

① 原注：何文烈公腾蛟读书堂故址在山半，今为寺观矣。

彭年诗文集》，贵州人民出版社，2014，第694页。潘珍，字席待，清镇人。康熙丁卯（1687）副榜，官湄潭、施秉教谕，迁清浪卫教授。有《学钓诗稿》《璞岩集》。

云峰留迹 但钟良

白云懒不飞，峰高寂万籁。
石硐窈而深，一榻留方外。
灵气护潜龙，山小乾坤大。
老佛不归来，亭亭犹结盖。

[附记] 选自贵州省文史研究馆编：《续黔南丛书（第8辑）·下·黄彭年诗文集》，贵州人民出版社，2014，第1388页。但钟良，字小云，广顺州人，但明伦子。举道光戊戌（1838）进士，改庶吉士，授检讨。战殁于广顺。（《黔诗纪略后编·卷二十四》）

奉旨火牌请人手书胡锡祥注

游了一城又一城，城城走到北京城。
祝融□□□南归，祚□□□个代王。
玉香进到金炉内，山自春风水自忙。
御林□□为三千，界同寺南发北京。
八字改作周朝九，洲享故作水长流。
万里长江批不久，玉带大意失荆州。
得江山红日出现，江山去全球一遍。
皇宫将作西洋镜，观望改作民国人。
天心改作王圣驾，龙行虎步再来游。

二八佳期江山定，三九失统落下风，
异圣登鸾功高远，宣统受尽德位触。
春牛应请职官打，冬来倒牛是不祥。
南岳供香忠心点，一到汤殷福寿绵，

江南访主应当教，三下江南保国正，

眉黑发白光阴短，□丧气断总无常。
堂上双亲风光老，□□月就不问忙。
春兰花青高茂盛，细叶柳可称妖精。
四季长江皆是锦，春来又逢百花香。

金凤山，银凤山，山山穿透牡丹；南斗星，北斗星，星星朗照凤天。

[附记] 碑立于天柱县邦洞镇金凤山南岳庵门前，相传为清乾隆巡游江南时所题。砂岩石质，方首，高1.56米，宽0.84米，厚0.11米。碑题《乾隆主题》。碑下方和左侧还刻有数行小字。其诗之下方，有一个长宽0.25米的方框，框内“胡锡祥注”等字样，乃胡氏对乾隆诗的注释。其左有一诗二联及“奉旨火牌请人手书”。胡锡祥为民国初期乡贤，因此，碑约刻于民国初期。碑文参见姚敦屏主编《天柱碑刻集》（天柱县文体广电旅游局，2013，第68页）。

南泉山 苏霖渤

并马郊迎绿，南山坐石泉。
花谁铺大块，云汝避晴天。
览风千痕彩，回龙几点烟。
风光收不尽，鞭影带春还。

[附记] 选自政协黔东南州委员会、中共黔东南州委统战部编，单洪根主编：《黔东南历代旅游诗词选》，贵州人民出版社，1999，第202页。苏霖渤云南赵州人，进士，雍正七年（1729）任开泰县（治今黎平县城）知县。

春日登南泉山 赵煊

寻春向古寺，淑气满山巅。
曲径迷芳草，禅房扃翠烟。

桃花经雨后，柳絮行风前。
放眼层楼上，融和别是天。

游南泉山迭韵诗 袁开第

梵宇逼天攒竹树，佛衣经岁绣莓苔。
科头冒雨寻诗去，拍手呼云送酒来。
裂石笛闻惊折柳，疏泉亭拟筑流杯。
纵观好结同心侣，不到层巅不肯回。

深林径滑铺黄叶，怪石硝皴皱绿苔。
云水无心观自在，雪泥有迹问同来。
谢公好著一双履，陶令能胜三百杯。
妙绝夕佳图画里，人从之字路中回。

极目云峦兴远思，探奇喜有旧苍苔。
曾经宦海穷愁病，如此名山归去来。
大字书联犹挂壁，高谈惊座且衔杯。
观泉悟到渊源处，欲把奔流力挽回。

万仞层峦通碧落，千盘曲径没苍苔。
倚楼合有仙人住，题壁曾无俗客来。
石沼乘流方似鉴，山花缀树大如杯。
乔松不许昏鸦集，且看闲僧放鹤回。

[附记] 选自选自赵志椿：《南泉山诗作选录》，在贵州省黎平县政协文史委员会《黎平文史资料》（第 6 辑），1990，第 63 页。袁开第，字杏村，清直隶玉田人，拔贡。光绪二年（1876）任黎平知府；十一年（1885）升贵东兵备道台。

清平十景诗草 张景森

风洞云林①

大风洞口木森森，不见僧楼只见林。
半壁苍崖半壁树，丁东时杂雨铃声。

[附记] 录选自政协黔东南州委员会、中共黔东南州委统战部编，单洪根主编：《黔东南历代旅游诗词选》，贵州人民出版社，1999，第15页。

九日登邦洞观音阁② 俞汝本

蒙茸树密隐潜虬，岩壑深藏古洞秋。
不雨不风晴更好，有山有水地偏幽。
何须黄菊愁明月，且倒金樽快独游。
我忆紫阳双博士③，诗情犹似杜陵不。

[附记] 选自政协黔东南州委员会、中共黔东南州委统战部编，单洪根主编：《黔东南历代旅游诗词选》，贵州人民出版社，1999，第170–171页。

龙洞④十二韵 胡子何

洞烟隐祇灵，洞云卷铝汞。
神龙云中翔，霖雨霈郊陇。
苍苍石虬壁，霭霭佛相拥。
璎珞穷布施，铁甲森暗拱。
人言空洞天，咫尺波涛涌。
中有赤鳝公，光射阴崖孔。
远朝南海神，归换雷霆耸。

---

① 原注：风洞云林，位于清平城东7.5公里，风洞即大风洞，洞外云林如画，游人题咏甚多。

② 观音阁：又名中庵。位于天柱县邦洞镇邦洞街狮子口侧边。

③ 原注：紫阳：宋代朱熹父朱松读书于紫阳山，后朱熹居福建时，亦建紫阳书堂，以示不忘。世遂以紫阳名朱子理学。双博士指朱氏父子。

④ 龙洞：位于黎平县中潮镇小学西侧。洞长600余米。

一跃修一坠，岂必无神勇。
我从南山来，云母必飞动。
为歌枯鱼泣，忧听秋潮涌。
洞天窥鸿蒙，劫火老魑恐。
何由观其原？往见神龙种。

[附记]选自政协黔东南州委员会、中共黔东南州委统战部编，单洪根主编：《黔东南历代旅游诗词选》，贵州人民出版社，1999，第207–208页。

金钟山[①] 张桂星

梵王宫殿南关外，钟磬喧扬应远峦。
欲唤世人痴梦醒，声声响到夜将阑。

[附记]选自政协黔东南州委员会、中共黔东南州委统战部编，单洪根主编：《黔东南历代旅游诗词选》，贵州人民出版社，1999，第225页。

（三）民国时期

1. 杨胜辑诗选

重游圣德山抒感

一

圣境重来兴未阑，岧峣峻极五云端。
擎天一柱超群岭，遍地千寻赛众峦。
大好河山供客眼，繁华世界系人肝。
静观风雨众生苦，每到登临放眼难。

---

① 金钟山：丹寨县城南郊。山不甚高大，形如覆钟。“觉世金钟”，昔为丹寨县治八景之一。

二

闲登万仞最高峰，眺过东南百二重。
佛境客来无雾锁，仙界僧去有云封。
一溪河水添苍艳，四面青山积翠浓。
圣德名山驰远近，他乡传颂冠华中。

登圣德山见玉皇阁重修偶成

登高览胜强吟诗，欲贺落成得句迟。
玉皇重修非旧制，琼宫再建异当时。
朝飞画栋连云起，幕卷珠帘带雨披。
大好河山随领略，这般清趣世难知。

庆王胜英陆子云二人倡修宝顶功成

最爱王君与陆君，创修宝顶见功成。
琼宫耸峻凌三界，玉阙参差齐五云。
芳迹遗留德栽仰，奇踪记在□年存。
洪功大德今朝满，神亦欣兮人亦欣。

[附记] 选自杨胜林、李光厚主编：《三穗诗词选》，贵州人民出版社，2014，第95–96页。杨胜辑（1892–1945），又名先瑞，侗族，三穗县款场等溪枫木坳人。曾任等溪义勇小学校长，爱诗词，有《蕴玉山房诗抄》。

2. 龙昭灵诗选

翠微馆①寄吴季仙

白云寺内住年年，胜境巾来别有天。
树影重重山上月，琴声冷冷涧中泉。
风前看剑一樽酒，雨后登楼万壑烔。

① 翠微馆，设在黄哨山顶白云寺内，龙昭灵曾就读于此。

记得去秋僧菊放，君来小住意缠绵。

登飞山

双峰对峙画难成，结伴登临雨乍晴。
瀑布直从岩下落，僧楼恰傍岭头平。
千家烟袅三春树，百里山围一片城。
数亩荒田新垦罢，鸟鸣深谷有人耕。

[附记] 选自王宗勋选编：《锦屏历代诗词选》，2012，第140页。龙昭灵（1876–1952），字拙园，号杰卿，别号黄哨山樵，贵州锦屏人。参与辛亥革命和护国战争。创作过大量的诗词楹联。

黄峭山庵春望

年去年来又一春，倚楼人是去年人。
云开金凤峰飞翅，草长卧龙冢作鳞。
绿树青山犹我识，闲云野鹤与人亲。
林泉自有无穷趣，愿借烟霞寄此身。

白云寺①登楼

领略烟霞趣，楼头一望间。
群峰齐俯首，一树独擎天。
云中来野鹤，石上涌清泉。
人家三四处，远在乱山边。

望金珠山②

何处飞来五老峰，沅江西上不多逢。

---

① 白云寺即黄哨山庵。

② 原注：在施洞对江巴团侧，九峰尖排高千余丈，山不生草，土人呼为脱皮龙，传陶军门修山时，凿石壁乘铁练攀援上下，又得天雾迷弥，运木砖者都忘其峻险方能修造成功，若有神灵扶助云。

云端仙掌沉秋色，天际佛头带雨容。
石磴凿开牵铁练，金钟唤醒脱皮龙。
乡人为说陶都督，全仗神灵始奏功。

过牟珠洞

下马短亭头，披襟一小游。
山烟迷晓日，石涧泻寒流。
壁峻泉飞瀑，峰高树夹楼。
牟珠庵外路，前去正悠悠。

往万寿寺访虚谷至拖坪遇雨返法相岩①

孰可谈空者，诗僧隔桥寻。
呼船过野渡，隔陇望禅林。
暴雨泉微涨，轻衫冷易侵。
王郎②游兴尽，归处白云深。

题画虚谷和尚扇上竹

世说医俗须种竹，我道种竹人还俗。
只因人心未能空，人到心空俗难入。
无节终难言刚直，有花当然生媚骨。
此君有节又无花，一生洒落如仙佛。
仙佛有子下蓬莱，心空如竹名虚谷。
翩翩少年了红尘，无忧无憎无羁束。
手执白□泥书画，画枝琅玕③叶菉菉。
我欲种竹今买山，自结数椽小茅屋。
邀得风月来作邻，此身终老云上麓。

---

① 原注：虚谷和尚，万寿寺住持，好读书吟诗。

② 原注：作者在武冈避难期间，为防当时执政的宪政党追杀，改用王姓，王郎即作者。

③ 琅玕（láng gān）：亦作“琅玕”。似珠玉的美石。

步虚谷和尚原韵

庸庸碌碌复何论，况又颠狂太绝伦。
下驷才难期伯乐，高僧世久慕东林。
浮云伴我将孤鹤，海月随君贯斗辰。
萍水相逢如旧识，诗怀豪放那嫌横。

徙居宝方寺

阶前戟栽草如茵，佛院今来又暮春。
洞口花开非笑我，林间鸟语是呼人。
禅书借读消闲日，野藿充饥养病身。
喜得连朝谤沧雨，胸中洗尽万斛尘。

题画启华和尚扇面兰草

昨夜饮尽一斗墨，今朝吐出画兰叶。
经冬才见乔松节，近日却难古道期。
我本空心无点俗，君能说法有余师。
禅林若肯一枝借，也着袈裟学老痴。

游厚溪寺

久雨新晴兴正奢，芒鞋草签过僧家。
山因避俗多栽竹，室为养心遍种花。
留客松间蘋薯，乞书笔下走龙蛇。
凿坏我亦逃名者，自笑当年一念差。

如是庵

山行三四里，曲径入松林。
细雨云烟密，茅庵竹木深。
空阶侵绿草，远树隔青芩。
书馆两廊下，桃华并李阴。

望金凤山

山势拥崔巍，横空入翠微。
云开寒树出，日落暮禽归。
古刹看难见，秋山瘦不肥。
来朝登绝顶，料得乐忘机。

中和寺①

偶到中和寺，呼门老妇迎。
天光岩隙露，石径树抄横。
晚谷佛堂晒，粗茶炭火烹。
晴山秋色满，一望白云生。

游南泉山②

南泉山内泉如雪，南泉山头云如墨。
天香高阁半山中，登楼小住思前哲。
前哲在山此读书，出山大蟒惊避途③。
我来相去三百年，空山只见树扶苏。

[附记] 选自林顺先主编，政协锦屏县委员会编：《龙昭灵诗文集》，2005，第2页、第18–19页、第51–55页、第73页、第84页。

3. 曹鸿熙诗选

题白云寺七绝二首

屏山佳气此间钟，依傍城南作附庸。

---

① 原注：在邦洞狮子口（今天柱县邦洞镇）。

② 原注：在黎平城的门外3里许，山上有天香阁，为明时何公（何腾蛟）读书处。

③ 原注：相传何公（何腾蛟）下山有巨鳞当道，公叱之蟒避。

佛地遗迹香火在，仙人古迹洞门封。
阴浓绿树深藏鸟，曲折清流暗伏龙。
一棒钟声云景外，禅机攻破利名空。

白云古迹洞门封，前度刘郎今又重。
柳残频牵游客思，桃花不灭旧时容。
山中绿树千年碧，世上□□几劫空。
春梦渐如蝶梦幻，遗诗辜负碧纱笼。

[附记] 选自王宗勋选编：《锦屏历代诗词选》，2012，第 176 页。曹鸿熙（1903–1938），铜鼓卫（治今锦屏县铜鼓镇）人。好学，博通古今，善诗词楹联。思想进步。因与红军接触被逮捕遇害。

4. 吴作舟诗选

香炉烟篆

香炉起篆记朝烟，恍心沉檀爇案前。
缭绕如云起殿阁，盘旋似火生山间。
客来都道龙涎好，我至亦称孟尝贤。
此地奇山何处有？声名正播石斯年。

[附记] 选自粟永华、吴浩主编：《侗族诗选》，广西民族出版社，2006，第 22 页。吴作舟（1878–1942），字济川，侗族，贵州三穗人。民国七年（1918）毕业于镇远师范传学所和贵州省编修志书训练班。一生任教。此诗作于民国二十五年（1936）在香炉任教时写的景物诗。

萧寺晚钟

日落丛山名照红，晚钟发动好谈空。
余音婉转通天竺，流韵铿锵入梵宫。
响彻行云新月底，劈开荒院暮烟中。

老僧唱罢释迦偈，惊醒几多瞌睡虫。

[附记] 自杨胜林、李光厚主编：《三穗诗词选》，贵州人民出版社，2014，第105页。

咏圣德山

嵯峨德山胜昆仑，耸翠高标更有情。
宝鼎玉炉从古设，庵中金相至今存。
晴岚顶岫常云锁，远近山川自此生。
大好文章凌汉外，倒将笔篆写天文。

[附记] 选自政协黔东南州委员会、中共黔东南州委统战部编，单洪根主编：《黔东南历代旅游诗词选》，贵州人民出版社，1999，第152页。圣德山：位于三穗县桐林镇，海拔1176米，原有寺院。除朝山拜佛外，每年农历七月十五日青年男女上万人在此赶歌场。

5. 其他诗选

飞云岩 王敬彝

万古飞云飞不尽，无心出岫有心归。
闲情自在容舒卷，野性安知问是非。
倘许飞龙邀入世，仍随众鸟共忘机。
竹龛明月崖前瀑，莫更人间幻白衣。

[附记] 选自王敬彝著：《柳瘿庵诗钞》，载许先德、龙尚学主编，贵阳市志编纂委员会办公室《金筑丛书》编辑室编：《贵阳五家诗钞》，贵州教育出版社，1995，第133页。王敬彝（1864–1936），字书农，又字蔬农，贵阳人。优廪生，累举乡试不第，改习幕。民国九年（1920）任《贵州通志》分纂。

咏大塘八景（选一） 吴胜常

观音坐莲

静坐莲台本自然，生来此地万斯年。
山清水秀非凡境，鸟语花香别有天。
道岸同登欣有约，慈航普度乐无边。
终朝静雅安修道，信是佛家第一仙。

[附记] 自杨胜林、李光厚主编：《三穗诗词选》，贵州人民出版社，2014，第111页。吴胜常（1915–1978），号超群，三穗县雪洞大塘人。曾任镇独司管区军需书记官、小学校长等职。爱好诗文，书法颇精。镇远青龙洞、黎平南泉山等处，均有其诗作石刻。

修葺水灵山寺 周志群

家乡神圣永灵山，庇佑黎民千百年。
慷慨输捐重整饰，诚心乐善慰心田。

[附记] 自杨胜林、李光厚主编：《三穗诗词选》，贵州人民出版社，2014，第124页。周志群（1898–1948），三穗县八弓木界人，毕业于贵州讲武学堂，曾任国民革命军中将副军长、军事委员会参议等职。

留别龙潭 李渐鸿

最好从宽种福田①，滋培尽有万家烟。
乡村雨露虞难遍，井里桑麻计未全。
听到鱼鸿歌别调，学将琴鹤补微缘。
眼前赤子儿孙是，我不怜他若个怜。

[附记] 自杨胜林、李光厚主编：《三穗诗词选》，贵州人民出版社，

① 福田：佛教语。能生长“福报”的地方，被称为“福田”。比如布施供养、积德行善、孝敬父母等等。

2014，第 9 页。李渐鸿（1818–1858），八弓镇高寨人，清道光举人、进士。任四川秀山等县知县，后升酉阳直隶知州。离秀山赴酉阳上任前作此诗。

咏圣德山 陆志濂

德山名胜起千秋，云锁高峰水四流。
万里多叠皆仰拜，千山并峙应低头。
举目东北三千里，放眼西南八百州。
好景一时观不尽，有缘明岁又来游。

[附记] 自杨胜林、李光厚主编：《三穗诗词选》，贵州人民出版社，2014，第 36 页。陆志濂（1869–1947），名飞鸿，字少川，长吉塘洞人，官至昆明知府。

等溪八景（之一）回龙后山 刘必亮

龙游胜境过东厢，万顷回澜影自藏。
恰好梵宫高压住，燃灯夜夜放毫光。

[附记] 自杨胜林、李光厚主编：《三穗诗词选》，贵州人民出版社，2014，第 3 页。刘必亮（1885–1941），侗族，款场等溪人，塾师。

登永灵山 王太初

闲来无事到山游，踏遍灵峰岭上头。
际此已现云路近，琼宫得见桂花稠。

[附记] 自杨胜林、李光厚主编：《三穗诗词选》，贵州人民出版社，2014，第 66 页。王太初，生卒籍贯不详。民国二十八年（1939）2 月，为三穗教师讲习会学员。永灵山位于三穗县县城东北隅，其上古刹甘霖寺。

登永灵山 李佩仙

萍步何缘到梵宫，清幽美景妙无穷。

三竿日上精神爽，万里云开眼界平。
烟火纵横新气象，城市罗列古文风。
我来时遇春光好，粉李朱桃白映红。

[附记]自杨胜林、李光厚主编：《三穗诗词选》，贵州人民出版社，2014，第85页。李佩仙，生卒籍贯不详。民国二十八年（1939）2月，三穗教师讲习会学员。

新寨观音阁题壁 车鸣翼

数万雄兵扎邛河，乱世造吾车雄哥。
今日顶礼菩萨面，佑我雄哥斩阎罗。

[附记]自杨胜林、李光厚主编：《三穗诗词选》，贵州人民出版社，2014，第71页。车鸣翼，生卒不详，贵州桐梓人。国民革命军第25军教导师师长，民国十七年（1928）曾驻军三穗。

步康熙《天柱县志八景诗》原韵（八首选一） 罗经邦

金凤晓钟

山深古寺路难通，五色云来凤有桐。
峻岭参大迎旭日，金钟破晓借长风。
回船两岸千家醒，中律一声万里空
海底珠吹尘世外，更求何处散仙宫。

[附记]选自粟永华、吴浩主编：《侗族诗选》，广西民族出版社，2006，第20页。作者简介：罗经邦（生卒年不详），字堂，侗族，贵州天柱人。清末增生，民国初年为天柱县议员。倡建三圣宫殿私塾和南坪乡（今高酿乡）民生艺所，培养地方人才。

浪淘沙·雷山八景（选二） 罗雨峰

翠阁枕江

翠阁枕江流，百尺岩头，朱栏环绕几重楼。绿竹苍松映碧水，相对悠悠。
胜地惹人游，来往勾留，风亭月榭题诗稠。落得老僧真自在，逸静清幽。

飞佛留岸

问佛何飞来，陡坎悬岩，天然生就洞门开。一点长明灯不断，端坐莲台。
或见世风衰，特降尘埃，如来本是慈悲怀。指示众生循大道，才有高哉。

[附记] 选自政协黔东南州委员会、中共黔东南州委统战部编，单洪根主编：《黔东南历代旅游诗词选》，贵州人民出版社，1999，第425页。罗雨峰（1890–1960），雷山人，当地乡绅。诗文、书法皆佳。

九、黔南自治州佛教诗选

（一）明代

1. 建文帝（朱允炆）诗选

白云山

其一

阅罢楞严磬懒敲，笑看茅屋与团瓢。
南游嶂岭千层拱，北望天门万里遥。
款段久忘飞凤辇，袈裟新换兖龙袍。
百官此日归何处，惟有群鸦早晚朝。

其二

风尘一夕忽南侵，天命潜移四海心。
凤返丹山红日远，龙归沧海碧云深。
紫微有象星还拱，玉漏无声水自沉。
遥想禁城今夜月，六宫犹望翠华临。

其三

牢落西南四十秋，萧萧白发已盈头。
乾坤有恨家何在？江汉无情水自流。
长乐宫中云气散，朝元阁上雨声收。
新蒲细柳年年绿，野老吞声哭未休。

其四

断绝红尘守法宗，清高不与世人同。
牢锁心猿归定静，莫教意马任西东。
禅杖曾挑沧海月，袈裟又接祖师风。
吾今满眼空门事，几个知音悟了功。

[附记] 选自（清）道光《广顺州志（卷12）·艺文志（下）·诗》。此组诗刻于碑，原立于长顺县广顺镇白云山。今已不存。摩崖选自道光《广顺州志（卷12）·艺文志（下）》。这三首诗在云南、四川等地均有摩崖或碑刻，各地均称为建文帝所留。因此，诗题于何时何地已不可考，但刻在白云山史实，见于贵州地方志，故录于此。

2. 胡运平诗选

咏建文阁

忆昔潜龙揽德辉，丛荆蔓棘白云飞。
侏离[①]杖策闻经呗，椎髻招群识衲衣。
碧草千重围佛座，青山万叠锁禅帏。
劳臣登眺无穷意，聊倚高崖怅落晖。

跪井

锡杖何年卓此林，持瓢跪乞意何深。
灵泉不禁千人酌，饮水勿忘一跪心。

[附记] 选自（清）道光《广顺州志（卷12）·艺文志（下）·诗》。胡运平，广东新会人。明崇祯四年（1631）任贵州巡抚按院监察都御史。

① 侏离（zhū lí）：借指当地少数民族。

3. 邱禾实诗选

凭虚洞十绝

一

咫尺巑岏别有天，寒云莽底不知年。
我来踏破苍苔径，风月无边会共传。

二

屃赑登高兴转赊[①]，筚圭宛是野人家。
烟霞泉石皆如意，只少鱼竿与钓槎。

三

不厌贪奇觅路穷，渐登楼阁与虚空。
乘飙便欲临霄去，莫是人间有阆风？

四

交枝结蒂任侵寻，爱尔长年护碧林。
试问行人遥望处，何如子敬[②]在山阴。

五

石碧双双护玉台，高门千古为谁开？
相传道是鼋鼍窟，今日欣逢驷马来。

六

瀑布斜牵百丈霓，龙沙蜿蜒趁长堤。

---

① 屃赑（xì bì）：强壮有力；坚固壮实。

② 子敬：王献之（344–386），字子敬，小名官奴，出生于会稽山阴（今浙江省绍兴市），东晋书法家、诗人、画家、官员。

从前多少烟霞客，只听樵人逐李蹊。

七

不知涧出自何来，野老遥疑积箨隈①。
拨尽火云林缺处，珠帘半卷石门开。

八

夹岸迢迢枕玉虹，碧鸡金马四车通。
筑堤恨不高千丈，只恐津头不卧龙。

九

尽日轰轰锡杖前，徐闻声响目重渊。
就中莫有蛟龙吼？惊疑孤僧外道禅。

十

悬崖到处凿鸿蒙，莫有秦人托此中②？
见说渡头枫叶落，年年秋水似桃红。

冬日登阳宝山假宿僧舍二律

一

缥渺危峰碧落齐，攀脐竟日有招提。
云里户外诸天近，月挂松梢万象低。
玄岳何年归玉笈，清泪中夜共阇梨③。
一声唤醒浮生梦，不是灵鸡不敢啼。

---

① 隈（wēi）：山水等弯曲的地方。

② 秦人托此中：借秦人避世桃花源之典故，见陶渊明《桃花源记》。

③ 阇梨（shé lí）：梵语的音译。阿阇梨的略称，义为教育僧徒的轨范师，高僧，泛指僧。

二

晚宿芙蓉第一峰，起来寒色动尘容。
天门早射扶桑影，虚谷犹传子夜钟。
自有野猿能献果，携将缩竹恐成龙。
前生知否浮邱是，已觉无生分外浓。

[附记]选自(民国)《贵定县志稿·艺文·贵定诗钞》。邱禾实(1570–1614)，字登之，贵州新添卫（治今贵定县城）人。万历二十六年（1598）进士，历任翰林院检讨、左庶子等职。善诗文，著有《循陔园文集》《循陔园诗集》。阳宝山，位于贵定县城西7公里，海拔1566米。贵州佛教名山。山间有莲花寺、观音殿、关帝宫、真武殿等。香火盛时，僧众达200余人。

西华山中①

一任双轮似转邮，山癯终是癖林丘。
借花解梦僧微笑，烧竹长歌女莫愁。
热若因人还畏夏，清如拔俗岂悲秋。
丈夫射雉成何事，后圃锄兰且自休。

送宝华上人游鸡足山（五首）并序

宝华上人者，蜀人也。初游于贾以赀雄②其俦矣。一旦见宝之胜，一切弃去，遂披剃焉。山故饶灵秀而绌于储蓄，往者，僧不过三五人，衣钵不充，香火寂莫。上人来，始以戒律精严为四方檀越所重，于是谒礼日众，宝地一新。于元帝殿后又建佛庐，画栋雕甍，屹然巨丽，聚徒百余人，鸣钟而食。盛矣。又于山之趾开一最幽处，石具种种诸色，玲宠偃仰，人工位置所不及。奇树古藤，离奇夭娇，皆百余年物，苍翠不可名状。为构静室三楹，每入其中，令人尘想都尽，不思舍去。余尝叹，谓同游此地，去山不数武，何至今始见地灵人杰之相待，讵不信哉？

① 原注：山在新添卫（治今贵定县城）西五里，峭拔幽胜。

② 以赀雄：以财产出名。赀，财物；雄，称雄。

上人初慕曹溪宗风，不立言语、文字，日手轮珠，口诵佛号不辍。庚午(1630)夏，余读书山中，灯火幡影之间，梵咒与书声互答，尝至丙夜不休。已。忽具七条衣，更萨戒，闭关一室，枯坐经年。既出关，洒洒如有所得。今腊僧益深，游行自在，坐卧静室，炉香茗椀，泊如也。大雄钟鼓，香积米盐，悉付其徒，不过问矣。

一日，忽持钵辞余西游鸡足。余曰："槁木死灰，有何不可，师昔以商旅而僧伽，今复以山门而行脚，果熟幻，果熟真耶？"上人叹曰："真幻在心不在形迹，认真作幻，安在非真幻以为真焉？知非幻，且百尺岩头挂草鞋，独不闻乎？"余及其徒皆不能挽，遂听师去。余惟僧稀、寺古、山废而师来鸣钟聚徒，山兴而师去。其来其去皆具大根器，具大愿力，猛勇精进，坚忍非草草者。此去一瓢一笠，径行远道，尚不冀一卷一炉，匡坐斗室，惟是虎溪莲社，究竟赖吾两人，缺一不可。今上人野鹤孤云，余亦羁縻世法，愿各以三五载了毕此缘。他日，余有罢场之戏，师为倦鸟之还，斯山有灵，移文不远，余敢不扫除丈室以待卓锡，师其许我乎？崇祯乙亥（1635）初夏。既序矣，复订以诗：

喧寂闲忙总道情，蒲团坐破悔无成。
于今识得西来意，热闹场中试一行。

芒鞋箬笠任逶迤，莫讶投林早共迟。
一榻从来如逆旅，出山浑似在山时。

莫更参禅莫掩关，饥时喫饭倦时还。
名山不在云深处，只在吾师锡杖间。

头陀苦行已多年，托钵风尘亦偶然。
猿鹤故乡无恙否？流行坎止自机缘。

历尽云山礼大雄，木雕泥塑一般风。
文殊菩萨原无二，何似归来斗室中。

禅室空将紫气笼，锡飞杯渡①许谁同。
白莲初有柴桑②约，试问桑枝那日东。

出定扶筇不掩关，清风明月一开颜。
空门受用当如此，何必鸡山胜宝山。

离俗何缘破俗封，解粘释缚且从容。
禅师脚底从来润，不为探其访胜峰。

[附记]选自（清）唐树义审例，黎兆勋采诗，莫友芝传证，关贤柱点校：《黔诗纪略》，贵州人民出版社，1993，第903–905页。邱懋朴（生卒不详），字若木，新添长官司（贵州贵定）人，丘禾实长子。明崇祯六年（1633）举人。由广东徐闻知县历湖广上荆南（今湖北江陵）道佥事，以廉白闻。殁于战乱。（民国）《贵定县志》记为丘懋素作。丘懋素，丘懋朴弟，明崇祯（1628–1644）举人。守南阳（今河南南阳市）。殁于战乱。

4. 艾友兰诗选

春日眺静晖寺③（二首）

扪闺寻真步欲前，忽闻钟磬落诸天。
阵阵松吹飘无已，缈缈炉烟断亦连。
幽野灵禽鸣梵刹，媚人新燕点春泉。
徘徊惟爱萝轩寂，相对忘言便是禅。

陌头杨柳逐飞花，乘兴登临叩释家。
客到山中应得句，僧归刹里亦传茶。
盘恒苔涧忘年序，箕踞蒲团听《法华》。

① 锡飞：谓僧人出行。杯渡：晋代有位僧人，不知姓名，常乘木杯渡水，故而人称他作杯渡。

② 柴桑：借指晋人陶潜（陶渊明）。因其故里在柴桑，故称。古县名。西汉置，因县西南有柴桑山得名，治所在今江西省九江市西南。

③ 原注：寺在麻哈州（治今麻江县城）西隅，明永乐九年（1411）建。后易名回龙寺。

不向桑榆倾百斗，更于何处醉烟霞。

[附记] 选自政协黔东南州委员会、中共黔东南州委统战部编，单洪根主编：《黔东南历代旅游诗词选》，贵州人民出版社，1999，第261页。艾友兰，字幽谷，麻哈州人，友芝弟，万历末由选贡授郧阳府竹山知县。二诗有木刻在寺中，末书崇祯庚辰（1640）。

5. 吴旦诗选

白云山

壁立高千仞，山山裹白云。
灵钟因日月，秀孕结氤氲。
名以遐荒立，衫经御手分。
土人勤伏腊[①]，犹说建文君。

[附记] 选自（清）道光《广顺州志（卷12）·艺文志（下）·诗》。吴旦，字复旦，清贵州广顺州人。康熙甲子科（1684）举人，吴中蕃之子。有《漱石集》。

白云山晚眺

路入晴光到远岑，嵯峨古殿碧苔侵。
鸟声作意争朝暮，花色无心自浅深。
镇日烟霞同豹隐，有时风雨发龙吟。
不堪凭吊凄凉处，古木森森背夕阴。

[附记] 选自（清）道光《贵阳府志·余编（卷之16）·文征（卷之16）》。

① 伏腊：亦作“伏臘（là）”。古代两种祭祀的名称。“伏”在夏季伏日，“腊”在农历十二月。

6. 其他诗选

题白云峰 程世采

勒马奔程去，遥瞻大法禅。白云迷古道，红日映前川。
深山惟鸟迹，荒径断人烟。樵子悬腰斧，行人架弩絃。
人家栖石畔，玉辇驻峦巅。古木穿林峪，苍台绣地眠。
入山临虎穴，绕地见龙泉。御榻藏幽洞，纶音著石筵。
来参微妙谛，先谒大罗仙。悟道轻尘世，谈经重太元。
石粮能有机，佛法永无边。武帝兴前代[①]，文皇续后缘[②]。
神游通四海，龙返上层天。俯视群山小，回瞻一水缠。
日出神清爽，风和气蔼然。夜来明月上，雨过百花鲜。
因此忘身世，何须觅世缠。悠然昭胜迹，□古永流传。

[附记]选自（清）道光《广顺州志（卷12）·艺文志（下）·诗》。程世采，江南人，明末任贵阳府通判。

阳宝山灵雾 邱东昌

山在贵定县北十里，极高峻，有寺。夜光朝霞骤雾，并灵异。

为霖欲遍四天遥，作雾何期蔽九霄。
岂有龙蟠工变幻，聊堪豹隐远烦嚣。

[附记]选自(清)唐树义审例,黎兆勋采诗,莫友芝传证,关贤柱点校:《黔诗纪略》，贵州人民出版社，1993，第383页。邱东昌（生卒不详），字泗源，号应台，新添卫指挥东鲁弟也。隆庆元年（1567）举人。万历间授四川营山县教谕。历知北直河间阜城县、大名开州、四川泸州，并以清操著。告归，

---

① 梁武：指梁武帝。

② 文皇：指建文帝。

建书堂曰“虚白”。自号虚白道人。著有《法喜随笔》等。子禾实、禾栗、禾嘉皆以文章、官迹显。禾栗，字有获，号莱峰。万历四十年（1612）举人。官至太平知县。

静晖寺[①] **艾友芝**

高楼卷幔得闲凭，山国秋容四面升。
一室梵香传远磬，千峰寒影护孤灯。
丹崖疑有长生药，破寺应无久住僧。
人语忽然飘下界，始知身在白云层。

[附记] 选自政协黔东南州委员会、中共黔东南州委统战部编，单洪根主编：《黔东南历代旅游诗词选》，贵州人民出版社，1999，第266页。艾友芝，贵州麻哈州（今麻江县）人。明万历二十五年（1597）举人。官至广西横州知州。告归养母。

登阳宝山 邱懋朴

寻关登峻岭，瘦马隘云蹄。
远望人来小，回看鸟翥[②]低。
晴村饶野趣，古殿旁烟密。
聊足登山债，不辞滑屐泥。

[附记] 选自（民国）《贵定县志稿·艺文·贵定诗钞》。

月山寺 黄绂

月山高枕梵王宫，慨古徘徊思未穷。
松顶久留无语鹤，竹田似有故人风。
禅关常倩闲云锁，石鼎从教瑞气笼。

---

① 原注：寺在麻哈州（治今麻江县城）西隅，明永乐九年（1411）建。后易名回龙寺。

② 翥（zhù）：鸟向上飞。

试问老僧当讲席，天花几度昼飘红。

[附记]选自政协贵州省委员会文史资料委员会《贵州旅游文史系列丛书》编委会编：《神话世界》，贵州人民出版社，1997，第217–218页。黄绂（1422–1493），字有章，号精一道人，蟾阳子，明朝平越卫（治今福泉市）人。明正统十三年（1448）进士。官至南京户部尚书兼左都御史。

白云山 郑之球①

山势压万壑，阴晴惟白云。
至今罗永寺，犹说建文君。
水有溪龙献，粮从石窟分。
定知西内去，长忆此氛氲。

赞白云寺 严坦斋

山在广顺西四十里，建文帝遁迹于此。上有罗永庵，庵前有跪井，汲者必跪乃可得，相传溪龙所以饮帝者。又有石洞，日流米出以供帝膳，帝去即止。

山间常满四时春，
中有白云拥圣人。
瞻仰不穷来往客，
一番题咏一番新。

① 郑之球，四川广安人。

（二）清代

1. 朱能溶诗选

九日登阳宝山

风雨重阳节，来登第一峰。
磨崖寻古迹，越岭探仙踪。
石径青苔滑，空山翠黛浓。
白云千古在，何事不相逢①。

金山寺

麦新城外金山寺，峭厂飞岩别有天。
偶一登临寻古迹，残碑犹认康乾年。

[附记] 选自（民国）《贵定县志稿·艺文·贵定诗钞》。

2. 傅玉书诗选

游迎真观

偶步禅林薄暮归，雨余林际得新晖。
水分日色吞金碧，山敛云阴踊翠微。
暖鸭竞翻春涨浴，征鸿高傍晚霞飞。
惠风似共游人乐，飘送韶光着草衣。

飞龙洞

山色翠微中，崎岖一洞通。
苔侵风鬣隐，龙变石峦空。

---

① 原注：明白云上人仙迹尚在。

云气千岩雨，涛声两院松。
暮烟浮画阁，疑是洞庭宫。

送凤巢弟读书岩观

古人涵养须用静，静中观理自鲜失。
纷纠既去得整暇，耳聪目明从此出。
凤巢主人静者流，检点文字思缜密。
为恶门外剥啄频，三冬足学僦禅室。
后岩山观绝嚣尘，智者施设未可匹。
横冈大壑备千状，乔松古石同一律。
造物亦赏静中趣，开辟幽深发奇崛。
惟静生动物理然，况乃虚灵鬼神窟。
比来里闾古风远，饮博市利非其质。
未能从子山中居，计当闭关谢所疾。

夏日过朝阳山寺留宿赠霞彻二释子

炎炎长夏日近午，行人倦行憩山坞。
隔溪苍翠见林峦，曲径幽阴通梵宇。
篱间花气和旃檀，槛外疏篁杂钟鼓。
更有双杉三十围，枝柯盘空势飞舞。
云根石骨几千年，攫拿烟云斗风雨。
时发清籁笙竽鸣，间为巨响蛟螭怒。
山中二师亦可人，性与今人异今古。
说经定慧穷根荄，爱客殷勤致劳苦。
煮茗倾谈白昼长，坐觉清飔趁挥麈。
烦嚣洗涤心淡然，素月娑娑到庭庑。

寄题定番三景

友人为言定番将修州志，而三景题咏绝少，属余作焉。三景，一“三宝连云”，一“珠帘卷洞”，一“石泉喷珠”。余谓题颇近俗，恐诗亦未能免也。

谁登宝刹蹑云踪，山半层云已荡胸。
蓬岛飞来瑶作草，锦云深处玉为峰。
霞开丹壁光千丈，雨浴青螺翠几重。
自古名山堪著述，何时访胜拄吟筇。

碧巘[①]丹岩一桁留，珠帘高卷洞天幽。
苔侵绣额光犹郁，云湿香纹晕欲流。
石磴晓烟迷篆缕，山河新月上银钩。
可能自此通圆峤，竹杖青鞋任遡[②]游。

造物精英酿碧鲜，云根仙液喷玑璇。
千年蚌老胎成石，万斛珠流注作川。
才出岩峦光已媚，便归江海折应圆。
想由盛世轻财货，故遣奇珍化醴泉。

花卉题咏（选四）[③]

戊申（1788）昼夜酷暑戏与森亭、晴岚拈异花卉题率咏。

观音莲

如来五色莲，此岂菩萨觉。
无色亦无香，吉祥众生乐。

佛手橘

化身自何年，兜罗金未没。
夜静闻妙香，林间指寒月。

---

① 巘（yǎn）：大山上的小山。

② 遡（sù）：同“溯”。此处意为沿着山道漫游。

③ 标题为选录者加。

罗汉松

虽乏参天干，凌寒亦道心。
声闻超悟处，谡谡响风林。

僧鞋菊

未是东篱种，偏邀惠远游。
想从三笑后，踏破匡庐秋。

[附记]选自（清）傅玉书著：《竹庄诗草》，贵州人民出版社，2013，第 2 页、第 51 页、第 72 页、第 149–150 页。

3. 吴澍诗选

游白云山集唐

龙护瑶窗凤掩扉（李商隐），花宫仙梵远微微（李颀）。
阁中帝子今何在（王勃），满目碧云空自飞（谭闭之）。

白云山

江南赫赫帝王州，祝发何堪尚远游。
祇园姬公成汉莽，姑从金筑讬黎侯。
岩峦裂石惊泉出，洞壁穿窝见米流。
靖难再能施削笔，四年终不比千秋。

题白云山杉树

亭亭静质锁禅垓，传道曾经御手栽。
直至而今常泣思，一番风雨一番哀。

题白云山杉树

万丈青峰半壁天，白云深处涌灵泉。
蛟龙不识君王贵，那得盈盈到殿前。

题白云山石洞

一自燕飞上帝畿，潜龙顿掩白云扉。
至今凭吊栖迟处，怕听黄鹤泣翠微。

题白云山石洞

谒罢文皇众圣贤，逍遥遍览步山巅。
苔铺异石云封径，藤挂幽崖水咽泉。
树上有声蝉度曲，林中无语鸟逃禅。
晴空万里开图书，放眼烟岚天外天。

和孝廉吴龚调厢楼壁间原韵

潜龙稳步入黔阳，驻跸斯山闢帝疆。
天子一朝成老佛，禅林千载仰文皇。
白云片片同天老，古林苍苍共日长。
四十余年难晦迹，于今祖法尚流芳。

台基放马

放马台基看佛场，白云来往树苍苍。
炎歊[①]到此皆消尽，但觉清风一味凉。

登白云峰顶

曲径通幽上碧岑，白云一片静禅心。
山灵惯解人游赏，时送松风度好音。

登文皇阁

阁踞白云峰顶上，文皇南面位居中。
灵山俯首皆朝拱，万里晴烟一目空。

---

① 炎歊（xiāo）：亦作炎熇。暑热。

登白云山感文皇轶事

薙刀度牒与披缁①，秘记存留事过奇。
天命果知原有定，廷臣何必苦争持。

杀叔之名恐受污，行军每嘱太迂疏。
龙争尚讲天伦理，此是儒生过泥书②。

三载仁恩偏帝疆，讴歌户户颂君王。
燕藩一旦兵戈起，致使蒙尘走四方。

文皇仁圣实无辜，抛掷山河是腐孺。
若使齐黄经济好③，燕兵何自逼南都。

齐黄蛊惑削藩权，至今乘舆有播迁④。
四十余年韬隐后，西山归葬老于禅。

北平起兵入南都，天子蒙尘幸蜀吴。
历楚游滇行筑国，白云山里混泥涂⑤。

金川门启隐文皇，入蜀游滇幸贵阳。
遥望白云堪驻跸，开山作主建禅堂。

文皇隐迹出金陵，海内浮游若漏罾⑥。
四载白云山里住，还都归骨老于僧。

天子一朝成老佛，白云千载尚多情。

---

① 相传朱元璋早知朱棣的野心，给朱允炆留下一个铁匣，内有3张度牒和3件僧衣，一把剃刀和10锭白银。朱允炆3人得以从秘密通道逃出南京城。

② 泥书：即泥封。古人封信函，多在绳结处用泥封上，加盖印章，故称。

③ 齐黄：建文帝亲信大臣齐泰、黄子澄，他们均主张削藩。经济：治理国家。

④ 乘舆播迁：指帝王流亡在外。

⑤ 泥塗：困苦的境地。

⑥ 漏罾（zēng）：漏网之鱼。罾，古代一种用木棍或竹竿做支架的方形鱼网。

试思成祖今何在，青史何如与帝王。

[附记] 选自（清）道光《广顺州志（卷12）·艺文志（下）·诗》。吴澍，生平事迹不详。

4. 但明伦诗选

白云山五古并序

山在州南四十里，建文帝隐居于此。幽静端耸，窈深宏阔，中有大梵宇，僧百数十人，有建文遗像存焉。山口三杉并立，高出云际，大可数人抱，其下枝皆倒插，相传建文帝入山时手攀枝而上，故树枝至今俯生。山之隗有白骡冢，帝所乘骡也。寺后极滴处有洞，如半亩宫，石榻天成，为帝栖息处。旁有漏盐漏米二石罅，相传流出米、盐，仅足供帝。至今百犹作飞糠、细盐浮起状，拭之旋起如故。山后有潭，渊然不可测，传有龙化秀士，日与帝弈。帝穷其踪，乃现像，帝惊而叱之曰“孽障”，遂由窒坠，以爪擘岩而下，有五指形，深尺许，潭侧棋局石犹存。寺在山腰，凭栏远眺，万山环绕层叠不穷，如拱如揖，如俯如跪，如护卫，如羽仪，如城堞，如阵马，回环数百里。佛殿前有井，夏不盈，冬不涸，必屈膝乃可汲之，名曰“跪井”。寺藏帝袈裟，上有玉玦①，与寻常异。常吟四绝句，明时有巡按某公勒石而志之。

我登白云山，山势何岧峣。
端然耸天际，屹立庄不佻。
烟霞共蔚荟，冈岭相周遭。
飞萝翳磵户，窅然清且寥。
披榛访萧寺，绀殿藏山椒。
当时建文帝，于此栖团蕉②。
龙蜕亦已久，遗像留僧寮。

① 玦（jué）：戴于右拇指助拉弓弦之器。俗称“扳指”。

② 团蕉（jiāo）：即蒲团。为僧人坐禅及跪拜时所用的圆垫。

寺僧出袈裟，光采如烟绡。
其上系佛玉，粲若英琼瑶。
览之为下拜，吁嗟尘劫遥。
哀哉望帝魄，鸣声何哓哓？
不睹双凤阙，惟有群鸦朝。
寺门二杉在，连蜷风萧萧。
传闻帝始至，崎岖攀枝条。
至今若倒植，接引如升猱。
洞中有石榻，天然非琢雕。
帝昔此趺坐，飒飒余清飙。
有盐洒空中，有米盈箪瓢。
天遣佐帝食，常人安敢饕。
今看米盐屑，犹类微尘飘。
拭之复如故，太息灵迹昭。
又闻寺中井，汲者皆折腰。
是名曰跪井，不竭亦不淆。
复有白骡冢，羁绁①亲所操。
澄潭昔有龙，变化来游遨。
翩然作儒士，相对楸枰敲②。
询迹乃自露，叱之空中逃。
以爪擘岩石，深入痕不消。
石枰亦宛在，摩挲来耕樵。
四诗勒峭石，风雨终难凋。
感此发深喟，使我心郁陶。
凭栏望远岫，起伏犹连鳌。
或若效羽卫，或若陪班僚。

① 羁绁（jī xiè）：亦作“羁绁”。马络头和马缰绳。亦泛指驭马或缚系禽兽的绳索。

② 楸枰敲：弈棋。楸枰，棋盘。古时多用楸木制作，故名。敲，敲棋，亦作敲碁（qí），着围棋，以每一举棋必斟酌推敲之，故云。

或若万马赴，或若层城高。
一览数百里，了了见秋毫。
御风九陔外，意气始得豪。
兴阑出寺去，归来歌且谣。
下山更回首，群峰仍相招。
犹闻半空际，天风鸣松涛。

《峨眉积雪图》为李海帆方伯题

玉龙飞起长空蟠，千峰万峰琼瑶攒。
峨眉积之从太古，混入青冥一气盘。
天为诗人拓诗境，会须攀涉凌高岭。
银海光摇半壁天，空际圣灯随目骋。
胡为乎山僧妄作惊人言，冰梯雪磴白连天。
遂使八十四盘仙佛地，阮家蜡屐登无缘。
子美子瞻①昔年均未到，料是山灵秘幽奥。
唯恐诗人到此尽句留，探奇搜秘鬼神愁。
故教火伞不能热，积此千层百层雪。
诗人慢夸腰脚健，惆怅山中鸟飞绝。
我闻古有卧游子，一枕收尽名山水。
又闻有客落笔摇五岳，须弥芥子藏眼角。
我公我公意气高，列仙前身来自雪山颠。
梦游已经数十载，诗魂早拍洪崖肩②。
玩公之图听公说，飒飒风生寒凛冽。
行间犹有云烟生，笑指山僧应胆裂。

[附记]选自贵州省文史研究馆编：《续黔南丛书（第8辑）·下·黄彭年诗文集》，贵州人民出版社，2014，第1176–1177页、第1178–1179页。

---

① 子美、子瞻：子美，杜甫（字子美）。子瞻，苏轼（字子瞻）。

② 洪崖：是神话传说中的仙人。西晋诗人郭璞诗有“右拍洪崖肩”句，表示与仙人同游。

但明伦（1782–1855），字天叙，号惇五，贵州广顺州（治今长顺县广顺）人。嘉庆己卯（1819）进士，选庶吉士，授编修，改监察御史。道光辛巳、戊子，典湖南、浙江乡试，癸未充会试同考官。官至两淮盐运使。

5. 其他诗选

白云山 郑之珖

山势压万壑，阴晴惟白云。
至今罗永寺，犹说建文君。
水有溪龙献，粮从石窟分。
定知西内去，长忆此氛氲。

[附记] 选自（清）唐树义审例，黎兆勋采诗，莫友芝传证，关贤柱点校：《黔诗纪略》，贵州人民出版社，1993，第 1034 页。郑之珖，字于斯，四川广安人，举崇祯三年（1630）举人。曾任永历朝礼部郎中。明亡削发为僧。居湄潭，号“峨眉道者”。

白云西识业师像赞 赤松祖师

楚阳生长溷戈铤，解脱能为忍辱仙。
抛尽家私无挂碍，了明生死不相干。
白云一坞堪投足，皓月千峰独坐禅。
动静心坚如铁石，悬岩撒手任名传。

登阳宝山和段甲楼原韵 胡祖恕

风流云散廿余年，细雨深秋种菊天。
北地久羁郎署老，南来可是艺林仙？
鹤峰继起吟秋日，凤岭曲道绕竹烟。
沿望长安尘雾扫，东篱呼酒兴悠然。

招提远上鼓钟鸣，一览尘空俗虑清。

绝巘风高秋有色，悬岩云下鸟无声。
邑城作镇岗峦峻，佛殿腾光海宇平。
佳节思亲高会集①，茱萸归插胜蓬瀛。

[附记] 选自（民国）《贵定县志稿·艺文·贵定诗钞》。

夏日偕游阳宝山次花方伯杰黔灵山韵　陈德昌

清游一路践苍台，风桥晴烟次第开。
野鸟忘机客共话，山花含笑我重来。
有缘佛子都成果，悟道诗翁学画梅。
知否白云何处去②？极峰直上是蓬莱。

葱葱佳气绕莲峰，数到名□第几重。
曲径丛林攒凤竹，参天古树胜虬松。
云横远岫别开面，月印寒泉未改容。
尘障一空心境净，灵鸡唱彻五更钟。

[附记] 选自（民国）《贵定县志稿·艺文·贵定诗钞》。陈德昌（1874–？），字瑞卿，号仲山，贵州贵定人，副榜出身，民国五年（1916）任石阡县知事。

季夏登阳宝山次花方伯杰黔灵山韵　朱俊龙

攀岩扶磴践苍台，眼底晴峦面面开。
半在黔中游迹遍，灵从海外看山来。
前因喜种终收果，几世清修得到梅。
胜迹至今何处觅？白云仙去寺飞莱。

晴云开处见奇峰，庙貌巍峨殿几重。

① 原注：甲楼与夫人苦节，每思之，辄归省。淡于仕宦。

② 原注：明代白云和尚驻锡此山，相传仙去。

瀑布千寻飞绝壁，藤离百尺挂孤松。
年深古木多苍色，两旁群山带笑容。
那岸縠华无限感，惊人暮鼓与晨钟。

[附记] 选自（民国）《贵定县志稿·艺文·贵定诗钞》。朱俊龙，字友夔，贵定县城关镇人。1903年，赴日留学，就读于日本宏文学院师范科。回国后，立志回乡办学，并携带一批教具返贵定，任贵定高、初二等小学（即今三小）校长。

夏日偕游登阳宝山次花方伯杰黔灵山韵　宋其中

扶筇陟岭践苍台，石路云门以次开。
朵朵华□排雾出，翩翩飞□朝阳来。
千层屏峰千层髻，数万人家数点梅，
第一洞天吞海日，何须方外觅蓬莱。

白云缭绕白云峰，万壑风高透碧重。
石室藏经留贝叶，方亭放□傍乔松。
飞泉溆玉涤尘耳，凉月停琴熄丽容。
缥缈灵山通上界，惊人大梦一声钟。

题北门外兴福寺　陈宫人①

静对秋灯一点红，梦魂犹自绕离宫②。
推窗试将嫦娥问，尔我如何薄命同。

[附记] 选自（民国）《贵定县志稿·艺文·贵定诗钞》。

① 原注：吴三桂住衢州，独留桃花陈夫人扃寺内。

② 离宫是指在国都之外为皇帝修建的永久性居住的宫殿。

乙丑秋游白云山 金海

困龙伏处白云环，近在州东咫尺间。
水自檐前随跪起，米流石罅若神颁。
少年天子老于衲，锦绣皇图变作山。
事异迹奇游屐满，惭余八十始登攀。

[附记] 选自（清）道光《广顺州志（卷12）·艺文志（下）·诗》。金海，贵州广顺州人，恩贡，官至知县。

白云怀古 张其诲

江东群雄纷纷逐，历数三百归尺木。
如何身亲致太平，不再传祸起骨冃[①]。
当时文孙有九有，左右谋臣尽庸朽。
区区建议削宗藩，遂使操莽施毒手。
仓皇夜半出城门，袈裟铜钵西南奔。
草间求活成底事，空嗟白发悲声吞。
我来入庙访遗迹，流米跪井今尚存。
双杉百尺枝南向，捍蔽雨雪明朝暾。
昔日天子今老佛，岁久遗像犹仿佛。
行人朝宗百蛮拱，香烟四时气勃郁[②]。
沧海桑田几纷纷，青史犹存革命文。
成王周公今安在，万古悠悠空白云。

[附记] 选自（清）道光《广顺州志（卷12）·艺文志（下）·诗》。张其诲，贵州广顺州人，贡生。

---

① 冃（mào）：古同“帽”。

② “勃郁”：风回旋貌。

前题次同年[①]张傲轩韵（有引） 周璠

让皇披缁之后，玉辇无声；忠尽喋血之余，金瓯溃泪。觅三丰于西南边徼，永乐书诏犹存；迎佛老于牢落荒陬，居庸墓□晦迹。惟兹卓锡锥地，号“白云”；试寻挂榻孤踪，空留丹井。破坏人间家国咄哉！和尚做军师剪裁天上袈裟允矣。帝王成佛祖，山河依旧，风景维新。请看今日之域，犹是前朝之天下。奸雄骨冷，谁诛莽操于九原；谱牒潰分，孰易姓名于尺木。莫返既失之，履屐敝如遗故燃已，溺之灰薪传永息，乃傲轩张子别有遐心而怀古佳篇。尤征轶事，策驹空谷。命驾未遑遗響，足音微咏可诵；抒情怀之真挚，极凭吊以徘徊。苍凉激楚之词，招魂欲赴斧钺。风霜之义，褫魄难逃。补史笔而非传，疑考稗官，实足取信，成王安在？方正学不愧衣冠，圣主有灵，半月儿终期圆满，所恨草间求活经祗一卷《楞严》。若令江表守成毂，贻二京孙子良以。旦明司历数，勿将成败论英雄。余也近居金筑之乡，耳熟金陵之事，几欲效客儿搜奥怅烟雨之谜离，勉思和情望谈诗慚推敲之拙陋，功推笔削拟游更而赞一词，续阳秋抚风骚以长太息。幸入名山，明龙潜之志，无遗野老兴《麦秀》之歌云而。

鹿已有归燕更逐，飞上帝京泽灭木。
不悲九庙生烟尘，但悲同室惨鱼肉。
高皇衣钵古未有，传子传孙不可朽。[②]
胡为伽蓝卜蛟余，仍令和尚惨辣手。
锦隆失守金川门，金瓯缺处猿猴奔。
才知新月诗有谶，江湖影落蛟龙吞。
钟阜燕山递抛掷，惟有白云巍然存。
云来运去了寂寞，凄凉夕照兼朝暾。
当年迎归号老佛，款段袈裟今仿佛。
自嗟牢落四十秋，千秋谈者怒犹郁。
群鸦早晚徒纷纷，帝纪煌煌遗建文。

---

① 同年：科举时代同一年考中的人，彼此称为同年。

② 原注：选高僧侍诸王之国。

可怜河山三百载，不及荒陬一片云。

[附记] 选自（清）道光《广顺州志（卷12）·艺文志（下）·诗》。周璠，河南庚县人。乙酉贡生。

游白云山 吴安世

白云往来护层层，遁迹斯山作圣僧。

庙貌俨然丹陛阙，万年天子万年灯。

[附记] 选自（清）道光《广顺州志（卷12）·艺文志（下）·诗》。

游白云山 吴正世

白云深处好逃禅，半臂袈裟永著肩。

今仰至尊金阙相，定知万古御南天。

[附记] 选自（清）道光《广顺州志（卷12）·艺文志（下）·诗》。

游白云山 吴德美

白云片片度山巅，此处登临别一天。

圣祖佛田耕不了，千年香火锁蛮烟。

[附记] 选自（清）道光《广顺州志（卷12）·艺文志（下）·诗》。

罗汉石 陶万选

城西盛景最难描，罗汉芳名美独超。

壮体每经新雨洗，孤身惟任晚风摇。

顽眉不假能工写，笑脸何劳巧匠雕。

日日往来名利客，谁人结伴作逍遥。

城东郊外有名岩，到此闲游万象开。

姓氏惟教先圣比，芳闻直与古贤排。
炼修僧道频观览，赏景客人任往来。
仅隔兰邑三四里，看时秀色绕云限。

[附记] 选自政协贵定县委员会文史资料研究委员会：《贵州省文史资料选辑》（第 4 辑），1987，第 198 页。

养鹤山摩崖诗刻 金银峰

东山晓日照烟云，仆地犀牛回出群。
莘野[①]南洲波浪静，关风北斗起人文。

石龙昼夜转流山，玉水金盆发客艖。
峻岭丛中留古迹，青钱洞里现光华。

[附记] 摩崖位于平塘县城平舟镇北 7 公里养鹤山（俗称羊角山），寺院前石壁有摩崖诗两首，前一首诗刻于寺左前方百米处石壁（高 2.5 米，宽 2 米）；落款“平□□四景金银峰题”。后一首诗刻于寺院右侧 500 米处石壁（高 5 米，宽 3 米）。落款为“外四景金银峰题”，无年代。

凭虚洞 陆祚番

驱马新添日方午，千叠崇山不可数。
玉泉忽泻松声乱，茅舍三间僧太古。
为言此洞即凭虚，门敞无劳身更頫[②]。
爆炬星摇蛰鸟惊，嫩崖剑剜容光吐。
雪翻浪涌势将倾，石蒿插地娲皇补。
当年谁诵贝多经[③]，金钟缀虚追无蠡。
竹林大士海南来，片片慈云护鹦鹉。

---

① 莘（shēn）野：指隐居之所。

② 頫（fǔ）：同“俯”。

③ 贝多经：即贝叶经。

小猴悬树真如拳，饥欲依人偏媚妩。
应接已忙复逶迤，山雪又别开斤斧。
腻理转细径转幽，风鸣高冈麟在圃。
身轻便拟登浮图，惜哉梯滑那容武。
最深洞口仅如轮，相传内有神仙宇。
房栊鸡犬杳难寻，篔筜遥听琅玕①舞。
谁云边徼胜地稀，武夷雁荡安足诩。
别后犹余百日思，愧杀兹游尚莽卤。

[附记] 选自道光《贵阳府志·余编（卷之16）·文征（卷之16）》。凭虚洞亦名牟珠洞，位于今贵定县盘江镇清定桥村。明清以来，洞为名洞，寺为名刹。因洞中有钟乳石形如释迦牟尼手中的牟珠而得名。

灵岩雨花 周良卿

灵境辟灵岩，潜姿媚幽壑。
春深桃李花，纷纷开且落。
落英乱如雨，岩上时亦著。
泉脉浸岩罅，挹之不盈勺。
日射镜新磨，风翻锦交错。
天女散天花，诸天皆欢乐。
坐赏觉清新，抚景忘寂寞。
日暮犹未归，笑取飞花嚼。

[附记] 选自贵州省都匀市史志编纂委员会编：《都匀市志》（下），贵州人民出版社，1999，第1361页。周良卿，清人。生卒事迹不详。

游高贞观 许特任

偶呼群小出风尘，共访丹崖古寺存。

---

① 琅玕（láng gān）：传说和神话中的仙树。

清磬一声参佛像，峦花几树绕诗人。
茫茫心绪千头乱，渺渺河山四面真。
五百年前今日到，紫荆花下悟前因。

［附记］选自贵州省都匀市史志编纂委员会编：《都匀市志》（下），贵州人民出版社，1999，第 1361 页。许特任，清人。生卒事迹不详。

惠水九龙山 顾民任

淡淡岚光翠色浮，让来烟雨占林丘。
晨钟响处知僧殿，一朵红云捧玉楼。

［附记］选自政协贵州省委员会文史资料委员会《贵州旅游文史系列丛书》编委会编：《涟江神韵》，贵州人民出版社，1999，第 71 页。顾民任，清代举人。

九龙山 薛载德

山川千古闼，今日五丁开。
群岫儿孙侍，中峰天地胎。
云深容袖里，树老任僧猜。
耽寂忘归骑，无如明月催。

［附记］选自政协贵州省委员会文史资料委员会《贵州旅游文史系列丛书》编委会编：《涟江神韵》，贵州人民出版社，1999，第 71 页。

下　篇

贵州僧人诗（偈）选

一、利根继庆诗选[①]

答禅客

坐残清露欲沾衣，夜色教人懒闭扉。
响落岩间钟尚在，月归林外影何依。
久知涉猎功原浅，顿觉聪明入亦非。
莫道禅机在高远，眼前光景即禅机。

依韵答邢居士二首

寻师天欲尽，梦里尚昏昏；
九死来依佛，三年未聚魂。
君来长此负，身世了然根，
每向空王诉，低眉亦泪痕。

蜀黔无限事，回首即心伤。
尽吸长江水，那浇劫火凉。
如公发宏愿，为我念诸亡。
乞假如椽笔，冬青写古霜。

[附记] 选自（清）唐树义审例，黎兆勋采诗，莫友芝传证，关贤柱点校：《黔诗纪略》，贵州人民出版社，1993，第278–1279页。利根（1609–？），名继庆，赤水卫（治今四川省叙永县赤水镇）人，明清之际贵州高僧。

---

① 利根（1609–？），名继庆，赤水卫（治今今毕节赤水河）人，明清之际贵州高僧。

附：

乱离诗·次谭吉韵赠黔僧利根（二首） 邢昉[1]

故国兵戈地，风云尚觉昏。
乱离思旧鬼，惊定住新魂。
行世已如叶，言愁别有根。
三年蛮海泪，犹记昔成痕。

寻师万里外，何事不心伤。
赤水河犹折，峨嵋雪转凉。
不知成几佛，始得报诸亡。
还想南天树，曾沾十月霜。

冬日吴门逢利公赠别二首

三年为越客，此路不同归。
已觉形容改，仍怜消息稀。
吴云闲倚棹[2]，沕雨冻沾衣。
为问息心侣，何时更发机。

越峤寄书后，一帆今正归。
昔年曾礼足，此日但沾衣。
临水霜华薄，劳生机考非。
故山相忆处，磐满白云扉。

---

① 邢昉（1590–1653），初名忠卿，字孟贞，江苏高淳人。明末清初诗人。十六岁能写诗。崇祯五年（1632），他第六次参加乡试，被主考官斥之为“太狂”，愤而作诗《太狂篇》，从此放弃仕进念头，潜心进行诗词创作和研究。有《石臼集》等诗集，共作诗2300多首。

② 棹：船用撑杆。引申义：长的船桨。

二、破石悟卓诗选

咏犊

出栏群牧童儿犊，蹶矣酣兮无个亍。
快爽风云得自由，踏翻水月何拘牿[①]。
平洋细草任鼻軒，峻险穿萝那碍欲。
分付山河随去来，莫教错认鞭头毒。

除夕

韶华几度潭忘过，寂寞其如客路多。
爆竹有声难作萝，乡心无曲不成歌。
漫添宿火频催韵，应惜浮生急似梭。
云水相从今夜坐，但饶舌处总禅那。

早行

行脚那论湿与干，毿毵[②]云衲破江寒。
杖悬孤月光非淡，星射沧影未残。
小岛浪鸣催曙色，芒鞋信步践芝兰。
隔堤何处闻钟声，疑是流翁下约磐。

又

瓢囊湿也又还干，顿脱尘襟那畏寒。
石上苔封凝露滑，楼头漏尽钟声残。

---

① 牿（gù）：绑在牛角上使牛不得顶人的横木；养牛马的圈。
② 毿毵（rán sān）：毛发、枝条等细长。

慢云卷暗犹瞻月，裹露闻香定是兰。
珍重奚童须着眼，莫教容易过跑磐。

秋雨

频看红叶故凭栏，敲碎风声竹万竿。
叠峰奇云忙过壁，轻舫持约下前滩。
空山几点苔痕淡，小阁半窗松影寒。
此际谁回函盖煖①，离离萧瑟侵诗坛。

题圣寿宫

丽矣辉煌特地周，崇隆殿阁接云浮。
岑峰翠琐琼窗碧，老幹深巢野鹤悠。
攲②枕梵音鸣贝阙，绕垣疏馨带清秋。
酬恩故效莘封祝，士女歌呼乐未休。

题大西洞八景

闲邀胜友③步飞泉，四壁玲珑静悄然。
石鼓馨敲滩水外，玉盘端的织机前。
灵龟莫是烟霞客，铁鹤无非古洞仙。
曲涧桃花游子意，长歌犹待月明旋。

印心庵与灵源夜坐

煮泉邀月咏胡笳，远寺敲钟接晚霞。
挥尘无心于万壑，拈花有意在三巴。
葛藤烂打翻新案，石火能炊别是家。
此夜须眉难共慰，应知脑后廓生涯。

---

① 煖（nuǎn）：同“暖”。

② 攲（qī）：同“敧”。斜靠着。

③ 胜友：极其要好的朋友；益友。

赠别阡阳趟元一使君

棠阴讴歌戴所遗，荒城萧寺赖君支。
洋洋声重三千价，历历民怀万里思。
金马度云嘶晚泊，锡泉坐月订先期。
萍踪奚以酬清况，但把重岩作玉碑。

露雨即事（二首）

西掷东抛骨董禅，即今有调不成联。
风前声响无非色，脚底毛寒别是天。
愁对残灯歌短曲，怀从故国语新篇。
只因一夜空阶雨，滴碎芭蕉梦未圆。

闲来拈韵亦枯禅，句在临机格外联。
错落珠玑连碧海，淋漓翰墨点青天。
寒窗叠摊云千树，觌面①相呈景一篇。
赢得枝栖山水趣，甘贫惟自任方圆。

[附记]选自(清)破石悟卓:《锦屏破石卓禅师杂著》。悟卓(1609–1654)，号破石。蜀之果城宕渠望族陈氏子也。受天童悟祖戒嗣香林禅师。遭申酉蜀乱。避地入黔。受武陵侯杨公请住石阡旃檀禅院。有《锦屏破石卓禅师杂著》（侍者超常记录）。

---

① 觌（dí）面：见面。

三、敏树如相诗选

复相国文铁庵居士①

春城忽睹凤来仪②，必是皇家瑞应奇。
蜀道花开香万里，楚山云接石三芝③。
传灯见性张无尽④，佛法留心曾叔迟⑤。
阁下雄风真大雅，壶浆不愧喜王师。

过桃花潭

平源一路入潭中，两岸斜阳澹宕⑥风。
日暖三春侵水碧，桃花十里映堤红。
乘舟李白归何处，送酒汪伦款乃通。
拟未寻贤真错落，不须隔水问渔翁。

---

① 文铁庵：文安之（1592–1659），字汝止，号铁庵，夷陵（今湖北宜昌）人。明代文学家、文史著述家，抗清民族英雄。天启二年（1622）进士。永历四年（1650），任东阁大学士。次年，自请往四川督师。到贵州都匀时，为孙可望所拘。数月后脱身到川东，联络川鄂边境的农民军——夔东十三家抗清。兵败。不久病逝。

② 凤来仪：即有凤来仪，汉语成语，古时吉祥的征兆。语出《尚书·益稷》："箫韶九成，凤皇（皇通'凰'）来仪。"。

③ 语出唐代灵一《题黄公陶翰别业》："黄公石上三芝秀，陶令门前五柳春。"

④ 张无尽：即张商英（1043–1121），字天觉，号无尽居士。四川蜀州新津人。宋徽宗崇宁（1102–1106）官至左丞。靖康（1126）赠太保。绍兴（1131–1162）中，赐谥文忠。自幼习儒，早年沾染道风，中年倾心佛学，具有较深禅学修养。他会通儒释道三教，主张三教融合。

⑤ 曾叔迟：即曾机宜，北宋时期佛教居士，他曾向大慧宗杲（1089–1163）问法。

⑥ 澹宕（dàn dàng）：恬静舒畅。

三元峰

群山硌硌拱星遥，峙逼苍穹值此高。
万里无云天一色，千松有日凤双毛。
文峰眼里长添彩，洗墨池中出俊豪。
莫谓尼师文武道，悠然突出远尘嚣。

薄暮望

海山高望晚霞流，一片孤城看未周。
几处霜风吹铁笛，一天星月照松丘。
寒梅带雪花如玉，草阁生香醉倚楼。
远睹夜游无限意，何须特地上杨州。

过武陵溪

寻源径入武陵溪，遥指蓬茆路不远。
百谷松阴移日影，千林春色露花枝。
秦时富贵君何避，晋国人家尚未知。
物换星移曾几度，渔舟还问故园时。

拟桃源

罢钓溪边荡小舟，桃花流水漫悠悠。
弃荣天地无生计，惟适河山得自由。
万顷烟波惊宇宙，一钩萝月照寒丘。
避秦高士知何处，满目春光在上头。

桃源村

不问仙踪与故都，桃源何处觅樵夫。
山通蜀上连三峡，水到人间去五湖。
两两渔舟横古渡，依依杨柳锁茆庐。
区区道是蓬莱境，笑倒高阳一酒徒。

山中偶韵

因僧问我祖师禅，向道山居不计年。
瓦灶时煨三个芋，荷衣自足一池莲。
悬岩几见春花雨，明月长窥秋水鲜。
茅屋不堪尘不到，闲同幽鸟共谈玄。

白牛山

常把金绳拽不起，几经高卧在乾坤。
通身毛润苔初长，遍体汗流雨洗痕。
香草任随餐饱足，烟霞放旷懒归村。
梅花笛里无心听，万壑风云一口吞。

赠隐木禅人

既爱幽栖结个庵，悠然得此兴来观。
泥牛衔月嫌天窄，木马嘶风过岭宽。
钵盛溪云常自足，杖探山色任相欢。
尔今亲见山僧面，莫向隐居木石安。

同相国吕东川居士游大西亭

阅尽江南亦未夸，名园怎似西亭佳。
危桥锁住千寻浪，峡口横开两岸花。
八面楼观山海日，四门窗入晚烟霞。
蓬莱浪苑何如此，幸是同游物正华。

赠风野道者

闲游玩物华，景致在山家。
翠滴穿岩雨，红开几树花。
人游湖上水，日照渡头沙。
了得浮生趣，禅风任可夸。

山行

松林堪独步，曳杖拨云烟。
晓色开晴岭，溪光接远天。
玄猿抱子啸，青鸟弄花妍。
乐乐无穷意，谁能有此钱。

晚兴

绿柳弄池萍，忽闻堤上莺。
窗明山月上，竹静晚风轻。
夹道花成径，游亭少客行。
坐来何所以，不觉又初更。

游岑公洞

岑公高隐处，石涧涌寒泉。
梅柳争春日，云霞接洞天。
江城开锦帐，海日挂珠帘。
不为樵柯烂，何须说道原。

山中吟

其一

竹隐幽栖地，白云常自连。
松针穿夜月，柳线锁寒烟。
石老苔纹迭，山藏草篆妍。
四时风味别，水鸟共谈玄。

其二

倦来无客至，独步赏闲心。
邑露花青眼，倩霞点翠林。
猿啼无孔笛，鸟噪没弦琴。

一段风光别，何人到此寻。

其三

漫游山谷好，远望江天渺。
妙舞树飞花，助歌山有鸟。
流泉逐野鸥，茅屋翠围绕。
偶尔夜忘归，松门俗客少。

同丈雪法弟游白兔亭

偕游亭畔鸟声啼，桃李芳华嫩草齐。
格外真机浑漏泄，莫惜春光一杖藜。

江春即事

乱石横拈砌钓矶，翛然无事谢春晖。
衔泥燕子相将去，偏向幽庭弄翠飞。

山行

翩翩独步白云头，履破青青绿水流。
无限落花铺满径，几株烟树拥山楼。

过玉仙桥

绿水溪边接玉桥，仙人何得占名高。
云逵深处通车马，不碍风尘露一毫。

岩中桂

何年移下广寒宫，不种王城种石中。
几度逢秋香袅袅，依依垂影伴山翁。

三曲径

深山旷野甚奇逢，几曲云环石径通。

峭壁倒悬花雨滴，漫随流水看潜龙。

望农

驱牛耕转白云田，每见春庄事事先。
两手锄开山脚水，一蓑披尽陇头烟。

窗前柳

柳影窗前斜水面，花阴渐长入杯池。
年年相看浑无厌，喜听莺啼上翠枝。

山居

其一

寻幽觅得隐身窝，白壁岩前鸟赓歌。
静扫石床清尽永，洞门高挂紫烟萝。

其二

廛居何似我居山，茅房栖止两三间。
闲来兀坐青松下，笑看白云去复还。

其三

终朝无计活生涯，秪解林间步日斜。
若问祖师的的意，蓬茅软壁夹篱花。

其四

安贫守道乐心田，破衲和云枕石眠。
自得山中真富贵，不将黄叶止啼钱。

其五

三个石头支着锅，清泉漫煮遣诗魔。
柴门半掩无人到，却是鶗鴂报好歌。

其六

幽岩寂静日偏长，半榻清风松竹凉。
鸟啄花英落满地，累他蝴蝶暗寻香。

其七

卜得幽居远市城，门无车马自冰清。
闲来扫叶供茶灶，谁把葡萄架共撑。

其八

闲携竹杖玩春山，遥点诸峰耸翠环。
鸟语花香无限意，几人能踏上头关。

其九

不耽诗癖爱青山，拾菌归来鹤未还。
一枕松风清午梦，喜无尘事到人间。

其十

山翁活计在山隈，种了青松又种梅。
放下钁头①明祖意，熏风拂拂自南来。

[附记] 选自张新民等整理：《黔僧语录·敏树相禅师语录》（卷8、卷9），巴蜀书社，2000，第117–118页、第122–132页。敏树如相（1603–1672），四川潼川（今四川三台）人，俗姓王。二十五岁出家，参就破山和尚，得其正传。入黔后居石阡三昧寺开法，后住持贵阳大兴寺。弟子有天隐道崇、天湖正印、颖秀真悟、赤松道领等11位。

① 钁（jué）：一种类似镐的刨土工具。

四、赤松道领诗选

夏日滇中同友游太和宫树下

绿树阴浓下，风来枝荡漾。
琼楼晃太清，岩石迭山嶂。
留骑故人怀，挥毫野士旷。
雪曲君裁成，巴歌喜共唱。
快意适天真，乐道以相尚。
古人陈希夷①，事迹犹在望。
徘徊不能别，欲去又惆怅。

春日送别鲁公佟檀越

膏雨②连云合，织成锦绣新。
明月夜初满，还照别离人。
昔君出东海，挟策游帝闉③。
为攀龙鳞上，早列虎帐臣。
不忘山水约，还以风雅亲。
诙谐有道骨，起坐无凡尘。
偶逢分袂日，常忆聚谈晨。

---

① 陈希夷：陈抟（871–989），字图南，号扶摇子，赐号“希夷先生”，亳州真源（今河南鹿邑）北宋著名的道家学者、养生家。著有《麻衣道者正易心法注》《易龙图序》《太极阴阳说》《太极图》《先天方圆图》等。陈抟熟读儒家经典及诸子百家，儒学功底扎实，精通《老子》《庄子》等道家典籍，对佛学义理也有认识。他融贯儒佛道三家学说，吸收儒家、佛教禅定思想理论，提出“三教合一”理论。

② 膏雨：滋润作物的霖雨。

③ 闉（yīn）：古指瓮城的门。

俚言博一笑，何日结前因。
荣程芳草绿，步步是阳春。

答孟阳熊檀越登山韵

遁迹荒山寺，锄云愧远公。
且无名著世，常有鹤鸣空。
池柳临春绿，白雪点苍松。
勘破醯鸡瓮①，不疑蛇影弓。
开池得皓月，种树引清风。
翰墨金门出，酬笔搜肠穷。
才华空邺下②，霖雨浓山中。
逃禅如不弃，煮茗再相从。

赠别金檀越

四海风尘息，八方云雾湮。
细推人物理，各质有前因。
愧我居岩谷，惟君不厌贫。
名开虎榜首，曾受龙颜谆。
灰财成节劲，斗酒共豪宾。
荣枯唯是义，得失总于仁。
气骨如山重，心融似水均。
临事无迁改，方显丈夫身。

次卞司马游东山韵

胜概杳何极，登临兴蔼然。

---

① 醯（xī）鸡瓮：比喻狭小的天地。

② 邺（yè）下：今址河北临漳邺镇，古时邺城的别称（遗址主体位于今河北临漳县境内）。献帝建安时，曹操据守邺城。建安七子及其他诗人环绕在其周围，在创作上形成一种“梗概多气”的诗风。故建安七子又被称“邺下七子”。

披云僧入定，载酒客逃禅。
鸟弄枝头婉，钟声野外县。
欲题千里意，犹隔几重烟。

赠臯宪高护法荣升

骢马连云贵，云泥不隔津。
永升新慧日，重识旧莲因。
道义怀千古，忠全惟一真。
更教泉石远，草木尽沾春。

次谭牧州鱼声韵

不恋龙门路，清音出梵宫。
石人沾法雨，花鸟度宗风。
悟灭诸非尽，声虚万籁空。
三乘微妙旨，只①在一闻中。

同友人赋得月下听溪声

野树烟铺密，行吟共月前。
溪声藏白练，风静响飞泉。
霁色开晴嶂，蟾光映晚天。
风情无限意，跌对兴悠然。

次登山韵

寺结高原地，金绳万壑中。
鹿眠依翠竹，鹤立就青松。
有意皆非实，无心境自空。
微风生岭上，萧瑟出云中。

---

① 祇（zhǐ）：同“只”。

友人至山题以赠之

环翠千峰拱，溪声永日潺[1]。
烟云浮岭上，日月走盘间。
青鸟啼幽壑，苔纹绣石斑。
目前风景足，何用苦寻攀。

送别在臣杨檀越迁楚黄郡丞

秦拥龙文出，卖刀贤佐逢。
才能千里骏，声价五花骢。
柳色黔山外，琴鸣江楚中。
坐清南服地，指日远褒封。

咏桂赠友

碧树凝秋色，寒林爽气频。
丰姿标月静，洁志凛风尘。
别去兰馨远，还同菊兴新。
花神头点处，永佩忆天真。

赠游山客

旭日照黔灵，四围气象明。
山开非鬼斧，路凿有仙名。
境僻尘心静，溪声鸟语清。
宾朋同席地，细看落花平。

酬夏孝廉韵

山青知雨过，水湛月临溪。
竹翠留云宿，松孤待鹤栖。

① 潺（chán）：象声词，溪水、泉水流动的声音。

春涛和雪曲，秋雁伴云啼。
韵合烟尘息，清风拂柳堤。

春日间咏

大块烟云合，春深处处繁。
动观芳草秀，静听柳莺喧。
日色荣寒榻，清香递竹门。
惊披蝴蝶梦，物我老乾坤。

友人过访赋赠

重道轻浮世，才华气且英。
理明机万斛，义尚识三生。
声价风云合，禅源法海清。
从来金玉汁，水远共山明。

次田春元夜赏菊韵

秋香寒夜发，赏岂待时过。
喜对青娥质，同联白雪歌。
凉深星冷现，夜午霜情多。
尽此良宵夜，清吟爽更多。

春日次酬张词宗过访不遇韵

晴春承马辔①，谷鸟报音来。
柳放和风暖，梅荣斗雪开。
诗名留静案，客路冷苍苔。
隔宿无烟火，轻鞍蹀躞②回。

① 承马辔（pèi）：意即骑马。承，托着。马辔，马笼头，驾驭牲口的嚼子和缰绳。

② 蹀躞（dié xiè）：小步走路。

赠别乾御、一乘二禅人

浩渺风尘急，丰敦畏散筵。
冠年勤苦道，漏刻博言诠。
聚首青鹫胜，离愁白鹭天。
难于分袂处，柏子袅轻烟。

同友人登大悲阁望武侯祠

宝阁玲珑渺莫穷，登临又听上方钟。
青山迭迭频铺翠，绿水湾湾应几重。
大士纪从周代记[①]，武侯功业汉时封。
寻知清洁循良事，始志而今载玉峰。

次抚军杨檀越游山

重重迭嶂拥岩峣，蹑磴披云到碧霄。
一目峰峦青个个，四围花木翠翘翘。
推穷理事心非有，洞彻机言意廓寥。
玩罢欲归归欲望，亭台天外雨花飘。

次梁道台登东山韵

平原拥出青芙蓉，插入丹霄云雾封。
岩岫花开时度鸟，江城烟抹远闻钟。
雨添岚气新诗爽，风送栴香旧话逢。
不惮问禅来此处，三生石上叙从容。

赠粮宪傅檀越荣升

物我同仁布泽均，金腰先种又重新。
花开万里香江地，果上三台寿国身。

---

① 大士纪从周代记：指释迦牟尼传播佛教的时间，对应于中国西周景王至周敬王时。

政颂有声天下满，诙谐不厌野人贫。
真诚大雅清名远，芳翠联联尽占春。

过般若庵

曾思有约过云庵，几听溪声野外县[①]。
雨细蛙鸣清协韵，风和鸟语共谈禅。
闲寻竹院烹茶坐，倦扫松阴枕石眠。
疑是葛天风化里，炉香一缕乐悠然。

同学台赵、王二护法河岸蓬居作

结茅江岸喜清幽，物象无边四望周。
几树柳烟横薜砢，数行车水到粳畴。
残经开卷和风演，苔磴垂竿待月收。
日用翛然随意处，波涛不尽响中流。

游大悲阁

宝阁峥嵘俯碧川，登临四望兴怡然。
青林幽鸟啼空外，花落香风到客边。
夹岸水声铜鼓外[②]，卷帘山色凤楼前。
清幽胜景多堪赏，坐久忘机兴自便。

花朝

渐度阳和万象新，花枝浓淡出风尘。
年光乍入四旬外，节令微沾二月春。
色相嫣然争旦暮，园林迟速感精神。
从来词客多游览，言下津津向此辰。

---

① 县（xuán）：古同“悬”。

② 原注：有铜鼓砢。

次众春元游山韵

小壑丹丘倚石边，澄澄碧水映长天。
林间野叟闲溪径，云里群仙敞玳筵①。
星聚北山千嶂回，光分玉带一灯传。
旧时王谢今重见②，独愧支公拙简篇。

访东山梅溪法兄③

扶筇底事步林泉，为访知音兴偶然。
山境晴岚生石谷，会城灯火续寒烟。
牧樵歌远闻云外，鸟雀声幽落槛前。
物换人间虚梦醒，馨馨梅放满溪边。

次法澜禅师韵

髫年历练荷先翁，得睹慈颜礼大雄。
涧水长流千岁月，香云犹恋一天风。
肝肠寸断猿声应，灯焰重光鸟道通。
满壑松涛听不尽，茫茫匝地雨烟蒙。

游海子玉京山

石磴盘层上玉京，登临四望野云横。
奇峰矗矗参天秀，小艇溶溶系水晶。
尘务远离诗思爽，忙中却得静情生。
为僧祇解禅那病，碧落霞敷遍界明。

---

① 玳筵（dài yán）：即玳瑁（mào）。筵，指豪华、珍贵的宴席。敞：场地开阔。

② 此句借用刘禹锡《乌衣巷》“旧时王谢堂前燕，飞入寻常百姓家”之意。

③ 梅溪（1637–1699），法名福度，字梅溪。四川永川人，俗姓张，母吴氏。五岁时随父来黔，入塾读书。后礼本山知如剃发。依阔浪受沙弥戒。后亲灵隐和尚圆具。有《语录》十卷。

菊

寒荣却美尔芬芳，不受凄风一瓣伤。
胜格能甘沾晓露，孤情岂畏凛秋霜。
延龄未泻南阳浦，招隐名增陶令庄。
群卉尽凋知劲节，独余静影对清光。

粉蝶夏来时

何事翩迁度曲廊，园林迟速竞琼妆。
轻盈枝上加冰茧，闪灼篱边似雪扬。
半草半花风细细，频来频去影双双。
等闲识破庄周梦，千夜何惊觉得忙。

山居

非凡非圣个闲人，不爱声华不厌贫。
几则偈言随手颂，一生事业没心亲。
怜他花瘦常留雨，喜尔莺多欲挽春。
自是山家真快乐，石林云物总无尘。

特地层峦辟梵宫，重重殿阁倚长空。
岭头花草笼轻雾，山外云霞漾远风。
好鸟吟春深树里，孤猿啸月过林东。
灵台自是天生别，登眺悠然万物融。

髫年蠢念爱山中，日用生缘世不穷。
为法难如红雪子，真传岂爱白头翁。
几回屈指劫前事，万古推心此刻同。
倦枕猿声啼夜月，恍然不觉日头红。

闲咏

关中几坐已忘时，放下全无一事为。

启牖忽观天地外，鸟声啼在杏花枝。

乐道安闲脱辱荣，冰心一片洞圆明。
携筇昨夜寒江望，月自皎兮风自清。

翠嶂清溪跨白牛，乐眠水草已忘忧。
横吹铁笛无腔调，水月松风一韵收。

紫薇

瑶天一片映霞红，影落庭前破色空。
拟是紫衣传不尽，等闲分付与勋风。

春日

春胜山川绿，连天风雨速。
隔林听晓镜，破雾鸟声出。

和纯乾道人韵

满月照山楼，倦眠枕石头。
鱼龙江海上，把钓任垂钩。

山房间作

月影秋潭现，钟声静夜频。
随波逐不散，总是岸头人。

法门极则事，海墨书难尽。
只在一毫端，乃闻闻自性。

华严洞①

弱冠如梦踏灵台，今到灵台识拥催。

---

① 原注：《由行草》。

刻赏兴从闲处得，留题句向静中来。
森然石室千层胜，庶使鸿蒙一窍开。
隐隐梵音空色相，故将萝薜易天才。

[附记]选自张新民等整理:《黔僧语录·黔灵赤松领禅师语录》(卷4)，巴蜀书社，2000，第215–229页。赤松（1634–1706），法名道领，字赤松。俗姓韩，名景琦，祖籍浙江，生于四川潼川。少习儒，性好佛。十五岁时入山修行。清顺治十年（1653），入黔投灵药法师剃度出家。后四出参访拜师。清康熙十一年（1672），选黔灵山建寺院。著有《语录》《黔灵山志》《游行草》等。

五、瞿脉净和诗（偈语、法语）选

题壁诗

行李萧萧两鬓华，担头犹自插梅花。
会稽踏遍无人问，还访孤山处士家。

题壁法语

一勺水，便具四海水味，世法不必尽尝；
千江月，总是一轮月光，心珠宜当独朗。

上堂

深山深处依崖栖，黄鸟时来树上啼。
一句回超千圣外，松萝不与月轮齐。

地炉无火空囊空，雪似杨花落岁穷。
衲破蒙头烧榾柮[①]，不知身在寂寥中。

过去诸如来，斯门已成就。
现在诸菩萨，今各入圆明。

开炉小参

三分光阴二早过，灵台一点不揩磨。
区区逐日偷生去，唤不回头怎奈何？

---

① 榾柮（gǔ duò）：短小的木头。

除夜小参

年穷岁尽日时穷，正在拖泥带水中；
纵有阶除不下者，也应惭愧向东风。

示众

篱际黄花正吐，山前木叶飞飞。
可怜一秋又过，楼阁不见人归。
关情佛面尘土，忉忉①说向阿难。
苟会自心原妙，自然上下雍熙。
倘仍一往人我，祇恐追悔无期。
百劫千生不妙，盖由燕事生非。

示众

不用区区向外求，九旬话共颇清幽。
堂堂大道如弦直②，脚下无私任去留。

[附记] 选自张新民等整理：《黔僧语录·瞿脉和禅师语录》（卷 1、卷 3、卷 4），巴蜀书社，2000，第 268–270 页、第 284 页、第 287 页、第 293 页、第 295 页。瞿脉（1662–1725），俗姓笪，生于黔北，20 余岁即出家，拜赤松和尚为师，遍参海同名禅。清康熙四十三年（1704）任黔灵山住持。工诗、善书法，与当时名士周起渭、潘德征等交游唱和。选自（清）康熙《黔灵山志（卷 12）·艺文·下》。

次陈香泉登东山韵

参差怪石倚高台，当户林花映碧苔。
遥识醉翁归去晚，夕阳无数鸟飞来。

---

① 忉忉（rěn rěn）：忧劳。忉同“忍”。

② 弦直（xián zhí）：正直；挺直。

登甲秀楼

清风吹断野云残，凫渚鸥洲处处看。
日暮何人溪水上，小舟漾去傍巉岏。

[附记] 选自贵州省文史研究馆编：《续黔南丛书（第8辑）·下·黄彭年诗文集》，贵州人民出版社，2014，第1575页。净和，字瞿脉，赤松弟子。

六、燕居德申诗选

临济三顿棒

举起鞔[①]天空索价，拈来就地便还钱。
既知不犯当头令，恶发南边动北边。

庵主借塔样

堪笑两个庵主，相逢便诉艰苦。
塔样不辞借看，衹怕钉桩摇橹。

大隋乌龟[②]

本色还他老大隋，赤条条地断人疑。
草鞋覆却如相委，勘破庵中老古锥。

山居口占

为僧何故爱山居，为爱山居绝所思。
黄叶扫来堆上壁，青芹拣过入酸瓷。
身寒不有烧炉日，肚饥宁无吃菜时。
但得不饥并不冷，尚疑人谓养痴皮。

---

① 鞔（mán）：蒙鼓，把皮革固定在鼓框上，做成鼓面。

② 大隋乌龟：佛教术语，禅宗公案名。又作大随乌龟、大隋龟话。大隋，指唐代之大隋法真禅师。此则公案乃大隋法真藉乌龟来接化学人之机缘语句。《景德传灯录》卷十一（大五一·二八六上）："师庵侧有一龟，僧问：'一切众生皮裹骨，遮个众生骨裹皮，如何？'师拈草履于龟边著，僧无语。"盖所有生类，其骨必在皮下，此为既成之常识概念，然以佛法立场观之，执著于常识概念，亦属妄见之一。故于公案中，此僧固执此一妄见，而对一切物无法直接领受，大隋遂藉"拈草履于龟边"的不合常理之举措，以对治此僧之偏见，此即本公案之主旨。

和破老人题蟠龙韵

蟠龙自谓藏于壑，岂欲飞腾露爪牙。
数载眠云情未已，一朝搅动意偏赊。
寒岩忽锁千条练，幽谷频添五色霞。
头角宛然留不住，锦江之上浪桃花。

除夕勉众禅者

道人活计颇随缘，春到梅梢又一年。
炉里有薪煨紫芋，瓶中无水酌清泉。
风生峭壁家筵冷，雾霭中堂蓬荜穿。
寂寞不同尘世乐，念头愈淡道愈坚。

游流中寺有怀

古寺萧条乱草芊，故人邀我得盘旋。
当轩放入阶前翠，启户推开槛外天。
几片白云生涧水，一棚青火散林烟。
此时暂了流中约，异日将期敞法筵。

送云峨禅人南行

阇黎决志下南方，此日南方多不良。
但见怡颜甜似蜜，谁知含意毒如礵。
杀人不用三分铁，活命唯将一片姜。
赢得几回堪柱础，归来一带任揄扬。

留别东赤吴居士

才得相投便出林，草芊芊处意深深。
苔封休采新条句，梦觉还怜枯木吟。
有问不辞欣堕履，无情那复泪沾襟。
曹源近日堪为水，一泻中分两处琴。

示丽水金居士

儒士释士与道士，浑元三教何曾二；
同行同住复同床，可笑同床扯破被。

拟题云台即来韵

层峦不睹讶天峰，人固难企鸟易从。
残雪半窗明覆井，孤风千载韵长松。
适怜望帝将留暑，正爱梅花已过冬。
未到云边情未瞥，但聆空际落疏钟。

和月竹法兄题岩前石鲤鱼

傍石潜渊饮素流，长年不欲动轻舟。
每随蟹眼窥其脊，亦任虾须跳上头。
非是沉吟眠死水，待乘桃浪跃沧洲。
一朝背负摩天日，仰面看他云汉①游。

寄斗山韩居士

与君相契未深投，别后思之寄扇头。
既信吉人常坎壈②，何须眉宇倍搂愁。
与其有意成多事，何若无心总不忧。
虽谓休官林下好，几人林下乐松丘。

朝阳散步

洞口云生足，溪边柳拂眉。
牧童回首处，问讯自皈依。

---

① 云汉：指银河。

② 坎壈（lǎn）：困顿，不顺利。

晚眺

斜阳一带映山头，人事萧条景自幽。
樵子牧童归去后，月明依旧照松丘。

岭畔踟跌

频呼同气眺晴辉，石上踟跌绝是非。
拟欲商量无可似，笑看一鹞向空飞。

采茶

饭罢携篮去采茶，襜褕短袂拂山花。
低头不觉天将晚，人在山间月□□。

苍池夜月

依稀堤畔睹光斜，影落瑶池弄晚沙。
刚欲捞回空界去，孰知林外更铺花。

山居

亭树沉沉绝点埃，藤蓝落翠染苍苔。
名花几种多留客，共看烟霞飞入来。

涧峡朝烟

白练拖如织毳横，千松翠吼拨机声。
东皋忽灿朝阳焰，惊起寒巢宿鸟鸣。

峰头古柏

古柏参天带露垂，森森老干发新枝。
严霜烈日曾经久，留与儿孙作远思。

论棒喝

棒是时人一样施，喝是时人一样喝。
时人不识所以然，所以拈向时人说。
未曾开口耳先聋，未曾举棒横身着。
只在时人日用中，可慨时人不自觉。

付尔瞻禅人

万峰山顶鵷雏儿，不向繁柯借一枝。
数载随余竹食饮，象头高放入云衢。

付雪林禅人

春日偕游兴未终，密云弥覆暗长空。
殷勤欲搅西江水，一棒拦腰起卧龙。

付穷尽禅人

从来半肯半不肯，全肯之时未是肯。
今付吾徒自肯人，不特诸佛被汝捆。

付映雪禅人

带雪牛儿卧草塘，不能狐兔不商量。
吾侪痛与一鞭子，不特身横丈七长。

付古平禅人

佛法而今可笑人，传灯二字不堪闻。
吾徒既是英灵子，借重拈来试一评。

付辰枢张居士

斫额求人第一机，衹因隔远两相期。
仲尼殿里亲相嘱，一领粗袍作信衣。

付昱明陈居士

拍天伎俩头头隔，放下狂心处处通。
斗大图书分付汝，印泥印水印虚空。

付二岳米居士（贵西道）

三教犹如一瓮然，惟君击破海中天。
芦花浅水非游戏，要获金鳞巨浪前。

付牧鲲汪居士

伪有源流谓某传，真返无红纸半边。
此偈分明付授尔，不将付字得人嫌。

付若梅朱居士

投机之日可应传，况复相依十五年。
我把一灯分付汝，龙潭吹灭此因缘。

赞紫竹观音

头上岩崖竹覆，脚底寒蒲着坐。
看似适然怡然，熟知三十二堕。
错！错！
好个糊饼，被人夺却。

赞白衣大士

白衣大士，获本图利。
独占高岗，荆棘何忌。

[附记] 选自张新民等整理：《黔僧语录·云山燕居申禅师语录》（卷5、卷6、卷7），巴蜀书社，2000，第374–383页、第385–394页。燕居德申，四川巴县人，俗姓李。十九岁出家。曾住贵阳大兴寺，建清镇九龙云山，后迁福泉。有《云山燕居申禅师语录》（8卷）等。

七、云腹道智诗（偈）选

怀象崖老和尚

大西洞天非世间，高高云路几能攀。
八行欲寄何由至，镇日看山不到山。

镇日看山不到山，烽烟蔽野路途艰。
草鞋无自通消息，犹忆风规启后贤。

不露锋芒却自闲，白云深处枕高眠。
几回梦里频相委，历历溪山落落烟。

寄东山止法兄

兄去烟墩我向秦，云山楚水几经春。
五龙院里曾分座，赢得先师累后人。

示太峰上座

行脚多艰事未符，老来方觉费踌蹰。
豁开心眼空霄汉，历尽层峦峰亦无。

示会也上座

刹土微尘一句收，那堪直指问根由。
只须坐断今时也，始信桥流水不流。

寄达远上座

中和法嗣汝为先，拄地撑天望尔前。
黄檗宗风千古胜，因循空过好时缘。

寄弥光上座

一庵深隐乐华峰，万事无干心自通。
莫谓无心云是道，森罗万象此光中。

示月辉禅人

突出当空月一轮，辉天鉴地绝埃尘。
禅人就里宜参取，举首明明洞本真。

示达心禅人

圆明一点露堂堂，者里如何有覆藏。
打瓦钻龟①徒卜度，那知触处即心王②。

示德坤禅人

顶笠腰包个衲僧，终朝抱屈上人门。
自家宝藏原无失，向外驰求丧德坤。

赠慈化陶居士

昔日庞公嗣马祖，今朝慈化绍西峰。
道通天地无今古，只在当人一念中。

示绍宇李居士

宇宙虽宽无别路，脚跟下事贵相亲。
邦畿千里惟民止，好去安居莫问人。

示正宇舒居士

拟欲修行信不坚，因循却被葛藤缠。

---

① 打瓦钻龟：两种占卜术。打瓦：即瓦卜。古代一种占卜方法，击瓦而视其裂纹以定吉凶。钻龟：是古代一种占卜术。钻刺龟里甲，并以火灼，视其裂纹以断吉凶。

② 心王：八识心王，唯识宗将心解析为八，立下八识心王的名称。此八识，即眼识、耳识、鼻识、舌识、身识、意识、末那识、阿赖耶识。

六根结解如如佛[①]，只要当人不变迁。

题复生栦（有序）

西峰自劫灰之后，四山皆濯濯焉。独此古栦[②]一株，其围四合，而长不啻百二十尺矣。予癸卯冬过此，早已生气不存。至明年春，受请入院。未几，向东一枝忽荣，犹绝后再苏。今将四载，千枝万叶无一不秀矣。

苍苍独占一峰头，经雨经风不计秋。
枯却多年今复茂，依然千古荫无休。

自赞（顺钦陈居士请）

继曹溪之宗，中黄檗之毒。
惯使子胡一只狗，剜心剖腹；
卖弄杨岐三脚驴，神出鬼没。
到处人多讪谤，只为直不藏曲。
撞着顺钦陈居士，图我之丑于纸轴。
阿呵呵！会也么？
大千沙界海中沤，一切圣贤如电拂。

[附记]选自张新民等整理:《黔僧语录·云腹智禅师语录(卷2)·杂偈》，巴蜀书社，2000，第473–477页。云腹道智，四川渠县人，俗姓李，母何氏。早年在本里水月庵出家。后辗转入黔，先后驻清镇云归山，安顺府（治今西秀区）清凉禅寺、长寿院，永宁州（治今关岭县城）灵应山中和禅寺，弘法宣教。后入楚住持潭州益阳凤山西峰禅寺。其侍者岳贤、联升辑录《云腹智禅师语录》（二卷）。

---

① 如如佛：觉悟如如之理的佛。

② 栦（chóu）：古书上说的一种树。

八、语嵩传裔诗选

（一）选自《语嵩语录》

参禅偈一百首（选六首）

一

参禅无难易，只要有恒志。
磨斧可成针，截木用绳锯。
锯倏绳木断，脚跟原点地。
拍掌笑呵呵，本没西来意。

二

参禅没渐次，只要奋勇志。
独立宇宙中，横按吹毛利。
一斩一切断，不落第二意。
正当与么时，直下超群类。

七

参禅本无别，为破生死诀。
无分智愚贤，岂论巧与拙。
只以悟为期，切莫拘时节。
倏然断命根，拔出眼中屑。

三十五

参禅喻磨镜，尘尽光自洁。
大地及山河，都来镜中政。
恁么恁么时，正是说禅病。
镜无无亦无，觌体名见性①。

七十九

参禅不遇人，知识作么明。
直教亲师友，何劳守化成。
若作井蛙见，埋杀汝平生。
三登复九上，力甚先哲行。

八十六

参禅学偷心，诈入宗门类。
身虽附圣众，念念犹他异。
听得口头语，认着为实意。
一日还丛林，仍作天魔嗣。

答天虞郑居士②

山居一室两三椽，折脚锅中煮碧莲。
茶熟不逢佳客至，日高独许老僧眠。

棒驱佛祖浑无迹，喝验龙蛇别有天。
断舌英才曾解玉，休将文字谤逃禅。

镜花水月草头霜，梦里登楼作戏场。
石火光中筵客座，无端逼杀暮云忙。

---

① 觌（dí）：见。

② 天虞郑居士：郑逢元（1613–1689），字天虞，又字天瑜，法名天问，平溪卫（治今贵州玉屏）人。官至南明永历礼部尚书，兼兵部，参与机务。

百丈澄潭一老龙，垂丝千尺钓春风。
等闲立破三冬雪，笑杀钩头争似弓。

入虎穴，夺虎子，锋芒不敢向君举。
聊将皮毛露些儿，更有嵩山真骨髓。

示真善人

老僧本是一农夫，习气原来总不除。
自笑全无佛法说，只教田地莫荒芜。

示玄壁禅人

汲水破柴皆佛事，只须随缘理会去。
一朝桶底脱落来，尔与老僧本不异。

普请示众

木皮庵里别无长，三阵梆催个个忙。
逼得通身汗滴滴，直教当下绝商量。

饭后梆声震翠微，荷锄老衲出林扉。
报缘有限终须尽，自种嘉禾养道肥。

西山普请不虚传，衲子偷安莫向前。
须是铜头铁额汉，恁么参得老僧禅。

普请从来上古规，非吾特地妄施为。
逢缘触处法轮转，何必区区斯结眉。

禅诵经行畏苦神，阿谁重法舍全身。
虽然先圣弘规在，腰石负舂①能几人。

---

① 腰石负舂：六祖慧能于黄梅山五祖弘忍处中充任杂役，在厨房踏碓舂米，因体重太轻，就将一块大石绑在腰间（据《曹溪大师别传》）。

偶作

西山峰顶，无人能到。
让吾纵横，仰天长啸。

西山路上，有人来去。
恼恨不歧，都踏不住。

西山禅堂，不落商量。
寒则附火，暑则乘凉。

西山方丈，易见难入。
衲子跨门，打破头骨。

[附记] 选自张新民等整理：《黔僧语录·语嵩禅师语录》（卷 9–11），巴蜀书社，2000，第 631–632 页、第 649–650 页、第 663 页、第 671 页、第 684 页、第 706 页、第 710 页。语嵩（1611–1666），法名侍裔，俗姓宋，四川巴县人。明崇祯七年（1634）出家。清顺治八年（1651）入黔，住平泥山报国寺、修文三潮水知非寺。顺治十年（1653），率弟子入息烽西望山创修凤池寺。有《语嵩语录》。

（二）选自《黔诗纪略》

散澹歌

玲珑屋三间，发长僧一个。
进退任自由，家缘随地破。
百事不关怀，二时无功课。
抱膝火炉头，狂歌到日暮。
松门纤月来，竹榻和衣卧。
日午打三更，黄粱事多错。
堪笑梦中人，光阴虚费过。

说与劳劳者，休效吾懒惰。

嘱行者浣衲衣

西山破布衲，病骨幸得披。
寒暑经数载，未尝挂寸丝。
条条如柳絮，结结若星垂。
补缀非慵意，无处卓针锥。
灰尘尚几斗，慢慢细轻槌。
勿使捣声远，恐闻云外知。

示自心禅人还凤凰池

岭头云，断复续，洞口桃花红映绿。
游山人，三五六，不唤牟尼境则背，唤作牟尼境则触。
凤凰池畔春水涨，芝兰笑破寒山谷。

示法侣

昨夜中秋月，今朝午后钟。
分明的的意，不触五家宗。

示自心禅人

别却夜郎来，须到牟尼顶。
若只窥门户，自心终不稳。

景衢扬居士祈嗣索偈

由寺无别奇，一枚瓜当礼。
勿嫌送与迟，为待坚固子。

颂破山诗翁四首（选三）

干戈林里卖疯颠，一个酒杯续正传。
大地众生都疑杀，不知原是止啼钱。

临机卓卓任风流，活杀全提不展眸。
岂但夺人并夺境，虎头虎尾一齐收。

儿孙个个起家门，散质疏狂物外尊。
八万四千狮子座，一时哮吼震乾坤。

长破和尚示法语有感

戴角披毛入市廛，气吞万象力回天。
祖翁田地几耕转，独有儿孙冤债缠。

牧牛颂二首

一带溪山烟水速，攀藤拨草少迟迟。
分明牛在云深处，寻到云深又几溪。

当年欠下嵩山债，今日披毛带角还。
欲解犁耙无处解，拖泥拽水在人间。

寓贵筑城观音阁答知非居士挂冠三潮水狮子峰四首

万顷烟波一叶舟，春江几换白苹秋。
蓑衣欲挂芦花岸，不见狞龙上钓钩。

棒喝奔雷接上机，老僧非是浪施为。
殷勤寄语知非子，若道知非早是非。

闻公住处三潮水，泛起铁船云外飘。
珍重舟人稳把舵，长年作个渡驴桥。

住山消息事如何，茄子王瓜种几多。
珍重园头勤守护，恐猿偷入葛藤窝。

复玉岑冉居士二首

不居廛市岂居山，合水和泥只自闲。
任是冬瓜直儱侗[①]，叮咛瓠子曲弯弯。

踏遍千山与万山，看来何物有忙闲。
夜来且伴芦花宿，水面无心月一弯。

答文野周居士

宇宙忙忙白首翁，奔南走北向西东。
芭蕉梦起睁眉看，鹿过前山第几重。

寓中湘示雪痕禅人

两度肩云入楚来，桃花落尽李花开。
殷勤送子还乡去，休使杜鹃中夜催。

示两生座主

大和三献灼然痴，按剑投光正此时。
千古徒教人痛惜，一声长啸一声悲。

读传灯寄铁庵文相公

上方静坐读《传灯》，万虑虚灵一念澄。
记得当年曾与教，而今发在已成僧。

答神生居士二首

一灯续焰百灯明，照破昏衢待客行。
休恋途中风景好，只须步步到家庭。

今朝病起向维摩，昨日同谁看插禾。
下水农人脚不湿，白头童子唱田歌。

---

① 儱（lǒng）侗：直。

[附记] 选自（清）唐树义审例，黎兆勋采诗，莫友芝传证，关贤柱点校：《黔诗纪略》，贵州人民出版社，1993，第 1287–1292 页。

九、莲月印正诗选

示问生禅人

问取生从何处来，根身器界任疑猜。
有时露柱蓦相撞，磕破顶门眼自开。

送剑眉禅人之曹溪

雪笠云瓢过岭南，风幡有语向谁参。
老卢莫信来无口，常在溪头日日谈。

寄药山塔主怀壁禅人

笑声犹在听来粗，笑得何人不丈夫。
谩道塔前空自守，化龙元是跃渊鱼。

送瞿也禅人之江南

闲随云水走江南，先遇故乡人共谈。
此去诸方从散澹，心空那更觅禅参。

送静虚禅人南游

蜀西买棹到荆南，略把庭前柏子谈。
顺水张帆吴越去，归来依旧打同参。

和黄檗象崖和尚山居关字韵

松食荷衣爱住山，白云堆里一生闲。
水流华发乾坤静，人世浮名浑不关。

万个青山傍一山，竹床高卧有余闲。
夜来邀月供清赏，分付山童莫掩关。

几来冂[①]水几寻山，坐笑蒲团让我闲。
帘外送君何所赠，数声啼鸟过柴关。

住山年久并忘山，物我无情一体闲。
猿鹿为邻栖石室，白云几片护松关。

和月平禅友咏雪

劈破昆仑玉屑飞，斜斜重上绿荷衣。
莫教出岭风吹落，留与山翁乘兴归。

冉逐轻风似蝶飞，深山樵子易盈衣。
为肩榾柮[②]供炉火，佩得通身白玉归。

游人纵目兴如飞，华雨翩翩舞氅衣。
因过孤山重赏玩，早梅摘得一枝归。

如珠如玉乱纷飞，点缀钓蓑成画衣。
银树岩前烟火起，一声款乃趁风归。

扶桑残夜金乌飞，影映山河覆白衣。
曙色早开知有意，欲来相送玉人归。

与济川杨文学夜坐

溷俗[③]和光陋巷居，圣贤晤对乐琴书。
夜来帘外弹山月，细柳上阶弄影疏。

---

① 冂（jiong）：远界也。

② 榾柮（gù duò）：木柴块，树根疙瘩。

③ 溷俗（hùn sú）：谓混迹于世俗之中。

初夏同沛两王公并二三子野望

山华带露鸟啼晴，几片烟云陇上生。
始信无言化育巧，一天时雨泽群英。

送圣可法弟还蜀

八年拨转杖头云，一旦归来志不群。
行道报恩深有望，难兄难弟独称君。

赠子英张居士

竭力同开选佛场，裴休无尽共行藏。
道名如是标千古，狮子类从狮子王。

元日偶成

张公吃酒李公醉，佛法新年接上机。
今日春风初鼓动，惟飘白拂对人挥。

寄大慧禅师

湖北湖南意满腔，今年秋色更无双。
白云影里芦华岸，一片清风不隔江。

送我石新戒还蜀

欸①乃一声客思飞，片帆遥逐水云归。
逢人共话春山月，漫道明珠在故衣。

九龙山破寺

雨痕三佛不同颜，草树侵阶已渐删。
两度到来怜此境，石屏淡墨点陈斑。

---

① 欸（ǎi）乃：象声词。摇橹声。

阅《景德传灯录》

马字驴名列玉篇，九逵[①]接踵蹋人天。
但从行处辨踪迹，鼻孔浅深尽着穿。

送隐石禅人游峨眉

怀香远上大峨巅，借问为山为普贤。
一一都卢在脚下，何须更费草鞋钱。

复东川吕相国[②]

经地照程出外江，金瓯姓字世无双。
杖头虽拨天涯路，千里同风化万邦。

号大用禅人

大机大用大威光，吐气翻身贵自强。
毕竟当仁师不让，从教虎骤与龙骧。

示润吾张居士

金刚般若与坛经，故纸多年却最灵。
两卷较来何所似，白鹅恰好换黄庭。

示清寰杨居士

有士唐时姓着庞，悟从一口吸西江[③]。
杨公勘破此中意，可作尘劳个法幢。

---

① 九逵：四通八达的大道；泛指大路。

② 吕相国：吕大器（1598–1650），字俨若，号东川，四川遂宁人，明末著名政治家、军事家、诗人。明崇祯元年（1628）进士。官至永历朝兵部尚书、武英殿大学士。

③ 一口吸西江：即“一口吸尽西江水”。典出《景德传灯录》（卷 8）：“庞居士参马祖：‘不与万法为侣者是什么人？’马祖云：‘待汝一口吸尽西江水即向汝道。’庞居士顿领玄旨。”

夏日与友人坐话

尽日茗炉坐福昌，每从南北话行藏。
大都荆楚荷华胜，引得清风宇宙香。

雪夜同众围炉

火炉头忆普通年，立雪齐腰续正传。
传到广嗣薪不尽，烈烈轰轰却胜先。

初夏坐钟应山房

殿角微凉古木深，熏风拂拂欲披襟。
坐中若遇知音客，且听黄鹂转绿阴。

赠东岩宗公重修福昌

福昌名胜溯诸唐，宗伯刘碑纪甚详。
今幸东岩公整理，祖灯从此又重光。

福昌怀古二首

福昌祖席四传灯，名著当年海内称。
断碣文章犹未泯，山灵有意待重兴。

善师说法不周遮，本色为人推作家。
据座如临千众势，高风万古播天涯。

凌云夜雨二首

小阁孤松下，夜来疏雨洒。
秋声共我吟，客思对谁写。

小阁孤松下，松枝带露洒。
旅愁日益浓，即景如何写。

赠明觉禅人

少年图作佛，此志贵乎坚。
乳虎威偏猛，蛰龙力易全。
如斯勤自策，毕竟越人前。
纵祖灯秋晚，绍隆尔勉旃。

良晤以言赠，英才量必过。
志高心澹远，养厚气巍峨。
曙色岭头启，秋声竹里多。
不随前境转，着眼意如何。

遵义俞邑侯春日过访赋赠

忙闲浑不问，览胜到岩阿。
水白宦情冷，华红诗兴多。
林栖支遁鹤，池舞右军鹅[①]。
就石从高枕，风光见永和。
春山稍寓目，愁虑顿销磨。
日正华容丽，风清鸟语和。
诗吟绿竹案，酒醉白云窝。
莫是陶彭泽，又从莲社过。

巴山雪夜

寒风何处起，清夜度渝江。
折竹声来枕，压松色上窗。
推敲诗有兴，唱和曲无双。
启户山童报，天华散法幢。

---

① 语出“换鹅书”。美称白鹅。王羲之曾为右军将军，因以“右军”为其代称。（唐）孟浩然《宴荣二山池》诗：“枥嘶支遁马，池养右军鹅。”“换鹅书”指王羲之书法。换鹅，东晋书法家王羲之写经换鹅的典故。

赠健翁张护法雪中修法堂

香刹增修心志足，规模大辟遗芳躅①。
买园依地布黄金，砌石满台铺白玉。
诚重惟欢供佛新，劳轻不厌鸠工促。
高敷猊座吼人天，触着爪牙皆中毒。

怀破山老和尚

拨草瞻风入楚西，行藏未定复追随。
马驹并辔力重买，狮子同声威大施。
钟击辕门三峡动，血流栈道数书驰。
炉边何日团圞话，稍慰关山寤寐思。

冬日雪晴访友

雪榻霜衾觅火频，红轮初照已如春。
冰开绿沼欢鱼性，风暖青霄称鹤身。
柳线斜垂疏亦媚，梅华独露澹偏新。
一联得意客愁解，欲过长堤访故人。

九青山房遣怀

佯狂笑傲孰称豪，莫大青山纵我曹。
拈韵五溪鸣石籁，写怀万壑舞松涛。
云铺药岭牛眠暖，月过华村犬吠高。
独有庭前行乐处，锄烟种竹自勤劳。

屋角烟云接树梢，芹泥飞燕挂新巢。
红华乱落堪为褥，青蔓斜牵胜茸茅。
松韵狂时四壁起，桂轮明处六窗交。

---

① 芳躅（zhú）：指前贤的踪迹。躅，足迹。

深山万籁皆吟咏，古调现成不用敲。

夜郎山寄素怀禅友

破衲枯藤住薜萝，风回万汇气初和。
猿声出岭颠狂甚，鸟语喧窗卖弄多。
瘦竹风前吟细叶，老梅雪里放新柯。
寒暄几度年华改，泉石身心只恁么。

巴渝白岩寄君维余护法

偶来此处便为家，自笑逃禅学聚沙。
圃小还宜疏种竹，台高尚欲早移华。
拨云鸟共寻岩路，弄月鹿同到水涯。
潇洒不知尘世事，绿萝白石枕红霞。

[附记]莲月印正（1613–1691），四川安岳人，俗姓姜，名道正，号莲月。初参参破山海明、象崖性珽。顺治十五年（1658），住遵义府九青山东印寺，后历住四川巴县、南充、湖北龙兴、景德等地寺院。有《莲月禅师语录》六卷、《玉泉莲月正禅师语录》二卷行世。

十、丈雪通醉诗选

（一）选自《昭觉丈雪醉禅师语录》

灵云桃花

山花簇簇叶前烧，引得游蜂逐日刁。
不是阿郎亲一见，尽形狼藉在荒郊。

高峰枕子

无梦无想主何处，银山铁壁势崔巉。
翻身推出枕头子，打坏丛林一块砖。

九峰不肯首座

数年海外估婆娑，玛瑙珊瑚满载过。
将岸不因鲸掣浪，和舟带月葬洪波。

天龙一指俱胝有省

数载山头赤骨历，漫天富贵无人及。
忽焉猛虎出林来，百喽通身血滴滴。

不起一念须弥山

四衢道杳何条直，眼底风烟各见招。
弗起一丝犹是弊，天长海阔路迢遥。

九年面壁

藏却面孔迭却眉，语言不合正堪为。
九年露尽灵山丑，却被通司说是时。

维摩默然

银河滚滚浪晴花，杲日行空印碧沙。
万派归源无等匹，漫将杜口丧毗耶。

十智同真

十智同真语默玄，风针雨线补寒烟。
采花不摭花中实，版齿生毛春正妍。

万法归一

一归何处发一问，太末虫衔须弥走。
撞着蠛蠓质面前，连末和山吞在口。

非佛非心

芦花带雪覆烟轻，万象晴明一色吞。
无影树头风浩浩，不萌枝上月撑撑。

即心即佛

日斜风静冷烟浮，绝点澄溟月一钩。
瓦砾石头齐合掌，黄金失色闷愀愀。

和牧牛颂

恶癞风神日吼哮，家山不住转途遥。
断云每对烟波说，一步一声犯我苗。

无边风韵一机穿，头角才伸便辣鞭。
幸尔山童多意气，全身输与手中牵。

牧儿款款事驱驰，挽着眉毛不放随。
念未生前时照管，神机廓彻始忘疲。

轻轻拶着便回头，是甚么时肯放柔。
首尾四蹄俱露了，圣名凡号敢稽留。

日日时时水草边，横三竖四在当然。
功勋纵有千斤力，难表明明一着牵。

家邦平怗自如如，万别千差弗敢拘。
扫石野眠松月下，饱山饱水乐无余。

极目天涯一曲中，人牛触处草茸茸。
雨余麦笛云中落，万紫千红绝淡浓。

无边清韵一光中，孰谓人牛体一同。
回回神机通莫测，烟蓑雨笠挂云东。

一沤未发实安然，枕石高眠碧汉间。
百草头边悬日月，牛儿常自掩松关。

人牛尽净露真踪，炯炯寒光射太空。
无限新风弥宇宙，参参秀气吐玄丛。

箬庵和上同江天还松下酌茗图

日移水石赚清机，把茗长吁万象辉。
树下师资缘会句，松涛惊冷露沾衣。

达磨小像

今日只样严寒，你犹打个赤脚。
总为不知时节，所以令人涂抹。

送友还蜀

丹林彩凤涉离微，翼羽时成疾便飞。
气宇频吞山海静，摩天高驾白云归。

早梅

瘦骨冰肌放岭东，离离偏欲傲霜风。
馨香特地穿岩壑，历历新入鼻孔中。

从军行

烟云醉骨逐征衫，箬笠戎衣度岭南。
兔角杖成平寇戟，龟毛①拂作赶山鞭。
肉边饭浑三餐饱，脚上泥和一觉眠。
惆怅汗颜何日洗，高提祖印绪南禅。

示策眉智成衣

春风昨夜吼沙滩，吹杀虚空作两边。
即欲请君针线补，就中长短要君添。

山居

病肺年来懒操琴，归田幸喜震雷音。
老农堤岸多坚固，禾亦青青水亦深。

布衲横眠千嶂月，镢②头枕破万家春。
住山句子轻拈出，惊颂啼花鸟一声。

瀑声繁泻冷筛筛，乱草蓬撑万象开。
折脚铛安三个石，煮茗烹雪笑松斋。

① 本句用成语“龟毛兔角”意。指龟生毛，兔长角。说强制僧人从军，但又不给任何兵器。

② 镢（jué）：一种类似镐的刨土工具。

断岸沙禽啸转生，伶仃跌落为谁听。
溪咽何必多饶舌，弹压江湖只一声。

枯木岩前树斗烟，陈季不打葛藤篇。
高眠不审关山月，露滴猿啼始下帘。

门前乱洒千株树，屋后频堆万颗山。
木食草衣亲识得，许多富贵别人间。

山水图（雪澜侍者请题）

云长水秀抱空斋，万迭争攒天外来。
冷翠欲流霜正白，枝枝红叶似花开。

风菊

醉倚篱根逸兴赊，披金戛玉碧天斜。
馨香不喜零星泼，无奈风声漏泄他。

礼定光佛

方水绕毗卢，山光出定初。
草鞋龟覆背，劫火树为庐。
一句随他语，终朝作佛呼。
神机悉已露，不必问成都。

秋日吟

一住驷马桥，两见溪草郁。
信知上界云，原出自幽谷。
拨雾听秋风，倚藤看修竹。
婆娑树叶边，蟾影吸秋露。

雁宕

阅尽巑岏十八峰，寻声高步澹烟中。

樵惊石寒云抽笋，瀑布如鞭打乱风。

雨游北岩洞

鞭风挈雨上高台，别是乾坤合未开。
天造石门斜径曲，泉飞香雪散花来。

复清化安羽士

半亩涛声堪荡月，经纶几斗浸寒江。
衣残衲补云千片，食毕茶烹手一双。
虎啸雍门分气海，鹤乘足底调南腔。
壶中纵有文章卖，漫把诗魔仔细降。

雪吟

霏霏拂拂绕檐庬，蓦地如沙打我窗。
遐迩鲜明疑是月，高低点缀若浮幢。
无风总为纯阴结，有韵偏然万象降。
世界浑囵①成一片，山川草木尽文章。

庚子除夕

锡转兴元两见除，雨余寒气自萧疏。
市头松火交霜色，巷尾傩声带雪袪。
残漏滴成新岁水，烧灯收拾旧年书。
俄然一晤东风面，赤帜高悬法令初。

寄禹门策眉监院

季将天命喜逢游，行尽阎浮海尽头。
衲拂秦云连楚塞，帆悬泗水傍吴楼。

① 浑囵：又作浑沦、混沦、鹘沦、囫囵。原指天地未形成前，阴阳未分，暗黑不明，一团迷蒙混浊之状态。佛教借指不分明、浑然一片，或物之不可分，又指无差别而平等之真性。

长风收得三千斛，野月遥装一叶舟。
非我心粗欺佛祖，人天债负要吾酬。

冒雨寻菊

破晓寻幽入远村，时听秋杵一声声。
金茎拂地和烟落，玉蕊承天载雨轻。
数点露寒粘瘦叶，满腔风化抱芳英。
已随我入山中去，毋刺游人两眼睛。

[附记]选自（清）清释通醉撰；清释彻纲等辑：《昭觉丈雪醉禅师语录》（卷8、卷9）。丈雪（1610–1695），俗名李罗，四川内江人。六岁入寺，得法名通醉。后师从破山海明，取法号丈雪。往来川陕黔，传教20余年。工书，善画山水。

（二）选自《黔诗纪略》

寄雪臂兄①

冉冉长霞锁蜀吴，狼烟影里卧村夫。
空飞瀑布声千丈，梦冷鄱阳水一湖。
摸月海滨时合手，奏笳塞上日悬弧。
木鹅几向秋江放，颇怪年来音信无。

万竹道中

土旷人稀日正长，空山绝响路羊肠。
惊看伏麈文翻蔚，忍见归鸿影带黄。
客思易消樵语杂，沙场难禁野夫狂。

① （清）唐树义审例，黎兆勋采诗，莫友芝传证，关贤柱点校：《黔诗纪略》，贵州人民出版社，1993，第1278–1285页。

只因不负中天令，杖影横挑鹫岭香。

避兵有感

烽火惊人地屡迁，数峰猿鸟冷相煎。
溪边红浪多应血，天末乌云半是烟。
满肚愁肠如石转，一条穷命似丝悬。
虽无十住安身术，幸有芒鞋脚底穿。

游紫霞山睹古佛地坐有感

踏遍残霜上古城，云梯风磴野情生。
庭前柏子和烟落，岭际霞光带雨晴。
半榻牟尼千岭雪，数行玉简一溪声。
纵数九转丹成就，犹要当头一著清。

山居二首

草鞋高阁白云际，一䦆生涯宇宙长。
月挂岩间云影静，雪残林际鸟声荒。
浓煎白水饶清富，熟蓄秋橙待晚香。
叶叶不将溪口浴，恐流名去播诸方。

荒庐寂寞野烟舒，料掉疏慵兴有余。
露地烹泉和月煮，蔬林薙草带香锄。
风摇绿树传秋信，云冷长空老太虚。
一枕石头无个事，晴峰万里挂蟾蜍。

示惟乾禅人二首

露滴乔松冷，云深老鹤闲。
白牛千古意，口在䦆头边。

半榻烟云静，萧然放脚时。

独栖明月里，人世几闻知。

示知非禅人

坐在十字街头，发卖阿伽陀药。
病与不病俱来，和根一并拔却。

送半偈禅人

担囊负钵到沙滩，苦辣酸甜尽饱餐。
此去踏翻滑石板，脚头莫被草鞋瞒。

示水心禅人

楼头山月泛前塘，古柏苍松云外香。
觌面拈来酬鹤叟，不知杜宇①为谁忙。

次太昆何居士韵

傍个烟村枕破浆，旋编茅草且为家。
藩篱不设随来往，澹澹烹茶煮瀑花。

示大吼禅人

生铁凌成团泽口，纯铜打就天朋山。
急须着力亲推倒，不致藤萝薜荔缠。

卧云庵

七重天末号峨眉，树里老僧下榻迟。
八十四盘行欲尽，青山涌出象王儿。

---

① 杜宇：相传为古蜀国国王。洪水为患，其相鳖灵治水有功。杜宇让帝位于鳖灵。杜宇死后化作鹃鸟，每年春耕时节，子鹃鸟鸣。后因称杜鹃为“杜宇”。

汀声

下二诗为禹门六景之二。禹门寺在遵义县东七十里沙滩上。

两岸沙禽笑转生，仃伶迭落为谁倾。
清溪何必多饶吞，弹压江湖只一声。

石头山

磊落一堆轻重石，嵯峨定不陷泥沙。
焦巴不许人雕琢，本色年深分外嘉。

山居（五首录一）

生柴旋斫两三片，流水时烧四五声。
稀煮烂饮三顿饱，法堂草长冷青青。

[附记] 选自（清）唐树义审例，黎兆勋采诗，莫友芝传证，关贤柱点校：《黔诗纪略》，贵州人民出版社，1993，第1279–1285页。

十一、月幢彻了诗（偈、赞）选

口是祸门

量大福亦大，机深祸亦深。
弓梢悬壁上，八面任风生。

万法归一

万法归一一归何，渔翁滩上弄竿蓑。
忽有人来相借问，移舟载月下烟波。

竹篦子

绝点澄清略较些，无端平地走龙蛇。
首山老子无情见，撞着个人打落牙。

布袋和尚

六合相将一袋收，丝毫不放过关头。
朝朝出入无回互，几个男儿觌面休。

主人公

灰头土面个狂夫，潦倒不知白与乌。
地覆天翻唯自许，那将踪迹落江湖。

船子度夹山

钓竿直下入深潭，将谓金鳞食饵先。
拨转疑团连点首，洪波浩荡鼓三千。

德山托钵

一个郎当汉，自倒还自起。
草鞋狞似虎，不会末后句。

二祖立雪

六花片片逼人寒，拟觅心安心不安。
冷地断他一只臂，却成当面把人瞒。

辞本师老人

违师已涉程，抱恨驴年深。
惟有巴歌曲，几回咏更新。

冬日别禹门众友

几年聚首共炉头，草履情生逐野丘。
谩道热肠分袂去，朔风更待语无休。

即事呈禹门

将三就四匪良图，把柄锄儿只自居。
直待三三逢九五，又从头起立规模。

送大冶法兄

忆昔渝城把臂时，寒挑松火两无疑。
快君先得乘云兴，笑倒拈花那老儿。

别友

把臂松窗下，何缘话别离。
菊花含笑远，锦浪载歌迟。
竹杖肩风月，芒鞋傍野溪。
明明逼直路，莫谓有多岐。

即事示众

无位真人不会眠，牛皮经卷久翻穿。
倒颠一字缘无见，撒向虚空绝正偏。

送楚云首座之双溪

苦口叮咛莫怠荒，祖家事业不寻常。
教渠壁立岩头上，一任诸方道短长。

送祖鼻首座归玉泉

玉泉归去莫辞劳，历祖勋猷全节操。
老汉几经曾退位，千钧重任在公挑。

寄溪声法兄

不问山兮不问麈，全收全放孰能拦。
情来记我霜花事，兴去酬他粥饭钱。
麈尾挥时烟浪静，杖头卓处海天宽。
堂堂历历皆家计，一击铜头铁额穿。

丈菊

个段英奇别，量天度地长。
秋行春令也，历历操风霜。

远钟

破晓何方寺，钟声到上林。
云山遮不住，数数出高岑。

避暑

茅居深处古林东，冷眼何分异与同。
泉石豁开情澹澹，荷花拈起意浓浓。

寒崖密树重阴静，碧涧洄澜万派通。
拟欲直趋云汉上，葛衣高挂岭头松。

雪中次韵

江山一色涂，野涧绝声呼。
分外玲珑远，于中皎洁孤。
银山飞白练，玉树挂真珠。
不为寒催逼，焉能彻底舒。

锄草

根头剿绝始心灰，野兴从兹尽放开。
翻转地皮和月搂，了然伸手不他猜。

早梅

棱棱气宇夺芳妍，老干从兹卖弄先。
只为一番寒彻骨，故今啸傲自天然。

秋晚宿玉泉

夜静晴天爽，圆音醉玉楼。
不闻鱼弄藻，那问月移舟。
百八钟声切，三千鼓拍悠。
慵慵枕石上，独据在源头。

石笋

生成自不牵枝叶，达者乌能较短长。
节操已经霜月老，许谁伸手得拈尝。

住丹霞有感

众山之聚结丹霞，颖脱虚空上靡差。
雷扫电挥时熠熠，风呼雨应日吧吧。

杖开金阙乾坤静，麈拂玄关日月奢。
劫外春光恒炽盛，何须据坐宝莲花。

雪中示众

分云辟雾上丹霞，畅我诗脾意况嘉。
天雨宝花分半偈，地联玉树转三车。
狂猿有兴迷津渡，俊鹞无因过野家。
裕后光前龙象客，应知展处足生涯。

复司李冯檀越（步来韵）

万亿须弥眼孔中，寒温不涉傲东风。
荆山有玉诚非璧，上国无人信始通。
兔角杖能穿海岳，龟毛绳惯束虚空。
谢君枉顾殷勤甚，愧我长眠不影松。

复冯夫人

个事从来没段形，悟来何处有乾坤。
纵横踢破壶中月，遍界无非净妙身。

山居

痴心山里学愚蒙，百法无能作主翁。
饥啜松花嫌地窄，寒烹霜叶恨天空。
衲残有兴修云补，屋陋无心运石封。
一等闲情分不到，生缘竟日笑儿童。

徘徊无意逐山巅，半掩松门待客还。
壁漏斜阳穿竹榻，窗虚薄雾浸诗篇。
檐前鸟语传空谷，嶂外猿声入静帘。
名利不干清且乐，长年啸傲白云边。

石泉香渍到寒庐，铛里频添花雨余。

满灶雪柴烹紫芋，一肩霜叶炼清虚。
野云榻上堆仙画，明月窗前读梵书。
自庆不通今古事，烟霞深处只耘锄。

茆屋万山中，澹云恒作伴。
勘贤只一锥，陶圣[①]经千锻。

径僻莓苔滑，溪深水月焕。
岭南挂绿萝，一任虚空烂。

居山深邃隔烟萝，乘兴疏狂乐更多。
眼底晴岚风月静，乾坤分付与头陀。

不徇名利不趋麈，澹饭粗衣乐更闲。
若问山中亲切句，沙铛几度发苍烟。

[附记]选自张新民等整理：《续黔僧语录·月幢了禅师语录（卷2）·书问》，巴蜀书社，2000，第263–268页、第278–293页。月幢（1614–1666），名彻了，俗姓毛氏。蜀重庆江津人。十六岁出家。礼丈和尚于禹门。职维那。师资道契。癸巳（1653）冬，开法滇南石宝禅院。康熙丙午（1666）六月驻锡安龙玉泉寺。

---

① 陶圣：本名宁封子，黄帝时期宁邑（修武）人，是中华陶瓷业的祖师爷，被黄帝封为“陶正”。后被尊为“陶圣”。

十二、善权达位诗选

世尊拈花

信手拈来绝计量，当机觌[①]面索承当。
饮光若是英灵者，必不明明入镬汤[②]。

二祖立雪[③]

本分安闲不自闲，无端雪里立人前。
饶君觅得安心法，失却娘生一臂全。

临济痛棒

祸福无门口自招，乌藤三顿不相饶。
大愚胁下翻身转，平地波涛万丈高。

百鸟衔花

孤峰深锁碧云中，兀坐寥寥一懒融。
百鸟不来由自适，游人徒妄觅形踪。

南泉三不是

四面洪涛万丈深，拶[④]身无路亦无门。
就中掣断黄金锁，不是愁人亦断魂。

---

① 觌（dí）：见。

② 镬（huò）汤：佛经所说“十八地狱”之一。用以烹罪人。

③ 相传禅宗二祖慧可求道于达摩初祖，立雪断臂，终于打动了达摩，并获得其认可，赐名“慧可”。

④ 拶（zǎn）：压紧。

拈香拨火

觌面相逢不识他，只因错过苦婆娑。
拈香拨火如亲荐，触处逢渠唱哩啰。

赠本源老宿见访

肩风破浪出烟霞，适遇红桃几树花。
识得枝头闲意思，山僧有语别云沙。

赠本拙老衲

眉间挂剑老阇黎，拽杖披云过野溪。
行到水穷山尽处，与吾扶起碧云梯。

示无上禅人

去去来来费脚头，芒鞋吃苦路为仇。
扬眉荐得归家句，信步毗卢顶上游。

示升宇大珍谭居士

施为固必先知因，洞达玄微性自真。
设使一毫生意外，灵明觌面莫能亲。

普明姜医士乞偈

多年炼就活灵丹，起死回生只一丸。
异症膏肓沾妙剂，管教痼病及时痊。

送剑端法兄

云迷古道恨离离，就里寒心独我知。
话到识情难别处，几回烟浪动人思。

送天碧上座住静

清净法身随处安，何须更要觅深山。
有时挖断锄头颈，握柄归来报我闲。

送安南卫紫石程护法

闲来访我道，抚掌呵呵笑。
桃李花并开，拈起呈微妙。

寿莫檀越

王母蟠桃献上延，三多五福庆长年。
银琴铁笛频相祝，寿域崇开不老仙。

示自戒陈居士

自戒坚持宿世因，更须惊策坚持人。
直教持到无持处，眼底眉边挂晓春。

明济于居士求偈

茆屋深居志若痴，如斯自有眼明时。
山僧无可重开示，月在青天水在池。

赠天眉副寺

宝寿生姜辣味奇，毒流千古中天眉。
老僧知汝无情面，有病无钱不问伊。

示天秘禅人

金刚圈出老杨岐，秘密其中最上机。
的要发明心地印，经行坐卧好提撕。

示悟空禅人

人前每说隔天涯，今日重逢勘作家。

彼此眉横鼻直竖，闍黎何事自周遮。

赠不易杨医士

利己利人施妙方，肱心慈济尽蓄藏。
针头尽施神仙妙，只待功成证医王。

示海阔马居士

觌面相呈勿外求，原来屈指是拳头。
若能分别其中意，终不骑牛更觅牛。

示大乘袁居士

大乘根器已生来，当下无疑趋圣阶。
不落声闻小果界，时时拟近大雄才。

示大纯邵善人

佛法大意无多子，一念纯熟绝较量。
分明下手无着处，古今多少错承当。

示大信喻居士

大信无疑直下了，了然无事乐闲身。
闲中莫教等闲过，时把弥陀念几声。

送笑月侍者入楚省师

参方学道入丛林，究竟完全只死心。
此去三湘逢敏手，归来报我遇知音。

示秀云禅人

前三三与后三三①，珍重禅人仔细参。

① “前三三与后三三”：禅宗著名公案。典出《五灯会元》卷九《无着文喜禅师》。

笑杀从前无著老，堂堂觌面自颟顸[①]。

真秀包居士乞偈

愧我平常无一法，龟毛竖起用多端。
饶伊纵具超方眼，荐得分明落二三。

觉悟金居士乞偈

非是山僧机不投，只因尔念别驰求。
从今正好将心息，勿使浮生空白头。

示楚祯姜居士

一念无私异念休，牧牛极要追踪繇[②]。
蓦然入手贯穿鼻，纵步还家任自游。

送太守梅臣传护法

怜才治泽动贤情，腰佩黄金仲子声。
八纳风寒留不住，轻车三过绕龙城。

九河江居士索话头

向吾索话头，示汝干矢橛。
但直恁么去，自然无分别。

送梵僧

迢迢千万路程赊，杖锡东来礼洛伽。
尽道西天真极乐，阇黎何事慕中华。

---

① 颟顸（mān hān）：糊涂而马虎。

② 踪繇（yáo）：亦作“踪繇”。踪迹；行迹。

宿南华山夜闻猿啼

莲峰耸翠接长空，一枕烟霞寂寞中。
落落猿声惊梦醒，不知身卧碧云宫。

春游晚归复及人来韵

柳弄青阴曙色娇，林泉深处暗香飘。
山长路曲归来晚，谩把残诗对月敲。

晴山莺语

闲云散尽晓风清，日暖花明鸟语新。
舌巧声轻无曲调，几回啼破岭头春。

季春日访祖鼻法兄不遇

杖履追寻入石畿，层层烟雾锁柴扉。
庭前柏子陈年景，屋后残花自落飞。

廛居①

厌寂辞山乐市廛，闹烘烘处好盘桓。
静中学道非为道，动里参禅方是禅。

是非场作菩提岸，声色堆为净法身。
刹刹尘尘皆大意，头头法法尽圆明。

非僧非俗日街游，不作经商岂入流。
骨董多般都卖尽，单单不卖死猫头。

消闲无事课弥陀，百八珠轮不较多。
本分修行由我得，平常日用有檀那。

① 廛居：居住于城市平民区。廛（chán）：古代城市平民的房地。

山居

松岿日用自平常，佛法人情俱已忘。
问道其中端的事，冷时向火热乘凉。

一住深山是事灰，倚林终日枕莓苔。
清风明月心交友，不待相呼自往来。

睡佛

看破众生尘劫事，不劳世念起攀缘。
放身做个驴年梦，一枕山河伴石眠。

散淡歌

疏闲道者原无疑，孤云野鹤任东西。
异迹殊形难定相，灰头土面少人知。
破蒲团，垢衲衣，出入随身任所之。
行了多少弯曲径，过了多少没桥溪。
杖挑风月横肩上，手握乾坤藏袖里。
山海为家原不远，天地为庐到处居。
荣华富贵全无分，清虚冷淡自相宜。
荆棘林中没绊碍，孤峰顶上示威仪。
啸月吟风惟自许，观山玩水几忘疲。
游市廛，宿旅邸，化些油盐菜蔬米。
饥饿将来养色躯，赀持慧命导凡迷。
身居陋巷不知忧，座结高堂未足奇。
肉案酒楼悬钵袋，柳巷花街歇杖藜。
混俗和光忘耻辱，散淡悠游乐有余。

或住深山坐禅林，不贪名利不求荣。
粗衣淡饭随时过，作事随缘任纵横。
闲来趺坐盘陀石，无韵山歌任我吟。

也无嗔，也无喜，逍遥洒落度日子。
天子大臣侯不友，平生孤介直如斯。
乾坤生我没用人，我是他非浑不理。
逢人说些没味禅，见成公案频拈举。
达磨不先我不后，布袋长老无彼此。
非素隐，非行怪，直入窝巢无内外。
生死无常没可了，菩提涅槃成一块。
任从沧海变桑田，我此净土常不坏。
报佛恩，酬祖债，百事俱有高贤在。
奈予疏拙只偷安，佛法世法无干碍。
人家笑我好糊言，我笑人家不自在。

[附记] 选自张新民等整理：《续黔僧语录·善权位禅师语录》（卷 2），巴蜀书社，2000，第 314–316 页、第 317–325 页。善权达位（1618–1684）明末清初临济宗僧。湖南辰溪人，俗姓瞿，字善权。十三岁丧父母，到贵州安顺府观音硐出家，数年后、参礼含光和尚，受具足戒。后受月幢彻了之印可，先后住贵州安南太平山万寿禅院、普安州慈云山普祥禅院、慈云山普祥禅寺。门人大悦等编有《善权位禅师语录》（2 卷），刊于清康熙四十六年（1707）。

十三、善一如纯诗（偈）选

偶言

参参参太无端，悟悟悟由自负。

释迦出世破草鞋，达磨西来拭浊布。

生铁铸锅，饭是米做。

一年一度种东瓜，堪笑满园都是瓠。

参参参，苦把麻油树上摊。

悟悟悟，枯木岩前鬼错路如不参。

如不悟，切忌光阴日虚度。

夜来明月上栏杆，帘外转身何所措。

莫因循，休仿佛，急须定当从前处。

等闲若未识家庭，焉知祖父不出户。住住。

示语默上人

语是谤默是诳，总不恁么隔靴抓痒。

老赵州道个狗子佛性，有佛性无亦是平空起浪。

历代来尊宿未免承虚接响，引得依稀仿佛之流依模画样。

独我语默上人不同伎俩，直把将一串穿却。

抛在大洋海底，更不复望千古万古为榜样。

纲宗偈

烟云入地收，溪水向上流。

青山无寸草，虚空笑点头。

示大怀禅人

个事人人虽具足，工夫不到不方圆。
闍黎果欲超群类，应好乘时紧策鞭。

示廓悟侍者回安南①

入市穿街似未曾，闹哄哄处冷如冰。
一朝打失娘生面，大地山河绝点尘。

行脚感

今古参方学道流，三登九上没来由。
分明本不从他得，苦死区区费脚头。

拄杖子

赤骨条条气宇昂，高提祖印整颓纲。
纵横在处难回避，直下为人绝较量。

爆竹

赤条条地小身才，紧筑无明一肚灰。
点着顶□消息发，惊天动地一声雷。

净行益法文

欲断众生爱欲苦，当学菩萨清净行。
学得菩萨清净行，入得菩萨安乐境。
入得菩萨安乐境，证得菩萨不动地。
证得菩萨不动地，明得菩萨受用法。
明得菩萨受用法，演得诸佛权实教。
演得诸佛权实教，度得无边众生苦。

---

① 安南：康熙二十六年（1687）五月，裁安南卫建县。1941 年国民政府改安南县名为晴隆县。

度得无边众生苦，方知众生苦无本。
应从一心不净生，珍重时流匆放逸。
清净行门拟修持，清净行门若不修。
不惟难断爱欲苦，亦且能摧智慧种。
智慧种芽若焦枯，致感来生多盲昧。
盲昧之中不可言，众业于此复连绵。
众业一复看何如，清心警惕莫模糊。
可知菩萨清净行，能断众生爱欲苦。

参禅偈

参禅须透祖师关，莫把弘为当等闲。
个事纵然瞒不得，临机杀活也难难。

坐卧经行总一般，其中有别隔千山。
工夫未得入头处，切忌高心把自瞒。

示众

玄玄玄又更玄玄，鼻孔分明在目前。
历历见成犹不荐，可怜掘地觅青天。

觌体分明一句奇，包含万有别无欺。
虽然本是见成事，也要男儿各自知。

一事无心万事休，纤毫着意个中仇。
顺天如理干戈息，莫与空王作对头。

个事未明先习定，西天外道并同俦。
疑团打破方堪养，莫学狂徒自任休。

通身似口吹毛剑，万物如何得近傍。
当下不留佛与祖，逢人莫擅露锋铓。

天龙实语应须听，佛法禅道俱莫论。

直教一念如土木，自然当下心无病。

慎逸

既做出家之人，必当努力修行。
若也寻常度日，便是赖佛偷生。

慎云松法侄

霞山脉发尔为先，振矩提纲接后贤。
把断要津行正令，诸方泯尽野狐涎。

示悦可侍者

心悦成佛犹是妄，可知自性本无迷。
布毛落处翻身转，三唤机缘定不欺。

示彻可侍者

彻地通天一着子，可宜直下便承当。
诸方五味不随去，别有家风一段长。

示阔用侍者

阔然无圣是谁凭，大用全提属尔能。
不落阶级中内外，头头无碍自相应。

赠化月法侄

随师多载住松岿，辛苦勤劳没暂违。
故尔化缘别外展，月明无处不光辉。

示慈音侍者

老僧有用唤慈音，唤去呼来莫负心。
识得慈音原是尔，当人品弄没弦琴。

示指南禅人

指南一路绝淆讹，烟水百城徒自磨。
楼阁门开方见错，分明鹞子过新罗。

缘事

二十余年没被单，坐来夜静觉身寒。
思量坐卧原无别，争奈无人为放参。

看书

字意无通强看书，圆将遮眼遣时余。
若还空坐人来语，那得闲情静里居。

[附记] 选自张新民等整理：《续黔僧语录·善一纯禅师语录》（卷3），巴蜀书社，2000，第397–398页、第417–421页。善一如纯（生卒不详。活动于清康熙年间），贵州习安（今西秀区）人。俗姓张。十七岁出家。历住平坝天龙山普德禅寺、普安松岿山普光禅寺。撰《黔南会灯录》（八卷）。

十四、灵隐印文诗（偈）选

题木鱼次本师万峰老人韵

哮吼如雷气岸雄，频将消息耳根通。
棒头手里知轻重，敲着脑门始化龙。

除夕

虚掷韶光又一年，谁催玉漏物何迁？
一声爆竹风前荐，惊起猢狲夜簸钱。

春日为觉路禅人竖院

春日寻诗度野堂，梅花几片袭衣香。
水云聚集拈新句，霹雳雷轰竖法幢。

示梅溪禅人

大器大根连大叶，撑天拄地岂寻常。
而今果熟馨香布，遍界山河不覆藏。

寄拄杖与密印禅人

白棒一条随纵横，诸方闻着胆寒惊。
师王授受金锥客，临济门庭重复兴。

示能圆禅人

世乱奇逢清净侣，调心三月岂常情。
普门瑞气连天际，杖笠五湖放眼睛。

示云御禅人

春逐风和柳叶新，桃花正放思灵云。
而今多少失迷者，不效前贤惜寸阴。

示云嵚大德

老僧佛法大悲慈，说向人前令尔疑。
十二时中休放过，话头举起莫教迟。

示佛意禅者

一株丹桂嫩苍苍，细叶轻清傲雪霜。
莫道狮山无雨露，他年有日喷花香。

示发泉居士

父母未生一着疑，经行坐卧紧提撕。
忽然悟得本来面，不与同伦分外奇。

寄烁吼法孙

发脉滇南第一枝，中兴吾道莫依俙。
直须奋起撑天力，大吼乾坤始震威。

示云岫禅者

茅屋横权三两间，栽松种竹遣清闲。
时来无事蒲团上，斜月临窗自掩开。

寿明慧禅者

翠屏禅院白云间，露出翠屏作寿山。
若识其中端的意，低头问讯省亲颜。

示光钦宴居士

建立法幢三月余，时拈祖意向君提。
不知会得些儿否，莫负灵山付嘱渠。

示众

唤作火坑原净土，拈来全露岂须参。
相逢如辨真消息，月在长空影在潭。

示云峨禅者

父母未生前，何为本来面？
珍重狮子儿，看取石巩箭①。

示立雪禅者

少年有志要勤劳，每日诗书共月敲。
若识前贤全大意，恐将声价与天高。

梅溪福度禅人

师儿哮吼震乾坤，一喝锋铓海水浑。
今日老僧亲嘱付，栴檀林里报吾恩。

住翠屏紫阁

镇远山城列翠屏，从今紫阁已禅灯。
辉煌楚国由黔国，照彻胡僧与汉僧。
奇嶂千寻翻鸟落，飞泉一道泻龙腾。
舌头裂破岑楼上，延客终朝打葛藤。

---

① 石巩箭：即“石巩张弓，三平受箭”公案。石巩禅师原本是猎人，皈依佛门，常常用射箭方式接引来机。一天，三平义忠禅师来到石巩禅师的法席。石巩张弓搭箭向他喊道：“看箭！”义忠将箭拨离胸前，说道：“此是杀人箭。活人箭又作么生？”石巩将弓弦弹了三下。义忠豁然有省，便礼拜。石巩道：“三十年张弓架箭，只射得半个圣人。”说完将弓箭折断，扔在地上。

溪声

有问源头何处发，还从此地起玄声。
泠泠韵激千林回，历历梵倾万壑鸣。
欹枕客窗疑夜雨，风流僧蹋杂松笙。
就中若识春涛意，山自悠兮水自清。

岩亭

岩亭孤回倚天开，空籁漻漻欲下来。
短翠风生栖凤竹，疏阴月度舞花台。
桥横洞口连青汉，藤挂芸窗绣绿苔。
坐赏其中世外乐，一朝莫厌到千回。

闻钟

金钟高挂玉楼中，清夜轻敲声梵洪。
有耳能闻归落院，无声解听奏深宫。
数番讶韵和虚籁，几度余音续晚风。
借问圆通彻遍处，飘飖嘹哓半浮空。

吟雪

谁散六花坠满溪，由来乘兴话难题。
穿林野鸟峻巢失，度岭悬猿怪穴迷。
五夜色妆粉绀阔，三更光吐彩丹梯。
也知素质从虚幻，堆积何劳迭户低。

与云腹①禅师分开字韵

乘风散暑竹门开，近水凉从溪上来。

---

① 云腹道智，四川渠县人。先后驻清镇云归山，安顺府（治今西秀区）清凉禅寺、长寿院，永宁州（治今关岭县城）灵应山中和禅寺，弘法宣教。有《云腹智禅师语录》（二卷）。

欲伏禅心同野鹤，不妨欹枕卧高台。
拖云探水乌藤杖，荷叶满池甘露杯。
对月栽诗分字韵，几回惆怅愧无才。

与云腹禅师游双峰山雨归

遥望双峰紫气浮，云公邀我策鞭游。
浪翻绿水霞生含，雨洗苍山翠欲流。
旷野经骑舒畅快，未曾着锡兴偏悠。
举眸天籁歌无尽，回首溪声韵不休。

游中和寺

久闻名利耸峰头，今日谁知策杖游。
云度斜窗似墨画，月临高览泛泉流。
青松枝茂禅房静，翠竹影浓花径幽。
欲隐此间声价重，徘徊逸兴复登楼。

秋日喜晴

东升旭日雨初晴，鹤放丹霄羽翼轻。
玩赏登高山境旷，兴生犹豫笔尖倾。
芦花向暖秋光淡，云衲朝旸艳色清。
世界辉晃明皎洁，哦成禅赋五湖惊。

住金凤山

此山高万丈，凤舞出云霄。
阁回接天籁，溪回咏海潮。
钟声空院发，竹影石窗摇。
四顾有余兴，联诗带月敲。

中山寺夜话

玉洞横阶上，山城落镜中。

沙回两岸阔，月映一江空。
亭僻浑无扰，楼高别有风。
美渠清夜话，留寄与灵公。

除夕

旅泊闲无事，推窗看六花。
岁除唯拨火，夜守只烹茶。
此道何新旧，妄情自灭加。
春来梅竞放，百卉任排芽。

春日怀友

别来记何时，残雪已空墀。
梅谢谁同咏，春回我独思。
因之怀旧侣，遂以赋新诗。
石上月留坐，惟余瘦影迟。

秋日出蜀怀玉泉禅友

极目天涯外，满山黄叶飞。
云高鹤梦冷，水涧雁书稀。
只影三巴近，孤舟万里归。
何期同聚首，眷念日依依。

侍象崖和尚住大西洞天

因过曹溪水，忽逢鳖鼻蛇。
洞门开碧眼，石堀卧丹霞。
饶舌无多子，破颜有几华？
妙年于此处，日以赵州茶。

游婺川长春洞

曳杖因行掉臂游，藤萝深径鹿同俦。

不知仙子归何处，野鸟衔花去洞幽。

送宋伯成赴举

名压江南应世才，笔花纸上为君开。
月中丹桂今秋胜，伫听高攀得意回。

[附记]选自张新民等整理:《续黔僧语录·灵隐文禅师语录(卷第3)·杂偈》，巴蜀书社，2000，第506–522页。灵隐印文（生卒不详。活动于清康熙年间），四川梁平人。俗姓王。历住安顺(今西秀区)静乐寺、紫竹禅院，镇远翠屏紫阁，三穗金凤山，贵阳宝官屯观音禅院。有《灵隐文禅师语录》（贵筑东山法昙寺嗣法门人福度复编）。

十五、梅溪福度诗（偈）选

冬夜示众

山堂夜静坐蒲团，万虑咸清觉自然。
寒月珊珊凌梵阙，疏钟历历震云天。
半窗雪色侵伽定，几树梅香喷绮筵。
了得胜因内外彻，应堪撒手续单传。

示允章李居士

欲出无明千仞渊，必须念佛与参禅。
参禅可破去来相，念佛能空生死缘。
生死缘空风在树，去来相破月横天。
古今多少修持辈，未有不由二事圆。

示蒙化众禅者

欲透西来最上乘，须从声色里边寻。
严公击竹明真性，灵老观桃契本心。
莫谓昔人能荷负，应知今者亦堪任。
昂头触碎银山壁，花白开敷鸟自吟。

云州复诸儒士

释教儒宗天下传，何分西蜀与南滇。
欲知月指当空处，须识吾无隐尔篇。
居易亲僧因重道，长公解玉为逃禅。
了知彼此非同异，文字凭拈入大圆。

人日①勉众

风自生和寒自衰，灵辰节令是今期。
梅花枝上初残雪，杨柳池边乍吐丝。
萍迹悠然虽不定，禅心卓尔应须知。
殷勤报尔参玄士，惜取韶华趁此时。

勉谬行棒喝者

欲启吾家棒喝门，好将棒喝看分明。
棒须劈破有无见，喝要澄空迷悟情。
迷悟空时星月朗，有无破处水山清。
棒头喝下如亲切，是则名为棒喝人。

勉妄分儒释者

释教儒宗没两途，休将儒释妄分疏。
儒宗一贯旨非别，释教单传致不殊。
会合唯时儒即释，圆通笑处释皆儒。
从来释道同儒道，谁谓儒宗异释欤。

斋榜

养得一群泥牛，头角宛然俊俏。
有时棬里横眠，有时堂前大叫。
有时运力而耕，有时回光而照。
告报遐迩檀那，代吾添些草料。

示况瑞麟居士

个事甚分明，何须我饶舌。
鸟啼妙理彰，花发玄机泄。

① 人日：又称人节、人庆节等，时间为每年农历正月初七。

莫谓他英灵，休云我下劣。
古人曾有言，是水皆涵月。

示克弘禅人

磊落山林士，孤高绝比量。
松花为饭食，荷叶作衣裳。
静对三身佛，闲薰五分香。
一般殊胜事，谁个肯承当。

送纯真禅人还滇

见说还滇去，十分难割舍。
诗裁丹桂送，泪逐秋云洒。
白水景好观，盘江杖稳把。
有人问若何，拈拳蓦口①打。

山堂晏坐

山堂晏坐一炉香，万虑咸清白昼长。
问到心宗无别示，惟拈拂子击禅床。

木鱼颂

昔日争先跃禹门，而今哮吼在禅林。
秖因不借烟波力，惹得桃花逐浪寻。

闻雨示众

夜静跏趺小阁东，雷声历历震云空。
春霖也解饶长舌，说破虚灵那一通。

---

① 蓦（mò）口：迎面；当头。

侍僧请题木鱼口占

胡不成龙上碧天，终年于此傍经眠。
零敲碎打知多少，不解飞腾亦枉然。

值雪示众

六出霏霏庭际飘，平湖冰结似琼瑶。
安心旨趣如能透，木佛何妨信手烧。

示本光任居士

本光一点最灵通，破暗除昏回不同。
今日山僧亲揭示，亘今亘古耀无穷。

示续灯禅者

工夫日用莫因循，剔起无油一盏灯。
只待灯花开劫外，昏衢烁破照禅心。

示本宗芶居士参谁字

欲明教外别传宗，个里工夫莫放松。
参得赵州谁字透，三千七百尽皆同。

夜坐示众

案头频剪龙潭烛，盏内多倾赵老茶。
公案重重评不尽，又添明月上窗纱。

春日示众

阳春遍布天何言，无限化机展目前。
会得千红阙碧紫，方知一以贯通焉。

示净明尼

辞亲割爱不非轻，早晚工夫须自勤。

坐破迷云心月皎，十方界放净光明。

示了凡禅者

削发为僧须了凡，凡情了却意悠然。
年来结屋龙潭上，种得冰轮似镜圆。

寿徐县尉

筹添海屋是今朝，龟步庭前鹤舞霄。
堪笑道人无可祝，拳头拈起作蟠桃。

书扇送别慈修禅者

两月盘桓尚未周，不期归去意还悠。
有人问到栖霞事，信手还他一扇头。

中秋茶饼寄禄藜和尚

一枚饼子圆如镜，几片山茶碎剪春。
赵老云门藏不得，和盘托向月中人。

寿赤松和尚

辟得黔灵逼太空，层山曲水尽依从。
弧悬此日花飞雨，一座当轩绕象龙。

夏日送叶都阃①升任江南

年余美政冠黔天，万姓讴歌乐且便。
刚欲与君谈底事，榴花报任转江南。

寿周孺人八十

不萌枝上果芬香，颗颗拈来带雪霜。

---

① 都阃（kǔn）：原指统兵在外的将帅。清代为官名，即都司。

经历韶华非八十，同天同地结春长。

示众

断除妄想皆非，趣向真如是病。
但得一念不坐，活机处处圆应。

如是迎宾待客，与么吃饭穿衣。
欲识本来面目，窗前试听莺啼。

成仙成佛虚名，应马应牛活计。
若能办得此心，纵不修持亦是。

槛外池涵月皎，窗前竹扫风清。
个事分明漏泄，不须别处参寻。

欲表僧中丈夫，须效当年老卢。
倏忽花生碓觜[①]，始知一物原无。

示广相张居士

你的鼻孔辽天，我的脚跟点地。
明明本自现成，何必山僧授记。

示怀智禅人

柳绿花红妙相，莺啼燕语真宗。
若从他处寻觅，依然错过圆通。

[附记] 选自张新民等整理：《续黔僧语录·东山梅溪度禅师语录》（卷第 10），巴蜀书社，2000，第 676–696 页。梅溪福度（1637–1699），四川永川人，俗姓张。住贵阳东山栖霞山寺。有《灵隐文禅师语录》（贵筑东山法昙寺嗣法门人福度复编）。

---

① 倏（shū）忽：光动貌。碓觜（duì zuǐ）：碓口。碓舂米的石臼。觜，同“嘴”。

十六、山晖行浣诗（偈）选

示项觉印

住此亿劫，维定维心。
体非空有，秋月净沉。
物本斯明，两间齐照。
大悲世尊，指是觉道。

示汪觉智

真一无住，寂尔心宗。
回首左顾，月在前峰。
头何动摇，尚无有止。
无止之旨，惟此而已。

示苟觉善

独坐少室，华飞见九。
赤县神州，法器何有。
雪深之夜，真子来焉。
心不可得，是法乃传。

示卢觉正

纯以一义，乃普其心。
水鸟树林，解此妙音。
宣于十方，闻机随顺。
物物斯照，是名大定。

示自淳

尘相繁兴，我人自定。
知彼三学，了无实证。
造则不至，明则非真。
中亦不取，曰汝出尘。

示蕴奇

道在镜中，镜何为则。
维我形专，非青非白。
知是吾人，乃名出尘。
于物自照，非真复真。

山中四威仪

山中行，一支竹杖阅崖耕。
黄猿也解随人转，笑入县泉①落涧声。
山中住，缚个茅蓬老烟雾。
锄头斸得一畬田②，春暖晴岚种紫芋。
山中坐，石上青苔常作褥。
世人不见岭头来，惟有麋麚随接足。
山中卧，乱架石床只一个。
天地随他意悠悠，古到今时谁缚脱。

同前

山中行，杖藜惊起乱啼莺。
草鞋蹋断青云骨，回首前峰萝月生。

---

① 县（xuán）：古同“悬”。

② 斸（zhú）：挖。畬田：畬（shē），焚烧田地里的草木，用草木灰做肥料的耕作方法。这样耕种的田地叫畬田。

山中住，尖头茅屋倚烟树。
有时饭罢携锄行，日照峰南耘小圃。
山中坐，草织蒲团独自荷。
闲向岭头赤石盘，狂歌一曲无人和。
山中卧，石床无荐随时过。
醒来日已照云峰，那觉岩头都枕破。

赠梅隐清监院

祝发清修远世间，同栖松院石林山。
禅心炼得秋江月，冷冷孤光不可删。

监院年来道益振，胸中坦荡自无尘。
宗风不是重文字，祇要平生得意真。

与梅熟海监院

家住溪山远俗情，松镫未照月先明。
闲来何物堪消遣，数尽青枫与赤柽①。

法海清深几万秋，慈帆漭沆一孤舟。
等闲共载还乡国，逆顺都来得自由。

恶池衣钵出灵源，万浪千涛继子孙。
今日青山又几腊，闲将拍板唱平原。

与裕如僧统

云房寂寂绿杨深，坐听催归响北林。
自是禅余别有趣，闲来扫石与修琴。

---

① 赤柽（chēng）：是一种可供观赏、可药用的一种柳树。

送若愚禅人

一坐蒲团是几年，等闲底事也徒然。
明朝归去五溪水，须看秋波泛月圆。

送长木栋禅人

送送溪湾蹋绿苔，何时再到草堂来。
无忘昨夜镫前语，只要为僧梦眼开。

留别西竺主人

天净秋高漠漠云，峰头回雁不堪闻。
碧江江水年年碧，明月流来可赠君。

缘引

铸就金刚铁石肝，砒霜鸩粪久加餐。
莫云三度钵盂湿，翻作人天一钓竿。

我侪出郭入山居，修竹长松当自娱。
何事春城仍乞食，翩翩应器去茅庐。

流金涂碧久颓纲，鼠宿狐游目击伤。
欲得楼台规古制，非衣檀越骞锵锵。

笑女高蓝骞鹤群，鸣烟唊雨自壹缊[①]。
如何偏向人间去，日莫还来共白云。

示不昧

金陵寤得擿油瓷[②]，体用全超意气奇。
女若能知伊面目，从前底事了无疑。

---

① 壹缊：烟云弥漫。

② 寤（wù）：同“悟”。擿（tī）：挑出。瓷（cí）：糍粑。

留别嵩目禅师

贵水将行情惋惋，复持尺素意殷殷。
殷勤寄语嵩和尚，孤鹤高飞入白云。

示众

今朝法社树黔南，免得南询五十三。
岁月功成归隐地，石床斜枕卧高蓝。

送鼎孙还昆明

好个蒲团青草织，深苔石上坐年年。
懒来佛也无心做，说甚诸方五味禅。

送天慧之九华

春灯此夜照维扬，杨柳青青欲解霜。
南去池州天正暖，草鞋历遍白云乡。

送佛源张护法还滇

枫桥谈笑旧商英，此日秋风欲送行。
归看碧鸡坊上月，清辉一半在吴城。

偶成

客窗删述[①]苦饥肠，未断名根莫自伤。
如问何时投此笔，大端[②]时节在秋霜。

晚坐

自烹溪水坐孤云，静看秋山日已昏。

---

① 删述：著述。

② 大端：大概。

何处闲僧随鸟入，翩翩晚步度榆枌①。

闲行

茶香竹室旁山烟，曳杖西峰看白莲。
莫叹五溪无净社，经声也自落林泉。

复钱大中丞②

肉案酒楼也不差，旋携枕簟任余家。
闻公解得晦堂意，无复重论岩桂华。

一杖横肩倚石门，五湖云水自消魂。
也知高士机缘熟，脑后何须着棒痕。

北望鳌溪秋渐凉，黄华满径正飘香。
莫教又渡五溪水，回首蒲村是故乡。

茶杯酒碗日随缘，此意劳君寄老禅。
愧我匡徒犹自缚，不能枕石日高眠。

闻道蒲村种柳人，竹皮冠称接䍦巾③。
有时坐对窗前月，秋色湖光无一尘。

东吴高士寄诗来，劝我锡飞泉石隈。
已作归休秋月后，湖山相对菊英开。

---

① 榆枌（yú fén）：榆树。代指故乡。

② 钱大中丞：钱邦芑（1599–1673），字开少，江苏丹徒（今镇江）人。明崇祯时秀才，南明唐王时授监察御史。桂王时以原官巡按四川，占守有功，晋右佥都御史。清顺治七年（南明永历四年，1650），隐居余庆蒲村山中（今余庆县松烟镇境），次年祝发为僧，自号大错和尚。永历帝走云南，仍授右都御史，兼掌巡抚云南。南明亡隐鸡足山。著有《鸡足山志》《九嶷志》等。

③ 䍦（lí）巾：古代的一种头巾。

寄丈雪和尚

禹门精舍夜郎陬，华雨霏霏古播州。
自是丈师能出类，心原直接曹溪流。

寄大冶禅师

平城高阁出云专，北望虎丘春色阑。
雨断烟华三月里，嵰①山湘水看芝兰。

见语嵩禅师题壁因韵赠之

嵩公少未进钟王，此日翩翩远擅场。
禆海②芳名君已达，惭余老去困污塘。

泄泄风流一袋从，西山子弟解云龙。
溪山老我满头雪，尽日东峰学种松。

寄东林响禅师

狮王夜半吼东林，象兔天明远遁迹。
湖海从兹一道清，孤光凛凛照今昔。

复石林庆书记

平越矶头一钓竿，云衰雨笠寄波澜。
投纶落饵终易鱎③，愧杀无当锦鲤看。

学道当须结圣胎，漫教书剑老徘徊。
若将此事梯荣显，齐己不闻动地来。

戈鋋未动骨先窆④，战垒如何当宝剑。

---

① 嵰（lí）：嵰峨山。古山名，在贵州省。

② 禆（bì）海：小海。

③ 鱎（jiǎo）：一种鱼，即“鲌”。

④ 戈鋋（chán）：戈与鋋。亦泛指兵器；借指战争。窆（biǎn）：埋葬。

须是力全同古人，凛凛云中休掘堑。

鸳鸯绣帐铺金枕，烂草蒲团结玉寒。
一种冬风吹大冶，谁知沾着也心酸。

付个甚么谁复受，不知赚杀几多人。
风清月白长天净，莺到隋堤处处春。

千金俊骨玉络羁，春风相送见吾师。
凭将门扇折人脚，自有通霄一着儿。

雪浪涌华堆迭翠，连累嵺峨也教寒。
日用寻常盐与酢，咸是咸兮酸是酸。

寄杨、丁两将军

千里神交道已符，不须禅室论工夫。
琴心三迭如抛弃，法印依然继两苏。

三句禅者字

恶池三句玉关寒，云水翩翩到此难。
啮镞[1]机前当努力，迢迢一骑入长安。

山居

几年杖锡入山深，故旧从无访道林。
雪尽春风三月里，催归啼血污华阴。

才逢二十度华春，头上星霜已逼人。
纵有岩耕消白日，怎经衰老共愁贫。

---

① 啮镞（niè zú）：古代武术名。咬住对方射来的箭镞。

大士阁二首

大士楼台江上起，江声夜夜清入耳。
也知转尽普门经，何用天台一钞子。

楼台百尺小溪头，夜静经声逐水流。
回首桂轮波上出，风飘素景动沙鸥。

葛镜桥警诸徒（在平越府）

当日赵州度马驴，今朝葛镜跃蟾蜍。
莫云南北同消恨，仔细看来总不如。

闻乐有感

珠林百二净禅心，已谢箜篌①道自箴。
忽地一声天外响，回头也见泪沾襟。

笙歌丛里意多违，漫向人前论是非。
好去幽溪寻泉石，芦华远岸傲春晖。

因事示众

与子同袍是几期，人中还憎大雄师。
覆巢取子成何事，愧死远公梦鸟时。

麻衣瓦钵到平城，十载匡徒已辟荆。
何事南来狐媚种，依然句引落深坑。

新城狐媚谓多知，讲尽南华内外时。
彻底恣情仍跛鳖，如何及得叹文牺。

① 箜篌（kōng hóu）：中国古代传统弹弦乐器，产生于汉代。

与智玄上人

闲行步步入松闲，野鹤无心自往还。
胸次陶陶非外得，十年固守一禅关。

示平越府心修上人

登楼春色上名园，华鸟啼幽万树烟。
宛转人间沧海水，须臾依旧灌桑田。

示众

项上铁枷苦自赢，不如放下便心怡。
风晨月夕冯高枕，管甚冬寒夏热时。

万象之中独露身，此言犹是落疏亲。
何如饭罢蒲床上，一枕长松白日沦。

日日板声鸣唧唧，不知何事苦相逼。
一拳打倒月当天，万里寒空明一色。

说得唇皮鲜血来，不如一扫医云开。
峰头白浪三千丈，火里虾蟆跃五台。

尽道腔中日日烦，欲捉不捉此心猿。
回观明月指头上，何用别寻自苦冤。

当时身毒一拈华，直到如今捏①死蛇。
不若和拳都打落，只教黄面也吁嗟。

石龟跃入僧堂里，触碎圣僧八字眉。
露柱镫笼齐笑倒，如何大众不曾知。

僧堂默默此经行，个个眉毛眼上横。

① 捏（niè）：古同“捏”。

只解低头合着眼，不知日已晒三更。

山门杨柳日东斜，又见秋风送晚雅。
一钵辣羹才吃了，禅床依旧漉空华。

八万四千毛孔里，孔中一一五须弥。
如何各各不相见，却到堂前觅指之。

鹤随锡杖上黔州，猫仲侏离乞食愁。
渐渐闻熏从化了，清风明月一归舟。

欲溯曹溪可力探，将行还止不羞惭。
当时东院年多少，犹自区区谒指南。

赏荷

荷华满院子鳺[1]啼，风递幽香遍五溪。
不是老农偏爱赏，从来高士也曾题。

[附记] 选自张新民等整理：《续黔僧语录·山晖禅师语录》（卷第九、卷第十），巴蜀书社，2000，第852–877页、第880–902页。山晖行浣（1621–1687），四川夔州新宁（今开江）人。俗姓侯，十七岁出家，先后出于四川破山海明和苏州浮石通贤之门下。清顺治七年（1650）到贵州平越（治今福泉市）府城开圣寺。因受破山系弟子排挤，康熙三年（1664）离开平越，至苏州虎丘住持双塔寺。其弟子辑有《荆南开圣禅院山晖行浣语录》。

① 子鳺（guī）：古同“子规”。杜鹃鸟。

十七、大悦天一诗（偈）选

参禅偈

其一

参禅须努力，努力若军敌。
敌退若平时，方能辉佛日。

其二

参禅无别法，要在自承当。
直下承当了，山河尽眼光。

其三

参禅宜尽情，情尽自分明。
纤毫情未尽，打入业识门。

其四

参禅无间歇，间歇失时节。
坐卧经行处，总教如铁橛。

示恒白禅人

恒开清白一双眼，日用分明验假真。
接待涌泉浑不倦，四来云水没疏亲。

示智海禅人

智镜圆明光普照，海天空阔绝边涯。

收归只在毫端内，洞彻几微永不差。

示慧友侍者

有无不立绝差殊，定慧圆明理自舒。
三唤三应犹是妄，施为运用本如如。

示悉有禅者

觌体分明无向背，堂堂不昧有来由。
穿衣吃饭如能委，一切时中得自休。

示指月禅人

湛湛青天月自明，大千沙界露全身。
但知扑落非他物，始识纵横不是尘。

示元吉龙檀越

为护法门并护僧，个中消息有来因。
当年曾受灵山记，今日光明耀祖灯。

示圣闻张居士

闻圣闻凡皆是妄，离闻离见亦非真。
圣凡闻见俱无著，日用堂堂得自亲。

示圣亮萧居士

青山绿水西来意，翠竹黄花古佛心。
遍界明明无隐覆，莫教放过别推寻。

示圣洁陶居士

圣洁曷尝凡不洁，圣凡一体本无别。
若执圣净压凡尘，敢保维摩事未彻。

示圣才罗居士

父母未生前面目，头头觌面没疏亲。
直须保任常清净，莫更从人辨假真。

示圣越陶善人

越圣超凡一着子，施为运用总如如。
但能一念常清净，珍重不妨闹里居。

示溪友侍者

溪中有鱼，山上有鸟。
更要山僧吹布毛，闍黎犹似自颠倒。

付化月吾徒

总无别法与人传，拄杖一条接有缘。
分付吾徒亲受手，撑持祖道永绵绵。

[附记] 选自侍者学愚录：《天一悦禅师语录》。大悦（？ –1697），号天一，楚南吕氏子。被掳入黔，在安顺长寿庵遇云腹和尚上堂因发出尘之念。后至安南龙潭寺礼无霞披剃。曾随善权和尚住龙场万寿寺、普安松岿寺。

十八、华严圣可诗（偈）选

达磨赞

道大人难悟，梁天子亦差。
微言识帝面，赤脚走天涯。
衲扫千层浪，身浮五叶花。
分灯百万亿，无处不成家。
噫！也是眼里撒沙。

观音赞

波涌莲花种种形，左右鹦鹉甘露瓶。
童子摹拜莲舟上，童女端身捧宝停。

花中大士名观音，愚智称呼销毒阴。
或礼或持或身佩，咸臻福慧空三昧。

泡沫之躯命若菜，从闻思修护身铠。
入三摩地来人间，刹刹尘尘皆自在。

为寂惺号不多

惺得自家底事了，纵横八面任高歌。
寻常拈出一茎草，丈六金身不欠多。

为寂诚号拳山

诚心干办生死事，十二时中莫放过。
直把拳头捏教紧，一捶粉碎者山河。

送雪如明知事

一踢一踢又一踢，直破重围千百匝。
矍铄是翁壮志圆，杰出丛林个老衲。

与惟识典上座

一个拳头生铁铸，不从人得谁相付。
如斯方便与君通，震旦古今无别路。

挽敏树法兄和尚

吾兄厌世欲何之，令弟悲伤法渐弛。
眼见桂林凋弗茂，寥寥此道赖谁持。

留枯木上座

拄杖芒鞋老可休，何劳特地驾轻舟。
诸方风味咸如此，不若还居最上头。

与不群应上座

拈起放下蒲团，竖拂挂拂一样。
老僧无喝与君，痛与三十拄杖。

送法旨禅人三四六言还玉泉

不说禅，非同哑；
一机才发，走杀天下；
舍得自己嬴人，儿孙个个如马。

达磨赞

佛国种草，世像不群。
发纹且鬈，眼窦而深。
行如风之疾，渡似叶之轻。

不为钝根常面壁，九年那得上乘人。

与松竹定

一踏三年靠倒，起来舌似刚枪。
凭君杀佛杀祖，洗雪四众心肠。

寄格外上人

一面了然情已熟，寄言求偈我无辞。
倘非格外相知者，谁把空拳竖向伊。

送印光大士之峨眉

柳眼桑眉尽放开，折来相饯当茶杯。
草鞋得到最高处，携取峨眉山月回。

观音大士赞

观世音三字，时人不知道。
不曰听世音，观世色亦好。
即此是话头，思惟可入妙。
念念相应时，通身是耳窍。

阿弥陀佛赞

吾常东之东，观此即今处。
水鸟与山林，行行七宝树。
吾常自返观，不随二见走。
直此烦恼心，便是无量寿。
恒以德峤棒，直教破头皮。
八万四千相，应手无足亏。
恒以临济喝，直起奋迅狮。
八万四千好，咸与形相随。
五须弥白毫，四大海绀目。

五色妙莲华，五浊中亦出。
问尔九品人，直下承当否。
心心而相续，念念而不异。
即此东与西，总一极乐地。
八棒功德水，四喝流不息。
雪润烦恼心，是生安养国。

山中四威仪

山中行，陂有榛隰[①]有苓。
即此便是安养国，何缘更忆西方人。

山中住，鸡头芋象腿瓠[②]。
拾枯满煮折脚铛，欲咸则盐酸则醋。

山中坐，休懒惰还知么。
永劫长缠弊垢衣，不知无价宝珠颗。

山中卧，枕子堕砖头破。
世界在我身心中，犹如芥子一般大。

佛手柑

善哉调御多方便，无有情中示有情。
双臂聊舒出上苑，全身大半隐香橙。
最初指处原尊贵，末后拈底与弟兄。
如是无为法相印，不从陶铸本生成。

新笋

灵根春后发，血脉夏前通。

---

① 隰（xí）：低湿的地方。

② 瓠（hù）：瓠瓜，也叫瓠子。葫芦的变种。

骨节含胎嫩，心肠裂地空。
皮肤同乳虎，鳞甲类苍龙。
渐得风云力，翀霄上九重。

竹杖

知深知浅，知高知底。
能施无畏，折伏骄侈。
故曰四知，又号二宜。

与玄度润禅师

求法无如尔切，悭法无如老僧。
今朝何故如此，只缘辊芥投针。

与息知禅师行脚

向上程途无限，恐其不能力行。
今既子归就父，助以三十乌藤。

又三五七言

山中行，问幽禽，
潦水今何在，白云深处寻。
通笕引泉来灶角，可涂可馔可调羹。

山中住，无别务，
小小做个园，大大开条路。
来无防碍去无疑，菜有鲜姜食有芋。

山中坐，没人我，
白醭堆口唇，飞丝挂耳睡。
一佛一经一老僧，清风明月白云褁①。

---

① 褁（guǒ）：古同“裹”。

山中卧，空无作，
茆褥宽而肥，石床高且大。
梦想颠倒无住心，莫教猿鹤都啼破。

答惠吉邓孝廉韵

携孩向上入斯岑，此个因缘实远深。
法护同人人护法，襟开世界界开襟。
分明君子若愚貌，嘿识维摩一点心。
憾寡黠思酬雅韵，碧纱笼待子孙吟。

[附记] 选自光佛等编《华严圣可禅师语录》。圣可，营山王氏子。法名德玉。参破山明和尚印证。历住重庆府巴县华岩古洞、重庆报恩禅寺。寓遵义府绥阳嘉瑞寺。

十九、象崖性珽诗（偈）选

雪中示众

炉无榾柮①岁寒多，贫到无贫彻骨何？
为甚夜来风似剪，青山尽作白头陀。

年年有雪以诗赏，唯是今年一字无。
瞋目打翻天地色，江山一片画冰壶。

又

寒暑逼人何处避，老僧头白不知年。
偶因记得栽松日，自引清风枕石眠。

行到无行路已穷，转身一步活如龙。
拈来茎草全正令，大用堂堂不借功。

复双桂破老人

蜀水淹留十数秋，二时随分饱金牛。
零星刹境盂中放，磅礴烟涛脚下收。
浮世有情如野马，幻躯无事即闲鸥。
枯藤在处凭拈弄，何必深山枕石头。

建庵

醇翁赞我老痴顽，大仙赠云为智杰。

① 榾柮（gǔ duò）：短小的木头。

究之痴智两皆空，幻名幻相何分别。
铁鹤翩翩去复来，鸣闻九皋声弗竭。
大千世界一个庵，在处栖泊无间歇。
普请诸人共构成，庵兮鹤兮永不灭。

妙高峰顶建琼楼，无限天人笑点头。
狮子颦呻欣奋迅，象王回顾喜遨游。
玉屏云荫千千界，金鼎香焚□□秋。
圣主有时施雨泽，灯笼露柱沐洪庥。

除夕示众

屈指流光逝水多，寂寥共守话烟萝。
观桃契旨应须委，击竹忘知会也么。
玉兔井藤留不住，金乌石火急如梭。
吾曹好把韶华惜，迷悟都卢一刹那。

怀双桂破老人

福城东际蓦相逢，六载依依抵万峰。
愧领刹竿支世乱，羞承衣钵荷情浓。
几拈鹤蔼有罏在，数寄雁音没路通。
昨夜梦酣如侍侧，金容苍古发鬔松①。

感怀

廿年萍迹逐飘蓬，世运奚能惬鄙衷。
日短桑榆惊远近，时艰劫火逼西东。
道微自愧赵州老，德薄犹惭邓隐翁。
朽骨如藏林下拙，鸿毛何日遇长风。

① 鬔（péng）松：亦作“鬅松”。毛发散乱。

吟雪

冻寒凝切斗春浓，六出繇来播碧空。
匝地色铺银世界，弥天光吐玉毫容。
过岩老兔迷栖穴，渡涧玄猿失住峰。
素质也知从幻去，何劳堆积数千里。

闻钟

洪响谁敲午夜长，随风唤醒梦魂忙。
绕林若断藏虚谷，入耳还传出上方。
直到无闻闻始彻，更须静听听非忘。
浮空亘古弥三际，何用劳劳举验常。

旅次

年来避世到黔中，无限珍奇尽脱空。
云水半瓢为道业，蒲团一个是家风。
吟诗尽有千山助，散步犹多孤月同。
狂发不知天与地，一拳谁道有西东。

岁暮遣怀

时逢劫火泊天涯，老逼惊春遣岁华。
骨瘦莫支梅与雪，身空一任剑锋加。
探幽乘兴随明月，得趣狂吟饮瀑华。
有问住持何处是，蒲团放下便为家。

落华十咏（选八）

纷纷何事忽飘然，欲与东风和几联。
嫩紫频催分竹石，残红递送染山川。
淡浓早晚空枝上，开谢谁嗟在目前。
金谷一辞今在否，重来吐彩是何年。

摇落轻飞漫感伤，须知几度送韶光。
醒非幻色应休恋，觑破浮华不耐妆。
衬雪流芳迷曲径，乘风散彩满空塘。
凤衔不尽疑天雨，惟有空中簸片香。

春去无能留住何？争奇斗丽总离柯。
自怜竹径吟偏少，谁惜松街扫更多。
披拂亭亭蜂卷韵，芬芳处处鸟衔歌。
枝头不腻空诸色，岂碍飘飖出锦窝。

颓红朵朵送春忙，杳望长空散渺茫。
拍指天工留不住，回头风度去还香。
高飞引蝶穿深牖，冉逐流莺过短墙。
信手拈呈尚不荐，徒添游子索枯肠。

浪敲几点不成丛，雨妒无何洗淡红。
岂待泮然方委幻，未从落也早知空。
万般奇药初朝雪，千品英魂一霎风。
潇洒且随流水去，芬芳长涌碧波中。

离离泛荡不堪任，到此能吟有几人。
落地无声筛玉屑，随风有意溷金尘。
不将颓萼系清景，独把残红送晚春。
分付马蹄休蹋碎，呼童急扫可成茵。

传道东风去不回，急辞嫩萼杜鹃哀。
陪莺入室穿帘幕，伴燕参堂拂镜台。
闻梵呈心堆净几，怜春铺锦上莓苔。
清香一别乘风去，知是何时入望来。

几下枝头破碧空，朱颜谁惜别芳丛。
池边掷浪鱼惊饵，竹里抛香蝶趁红。
意淡轻明浮霁月，情浓窈窕送春风。

相逢不必传佳信，总在飘然一霎中。

遣兴

宇宙何穷极，狂夫一杖挑。
霜青红日丽，云淡碧天寥。
幡影动山际，钟声出树遥。
何时逢圣世，虽老亦嚣嚣。

访友

谷口偶相访，但来叩竹扉。
不闻垂棒喝，犹见雨华飞。
径曲鸟声转，云斜山色辉。
窅然何所得，溪畔月同归。

云庄

闻道云庄胜，携筇快一游。
摊书嫌圃小，洗墨爱池幽。
洞草心华现，天泉性地流。
先生无俗累，诗赋共僧酬。

初夏

朱明初兆穆风和，定起烹茶遣睡魔。
贪听溪声频送韵，不知帘外绿阴多。

炎帝施权景物馨，溪边洗钵宝泉清。
闲翻贝叶无余事，懒向石头滑处行。

斗柄南移夏渐温，槐荫处处鸟声喧。
荷开水殿摇新碧，逐日风传香到门。

乘风散暑竹门开，近水凉从溪上来。

自是胸中无热恼，不妨攲枕卧高台。

万迭奇云耸夕阳，护僧白足坐匡床。
山居不用寻冰阁，自有松风忒煞凉。

杏熟梅酸百谷生，闲居燕坐弄风清。
老来不答人间语，谢却浮名身也轻。

黄鹂才转高声去，禅客又来叩竹扉。
毕竟山僧何管待，惟拈白棒济人饥。

年年避暑碧萝阴，到处逢山不厌深。
惟有今年深最绝，钵盂高挂鸟难寻。

松涛

不是风兮不是松，只闻巨浪涌虚空。
行人拟欲停车想，丧却堂堂那一通。

山居

三个芋头品字煨，地炉香熟出寒灰。
饱餐便是诸天供，门外从教紫诏来。

避秦何处可寻山，缚个茅蓬偷得闲。
自住此间忘管待，竹门虽设未曾关。

[附记] 选自光佛等编:《象崖珽禅师语录》(卷4)。性珽(1607–1661),字象崖，福建福州府福清县陈氏子，母林氏。十九岁出家。曾住务川西禅寺。

二十、悟卓破石诗（偈）选

咏犊

出栏群牧童儿犊，蹶矣酣兮无个亍①。
快爽风云得自由，蹋翻水月何拘牿②。
平洋细草任齁鼾，峻险穿萝那碍欲。
分付山河随去来，莫教错认鞭头毒。

除夕

韶华几度浑忘过，寂寞其如客路多。
爆竹有声难作梦，乡心无曲不成歌。
漫添宿火频催韵，应惜浮生急似梭。
云水相从今夜坐，但饶舌处总禅那。

早行

行脚那论湿与干，毵毵云衲破江寒。
杖悬孤月光非淡，星射沧波影未残。
小鸟浪鸣催曙色，芒鞋信步践芝兰。
隔堤何处闻钟响，疑是渔翁下钓磐。

又

瓢囊湿也又还干，顿脱尘襟那畏寒。
石上苔封凝露滑，楼头漏尽鼓声残。

---

① 亍（chù）：步止。

② 牿（gù）：古同“梏”，桎梏，束缚。

慢云卷暗犹瞻月，裛露闻香定是兰。
珍重奚童须着眼，莫教容易过龙磐。

秋雨

频看红叶故凭栏，敲碎风声竹万竿。
迭嶂奇云忙过壁，轻舫持钓下前滩。
空山几点苔痕淡，小阁半窗松影寒。
此际谁回函盖暖，离离萧瑟侵诗坛。

题圣寿宫

丽矣辉煌特地周，崇隆殿阁接云浮。
岑峰翠锁琼窗碧，老干深巢野鹤悠。
欹枕梵音鸣贝阙，绕垣疏磬带清秋。
酬恩故效华封祝，士女歌呼乐未休。

赠别阡阳赵元一使君

棠荫讴歌戴所遗，荒城萧寺赖君支。
洋洋声重三千价，历历民怀万里思。
金马度云嘶晚泊，锡泉坐月订先期。
萍踪奚以酬清况，但把重岩作玉碑。

九日病中同张鼎若咏菊

节至疏篱菊已开，悠然静对且徘徊。
今朝休问陶公令，昔日曾夸苏子来。
座上呼童供熟果，溪边任客洗浮杯。
就中拨转劳生曲，不向烘炉煨死灰。

霪雨即事（二首）

西掷东抛骨董禅，即今有调不成联。
风前声响无非色，脚底毛寒别是天。

愁对残灯歌短曲，怀从故国语新篇。
只因一夜空阶雨，滴碎芭蕉梦未圆。

闲来拈韵亦枯禅，句在临机格外联。
错落珠玑连碧海，淋漓翰墨点青天。
寒窗迭拥云千树，觌面相呈景一篇。
赢得枝栖山水趣，甘贫惟自任方圆。

溪声

穷源何处发，历历为谁鸣。
绎络非无韵，依稀若有情。
乍闻知耳静，久对觉神清。
徙倚长松下，频敲句不停。

[附记] 选自侍者超常记录：《锦屏破石卓禅师杂著》。悟卓（1609-1654），号破石。蜀之果城宕渠望族陈氏子也。受天童悟祖戒嗣香林禅师。遭申酉（1621）蜀乱，避地入黔。受武陵侯杨公请住石阡旃檀禅院。

二十一、不厌道乐诗选

山居（十首选八）

缘个庵居与市离，山深庵小少人知。
林猿水鸟堪相识，云鹤烟花不我欺。
六户虚通玄径捷，三光互照碧天低。
石床草褥连溪枕，一任松风笑大痴。

山幽庵寂绝逢迎，古柏苍松为弟兄。
互换不无枝肯诺，投机更有干坚心。
同风朗诵长生曲，历雪频翻了义经。
品汇虽多多变易，知音莫过尔真诚。

茅屋三间竖陇西，淡然四五个僧栖。
同耕有意云千顷，共饮无心水一溪。
取用不从他处觅，施为俱是自家底。
饱柴饱水饱山况，满目风光日月齐。

居山莫谓懒婆娑，住得山来事转多。
柴是自搬水自运，园希谁种磨谁磨。
时防竹里□偷笋，日顾田中鹿践禾。
幸有一些闲快活，溪声常共鸟声歌。

依稀又是一年除，愧没能为行不敷。
枉做个僧居寂寞，虚凭尊佛守寒庐。
直图老实平常好，忽却人情款待疏。
耐淡消磨忘宠辱，甘贫唯忆赵州无。

应世无能退便居，岩房恰好不葫芦。
床凭石磴蒲团厚，座向松门明月孤。
水便清泉随饮浴，柴多枯木任炊厨。
苟安抱拙全师德，图甚虚名染世诬。

匆须分外觅林泉，值此依岩寺豁然。
谷口晴霞红白壁，松门皓月照南轩。
苔封古殿重新佛，翠锁灵龟不计年。
有问即今谁是主，知音何必竖空拳。

生平直爱住深山，傍树依岩懒结庵。
心若冷灰机见少，身犹槁木世情偏。
门帘竹密和云掩，径带溪深就水湾。
土旷人稀谁侣伴，唯亲鹿鹤日相关。

和月竹禅人韵十首（选八）

幽楼不与世同情，快乐园林水鸟声。
更有一般闲意思，白云日日岭头生。

松摇竹舞逞闲情，本自无声却有声。
如是大夫君子意，吟风笑月乐长生。

顿断凡情与圣情，不劳杓卜听虚声。
东抛西掷随他去，溷俗和光度此生。

如痴如兀绝尘情，眼不色兮耳不声。
有一些儿干不净，一波才动万波生。

居山莫只了闲情，耳目分明悟色声。
普眼圆通俱自在，百千神用静中生。

无臭无声倘尽情，凡名圣号总虚声。
殊形异相归无相，大地何会有众生。

山居大有好闲情，眼自青黄耳自声。
如是了知空色相，头头物物始光生。

偶来此处乐闲情，拟步閭黎韵十声。
虽自吾侪信口道，应知事仗境方生。

附燕然静主山居五首（选三）

愿离尘市喜居山，住得山来莫教闲。
懒惯身心无用处，删开荆棘作蔬园。

回脱尘劳住个山，凭锄掘地是生缘。
少求灭用贫安分，煮水调羹菜向前。

息心除妄静居山，缚个茆庵偷自闲。
有问单传直指意，不无巴掌与粗拳。

复黄秀士

相公来教文章调，山野轻酬鄙俗词。
步韵难将心改换，随机易逐事迁移。
弥陀一句嫌多念，经教五千尚未提。
此是庸僧老实语，高明切莫以为诗。

重晤天机和尚

向年别去中秋后，今日重来夏至前。
壮丽招提光四众，弘扬祖道悦三贤。
虽云事理无新旧，却信因缘有变迁。
不负曹溪宗旨印，诚哉万古续灯传。

慈济德普

祸胎结就是何年，今日冤家适悄然。
兔角龟毛亲嘱咐，时临到处接英贤。

松梅超慧

去来两度胜殷勤，吃我棒头裂顶门。
只待松芳梅子熟，枝枝叶叶可传灯。

彻用弘鉴

一期不见露圭角，今日重加矢上尖。
札尽心肝无可说，我宗无语即真传。

竹岩贤璞

几度吃吾痛棒，彻骨彻髓商量。
脱体承当得去，到时拈我瓣香。

实德性福

老实莫迁真实德，功劳无论夜黄昏。
殷勤凿井池成月，万别千差一鉴分。

月竹如慧

祖祖相传无别，一味心地法门。
嘱尔扫除知解，真诚可继传灯。

惠远净文

授受相传心地印，灯灯焰续振家风。
今朝嘱咐英灵子，悟彻宗通说亦通。

心开照惺

探竿影草辨龙蛇，到处瞻风兴转奢。
拨着锦鳞能破浪，兴云布雨泽三巴[①]。

---

① 三巴：古代巴郡、巴东、巴西合称三巴。地域相当今四川嘉陵江和綦江流域以东的大部地区。

皑先圆明

相传授受无别，一味心地法门。
记尔剿除狂妄，绵绵不绝儿孙。

赠华生李居士

一圈一点铭心版，直为相投针芥管。
记别渝州李上人，将兹作个千年眼。

游德山次碑间旧韵

了却三心启德山，门开振古鼎州湾。
灯传光续龙潭焰，桂灿香分楚水间。
胜迹名余增碣石，浮图远应感多攀。
灼然弗昧金刚眼，函盖乾坤任往还。

礼幻祖真

儿孙满世出龙池，水木原由几共知。
愧末然虽得礼竟，也同黑豆未生时。

示子憨郑居士

休官几个似居士，抱拙无能实我痴。
要会如何的的意，马师一喝耳聋时。

号德普禅人

玉泉号尔慈济，将来成个法器。
其中洗尽诸尘，满贮醍醐上味。

寿周相公

世间无物比君寿，松柏南山略较些。
松柏长青山太古，一年一度灿新花。

示弘慈善人

大道本无男女，直要信心到底。
弥陀一句莫忘，行住坐卧提举。
休论他人是非，时常照顾自己。
晨昏克苦殷勤，香钟稽首百礼。
如是做到临时，管取了得生死。
山僧苦口叮咛，莫负忠言逆耳。

示弘福

修行要念佛，莫只斋酒肉。
五戒必严持，妄心须降伏。
如此用工夫，日久定纯熟。
识破念的人，方知己面目。

中秋和竹云上座韵

大姊轮明满更晖，人间谁不睹精微。
澄潭浴影惊龙卧，锦市歌觞动鹤飞。
觉地星征增秀丽，清虚体寂脱云衣。
看来此个大圆镜，纳得须弥一纤归。

[附记]选自《华严不厌乐禅师语录》(卷3)。不厌(1640-？)，名道乐，贵州印江人，俗姓杨。三十一岁抛家投敏树和尚。复参重庆华岩圣可和尚。丙辰（1676）春，辞归黔省母。曾住贵州兴隆卫龙山寺、遵义府玉泉寺、绥阳嘉瑞寺、重庆府华岩禅寺。

二十二、性莲诗选

重游东山

湿衣春径雨，名胜记重游。
松子敲门落，炉烟结篆浮。
巢空栖鹤老，阶静数花幽。
禅室依崖筑，闲云宿树头。

即事

我有山东枣，其大如拳手。
其价贱如泥，其味甘如酒。

忆昔

南海卅年愿，峨眉万里长。
一酬行脚债，镜里得秋霜。

书

乾坤开秘密，圣贤萃菁华。
传道通三古，为文积五库。

山居

松长栖皓鹤，菊老放深秋。
茅屋依山静，柴门对水流。

古琴

断纹识者希，流水音尚在。
冰弦久生尘，金徽犹未废。
挥时发清机，悠扬无比对。
钟期难羽化，焦铜休贱卖。

辛酉清明有感寄金归梓扫亲墓诗

藐躬负罪深，徒为人之子。
不辰入空门，虽生亦犹死。
不能事双亲，徒长犬马齿。
不能扫亲茔，徒增其惭耻。
半生浪天涯，万里隔桑梓。
客中听子规，相思愁难已。
报道节清明，处处焚香纸。
风雨添凄其，山花乱红紫。
家家携酒浆，陈馔还读诔。
父母生我身，我置空桑里。
如今泪雨珠，粉身亦枉矣。
老大多伤悲，劬劳报无以。
微金寄手足，代我修杯水。
以表吾深衷，吾力只如此。
年年吊祭时，代吾下一跪。
我遥焚香祝，愿天眷顾尔。

山居

古树晴藏雨，青山绿画屏。
泉声穿石涧，花影落松亭。
自我藏迂拙，从人说醉醒。
茅檐时独坐，疏竹拂阶青。

憩碧峰山兼赠见闻长老

碧峰如画里，倚树听流泉。
竹密笼萧寺，花轻雨梵天。
有僧频坐石，无鸟不通禅。
客去荆扉掩，还余茗竈①烟。

山居

木石无人处，云烟百丈深。
青山如古画，流水似鸣琴。
花落荆扉掩，莺啼午梦沉。
不知春日去，默默到如今。

清明客中

欲剪眉阳纸，难飞故里钱。
两行襟上泪，一塔梦中烟。
望断家乡月，啼残旅夜鹃。
声添游子恨，何日拜牛眠。

无尘旧苑

无尘何所剩，荒苑煖藏蛇。
雨后频添草，春残不见花。
寺僧朝乞米，山鬼昼飞砂。
壁古苔痕坼②，半随落日斜。

怀菊

半亩家山菊，三秋故国风。

---

① 竈（zào）：古同“灶”。

② 坼（chè）：裂开。

吹来云水上，香入梦魂中。
载酒如遥隔，描花句不工。
应寒怜月夜，霜露湿丛丛。

赠湄潭海山黄少尉（七言律）

百里湄潭绿似油，天光云影漾清流。
师山逮岫衔新月，绳堡轻烟袅故丘。
人在镜中行尽洁，吏从冰上立何愁。
漫云枳棘长栖凤，单父鸣琴[①]自有由。

客中五首（选二）

火树银花富水残，雪中扶仗玉斓珊。
离巢飞鸟啼春冷，问路征人怯雨难。
铁笛夜闻官舍静，东风划剪衲衣寒。
客心对此愁无限，搔首黎明倚画栏。

翡翠屏间旭日曈，数声鹦鹉语雕龙。
庭前人照壶冰洁，槛外花迎客袂红。
灼灼夭桃含绛玉，亭亭春杏映疏栊[②]。
管弦歌里葡萄绿，醉杀山僧绮座中。

留别黄少尉

鸟啼春暖百花香，好景留人琥珀墙。
雀报一圆环玉洁，蛇衔径寸夜珠光。
深宵对酒频燃烛，白首谈诗共踞床。

---

① 单父鸣琴：典出《吕氏春秋·察贤》：“……宓子贱治单父，弹鸣琴，身不下堂，而单父治。”孔子弟子宓（字子贱）治理单父县（治今山东单县南），本人不离开公堂，只抚琴弹曲（以礼乐教化人民），把单父治理得很好。

② 映疏栊（shū lóng）：影映于房舍间。栊，窗棂木，窗，亦借指房舍。

惆怅诘朝[1]从此别，湄城烟树霭苍苍。

和萧云宾送秋（七言绝句）

风前霜叶写新诗，咏瘦梧桐月满枝。
此夜秋光留不住，才人携酒饯东篱。

送别萧淡溪归汉阳

才如陆海行如冰，名世文章世未能。
君去南川无好笔，谁堪作偈赠山僧。

和笠云秋夜宿余山房寄怀王夷白（七言长古）

黔山苍苍万叠回，云散螺峰旭日开。
新诗亭子飞玉屑[2]，故人萧寺倒金垒。
江南有客归心驰[3]，骊驹欲去不可维。
笔底生花老更奇，冰霰雪霜难为摧。
木樨未谢菊初蕾，携酒花前带月醉。
花光入槛助酒狂，金线满篱谁得记。
笠云既醉发浩歌，入座杉楠积空翠。
怀人耿耿意不休，夜深霜落逼高秋。
吾曹适憩后乐亭，不信何人先世优。
灯下挥毫寄老友，吟虫[4]满砌声悠悠。

同笠云松峰小酌后乐亭歌（七言长古）

是山与水皆吾亭，襟滇扼楚钟其灵。
一壑杉楠带白日，双桥烟浪锁空青。

---

① 诘（jí）朝：诘旦（平明，清晨）。
② 原注：是日游后乐亭，夜宿吴。
③ 原注：兼饯笠云。
④ 吟虫：善鸣的虫。

征□旧熏炳铁柱，千古撑霄浴雨露。
芳洲杜若草青青，远映荦表将军墓[①]。
品题后乐书辉煌，烟霞枕郭霭祠堂。
伊吕[②]之才岂恋蜀，北伐曾经定南荒。
羽扇输巾劳想像，疏林落日空原野。
溪声入耳杂鸣禽，橘柚丹黄露鸳瓦。
孤亭载酒醉斜炤[③]，拂面天风吹万窍。
诗成携手笑归来，灯火辉辉如珠耀。

和王夷白明经见赠（七言长古）

先生庙廊之真器，老更风流出深致。
虽非瀛洲跨鹤来，却向儒林得真秘。
才华磊落摘珠斗，掉毫顿觉雨风至。
百家诸子罗胸中，廿四架文凭臆记。
陆云花下春风披，潘江苏海秋涛异。
何年句容来黔山[④]，种竹栽花十亩地。
老僧踏雪南川来，读公文章识妙义。
寒崖枯木一衲衣，早已灰心惰无志。
禅林脚折苔花深，佛旨幽言如梦思。
电光石火破文思，海沤[⑤]蜃楼看幻寄。
此心说向尘中人，人都罕识先生意。
良贾深藏浑若虚，君子如愚为大智。
过云高响唱新诗，泼墨淋漓半醒醉。
鹤发童颜陆地仙，竹床纸帐酣午睡。

---

① 原注：南望王连之墓。

② 伊吕：指伊尹和吕尚（伊尹辅助商汤；吕尚辅佐周文王），后并称伊吕，泛指辅弼重臣。

③ 炤（zhào）：同“照”。

④ 原注：公乃金陵句容县人士。

⑤ 海沤（ōu）：海中水泡。《楞严经》卷六：“空生大觉中，如海一沤发。”佛教用水泡比喻生命的空幻。后以“海沤”比喻事物起灭无常。

觉来焚香写《黄庭》，钟情玉态看游戏。
如君在世出世间，垂青云水不相弃。

咏梅四首（选二）

自洁冰心未肯降，暗将春信度寒江。
雪深兰若僧趺坐，香满袈裟月到窗。
欲买芳博斟玉蕊，为怜疏影对银釭。
晓来扶杖茅檐外，高放空林眼一双。

风定烟销雪满溪，如冰如玉石桥西。
落时清梦空天地，开日参军入品题。
流水欲随香暗去，独标不改岁寒栖。
折花有客归将晚，白首林边倚仗藜。

菊

花带寒烟倚夕阳，谁知甘谷好风光。
金钱折入瓶中插，买断清秋驻草堂。

泥牛

休牧休耕休水草，非骍非角舍山川。
云犁梦断三春雨，风轭身闲九夏烟。
月白沩山无短笛，鸡鸣函谷免长鞭。
蹄跟隐踏韶华永，不践斜阳芳草天。

[附记]选自张新民等整理：《黔僧语录·雪斋诗存》，巴蜀书社，2000，第742–746页、第757–765页、第766–768页、第786–792页、第801页、第808页、第812页。性莲（生卒不详。活动于清乾隆年间），章江人，开创并住持贵阳扶风山寺，工诗。有《雪斋诗存》二卷。

二十三、月茎彻字诗选

赠西山休和尚

一带横高冈，西山独宛转。
曲径萦岩峦，苍翠如可揽。
峻岭势嵯峨，行人到者罕。
群猿抱子归，众鸟呼雏返。
洞口白石横，鹅池春水满。
犬吠白云间，鸡鸣青嶂晚。
中有闲道人，春秋都不管。
危坐但焚香，贝叶手中览。
怪尔城市人，碌碌谓予懒。

游西山

西山峻且高，云雾连朝夕。
古木似龙蟠，怪石如人立。
猿猱发妙音，好鸟声非一。
中有梵王宫，岩翁亲手辟。
金碧伟辉煌，庄严亦奇丽。
乘兴频来游，不觉偶成偈。

五涯寺

清水方且广，五云居其上。
竹径人林深，明月时来往。
凤岭郁嵯峨，空谷传声响。

山居虽幽僻，殿宇亦宏敞。
仿佛似云门，依稀若沩仰。
游人到此间，居然天际想。

黑泽水静室作

径曲层层石，窗开面面山。
鸟鸣青嶂里，花落碧岩间。
息虑终年住，忘机尽日闲。
溪头新月上，流影到前湾。

闻伪军至苦竹关

乱离知又甚，携仆入深山。
涉水惊黄麂，穿林走白鹇。
风来声动树，雨过石添斑。
诫众休喧耳，吴军已犯关！

杨柳水送勇识师住白岩

连宵不忍别，再四叙寒温。
世事只如此，浮名何足论。
携将杨柳水，去洒白严村。
沿路梅花发，余香清梦魂。

题神仙岩故址（在朗里洞青寺之左）

仙人何处去，修炼已成功。
白日飞金鼎，青云羡老翁。
空余一片石，长在薜萝中。
想象悬岩上，谁能继此风？

过团泽口椒溪

径仄一溪险，岩高两岸重。

午晴方见日，骤雨不闻风。
木落悲游子，口衰忆老翁。
往来人迹少，出入虎多逢。

辛酉春，避兵湄水，闻遵义伪军催课甚急

避秦三月有余来，万水千山走几回。
腊雪已从前涧尽，春花又向岭头开。
王师进取知何日，寇盗相侵屡见催。
不但征求贫到骨，荒原痛哭亦多哉。

乙丑春，闻虎屡次入绥阳城

虎亦何多事，山城屡见过。
惊人犹自可，害物其如何?

题普门莲社（六言二首）

户外一溪野水，庭前几树名花。
隔岸忽闻犬吠，江村定有人家。

活泼一湾溪水，生成数朵莲峰。
扫地云来弄影，掩扉月上孤松。

初春，椒溪道中联句

雨雪同携手（张吉哉），高谈消路长。
友朋惟气合（别庵），花鸟共春忙（吉哉）。
树引千山色（别庵），天通一径光。
夕阳浮古渡（师岩），舟子棹相将（别庵）。

望椒溪寺联句

遥指烟村里（别庵），微茫殿阁生（师岩）。
椒花溪水泛（别庵），银嶂翠屏横。

天际来春色（吉哉），云间响梵声。
上方知不远（别庵），伫听鸟和鸣（吉哉）。

将出桑木关联句

犬吠隔林来（师岩），前村如可见。
乔木势参天，青天拖白练（别庵）。
卷舒云自闲，飞集鸟知倦（师岩）。
携手出重关，咫尺分乡县（别庵）。

重过仙人山寄且平孝廉

三秋常作客，雨过仙人山。
河上翁安在，关门令已还。
崖高千仞突，壁立一峰间。
骨老愁无力，藤萝不易攀。

示崇文禅人

茅蓬直下深深处，菜甲偏宜细雨尝。
问尔山居何所有，春来是处百花香。

[附记] 选自贵州省文史研究馆编：《续黔南丛书（第 8 辑）·下·黄彭年诗文集》，贵州人民出版社，2014，第 1570 页。选自遵义市地方志编纂委员会办公室整理点校；（清）郑珍，莫友芝编纂：《遵义府志》，巴蜀书社，2013，第 910–912 页。彻字，字月茎，号一庵，又号别庵，湖北江陵人。十六岁父母俱亡，依止石严和尚剃度为僧。顺治八年（1651），避乱至贵州，住湄潭水月庵。康熙九年（1670），往四川昭觉寺礼方丈雪醉为师，机语相契，遂得印可，为临济宗南岳下第三十六世传人。次年归楚时路过绥阳，应邀留居青莲禅社。4 年后移住金仙寺。康熙二十二年（1683），到绥阳五涯寺，开堂讲法，宗风大振，后终于五涯寺。能诗，有《一庵集》《一庵语录》。

干溪道中

遥闻人语响，疑是来空谷。
乱石入云横，数峰天外没。
水涸知溪干，林阴覆古木。
行行山欲尽，荒村始接目。
相顾问樵夫："日暮何处宿？"
樵夫未及答，故人笑可掬。
从俗谓余言："人生何碌碌？"

[附记] 选自（民国）《续遵义府志（卷5·中）·山川（下）》。

二十四、天问（郑逢元）诗选

天问和尚诗并序

和尚姓任名座，河南陈州府商水县人。生明崇祯九年（1636）。性喜瞿昙，幼嗜佛学。值李闯乱作，遂由湘入黔，而镇远、安顺，至我处之双风山寺，遂卓锡焉。斯时也，林深箐密，居民鲜少，仅姜、刘、洒、尚数姓。及借火飞身，屡彰灵异，而人烟渐伙，场市大集。因名之曰“化处”，以和尚化身之处也。洎咸丰苗变，安顺府毕公带兵驻此。和尚显灵，公慨捐体银五百，委绅者重修庙宇，并购置田土，作香火之资。于是庙貌巍峨，信仰日众，至于弗衰。顷因修志，始于乡先生处寻获天问手泽①，录之以彰其名，亦吉光片羽之意云耳（己酉科拔贡张世泽②撰）。

送安顺李提督（二首）

天将鹤算远长闻，汗马功高回出群。
北极朝廷皆有赖，南黔中辅盛时君。
三槐并茂荫高阁，千载遐龄见寿文。
不使汾阳夸世杰，方知开国老元勋。

鸿钧运转太康奇，万姓歌欢有道时。
日暖烘开红杏圃，阳和先到绿杨时。
莺鸣出谷迁乔木，雪尽高山为岫期。
不独声名俱振处，河清海晏乐唐虞。

---

① 手泽：犹手汗。后多用以称先人或前辈的遗墨、遗物等。

② 张世泽：贵州普定人。光绪己酉（1909）科拔贡。

慈云堂传衣钵法

天际云深见远山，绿波遥映玉池间。
新城殿阁凌霄府，近看楼台入圣颜。
丹桂一株香万里，锦江三峡路重关。
金兰衣钵传今古，世代昌隆讵等闲。

双桂堂即事

重九云高避毒除，参军此日醉何如。
风吹落帽还长短，雁过他乡问有无。
菊灿黄金铺满地，云开碧障画难图。
渊明过访虽知己，不饮茱萸酒一壶。

天童祖翁

天童道脉续传灯，远彻儿曹继子孙。
白棒一条开慧眼，紫霞千片遍乾坤。
玲珑岩下生禅衲，桃李池边见祖恩。
代代相传无别事，黄梅香熟几人吞。

在李提督营中偶咏

聊栖城郭绝深论，偶道相逢目击存。
绿柳营前高汉代，黄莺啼处过寿村。
穿花蝴蝶庄周梦[①]，待月蓬第杜阮昏。
不谓天台何若事，灵山原在锦乾坤。

倾肠剖腹为渠开，尽是锦心绣口蕾。
若教禅风惊海内，先将耳目醒人来。
一根拄杖乘就日，万里云霓落雨苔。
洗尽烟尘无纤翳，清光常照锦城台。

---

① 此引“庄周梦蝶”典故。

报敏树老人

偶道灵山铁骨亲，未曾谈处先知音。
如今问起家乡事，句句朗朗皆分明。

参禅悟后题（二首）

苦行身穿弊垢衣，不装声色步迟迟。
饿餐生菜形枯瘦，渴饮清泉骨格奇。
礼佛披炎常汗苦，陈年慕道竟忘疲。
如今圆满菩提果，甚底王侯供养时。

一会灵山却再逢，庭前月色玉帘珑。
莲花出水香清洁，桂树高人道莫穷。
锦绣胸襟天赐紫，谈玄对御海遐红。
光生五风楼前看，拨转如来正法通。

附弘范师奉赞天问法师（二首）

苦节修行三十年，蒲团坐破几重穿。
掀翻彻底灵机用，花发春来处处鲜。

历劫修行不计年，玄关碎破尽都穿。
至今透彻真如镜，日用方知乐日然。

茂龙塘①即事

结庐云外不须迟，觅险寻幽费苦思。
四面有山堪作障，三方皆水不编篱。
聊将旧案参铅子，懒押新诗付雪儿②。

---

① 茂龙塘：位于岑巩县（古名思州）大有乡。郑逢元晚年隐居于此。

② 雪儿：唐朝李密爱姬，能歌舞。密每见宾僚文章有奇丽入意者，即付雪儿叶音律歌之。后来泛指能歌舞的姬妾或家伎。

翠筱宜人随处是，寒光侵户绿漪漪。

山水多情笑我迟，狂吟随景快人思。
溪翻急湍凫依渚，花发幽香蝶绕篱。
苍鼠窜梁窥燕子，饥鹰穿水掠鱼儿。
闲愁尽付风吹去，谩拥长竿钓碧漪。

老病贪眠日起迟，蹉跎诗酒寄幽思。
闲挑野菜营晨爨，凭插山花傍短篱。
耕欲熟兮常问仆，文于佳处每呼儿。
从容晚眺秋江上，一片微风漾绿漪。

远树尘嚣已觉迟，一番闻见几回思。
山獐畏虎行穿岭，村犬迎人吠隔篱。
鬼谷[①]著书堪号子，宁馨误世莫名儿。
美人不见伤迟暮，徒向河干俟直漪。

[附记]选自（清）乾隆《玉屏县志（卷10）·艺文志（下）·诗》。（民国）《续修安顺府志辑稿（第18卷）·艺文志·郎岱县》。郑逢元（1613–1689），字天虞，又字天瑜，法名天问，平溪卫（治今贵州玉屏）人。幼聪颖，明崇祯六年（1633）举人。官至南明永历礼部尚书，仍兼兵部，参与机务，永历亡后，祝发于滇之宝台山为僧。主纂《平溪卫志》，所著诗文多散失，仅见《黔诗纪略》录其诗18首。

① 鬼谷：鬼谷子（约前400–前270），号玄微子，卫国朝歌（今河南淇县）人，战国著名思想家、道家代表人物、兵法集大成者、纵横家的鼻祖。鬼谷子精通百家学问，常年隐居云梦山鬼谷，在山中静修，深谙自然之规律，天道之奥妙，被后人称为“王禅老祖”。著有《鬼谷子》等。

二十五、大错（钱邦芑）诗选

中秋集古练塘

皓月涌东海，千里当客心。
客心悲正遐，秋半临佳辰。
山斋具酒蔬，升降亦有伦。
主人敦故谊，尊罍①见精神。
言笑具深旨，风规邈可亲。
新凉照颜色，露下天宇晶。
众星隐余霞，夜半孤蟾明。
高枝宿鸟起，飞鸣时自惊。
感兹羁旅意，怀抱各纵横。
往贤重聚会，精爽几消沉。
杯酒具规勉，庶几千古情。

重九集西来庵

木叶下空江，秋光登素练。
大末气萧森，高云照微贱。
良辰兴客怀，朋好深相眷。
歌啸古人情，雅尚在游宴。
登高耳目广，日淡风岚变。
孤城守水尾，炊烟几家见。
平野饮新霜，凄清芜草遍。

---

① 尊罍（léi）：泛指酒器。

同赏独有惧，俯仰忽深念。
荣落理故然，时物谁能恋。
归途暮霭横，月影平沙面。

过潭烈女墓

人生百年均一死，烈女之死斯可矣。
□古纲常独立扶，末俗乃知有廉耻。
闺中弱质勇为义，从容视此甘如旨。
庙貌千秋永不磨，乾坤正气钟于此。
我来展拜溯高风，残碑歌侧烟尘里。
摩娑辨识得其真，烈烈真魂摄心髓。
阴气惨淡日色昏，白昼黄沙当面起。
相逢顾盼尽悲凉，感叹颓波终莫砥。
奇节芳名何所拟，或曰高山与流水。
山崩水竭会有时，烈性千年终不毁。
男子徒生七尺躯，自视须眉一雄伟。
晏然无补天地间。衣食一生宁不悔。
劝尔勿过烈女祠，吾恐烈女见尔面生批。

湄溪远眺

朝衣着破着僧衣，扶杖溪边送落晖。
鸥鸟也知机虑尽，随波来往不曾飞。

[附记] 选自康熙《湄潭县志（卷3）·诗文》。钱邦芑（1599–1673），字开少，江苏丹徒（今镇江）人。南明永历帝时以御史巡按四川，1652年任贵州巡抚。清顺治十一年（南明永历八年，1654），祝发为僧，自号大错和尚，改寺名为“大错庵”。著述颇丰。有《鸡足山志》《九嶷志》等。

梅花

山坞重重香霰[1]匀，短篱茅屋绝嚣尘。
老枝曾傲连朝雪，嫩蕊还偷隔岁春。
桂等有香称诗史，梨花虽洁是陪臣。
东风摇落休惆怅，硕果青青子有仁。

[附记] 选自政协黔东南州委员会、中共黔东南州委统战部编，单洪根主编：《黔东南历代旅游诗词选》，贵州人民出版社，1999，第215页。

---

① 霰（xiàn）：在高空中的水蒸气遇到冷空气凝结成的小冰粒，多在下雪前或下雪时出现。

二十六、厂石如圣诗（偈）选

颂古

世尊拈花

四十九年舌拖地，一时杜口绝言诠。
弥天祸事从兹启，惹得游蜂特地旋。

夜睹明星

雪山冷坐为谁忙，土面灰头戴雪霜。
忽被明星刺瞎眼，鹧鸪啼处百花香。

世尊升座

莫道瞿昙无一语，未升高座已郎当。
文殊眼里重添屑，那个男儿不自强。

城东老母

本来无相绝形由，出入同门不记秋。
堪笑女人见识浅，漫将鼠伎卖风流。

楼子和尚闻曲大悟

百结愁肠闹市游，酒楼肉案有来由。
忽闻一句无心语，旷劫无明当下休。

婆子烧庵

哑吃黄连苦在心，分明一段劫前春。
相逢不饮空归去，洞口桃花也笑人。

牛过窗根

头角四蹄俱过得，何缘尾巴隔窗棂。
打开漆桶分明看，山自高兮水自深。

山居杂偶

一掩柴门百念轻，了无余事可关心。
于今卸却家常事，犬吠山门总不惊。

自入山来万虑忘，饥餐渴饮甚相当。
向来学得安心法，劫火洞然也不妨。

抱拙山房甚快哉，更无余念可安排。
经行坐卧频频适，一任沧桑变不猜。

炉冷香烟灶冷灰，二时功课少安排。
自知分内幻缘浅，故掩柴门绝往来。

山居乐道幽哉，优游一任徘徊。
静观松涛麦浪，闲踏竹径苍苔。
春夏桃红柳绿，秋冬菊放梅开。
更有岚光叆叇，不时飞进帘来。

山居不胜奇哉，丹霞碧雾徘徊。
风过花香入座，雨余草履青苔。
秋到山空叶落，春来柳绿花开。
如此许多胜概，游人不肯上来。

山居无穷快哉，林花山径徘徊。

跌坐浑忘岁月，经行踏破苍苔。
任他天荒地老，哪管水涸山开。
饶他红尘浪滚，半点飞不上来。

山居殊胜悠哉，清风明月徘徊。
怡情眼观云浪，适兴足踏苍苔。
闲时竹帘未卷，镇日柴门不开。
山深车马不到，只见闲云往来。

山居景致幽哉，屋顶萝藤徘徊。
石上泉流瀑布，径边石长绿苔。
才见雪梅争吐，更喜碧桃又开。
再看蛱蝶穿径，带得花香过来。

山居受用伟哉，事事不用徘徊。
饭罢裁诗松槛，禅余醉卧石台。
客来敲冰煮茗，客去雾敛山开。
多时不说道话，笑指白云去来。

示偈

赠法应法侄禅人

晦迹烟霞固守贫，怡情石上看山横。
多年炼就冲霄志，一任腾高六合惊。

示月松记录

一色玲珑生笔底，玉毫挥处果超奇。
止啼黄叶劳君手，扫尽五湖风月稀。

示空谷侍者

一法空时法法空，头头法法悉圆融。

直教空到无空处，始信不空却是空。

示联珠禅孙

联珠光灿玉峰头，不可令人易着眸。
一切时中常保养，三千价重孰能酬。

示心珠侍者

翻忆当年立雪人，安心断臂枉劳神。
分明遍界心珠灿，识得头头只自亲。

示十洲戒子

十洲三岛蓬莱客，曾向石床礼上乘。
识得仙佛无二致，壶中日月镇长明。

示石帆尔墨孙

石帆高挂铁船头，八面风来总不忧。
珍重吾孙能把舵，茫茫苦海任遨游。

示石勒尔阶孙

石勒芳名岂等闲，等闲岂得芳名传。
老卢不是勤舂米，焉得黄梅衣钵先。

示石镜尔碧孙

石镜分明不用磨，辉天鉴地总由他。
眉毛别起时常照，刹刹尘尘勿放过。

示石勤觉洪孙

石勤意事本无为，勤既无为理便非。
须是浑同天地者，方知勤用绝离微。

示石佛觉海孙

石佛坚牢无故新，主人在内稳安身。
其中相伴长年者，试问闍黎可得亲？

示古月觉辉孙

今古分明月一轮，普天匝地没疏亲。
人人尽在光明里，惟有吾孙见得真。

示瑞霞戒子

心月圆时戒月圆，何须问道与参禅。
隔山见烟知是火，须信壶中别有天。

示翁自芳居士

念佛念心心念佛，修身修道道修身。
普贤行愿须成就，定作龙华会上人。

示张性定居士

羡尔殷勤觉地游，登山涉水问源头。
一朝踏着无生路，此道原来不外求。

示张性辉善人

气宇轩昂女丈夫，专持觉号转佛图。
西方十万八千里，只在当人一念敷。

示程性真善人

不是佛兮不是心，二八原来共一斤。
分明数目无多子，珍重善人仔细寻。

示尹性慧居士

云散长空，鸟啼幽谷。

识得性惠，阿谁是佛？

示赵性弘居士

春来花放，秋到叶落。
时事分明，何用斟酌。

示张性定居士诵藏经

一字一椎一卷经，言言字字甚分明。
藏经既转得亲切，更要时时把意精。

[附记] 选自（民国）《续修安顺府志辑稿（第18卷）·艺文志·厂石》。厂石（1643–1717），法名如圣，字厂石，俗姓程，习安（今安顺）人。幼年因体弱多病，四岁时礼圆通寺明心老和尚为师。弱冠随竺怀入滇，先后参礼钝峰、余山、济舟、平木诸尊宿。于昆明五华山寺半生门下受具足戒。返黔后住持玉真山寺、石霞山寺、圆通寺、香山寺、双柏寺、飞虹山云龙寺等寺。著有《厂石禅师语录》（2卷）、《重修飞虹山云龙寺记》。

二十七、了尘诗选

感时（叠前韵四首）

祸机铸就铁围坚，勿怪劫波猛胜前。
但见□□摧广厦，未闻白马解连颠。
严霜故向寰中肃，明月偏从海外圆。
纵使黄花开晚节，几人不唤奈何天。

炎逼冰山尽解坚，保邦孰在未危前。
犹存国贼心难死，莫济民生病欲颠。
每以观云占润泽，恒因拜月祷团圆。
无权莫挽苍生劫，欲把天机泣问天。

道力难摧孽力坚，空将屡误诉君前。
满腔生意心犹活，四壁残秋画欲颠。
怀玉难甘林下老，藏珠自问椟中圆。
迷津未渡焚舟楫，难责苍苍再造天。

共恃金城万里坚，谁思创业苦先前。
故将士庶激远激，欲看乾坤颠复颠。
眼底无吴知越霸，梦中有友问谁圆。
堂堂圣教相攻灭，叩请妖洋另闢天。

劝戒洋烟（共六十三首，选一）

阳回大地尽春风，独向烟乡路不通。
少食岂因千口累，多财争买万年穷。
易他鬼脸安头上，逐我良心赴斗中。

泣吐忠言知逆耳，故将笑骂激英雄。①

春暮

好景随春尽，雨过继狂风。
莫怪莺声怨，征途满落红。

感时（次八音入句）

金风逞暴鼓狂澜，磐石根移欲下滩。
国脉徒存丝一缕，上林空种竹千竿。
民忧匏系逃亡易，土幸瓜分固守难。
革故劝君摧大厦，谁支一木使重安。

续题感时（叠前韵）

利弊条章上万千，部文几见实褒弹。
忠洋有士锄三教，佞佛无人体六难。
鹗薦妬多商削柄，狼群虑少奏添官。
布成虚局增粉饰，圆写传诸敌国看。

桃源洞

帝道归秦暴吏多，天涯无处不兵戈。
桃花若逐当时水，洞归仙人奈政何。

张三丰石林

尽剥精华媚外洋，民生国计总堪伤。
何方学得仙家术，一睡千年也不妨。

接官

日日桥头候接官，冲风冒雨不知寒。

---

① 原注：此明作诗之心，良言劝之不听，故将笑骂以激之。

祇愁接个穷科甲，遍吐食涎更带酸。

财神

天宫遍地是黄金，何事须些手紧擒。
若此眈眈贪不足，求财冥赐枉劳心。

返高峰值大雾

漫天烟瘴压屋栊，人在昏天黑地中。
寄语山僧休恐惧，浮云转眼变成空。

赠德荣上座

形拘无计出三千，罔把星棋对佛弹。
言路开宽行路窄，生心容易死心难。
情空何贵烹金鼎，材大惟防啄木官。
即佛即兴谁会得，法身自塑与人看。

请获日本刻全藏自庆诗（仍步前寒韵）

久遭魔雾晦三千，恋定天龙指懒弹。
敬散珍藏求法藏，卒将患难感阿难。
真宗既可师天帝，妄孽何劳赦地官。
四十九年何所说，拈来好共有情看。

欲观当来调御千，希声曲预此操弹。
仅知妄树伐非易，谁信昙花放最难。
信受恒亲三世佛，贪残莫畏两间官。
等闲指出归源路，普愿都从指处看。

山中五更警策词

一更里，痛对禅人语，造与修，由诸己。
因山峻莫板，果海深无底，懒修持，轮回谁替你？

二更天，飒飒晚风寒，生死路，黑漫漫。
好时难再遇，明月不常圆，休贪睡，究取祖师禅。
三更转，分事勤拣点，念宜坚，修勿缓。
会取涅槃心，豁开正法眼，实告君，光从用处返。
四更彻，早出无明宅，佛即心，空是色。
心能一念空，轮回顿休歇，勤念佛，超生极乐国。
五更催，晨光渐吐辉，来时路，胡不归。
能将情念死，许汝法身肥，权在我，撒手出重围。

高峰八景

高峰古柏

身归清净域，根老白云乡；
有志冲霄汉，无心作栋梁。

玉屏夹道

地辟琅嬛境，天开白玉屏。
何心凌古道，欲镇万山青。

平地烟霞

烟霞生地底，楼阁出天中。
欲礼庄严相，高居兜率宫。

巉岩怪石

虬龙形夭矫，鸾凤欲飞翔。
任使初平叱，何曾尽化羊①。

峭壁啼莺

莺啼春有韵，壁峭路难扳。

① 此句用“叱石为羊”典。东晋葛洪《神仙传·黄初平》：说黄初平有术，能叱石为羊。

总自尘嚣隔，清音常在山。

夹谷蟠龙

带水蟠函谷，和云卧碧岑。
天衢丰草莽，何用出为霖。

殿角双流

孰挽曹溪水，分从殿角流？
是嫌尘世浊，不过乱山头。

西来面壁

凌云瞻此日，面壁忆当年。
成祖今安在？篡名满天下。

答王纯一尽问法要

君家自有性明天，何反空山扣福田。
顿放根尘超妄垢，稍存思议锁情烟。
难将万别千殊合，但了一心众行圆。
聊以管窥酬所问，吾宗妙不落因缘。

遗偈

觉华自在谛前因，誓度群生露本真。
无量法充无量愿，转轮仍现此三身。
凌敲瑞霭起高峰，耿耿元神泣此中。
宝塔装成遗像生，荼毗光魂现金容。

本来面目妙无痕，勿任诸尘翳六根。
了悟真空无一法，幻留色相碍空门。
法门自闭法门开，七日群蛾去又来。
佳信静传三炮后，飞身仍赴旧莲台。

[附记]选自张新民等整理：《贵阳高峰了尘和尚事迹》，巴蜀书社，2000，第506–507页、第512页、第522页、第535–536页、第540页、第545页、第550页、第680页、第808页、第991–992页。了尘（1851–1914），俗名张园洲，贵州贵阳人。少时入私塾，略通经史，不愿婚娶，披剃为僧。光绪元年（1875）住持贵阳九华宫、平坝高峰山万华寺。变卖其家业，重修万华寺大殿两廊。清光绪二十六年、二十七年（1900–1901），贵阳大饥，了尘主持赈饥，使不少饥民得救。宣统元年（1909），了尘与空月赴南京，取回日本版《大正藏经》一部，藏于高峰山。三年（1911），官府下令禁烟，拟派兵入镇宁扁担山镇压种鸦片之民。了尘闻讯，急见贵州巡抚庞鸿书，救暂缓用兵，只身入山，向民陈说利害，民皆自动铲烟苗，避免了一场兵祸。民国初年，任贵州佛都总会会长，著述颇富，有《了尘语录》等。

二十八、语峰诗选

空中楼阁①

峥嵘杰阁与天齐，遥指山城入望低。
休说此间无寂景，落花庭院伴鸦啼。

琵琶井②

传说当年洗剑泉，天生地设似冰弦。
只因厌拨秦楼曲，零落山城细柳边。

神鱼井③

一派清流海岳通，神鳌砥柱水晶宫。
金鳞化作苌宏血，留取丹心返太空。

题水车

拦江架栋半分流，辗转机声响未休。
汲水逆筒冲玉柱，悬空横竹辊银沟。
群轮系扎翻波浪，双视迎泉润陇邱。
妙用不劳人着力，涓涓白练喷竿头。

---

① “空中楼阁”为黎平南泉八景之一。

② 琵琶井，道光《黎平府志》原注：城南门外演武场前有井如琵琶，其水甘美，可以疗疾。相传楚王洗剑泉。光绪《黎平府志》曰：“水流声似琵琶，以此得名。又名洗剑泉。”

③ 神鱼井，黎平府十景、开秦县八景之一，称“神鱼跃井”或“井化神鱼”。道光《黎平府志》原注：相传何文列公生有神鱼现巨须，自公尽节后递不复见。

[附记] 选自贵州省文史研究馆编：《续黔南丛书（第8辑）·下·黄彭年诗文集》，贵州人民出版社，2014，第1583页。语峰，号庄秀，乾隆《开泰县志》作“语嵩”，居黎平府南泉山寺。有《语峰语录》《竹窗集》。《乾隆开泰县志·仙释》载语嵩（峰）：“弱冠时有志空门，后出家居南泉山，好才人，喜吟咏。刻有《竹窗集》。”

南泉山①

古松怒立接天齐，曲径盘旋手卓藜。
双井霭明山色好，石龙水吐梵音低。
林岚卷雨光含岫，苑桂飘风香满堤。
楼阁空中千里目，夕阳倒影射窗西。

[附记] 选自赵志椿：《南泉山诗作选录》，载贵州省黎平县政协文史委员会：《黎平文史资料》（第6辑），1990，第63页。

登五龙山有感

扶杖层峦扣碧关，五龙天际白云间。
苍苔叠砌成空桶，怪石崔巍带月湾。
林下风回香满院，阶前日映竹生斑。
临高楼阁翀霄汉，登眺今知第一山。

[附记] 选自政协黔东南州委员会、中共黔东南州委统战部编，单洪根主编：《黔东南历代旅游诗词选》，贵州人民出版社，1999，第208页。

① 贵州省黎平县志编委会编：《黎平县志》，巴蜀书社，1989，第661页。

二十九、其他僧人诗选

1. 文和道人

题石上回文①

闲云野鸟宿村烟，唳鹤惊眠不似眠。
参细细功禅密密，坐深深地露涓涓。
三更五会空抛像，半夜初钟火出莲。
关外不行修佛事，南岩寄兴写诗篇。

2. 孤舟

偈②

勘破无无世，了然何物心头。
自性已归圆寂，清风明月自由。

---

① 诗题于桐梓县元田文笔山三座寺（该山三座寺院，即长寿寺、青都观、瓦庙子的统称）石壁。文和，不知何许人，清初云游至桐梓，尝负一神像。一日到三座寺宿，僧不纳，遂宿岩下，晨视，不知所往，只见到石上题的诗。（清）唐树义审例，黎兆勋采诗，莫友芝传证，关贤柱点校：《黔诗纪略》，贵州人民出版社，1993，第 1274 页。

② 选自（清）唐树义审例，黎兆勋采诗，莫友芝传证，关贤柱点校：《黔诗纪略》，贵州人民出版社，1993，第 1274 页。原注：孤舟，不知何许人，万历初至真州长官司今正安州之皤溪寺，面壁数年。一日谓本寺住持曰："明日余逝矣，寺外二树将折，一树有声，即长老；一树无声，即余矣。"次日二果折，示偈端坐而逝。

3. 苗僧

偈①

本是菩提种，打落有苗胎。
曹溪一派水，清风引出来。

4. 圆智②

山居

大石桥边小石桥，层峦迭嶂远尘嚣。
山僧误听樵人语，错认松声作海潮。

5. 两生真从③

示寂诗

八九功完，语不空传。
虚空粉碎，伏昙花鲜。

① （清）唐树义审例，黎兆勋采诗，莫友芝传证，关贤柱点校：《黔诗纪略》，贵州人民出版社，1993，第1274–1275页。原注：僧，思南府受水人，初为张氏仆。小时常念一佛字，及长愿出家，久之得悟。年九十说偈而寂。

② （清）唐树义审例，黎兆勋采诗，莫友芝传证，关贤柱点校：《黔诗纪略》，贵州人民出版社，1993，第1276页。原注：圆智，字眉慈，自蜀来平坝卫，精禅理，喜为诗。乡宦韩炎天、崇间选贡，官未详。于卫城西建紫竹精舍以居之，与卫士夫倡和甚伙，脱稿即焚，今犹存一首。

③ （清）唐树义审例，黎兆勋采诗，莫友芝传证，关贤柱点校：《黔诗纪略》，贵州人民出版社，1993，第1286页。真从，字两生，四川永川人，破山明大师弟子。父命应试，逃出为僧。顺治中到贵州遵义，始栖茅衔寺。著《楞严经解》《心经解》。

6. 虎邱大冶①

杂诗三首

数年湖海一孤舟，处处晴沙宿白鸥。
昨夜波斯吞却月，漫将米价较沉浮。

雨连云际雪连天，地接烟云云接天。
一等共行山上路，眼中各自见风烟。

一条秃木两人舁，舁去舁来汗浸衣。
屋远路长天黑了，各人拖了一身泥。

7. 天峰云昆②

思亲有感和东山杜子韵

阅历河山杖一枝，几经风雨乱离时。
慧刀已断千生爱，老骨偏催两鬓丝。
灼灼仙茶添泪眼，行行语鸟起乡思。
当年自悔逃禅误，病入膏肓可再医。

夜酌螺水山房别东山杜子

溪声浮夜月，光带晚风飘。
未尽倾心语，扶筇过板桥。

---

① （清）唐树义审例，黎兆勋采诗，莫友芝传证，关贤柱点校：《黔诗纪略》，贵州人民出版社，1993，第1294页。大冶，四川富顺人，受法于垫江龙蟠寺敏树。敏树受法于破山。顺治乙酉（1645）冶避乱到遵义，初住禹门侧石头山，旋受郡南西坪人所请，住西坪寺。有《大冶语录》。

② （清）唐树义审例，黎兆勋采诗，莫友芝传证，关贤柱点校：《黔诗纪略》，贵州人民出版社，1993，第1295–1296页。天峰云昆，不详来历，顺治中曾题诗绥阳绥螺水三教寺壁间。昆（chǎn），或作云昆。盖昆是名，书云其字也。又自称天峰道士。

戊子春偕东山杜子石头野遥两和尚赏花有感

昨日看花花未放，今朝花放色先颓。
不知来日成何际，判醉花阴待月来。

8. 石岩如昆①

别胡司农

幻躯因妄起，藏教为伊始。
只有老瞿昙，当年较些子。

附：胡显悼如昆偈

六旬撒手已空凌，薪火传来不灭灯。
湄水黔山留不住，一轮宝月映金绳。

9. 眼石②

倾水颂

一□迅雷震大地，山鸣谷应水倾鼻。
滔天洪浪浸须弥，拈得口嘴打湿鼻。

---

①（清）唐树义审例，黎兆勋采诗，莫友芝传证，关贤柱点校：《黔诗纪略》，贵州人民出版社，1993，第1296页。如昆，江陵雷氏子。天、崇间困顿于诸生者20余年。一日，游承天寺，读《法华经》，顿空世缘，遂薙染于金子峰无学大师，后于三昧和尚座下圆具。明末，往来思、播间。癸巳（1653）过湄水，井研胡显，避地在湄，建水月庵，留之驻锡。

②（清）唐树义审例，黎兆勋采诗，莫友芝传证，关贤柱点校：《黔诗纪略》，贵州人民出版社，1993，第1297页。眼石，湖南邵阳黄氏子，以勇力入伍。崇祯癸未（1643）授千总。迁四川守备，从刘承允迎桂王入武冈，迁锦衣指挥，又从转徙两广至安隆。丁酉（1657），孙可望逼授伪官，遂逃入敷勇卫西望山，从语嵩禅师披薙。康熙十九年（1680），卓锡武冈醪田伏牛山。

10. 西山寺僧①

将去西山留题

一朝戎马乱如麻，收拾木鱼与袈裟。
分付猫儿随我去，莫教留在俗人家。

11. 东山杜子②

东山杜子诗二首③

答天峰道士

非仙非释亦非儒，一事无成老病夫。
百病难调心上拙，寸金那济橐④中枯。
眼前富贵春三月，醉后颠狂酒一壶。
得便此身非我有，不须跨鹤入玄都。

天峰和尚夜酌醉归步韵

寒潭浸初月，泠泠溪风飘。
踏雪忘更漏，蹁跹度短桥。

---

① （清）唐树义审例，黎兆勋采诗，莫友芝传证，关贤柱点校：《黔诗纪略》，贵州人民出版社，1993，第1298页。不详何人，明鼎革时，曾住绥阳西山寺。

② （清）唐树义审例，黎兆勋采诗，莫友芝传证，关贤柱点校：《黔诗纪略》，贵州人民出版社，1993，第1303页。原注：按：东山杜子，不知为何人，昌所称螺水山房，当即其居，或亦国初隐流也。诗同在寺壁。附录于此以备考云。

③ （清）唐树义审例，黎兆勋采诗，莫友芝传证，关贤柱点校：《黔诗纪略》，贵州人民出版社，1993，第1303页。原注：按：东山杜子，不知为何人，昌所称螺水山房，当即其居，或亦国初隐流也。诗同在寺壁。附录于此以备考云。

④ 橐（tuó）：是指口袋。

12. 半月常涵[①]

牧牛颂二首

法法头头足，未曾落断常。
白云芳草地，原是旧家乡。

乾坤安不下，云静月当天。
正恁么时节，虚空没半边。

颂古五首

瞿昙对客数家常，欲把仙春赠与郎。
无奈头陀舒一笑，芦花五叶至今香[②]。

无端特地着袈裟，添得游蜂眼里沙。
恨彼东风吹不歇，至今狼藉在天涯[③]。

久坐无聊翻易书，花衔春鸟鸟投芦。
忽然狼藉家私后，那晓贫来亲也疏[④]。

三十年前拖水泥，如今偶尔涉离微。
眼中桃放春枝上，灼灼分明人自迷[⑤]。

剑为不平离宝匣，是非坐断肃清秋。
血流千古空遗恨，幸有知音老赵州[⑥]。

---

① 选自贵州省文史研究馆编：《续黔南丛书（第3辑）·上·播雅》，贵州教育出版社，2012，第712–713页。常涵，字半月，四川邻水张氏子，为丈雪法嗣。康熙己酉（1669），由昭觉来禹门，复整法幢。月浦汀声，又振广长矣。

② 原注：世尊拈花。

③ 原注：文殊白椎。

④ 原注：懒融鸟不衔花。

⑤ 原注：灵云桃花。

⑥ 原注：南泉斩猫。

13. 紫石①

辞众偈

踏破毗卢界，揭开选佛场。
圣凡同一路，撒手到家乡。

又

三十六年作客，清风无枝无叶。
了了分明归去，一任东西南北。

14. 藏天明宣②

和邑侯陈修六碹，咏遵城八景四首

吴桥夜月

百雉城高雁齿通，遥遥一水带长空。
夜看紫气冲悬兔，境似银河卧彩虹。
倚棹有人歌白雪，乘流沽酒醉清风。
桥边往事凭谁忆，都付波心明月中。

红花晚风

路转峰回日影斜，残红误觅作灵砂。
凤山对面来新翠，鹤径披襟带落霞。
太息流光江上月，澄观濯锦镜中花。
春秋不老尧天下，向夕愁人是物华。

---

① 选自贵州省文史研究馆编：《续黔南丛书（第3辑）·上·播雅》，贵州人民出版社，2012，第732页。紫石，不知何许人。康熙三年（1664）来遵义，不挂锡，不投合，昼夜响板，鸣声不息，口只称“念佛”二字。随意趺坐街头，人以其所持丐饭钵若紫石然，因号紫石。

② 选自贵州省文史研究馆编：《续黔南丛书（第3辑）·上·播雅》，贵州教育出版社，2012，第733–735页。明宣，字藏天，绥阳人，两生弟子。初住绥阳三句庵，后继其师住松邱寺。解禅义，喜为诗。著有《藏天语录》。其徒明澄，康熙中走京师，赍经、疏、律、论六百余函归置松邱。

白云钟梵

胜地蒙茏隐梵踪，每招黄鹤一扶筇。
香山本出浮尘邈，杯渡何难旷世逢。
绿水浮来三岛月，白云唤醒一声钟。
欲从此处寻知己，俯槛茫茫对远峰。

阵亭决胜

为扫蛮封树阵亭，凯旋跃马暂杯停。
三巴杀气收龙屯，八阵雄才拥雉翎。
功在河山垂竹帛，世难忠义勒标铭。
战场屈指无多日，黯黯荒磷照眼青。

15. 普觉①

勉见远禅者

描也不成书不似，惟在行人功力至。
待得虚空落地时，可知千圣不传智。

16. 宏源②

洗钵溪坐石看云

饭罢频将钵洗溪，徐闻好鸟绿阴啼。
山翁坐石心无事，目送闲云过岭西。

---

① 选自贵州省文史研究馆编：《续黔南丛书（第8辑）·下·黄彭年诗文集》，贵州人民出版社，2014，第1571页。普觉，开刹黎平紫云山，晚归青云山祖堂。有《紫云山语录》。

② 选自贵州省文史研究馆编：《续黔南丛书（第8辑）·下·黄彭年诗文集》，贵州教育出版社，2014，第1576页。宏源，字乾御，赤松弟子。

17. 草庵①

吊休师塔

剩水残山笔墨荒，鹅池春水自清凉。
洞天石扇无人扣，一任空林紫藟香②。

18. 佛度③

次西樵先生登山韵④

石厂巢居浑欲仙，香厨笕水日潺湲。
长廊过雨生幽响，古木垂阴噪乱蝉。
杖底烟霏三径晓，望中霞彩一天悬。
寒山何幸来佳客，清供应惭饮碧泉。

19. 古源⑤

题壁

蒲团高挂悬岩栖，独步石磴过古溪。
送客远闻樵子咏，迎宾近听野猿啼。
洞中禅座频频足，窗外云峰个个齐。
玩景空来从有识，是谁觉悟是谁迷。

---

① 选自贵州省文史研究馆编：《续黔南丛书（第8辑）·下·黄彭年诗文集》，贵州人民出版社，2014，第1576页。草庵和尚，生平事迹不详。

② 藟（lěi）：同“蕾”。

③ （清）道光《铜仁府志（卷之11）·艺文·诗》。佛度，贵州铜仁府莲池洞僧，善诗，与徐訚（徐西樵）多有唱和。

④ 此诗另一版本题名为《次西樵先生纪游原韵》，诗也有较差异。“石厂巢居浑欲仙，香厨笕水日潺湲。长廊滴溜生幽响，古木垂阴噪乱蝉。岩际烟凝三径晚，峰头月满一轮悬。寒山何幸来佳客，惭愧清供只饮泉”。

⑤ 选自龙明逵：《古源禅师题壁》，载编委会：《惠水文史资料选辑》（第3辑），1984，第104页。古源，楚人，康熙二十年（1681）云游至定番州（治今惠水县）城西九龙山，募修九龙山寺。

20. 苍雪 ①

度黔中铁锁桥拟奘师 ② 西游，有举烟招伴而过者。

去国万余里，西行不记年。
海风人面改，沙路马蹄穿。
虹影雷门过，江声铁锁悬。
危桥难并进，几度望招烟。

盘江铁桥

自望黄尘每慨然，故乡卿相我无缘。
眼前见画思鸡足 ③，梦里寻家渡铁莲。
苗庶 ④ 尚潜诸葛洞，儒臣不去小西天。
料来难得今生见，先过此桥五十年。

21. 苍遥 ⑤

东山分得真字

杰阁凌霄汉，川原入望真。
霜浓枫叶醉，秋老菊花新。
化蝶休疑梦，寻源自得津。
应知今日会，石上有前因。

---

① 选自杨为星注，苍雪大师：《〈南来堂诗集〉诗注》，云南人民出版社，2011，第 34 页、第 191 页。苍雪（1588–1656），法名读彻，字见晓，号苍雪。是明末清初著名诗僧。十二岁到云南鸡足山出家。后云游各地。40 时入主江苏苏州支硎山中峰寺。

② 奘师：玄奘（602–664），唐贞观三年（629）西行求法，往返 17 年，旅程五万里，带回大小乘佛教经律论 520 荚，657 部。盘江铁桥，位于贵州省关岭自治县城东北盘江河谷。明崇祯元年（1628）黔安普监军副使朱家民（云南曲靖人）仿云南澜沧江铁索桥创建，历三年竣工。

③ 鸡足：云南鸡足山。苍雪出家地。

④ 苗庶：指贵州黔中苗族。

⑤ 苍遥，清乾隆年间贵阳东山寺住持。

[附记]选自道光《贵阳府志·余编(卷之18)·文征(卷之18)》。

22. 超远

铁锁桥

万山谁划断,一水界东西。
地广风逾急,天低云易迷。
半空横铁索,千尺跨虹霓。
我欲桥边宿,江猿休夜啼。

[附记]选自咸丰《安顺府志(卷之54)·艺文志(十一)·诗(下)》。

23. 石静

织金县东山寺佛塔

屡次修持莫远求,内藏衲子一比丘。
弥陀宝塔三千界,永垂东土□古流。

[附记]选自贵州省织金县志地方志编纂委员会编:《织金县志》,方志出版社,1997,第818页。诗刻于织金县东山寺慧参和惺塔。石静为和惺法兄。

24. 其他僧人

凤霞山① 周得善

丹凤鹤翔气势雄,来临绝顶最丰隆。
华堂坐镇诸山拥,当门朝对独奇峰。

---

① 凤霞山位于普定县马官镇马官村后山。此诗为山上寺僧周得善作。

五老集会云生气，三星拱照天衣缝。
锦绿乾坤自然局，绿水环抱万古荣。

[附记] 选自杨元芳主编，政协贵州省委员会文史资料委员会、《贵州旅游文史系列丛书》编委会编：《“穿洞”沧桑》，贵州人民出版社，2003，第288页。

参考文献

一、志书

[1]（明）弘治《贵州图经新志》
[2]（明）曹学佺《蜀中名胜记》
[3]（明）嘉靖《贵州通志》
[4]（明）嘉靖《普安州志》
[5]（明）万历《铜仁府志》
[6]（明）郭子章《黔记》
[7]（清）康熙《思州府志》
[8]（清）康熙《湄潭县志》
[9]（清）康熙《黔灵山志》
[10]（清）乾隆《镇远府志》
[11]（清）乾隆《贵州通志》
[12]（清）乾隆《黔西州志》
[13]（清）乾隆《玉屏县志》
[14]（清）嘉庆《黄平州志》
[15]（清）道光《贵阳府志》
[16]（清）道光《遵义府志》
[17]（清）道光《思南府续志》
[18]（清）道光《大定府志》
[19]（清）道光《铜仁府志》
[20]（清）道光《普安直隶厅志》

[21]（清）道光《安顺府志》

[22]（清）道光《广顺州志》

[23]（清）咸丰《兴义府志》

[24]（清）光绪《平越直隶州志》

[25]（清）光绪《黎平府志》

[26]（清）光绪《古州厅志》

[27]（清）光绪《湄潭县志》

[28]（民国）《续遵义府志》

[29]（民国）《都匀县志稿》

[30]（民国）《修文县志访稿》

[31]（民国）《清镇县志稿》

[32]（民国）《剑河县志》

[33]（民国）《桐梓县志》

[34]（民国）《思南县志稿》

[35]（民国）《大定县志》

[36]（民国）《石阡县志》

[37]（民国）《沿河县志》

[38]（民国）《贵定县志稿》

[39] 贵州省文管会编：《贵州文物志稿》（第 1 集），贵州省文管会，1982。

[40] 黔南布依族苗族自治州文化局编辑：《黔南文物志稿》（2），1985。

[41] 贵州省地方志编纂委员会编：《贵州省志・名胜志》，贵阳：贵州人民出版社，1987。

[42] 黔南布依族苗族自治州史志编纂委员会编：《黔南布依族苗族自治州志・文物名胜志》，贵阳：贵州民族出版社，1989。

[43] 中共贵州省铜仁地委办公室档案室、贵州省铜仁地区志党群编辑室整理：《铜仁府志》（据民国缩印本点校），贵阳：贵州民族出版社，1992。

[44] 印江土家族苗族自治县志编纂委员会：《印江土家族苗族自治县志·梵净山志》，贵阳：贵州人民出版社，1992。

[45] 贵阳市志编纂委员会编：《贵阳市志·宗教志》，贵阳：贵州人民出版社，1996。

[46] 遵义市志编纂委员会编：《遵义市志》，北京：中华书局，1998。

[47] 贵州省铜仁地区地方志编纂委员会编：《铜仁地区志·城乡建设环境保护志》，贵阳：贵州人民出版社，2001。

[48] 贵州省地方志编纂委员会编：《贵州省志·民族志》，贵阳：贵州民族出版社，2002。

[49] 贵州省地方志编纂委员会编：《贵州省志·文物志》，贵阳：贵州人民出版社，2003。

[50]《六盘水市志·民族志》编纂组织机构编：《六盘水市志·民族志》，贵阳：贵州人民出版社，2003。

[51] 镇远县政协文史资料研究室编：《镇远府志》（第 4 册），贵阳：贵州人民出版社，2014。

[52] 中共毕节市七星关区委史研究室编：《毕节县志（乾隆·同治·光绪校注本）》，方志出版社，2017。

二、著作

[1]（春秋）老子著《道德经》

[2]（春秋战国）孔丘及弟子《论语》

[3]（战国）庄周及弟子撰《庄子》

[4]（南朝·梁）慧皎：《高僧传》

[5]（南朝·梁）僧祐《弘明集》

[6]（唐）释道宣《续高僧传》《广弘明集》

[7]（唐）惠能《六祖坛经》

[8]（北宋）赞宁《宋高僧传》

[9]（北宋）欧阳修、宋祁等撰《新唐书》

[10]（北宋）智圆《闲居编》

[11]（南宋）志磐撰，释道法校注《佛祖统纪校注》

[12]（南宋）释普济《五灯会元》

[13]（明）朱元璋撰《明太祖集》

[14]（明）真可《紫柏尊者全集》

[15]（明）释袾宏撰《云栖法汇》

[16]（明）莲池大师《竹窗随笔》

[17]（明）朱时恩辑《居士分灯录》

[18]（明）王阳明《王阳明全集》

[19]（明）黄绾《明道编》

[20]（明）林兆恩撰《林子三教正宗统论》

[21]（明）焦竑撰《澹园集》

[22]（明）张宇初《正统道藏》

[23]（明末清初）黄宗羲《明儒学案》《宋元学案》

[24]（清）李宗昉《黔记》

[25]（清）董诰等纂修《全唐文》

[26]（清）严可均《全宋文》

[27]（清）张廷玉等撰《明史》

[28]（清）田雯《古欢堂集》

[29]（清）郑珍《巢经巢诗集》

[30][日]鸟居龙藏著，国立编译馆译：《苗族调查报告》，国立编译馆，民国二十五年（1936）。

[31]任继愈：《中国佛教史》（第1册），北京：中国社会科学出版社，1981。

[32]方立天著：《魏晋南北朝佛教论丛》，北京：中华书局，1982。

[33]贵州省安顺地区文化局编：《安顺文物》，1982。

[34]黔西县政协文史组县志编委办公室：《水西文史资料（第2辑）·诗歌专辑》，1983。

[35] 丁福保编：《佛学大辞典》，北京：文物出版社，1984。

[36] 政协贵州省平坝县委员地文史资料研究委员会：《平坝文史资料选辑》（第 1 辑），1984。

[37] 政协贵州省安顺市委员会：《安顺文史资料选辑》（第 2 辑），1984。

[38] 贵州省织金县文化局编印：《织金文物》（第 1 集），内部刊印，1984。

[39]（清）宋湘撰，黄国声校辑：《红杏山房集》，广州：中山大学出版社 ,1988。

[40] 德江县政协文史资料委员会编：《德江文史资料》（第 5 辑），1990。

[41]（清）李銮宣撰，刘泽点校：《坚白石斋诗集》，太原：山西人民出版社，1991。

[42] 政协荔波县委员会文史资料研究委员会编，何正刚、黄尔康编著：《荔波诗词集》，1992。

[43] 黄万机著：《客籍文人与贵州文化》，贵阳：贵州人民出版社，1992。

[44] 龙先绪采编：《仁怀诗征》，1992。

[45] 杨隆昌、胡大宇编：《桐梓风光》，贵阳：贵州人民出版社，1992。

[46] 政协贵阳市云岩区委员会学习文史资料委员会编：《云岩文史资料选辑》（第 15 辑），1994。

[47] 许先德、龙尚学主编，贵阳市志编纂委员会办公室《金筑丛书》编辑室编：《贵阳五家诗钞》，贵阳：贵州教育出版社，1995。

[48]（明）王守仁著，朱五义注，冯楠校：《王阳明在黔诗文注释》，贵阳：贵州教育出版社，1996。

[49] 游建西：《近代贵州苗族社会的文化变迁 1895-1945》，贵阳：贵州人民出版社，1997。

[50] 政协贵州省委员会文史资料委员会《贵州旅游文史系列丛书》编

委会编：《水西鹃韵》，贵阳：贵州人民出版社，1998。

[51] 政协贵州省委员会文史资料委员会《贵州旅游文史系列丛书》编委会编：《黔北明珠》，贵阳：贵州人民出版社，1999。

[52] 何静梧、龙尚学主编，贵阳市编纂委员会办公室编：《贵州联语两种》，贵阳：贵州教育出版社，1999。

[53] 曹毅著：《土家族民间文学》，北京：中央民族大学出版社，1999。

[54] 贵州省委员会文史资料委员会《贵州旅游文史系列丛书》编委会编：《㵲阳仙都》，贵阳：贵州人民出版社，1999。

[55] 张新民等整理：《黔僧语录》，成都：巴蜀书社，2000。

[56] 张新民等整理：《续黔僧语录》，成都：巴蜀书社，2000。

[57] 张新民等整理：《贵阳高峰了尘和尚事迹》，成都：巴蜀书社，2000。

[58] 政协贵州省委员会文史资料委员会《贵州旅游文史系列丛书》编委会编：《锦江飞虹》（铜仁卷），贵阳：贵州人民出版社，2000。

[59] 中国戏曲志编辑委员会：《中国戏曲志·贵州卷》，北京：中国ISBN 中心出版，2000。

[60] 赤水市风景旅游管理委员会：《赤水旅游》，2001。

[61]《旧州镇志》编委会编：《旧州镇志》，贵阳：贵州人民出版社，2003。

[62] 许桂灵、司徒尚纪：《暮鼓晨钟——佛教寺院文化人类学考察》，北京：中国评论文化有限公司，2003。

[63] 黎平主编：《黄平自助游系列丛书之三·黔南第一洞天飞云崖》，北京：中国文联出版社，2004。

[64] 盘县城关镇等单位编，叶晓尧主编：《盘县碧云洞诗文集》，2005。

[65] 政协息烽县委员会编：《胜景佛天——息烽西望山》，贵阳：贵州民族出版社，2005。

[66]《国家级非物质文化遗产大观》编写组编：《国家级非物质文化遗

产大观》，北京：北京工业大学出版社，2006。

[67] 罗再麟主编，六盘水市地方志编纂委员会编：《六盘水旧志点校》，贵阳：贵州人民出版社，2006。

[68] 贵阳市文化局编：《贵阳文物景点》，贵阳：贵州教育出版社，2007。

[69] 绥阳县旅游产业发展委员会编：《绥阳旅游》，贵阳：贵州人民出版社，2007。

[70] 陈璧耀著：《国学概说》，上海：上海教育出版社，2008。

[71] 安顺市西秀区人民政府、安顺市诗词学会编：《屯堡风韵》，贵阳：贵州人民出版社，2008。

[72] 龙连荣、杨再将主编：《原生态黔东南诗词选》，贵阳：贵州人民出版社，2008。

[73] 顾久主编：《黔南丛书》点校本（第 4 辑），贵阳：贵州人民出版社，2009。

[74] 顾久主编：《黔南丛书》点校本（第 5 辑），贵州人民出版社，2009。

[75] 吴正光著：《沃野耕耘——贵州民族文化遗产研究》，北京：学苑出版社，2009。

[76] 王愓著：《佛教艺术概论》，上海：上海辞书出版社，2009。

[77] 阿莲著：《佛教文学观——文以载道》，北京：宗教文化出版社，2009。

[78] 顾久主编：《黔南丛书》点校本（第 15 辑），贵阳：贵州人民出版社，2010。

[79] 政协铜仁地区工作委员会编著：《中国梵净山佛教文化文物研究》，贵阳：贵州人民出版社，2011。

[80] 政协平坝县委员会编，谢发忠主编：《〈陈法诗文集续〉点校本》，贵阳：贵州人民出版社，2011。

[81] 星汉编著：《图文佛教大百科》，北京：中国华侨出版社，2011。

[82] 徐兆仁编：《儒佛道修持实践与核心思想探源》，天津：天津古籍出版社，2011。

[83] 政协花溪区委员会编著：《高原明珠——花溪》，贵阳：贵州人民出版社，2011。

[84] 贵州省文史研究馆编：《续黔南丛书（第3辑）·上·播雅》，贵阳：贵州人民出版社，2012。

[85] 肖忠民编注：《印江前史拾遗》，北京：中国炎黄文化出版社，2012。

[86] 王宗勋选编：《锦屏历代诗词选》，2012。

[87] 刘祥斌主编：《镇远名胜古迹》，2012。

[88] 夏同龢编著，梁光华、饶文谊、张红辑校：《夏同龢文辑》，南京：凤凰出版社，2013。

[89] 骆锦芳著：《楹联文化通论》，北京：人民出版社，2013。

[90] 贵州省诗词楹联学会编：《刘蕴良楹联研究文集》，贵阳：贵州人民出版社，2013。

[91] 选自郎岱古镇编委会编：《郎岱古镇》，北京：大众文艺出版社，2013。

[92] 邓显江主编：《贵州省习水县坭坝乡八字桥村志》，2014。

[93] 黄太刚主编，景海燕、唐燕飞、谢启义副主编：《大美汇川——诗歌卷》，北京：光明日报出版社，2015。

[94] 李新华著：《明心见性——超越二元悟入原本的真实》，北京：中央编译出版社，2015。

[95] 胡传淮、陈名扬主编，四川宋瓷博物馆编：《南明宰相吕大器》，北京：现代出版社，2016。

[96]（明）王阳明著，张清河编注：《王阳明贵州诗译诠》，贵阳：贵州人民出版社，2017。

[97] 贵州省文史研究馆：《贵州竹枝词集》，贵阳：贵州人民出版社，2019。

[98]（清）蒋攸铦撰：《蒋攸铦文学家族诗集》，上海：上海古籍出版

社，2019。

[99]（清）邹一桂著，余平点校：《邹一桂集》（上），杭州：浙江人民美术出版社，2019。

[100] 贵州省遵义市新浦新区新舟镇沙滩村志编纂委员会编：《沙滩村志》，北京：方志出版社，2019。

[101] 贵州省佛教协会编：《贵州省佛教中国化研讨会论文集》，2020。

三、文章

[1] 吴正光：《开阳宅吉明代土司摩崖》，《贵州民族报》，2003-04-28。

[2] 纳光舜：《佛教与中国古代诗歌》，《中国民族报》，2006-02-21。

[3] 张嘉林：《敏树如相山水禅诗的文化意蕴》，《名作欣赏》（下旬刊），2010（1）。

[4] 杨锋兵：《明清诗歌中的佛教圣地梵净山》，《广西师范学院学报》（哲学社会科学版），2014（5）。

[5] 杨锋兵、张国勇：《清代诗歌中的西南佛教名山黔灵山》，《兰台世界》，2016（6）。

[6]《普定古诗词楹联摘录》，《中国书法》，2017（3）。